제5판

피해자학

Victimology

허경미 저

박영사

제5판 머리말

우리는 흔히 범죄 사건이 발생하면 가해자의 처벌에만 집중하는 경향이 있지만, 그 이면에는 고통을 감내하며 살아가는 피해자들이 존재한다. 피해자는 단순히 범죄의 상대방이 아니라, 우리 사회의 일원으로서 마땅히 보호받고 존중받아야 할 존재이다.

이 책, 피해자학(Victimology) 제5판은 범죄피해자를 깊이 이해하고, 그들의 아픔에 공감하며, 나아가 회복과 치유를 위한 정책과 법령, 그리고 공동체적 대응 방안을 함께 모색하는 가이드북이라고 할 수 있겠다. 특히 이 책은 초판 발행 이후 꾸준히 독자 여러분의 관심과 성원에 힘입어 2025년 7월에 다섯 번째 개정판으로 새롭게 선보이게 되었다.

피해자학 제5판은 피해자들이 겪는 다양한 피해 양상과 그에 대한 사회의 응답을 학문적으로 탐구하고자 한다. 피해자학 제5판의 내용은 제1편 피해자학과 피해에서 피해자학의 개념과 역사, 그리고 피해자화 이론 등 기본적인 이해를 돕는 이론적 토대를 설명하였다. 이어 제2편 범죄피해자의 권리형성 및 국제사회의 범죄피해자 권리보호에서는 오랜 시간 외면받았던 피해자의 권리가 어떻게 형성되었고, 유엔(UN)과 유럽연합(EU)을 비롯한 주요 국가들이 피해자 보호를 위해 어떤 노력을 기울여 왔는지를 살펴보았다. 특히 형사사법 절차에서 미국, 독일, 프랑스, 영국 그리고 일본 등이 피해자의 침해된 권리가 직접적으로 회복될 수 있도록 채택 중인 다양한 형사사법 정책들을 소개하였다. 이는 한국 피해자학과 정책당국이 나아가야 할 방향을 모색하는 데 중요한 시사점을 던져 줄 것이다.

나아가 제3편 범죄피해자 권리의 입법화를 통해 헌법, 형사소송법, 범죄피해자 보호법 등 실질적인 법적 장치들이 피해자 권리를 어떻게 보장하고 있는지를 심층적으로 분석하였고, 제4편 범죄유형별 피해자 지원에서는 가정폭력, 아동학대, 성폭력, 성매매, 스토킹 등 특정 범죄의 피해자들이 겪는 특수한 상황과 그에 대한 법률적·정책적 지원 방안을 구체적으로 제시하였다. 특히 최근 심각한 사회 문제로 대두되는 스토킹 범죄 피해의 경우, 그 특수성을 인지하고, 피해 구제 및 지원 제도를 보완하려는 노력이 활발히 이루어지고 있어 이를 세세하게 반영하였다.

마지막으로 제5편 지역사회의 잠재적 범죄피해 예방을 위한 노력에서는 위치추적 전자감독제도, 성충동 약물치료제도, 성범죄자 신상정보 등록·공개·고지·취업제한과 같은 예방적 차원의 제도들을 다루며, 잠재적 피해를 줄이기 위한 노력이 얼마나 중요한지를 강조하였다.

부디 피해자 지원 및 관련 연구와 관련하여 가장 최근의 자료와 제도적 변화, 법령 등을 담은 이번 제5판 개정판이 피해자학을 배우고 연구하며 정책을 개발하는 지침서가 되었으면 한다,

매번 이 책 피해자학의 개정판을 기다려 주신 독자 여러분과 출판에 도움을 주신 박영사 편집진에게 마음으로 7월의 꽃 루드베키아 한 아름을 선사하며 감사의 인사를 대신한다.

계명대학교 쉐턱관에서
2025년 7월에 저자 허경미

머리말

가끔 범죄피해를 당한 사람들의 안타까운 사연이 공개되면서 “왜 범죄자의 인권은 존중하면서 정작 피해자의 인권은 몰라라 합니까?”라는 항변을 매스컴을 통하여 접하곤 한다. 이런 안타까운 사연은 그동안 대부분의 형사절차 및 관련법규가 범죄자의 인권을 보호하는 측면에서 집행되고 제정되면서 야기될 수 있는 에피소드이다. 이는 피해자학의 더딘 발전과도 관련이 있다.

피해자학(Victimology)이란 피해자와 범죄자와의 상관관계, 피해자와 형사사법시스템과의 상관성, 피해자(Victim)와 매스미디어, 경제, 사회운동 등과의 상관성 등을 통하여 개인의 피해자화(Victimization)의 원인 및 피해자의 권리, 피해자 지원정책 등에 대하여 연구하는 사회과학의 한 분야이다. 피해자학의 대표적인 인접학문으로는 범죄학 및 경찰학 그리고 형사사법학, 교정학 등을 들 수 있겠다.

피해자학이라는 용어는 이른바 피해자학의 아버지로 존경받는 멘델손(Beniamin Mendelsohn)에 의하여 1937년에 최초로 사용되었지만, 이후 피해자학이 사회과학의 일부로 그 학문적 위상과 연구영역을 제대로 갖춘 것은 비아노(Emilio Viano)가 1976년에 최초로 피해자학회지를 창간하면서부터라고 할 수 있다.

또한 이 시기를 전후하여 미국이나 영국 등에서는 범죄피해자를 위한 입법 및 지원정책 등을 마련하고, 사회적으로도 범죄피해자의 권리 및 지원에 대한 관심이 대두되었다.

이에 비하여 우리나라에 피해자학이 소개되기 시작한 시기는 1970년대이지만 실질적으로 학문으로서의 자리매김을 한 것은 1990년대에 들어서면서부터라고 할 수 있다. 1992년에 한국피해자학회가 설립되었고, 이후 성폭력방지 및 피해자보호 등에 관한 법률, 가정폭력방지 및 피해자보호 등에 관한 법률 등에 이어 청소년의 성보호에 관한 법률, 성매매방지 및 피해자보호 등에 관한 법률 등이 잇달아 제정되면서 성폭력 및 가정폭력, 성매매 피해자 등에 대한 정부의 보호 및 지원정책이 시행되었다.

이와 같이 피해자학의 학문적 역사는 그리 깊지 못하며 따라서 범죄학 및 사회학 등 인접학문에 비하여 상대적으로 연구성과 및 정책적 개발은 더딘 편이라 할 수 있다. 특히 피해자학에 대한 학문적 체계 역시 더 갖춰져야 한다는 입장이다.

따라서 아직까지 국내에서도 피해자학에 대한 연구 및 교재의 개발도 다양하지 못하여 피해자학을 연구하는 학자 및 이제 막 입문한 전국의 많은 대학생 및 대학원생들도 어려움을 겪고 있다.

저자가 피해자학에 관심을 가지고 연구와 강의를 시작한 것은 노인의 범죄피해에 관심을 가지면서부터라고 할 수 있다. 우리나라가 고령화사회로 진입하면서 늘어난 노인인구가 범죄피해에 더 많이 노출되지만 노인의 특성상 젊은 세대보다 범죄피해에 대처하는 능력이 떨어져 그 피해가 더욱 심각하다는 점이 저자의 관심을 끌었다.

이후 대학에서 피해자학을 학부 및 대학원 과정에서 강의하면서 늘 마땅한 교재가 없어 어려움을 겪어오다가 이번에 드디어 피해자학을 출간하게 되었다. 이 책은 저자의 피해자학 강의노트를 바탕으로 틈틈이 연구한 피해자 관련 연구논문 및 피해자학의 학문적 발달 및 피해자 지원정책을 정교하게 갖춘 미국, 영국 등에서 출간된 최근의 서적 등을 참고로 하여 집필되었다.

이 피해자학은 다음과 같이 구성되었다.

첫째, 피해자학은 모두 11장으로 구성되었다. 제1장부터 제4장까지는 피해자학의 학문적 배경, 범죄피해자화(Victimization), 피해자의 권리, 회복적 사법(Restorative Justice) 등에 대해 설명하여 피해자학의 학문적인 연구영역 및 범죄피해자에 대한 기초적인 이해를 돕고자 하였다. 구체적으로는 제1장은 피해자학의 학문적 배경을, 그리고 제2장은 범죄피해자와 범죄피해 및 조사를, 제3장은 범죄피해자의 권리를, 제4장은 회복적 사법과 범죄피해자 지원단체 등에 대해 기술하였다.

제5장부터 제10장까지는 범죄피해의 유형별로 피해자를 보호 및 지원하기 위한 법률 및 정책 등을 구체적으로 설명하고 있으며, 이러한 설명은 일상활동이론 및 생활양식이론, 페미니즘적 이론 등 다양한 범죄피해이론 등을 바탕으로

입법되거나 개발된 점 등에 대해서도 강조되었다. 특히 일상생활에서 가장 많이 당하는 범죄피해 유형 및 그 피해자의 지원을 위한 국내외의 입법례 및 정책 등을 심도 있게 제시하였다.

구체적으로는 제5장은 가정폭력 피해를, 제6장은 성매매 피해자의 지원 및 보호를, 제7장은 성폭력 피해를, 제8장은 노인의 범죄피해를, 제9장은 청소년의 범죄피해를, 제10장은 스토킹(Stalking) 피해에 대해서 설명하였다.

마지막으로 제11장에서는 선진국의 범죄피해자에 대한 입법 및 정책 등에 대하여 살펴 피해자 지원 및 피해자학에 대한 균형잡힌 안목과 학문성을 갖추도록 하였다.

저자는 이 책이 피해자학을 강의하는 교수자 및 학생들에게는 피해자학 입문서로 그리고 경찰 및 검찰, 법원 그리고 교정기관 등에서 범죄피해자를 늘 접하고, 또 그 지원정책 등을 창안하고 집행하여야 하는 형사사법분야의 독자들께는 정책개발의 지침서로, 나아가 민간에서 범죄피해자를 보호하고 지원하는 상담시설 및 보호시설 종사자들께는 범죄피해자에 대한 이해를 강화하는 데에 도움이 되기를 기대한다.

앞으로 좀 더 연구에 매진하여 피해자학의 학문적인 발전과 함께 이 책의 완성도를 높여갈 것을 다짐하면서 이 책의 출판을 지원해주신 박영사의 모든 분들께 감사의 말씀을 드린다. 늘 숲 속 덤불을 헤치고 당당하게 걸어갈 수 있도록 격려하는 가족에게도 장미꽃 한 다발로 감사의 마음을 전한다.

겨울나무가 정갈한 계명대학교 쉐턱관 연구실에서
2011년 1월에
저자 허경미

차　례

제 1 편　피해자학과 피해

제 3 편 범죄피해자 권리의 입법화

제 5 편 지역사회의 잠재적 범죄피해 예방을 위한 노력

제 1 편

VICTIMOLOGY

피해자학과 피해

VICTIMOLOGY

제 1 장 피해자학

제1절 피해자학 및 피해자

Ⅰ. 피해자학

피해자학(Victimology)은 피해자와 범죄자, 피해자와 형사사법시스템, 매스미디어, 경제, 사회운동 등과의 상관성 등을 통하여 범죄피해의 원인과 현상, 그리고 관련 법제 및 사회적 대응 등을 연구하는 학문이다. 최근의 피해자학은 범죄에 의해 침해된 피해자의 권리를 어떻게 회복시킬 것인가에 대해 그 방법을 모색하는 것에 관심을 집중하며, 그 학문적 범주를 확장시키고 있다.[1]

피해자학(victimology)이란 용어는 멘델손(Benjamin Mendelsohn)이 1947년에 프랑스 저널에 victimology이라는 용어를 사용하면서부터이다. 1956년에 그의 논문인 "신 생물－정신의학－사회과학, 피해자학(A New Branch of Bio－Psycho－Social Science, Victimology)"에 의해 그 정의와 학문적 범주가 소개되면서 본격적으로 알려졌다.

그는 이 논문에서 피해자학국제조직(International Society of Victimology)을 만들어 피해자학에 대한 연구를 촉진시킬 것을 제안했다. 이는 국제피해자학회의 창설과 피해자학저널을 만드는 계기가 되었으며, 이후 멘델손을 피해자학의 아버지(The Father of Victimology)라고 부르게 된다.[2]

피해자학은 기본적으로 피해자학자, 범죄학자, 사회학자, 심리학자, 사회복

---

1 Daigle, Leah E., and Lisa R. Muftic. Victimology: A comprehensive approach. Sage Publications (2019): 1－2.

2 Rahman, Md., "Victimology: Concept and History of Victimology," Victimology: Concept and History of Victimology April 29 (2013).

지사, 정계, 의료, 변호사, 경찰, 판사, 형사사법기관, 후원자, 사회활동가들의 피해자에 대한 관심과 지원 및 정책, 필요한 입법 등을 모두 아우른다고 할 수 있다. 한편 학문적인 연관성에서 피해자학과 범죄학은 범죄를 연구한다는 공통점이 있지만 몇 가지 차이를 보인다.

첫째, 범죄학자들은 본질적으로 개인이 왜 위법행위를 하는가? 혹은 어떠한 경우에 하지 않는가에 관심을 갖는다. 범죄학에서 연구자들은 범죄의 원인을 밝히기 위해서 범죄자의 배경, 그리고 동기에 초점을 맞춘다. 그런데 피해자학자들은 왜 일부 개인이 그리고 가정이, 범죄의 대상이 되는지를 연구의 대상으로 한다.

둘째, 사회학자로서 범죄학자와 피해자학자는 모두 데이터를 수집하고 분석하는 적당한 방법을 찾는 데 큰 열정을 기울인다. 범죄학자들은 범죄자들의 연령, 사회적 배경에 따라서 범죄자들의 행동에 관한 정보를 분석해 내려고 한다. 피해자학자들은 범죄피해자들의 사회적 배경과 연령에 대하여 통계학적으로 접근한다. 범죄학자들은 연구결과를 주로 범죄예방정책을 입안하는 데 활용한다. 피해자학자들은 연구결과를 주로 범죄 위험을 감소하는 전략을 실험하고 개발하는 데 사용한다.

셋째, 범죄학은 상대적으로 피해자학보다는 역사가 오래되었으나 피해자학은 매우 일천하다.

넷째, 범죄학자들은 불법적인 행동에 대한 그들의 연구 한계를 인정한다. 피해자학자들은 연구영역의 적당한 한계에 대한 동의를 하지 못한다. 즉, 피해자학자들은 압제적인 정치지도자, 전쟁 기아와 같은 인간이 만든 재앙, 홍수나 지진과 같은 자연적 재해 그리고 우연한 사고의 피해자 등까지로 그 연구 범위를 확장할 것을 주장한다. 즉, 이 모든 고통으로부터 인간을 구출하기 위한 위기개입, 단기피난, 장기적인 해결책을 효과적으로 개발하는 것이 결국 피해자학의 연구범주가 되어야 한다는 주장이다. 그러나 한편으로 대부분의 피해자학자들은 그들의 연구영역을 범죄피해자로 한정지어야 한다고 강조하고 있다. 다만, 범죄자와 피해자, 그리고 지역사회가 범죄문제를 함께 해결함으로써 결국 피해자화(Victimization)를 감소시킨다는 전략에 대한 연구, 즉 회복적 정의(Restorative Justice)에 대한 연구의 필요성은 공통적으로 강조하고 있다.[3]

II. 피해, 피해자

피해(Victim)라는 용어의 개념은 고대문화까지 거슬러 올라갈 수 있다. 즉, 피해는 그 뿌리를 신(God)에게 기원을 위해 동물이나 사람의 생명을 바치는 희생(Sacrifice)에서 찾을 수 있다. 이후 피해라는 단어는 좀 더 부가적인 의미를 가지게 되었는데 사람이 특정한 이유로 인해 상해, 재산손실, 고통 등의 경험을 하는 것을 의미하게 된다.

오늘날 피해라는 용어는 매우 다양한 개념으로 사용되며, 그 영역도 확장되었다.[4] 즉 인간생활의 다양한 분야에서 피해라는 용어를 사용한다. 예를 들어 범죄로 인한 피해, 전쟁으로 인한 피해, 교통사고로 인한 피해, 불공정거래행위로 인한 피해, 허리케인 홍수로 인한 피해, 테러 피해 등으로 사용된다.

한편 미국의 랜덤하우스사전(Random House Dictionary)은 피해(Victim)에 대한 개념을 다음과 같이 정의하고 있다.[5]

① 다른 사람으로부터 살해당하거나 고문 등으로 고통을 받는 사람
② 주술적인 의식이나 종교적인 의식에서 희생제물로 바쳐지는 사람
③ 어떤 행동, 환경, 상황 등으로 인해 고통받는 사람
④ 자발적으로 고통, 손실, 죽음을 초래하는 사람

랜덤하우스사전의 피해에 대한 정의에서 찾을 수 있는 특징이 있다. 즉, 첫째, 피해의 원인이 자신의 의지에 관계없이 외부적 요인이나 환경에 의해서만 발생할 수 있다는 점, 둘째, 피해를 외부요인 등과는 관계없이 피해자 자신이 촉발하여 발생하는 경우도 있다는 점이다. 셋째, 피해는 고통, 상해, 심리적인 황폐, 환경이나 물질 등의 파괴적인 상황 등을 전제로 한다는 점이다.

그런데 피해자학에서는 이와 같은 사전적 정의 중 피해의 원인이 범죄(Crime)

---

3 Vanfraechem, Inge, and Daniela Bolivar, "Restorative justice and victims of crime." Victims and Restorative Justice (2015): 48−75.

4 Yager, J., Essentials of Victimology: Crime Victims, Theories, Controversies, and Victims' Rights, Aspen (2022): 1−2.

5 victim. Dictionary.com. Dictionary.com Unabridged. Random House, Inc. http://www.dictionary.com/browse/victim (accessed: January 7, 2017).

에 기인하여야 하며, 범죄 역시 자신의 행위가 아닌 타인의 행위로 인한 것이어야 한다는 당위성이 존재한다. 또한 범죄 피해의 직접적인 당사자뿐만 아니라 그 가족 역시 간접적인 피해자라고 할 수 있다.

한편 현행 범죄피해자 보호법에서는 범죄피해자란 타인의 범죄행위로 피해를 당한 사람과 그 배우자(사실상의 혼인관계를 포함), 직계친족 및 형제자매, 그리고 범죄피해 방지 및 범죄피해자 구조 활동으로 피해를 당한 사람이라고 규정하고 있다.[6]

따라서 이 책에서는 범죄피해자란 타인의 범죄로 인하여 정신적, 물질적, 그리고 재산상의 피해를 받은 당사자와 그 가족 등으로 정의하기로 한다. 그러나 좀 더 범위를 확대하면 범죄피해자는 범죄로 인하여 간접적 피해를 당하는 지역사회, 주민 그리고 범죄문제를 해결해야하는 국가 역시 피해자라고 할 수 있다.

제2절 피해자학의 연구 영역

피해자학자들은 피해자와 범죄자, 피해자와 형사사법제도, 그리고 피해자와 사회와의 상관성에 대하여 연구한다. 모든 사회과학자들과 같이 피해자학자들은 여러 가설을 검증하고, 데이터를 수집하며, 이론을 정교화한다. 다음의 가이드라인들은 피해자학자들이 연구를 수행하는 과정에서 따라야 하는 과정들을 단계적으로 제시하고 있다.

Ⅰ. 연구주제 및 범위의 설정

피해자학자들의 가장 중요한 과제는 연구주제의 설정, 즉 범죄행위가 피해의 원인이라는 것을 다양한 방법을 통해서 검증하겠다는 의지를 보여주는 것이다. 피해자학자들은 육체적 상해, 정신적 충격, 경제적인 피해, 지위상실과 같은 사회적 현상 등에 대해 다양한 방법을 통해서 개념화하여야 한다. 예를 들어 심

6 범죄피해자 보호법 제3조.

각하게 학대받은 어린이들은 외상후스트레스장애, 비정상적인 인간관계, 성격장애, 자기파괴적인 본능 등으로 고통받을 수 있다. 데이트 강간, 스토킹, 자동차 납치, 사기, 노인학대, 증오범죄와 같은 용어들이 매스미디어와 일상생활에서 사용된다. 연구자들은 이들 범죄에 대한 피해자들이 어떤 피해를 받는지를 분명히 해야 한다.[7]

또한 피해자학자들은 피해자의 다양한 유형들을 연구대상으로 한다. 즉, 오랫동안 터부시해 왔던 영역들 예를 들면, 근친상간, 부부강간, 종교범죄와 같은 것들에 대하여 오랜 침묵을 깨고 자신의 입장들을 발표한다. 피해자학자들은 왜 일부 사람이 사회적으로 단기 또는 장기간 피해자가 되는지 그 원인을 분명히 하고 결론을 도출해내야 한다. 피해자학을 연구하는 데 있어서의 중요한 질문은 “누가 허용될 수 있는 행위와 불법적인 행위를 결정할 수 있겠는가?”라는 것이며, 또 하나의 질문은 “어떠한 일 때문에 고통받는 사람인지 아닌지를 구분하는 분명한 사회적 기준이 있는 것인가?”하는 것이다. 예를 들어 “어떠한 광고가 시장에서 소비자들에게 사기성이 있다고 받아들여지는 것인가? 어떠한 상황에서 초등학생들이 상급학년이나, 교장 그리고 교사에 의하여 훈육을 받는 것이 아동학대 피해자라고 간주될 수 있는 것인가?”라는 것이다.

이러한 고민을 함께 나누고, 대책을 마련하기 위한 국가간 협의체 혹은 특정국가의 국가기관이나 학술단체들의 활발한 교류는 궁극적으로 피해자학의 발전을 이끄는 동력이다.

II. 문제의 정확한 실태진단

피해자학자들은 불법적인 행동 및 그 피해의 빈도와 결과를 통계적으로 명확히 해야 하며, 또한 그 방법들을 찾아내야만 한다. 일반적으로 정부관료와 시민단체들에 의해 유지되는 통계들은 본질적으로 자기 조직의 유지 또는 문제의 근본에 대한 확대 또는 축소 등의 이유로 인해 편향성을 보일 수 있어 정확히 검증되어야만 한다. 따라서 피해자학자들은 어떤 특정사례에 내적·외적으로 포함

7 Yager, J., Essentials of Victimology: Crime Victims, Theories, Controversies, and Victims' Rights, Aspen (2022): 10－13.

되는 것을 분명히 하고, 범위를 정확히 하며, 본질적인 특징을 구체화 시키는 작업을 해야 한다.

예를 들어 얼마나 많은 학생들이 학교폭력의 피해자가 되는가를 결정할 때는 실질적으로 육체적으로 공격당한 것만을 조사하는 것이 아니라 폭력의 정의, 유형, 정도(심각성), 빈도, 야기된 피해상태, 대처 등 다양한 관점에서 조사해야 한다.

아동학대의 경우에도 부모들이 그들의 자녀를 방임하거나 때리거나 성적농담 등은 과거에는 전혀 학대라고 규정된 것은 아니다. 그러나 피해자학적 관점에서 피해자학자들은 이러한 아동학대로 인해 평생 동안 얼마나 많은 피해를 당하는지를 연구해야 한다.

즉 피해자학자들은 피해자들을 분류하고 통계적으로 분석하고, 피해자들의 특징을 도출해낼 수 있어야 하며, 피해자와 피해실태와의 특별한 관계가 있는지 등을 연구해야 한다.[8]

Ⅲ. 피해원인 및 피해자화에 대한 규명

피해자학자들은 특정한 피해의 원인과 누가 피해자화에 이르는지를 연구해야 한다. 예를 들어, 피해자학자들은 "매맞는 아내는 더욱 심하게 매를 맞거나 죽임을 당할지도 모른다는 불안감 때문에 그들의 불행한 가정으로부터 도망치지 못할 것이다"라는 가설을 검증하기 위해서 데이터를 수집하고 분석하며, 그 결론을 도출하는 등의 노력을 반복해야 한다. 피해자들은 다양한 상황에 놓여지고, 각기 다른 개인적 특징을 가지지만 피해자화(Victimization)라는 공통점을 가진다. 개개인의 범죄피해 노출과 기회, 생활양식, 지리적, 문화적 환경적 요인 등의 범죄피해에 직간접적인 영향을 미치는 다양한 요인을 연구한다. 그리고 동시에 범죄피해를 예방할 수 있는 대책을 모색하는 연구 역시 진행되어야 한다.[9]

8 Kokkalera, Stuti Subbaiah, Cassandra Mary Frances Gonzalez, and Jason M. Williams. "Introduction to the Special Issue on Qualitative Criminology and Victimology." Crime & Delinquency 69.2 (2023): 259－266.

9 Tapley, Jacki, and Pamela Davies. "Victimology: A conversion of narratives." Victimology: Research, Policy and Activism (2020): 1－16.

Ⅳ. 범죄피해자들을 어떻게 지원할 것인가

피해자학자들은 형사사법, 형사사법기관과 사회복지시스템 및 국제사회가 범죄피해자들을 어떻게 지원하고 보호할 것인가에 대해서 연구해야 한다. 특히 형사사법기관과 사회복지기관이 피해자들을 긴장시키고 갈등하며, 불편하게 만들고 불만족스럽게 하고 고독감을 느끼게 하는 요인이 무엇인지를 찾아내고 이를 개선할 수 있는 법적·제도적 대안을 제시하여야 한다. 또한 피해자학자들은 피해자 보호에 대한 학교, 직장, 의회, 대중매체, 시민들의 반응과 관심을 촉구하고 다양한 지원책을 연구해야 한다.

제3절 피해자학의 역사

Ⅰ. 피해자학의 출발과 현재, 그리고 미래

피해자학의 발전은 1940년대부터이며, 초기에는 범죄학자들의 연구 프로젝트 결과 그리고 저서 및 몇몇 논문들에서 찾아볼 수 있다. 초기의 주요 관점은 누가 범죄를 하는가? 범죄자는 누구인가? 왜 비합법적인 행위를 하는가? 형사사법기관은 범죄자들을 어떻게 다루어야 하는가? 어떻게 체포할 수 있는 것인가? 어떻게 교화할 수 있는가에 초점이 모아졌다. 그러한 과정에서 일부 범죄학자들은 이러한 문제들을 해결하는 방안으로 피해자의 중요성에 눈을 돌리기 시작했다. 왜냐하면 피해자들은 범죄와 불가분의 관계이기 때문이다.

따라서 피해자학의 발전은 범죄학의 발전과 맥락을 같이 하며, 학문적, 제도적 발전이 함께 어우러져 진행되었고 다음과 같이 그 역사를 정리할 수 있다.[10]

10 Rahman, Md. "Victimology: Concept and History of Victimology." Available at SSRN 2257668 (2013); Daigle, Leah E., and Lisa R. Muftic. Victimology: A comprehensive approach. Sage Publications (2019): 2–6.

표 1-1 피해자학 및 피해자 지원제도의 발전

연도	내용
1924년	Edwin Sutherland는 그의 범죄학 교재에서 '피해자'라는 장을 삽입했다.
1940년	Beniamin Mendelsohn은 범죄학에서의 강간(Rape in Criminology)을 출판했다.
1941년	Hans von Hentig는 피해자 및 범죄자와의 상관성(Victim and Criminal Interactions)이라는 논문을 발표했다.
1947년	Beniamin Mendelsohn은 프랑스 저널에 피해자학(Victimology)의 용어를 만들어 사용했다.
1948년	Hans von Hentig은 범죄자와 그의 피해자(The Criminal and His Victim)를 출판했다.
1949년	Frederic Wertham은 최초로 그의 저서 폭력의 쇼(Show of Violence)라는 저서에 피해자학(Victimology)이라는 용어를 사용했다.
1957년	Margery Fry는 런던 타임즈에 피해자배상을 제안했다.
1958년	Marvin Wolfgang은 살인범을 연구하면서 피해자 촉발(Victim Precipitation)이라는 용어를 사용했다.
1963년	뉴질랜드는 최초로 범죄배상법(Criminal Compensation Act)을 제정했다.
1965년	캘리포니아주는 미국에서 최초로 피해자배상을 시작했다.
1966년	일본은 범죄배상법(Criminal Indemnity Law)을 제정했다.
1966년	미국은 범죄피해자조사를 시작했다.
1967년	캐나다는 범죄피해배상법(Criminal Compensation Injuries Act)을 제정했다.
1968년	Stephan Schafer는 최초의 피해자학 교재인 피해자와 범죄인(The Victim and His Criminal)이라는 책을 발간했다.
1972년	미국에서 세인트루이스, 샌프란시스코, 워싱톤 D.C. 등의 세 곳에서 최초로 피해자 지원프로그램이 도입되었다.
1973년	이스라엘 예루살렘에서 세계피해자학기구의 모태가 된 「제1차 국제 피해자학 심포지엄」(First International Symposium on Victimology)이 개최되었다.
1974년	플로리다주의 포트 라우데라데일에서 최초로 경찰의 범죄피해자 지원프로그램이 도입되었다.
1975년	필라델피아 검찰청에 의해 최초로 피해자권리 주간(Victim Rights Week)이 발표되었다.
1976년	John Dussich는 캘리포니아 프렌소(Fresno)에 전국피해자협회(The National Organization of Victim Assistance: NOVA)를 창설했다.
1976년	Emilio Viano는 최초로 피해자학회지를 창간했다.
1976년	독일은 범죄피해자배상법(Crime victims Compensation Act)을 제정했다.
1976년	미국 보스톤에서 「제2차 국제 피해자학 심포지엄」이 개최되었다.
1979년	독일 뮌헨에서 「제3차 국제 피해자학 심포지엄」이 개최되었고, 여기에서 세계 피해자학 기구(The World Society of Victimology)가 설립되었다.
1980년	미국 캘리포니아에서 음주운전에 반대하는 어머니 모임(Mothers Against Drunk Drivers: MADD)이 음주운전자에 의해 두 딸을 잃은 어머니 Candi Lightner에 의해 만들어졌다.
1981년	레이건 대통령은 4월 첫째 주를 국가피해자권리 주간(National Victims' Rights Week)으로 명명했다.

1982년	음주운전에 반대하는 어머니 모임(MADD)에 의해 메사추세츠주 루트랜드(Rutland)에서 최초의 피해자영향 위원회(Victim Impact Panel)가 만들어졌다.
1984년	미국은 범죄피해자법(The Victims of Crime Act: VOCA)을 제정하여 주정부의 피해자지원 비용을 연방정부가 범죄자의 벌금을 기금으로 만들어 지원하도록 하였다.
1985년	유엔은 범죄 및 권력남용 피해자의 기본권 보장 선언(The Declaration of Basic Principles of Justice for Victims of Crime and Abuse of Power)을 채택했다.
1987년	미국 법무부는 메릴랜드주 록빌(Rockville)에 국립피해자자원센터(The National Victims Resource Centre)를 개설했다.
1988년	최초의 인디언 국가: 범죄피해자를 위한 형사사법이라는 주제로 사우스다코다주의 라피드(Rapid)에서 열렸다.
1988년	미국, 법무부 내에 범죄피해자법상 범죄피해기금(Crime Victims Fund)을 관할하고, 범죄피해자지원 프로그램을 운영하는 범죄피해자사무소(Office for Victims of Crime: OVC)를 창설했다.
1990년	유엔 및 유럽의회의 지원을 받아 유럽국가들을 회원으로 하는 피해자지원유럽포럼(The European Forum for Victim Services)이 창설되었다.
1999년	유엔과 미국의 범죄피해자국은 범죄 및 권력남용 피해자를 위한 선언의 일환으로 범죄피해자 지원을 위한 정책가이드라인을 제시하는 지침서를 간들었다.
2002년	국제형사재판소는 제66차 로마협약에서 피해자와 증인의 지위 강화를 결의하였다.
2004년	세계피해자학기구(World Society of Victimology)의 집행위원회가 미국 올란도에서 개최되었고, 유엔선언의 이상과 약속의 실천전략을 채택하였다.
2004년	영국은 「가정폭력, 범죄 그리고 피해자법」(Domestic Violence, Crime and Victims Act 2004)을 제정하였다.
2005년	일본은 유엔의 범죄 피해자의 기본권보장 선언의 정신에 따라 범죄피해자기본법을 제정하였다.
2005년	한국, 범죄피해자 보호법을 제정했다.
2011년	유럽연합집행위원회, 「피해자의 권리, 지원 및 보호에 관한 최소한의 기준 수립」(Council Framework Decision 2001/220/JHA (the 'Directive')에 서명하였다.
2011년	한국, 범죄피해자보호기금법을 제정했다.
2012년	유럽연합집행위원회는 형사절차상 피해자보호지침(Directive 2012/29/EU of the European Parliament and of the Council of 25 October 2012)에 서명하였다.
2014년	일본, 사생활성적동영상피해방지법(리벤지포르노처벌법)을 제정했다.
2015년	영국, 리벤지포르노처벌법을 제정했다.
2016년	독일, 강제성행위금지법을 제정했다.
2019년	독일, 사회보상법을 제정했다.
2021년	미국, 범죄피해자법을 개정했다.
2022년	미국, 에밋 틸 반린칭법(Emmett Till Antilynching Act) 제정, 린치를 연방증오범죄로 규정, 최대 30년 처벌
2024년	영국, 피해자 및 수용자법(Victims and Prisoners Act) 제정, 가정폭력 및 성적 학대 피해자에게 일관된 지원을 보장, 가해자 석방제한 및 공공보호제를 도입했다.

최근 피해자학자들은 범죄피해와 형사사법시스템과의 상관성 및 경찰공무원 검찰, 변호사, 판사, 보호관찰관, 가석방위원회 등에 의한 피해자들의 지원과 회복적 정의 전략에 대해 심층적인 연구를 다양하게 진행하고 있다. 그 외에도 연구자들은 피해자의 권리에 대한 공공의 반응, 뉴스매체, 병원, 법률전문가, 경비시스템에 관해서도 연구의 영역을 확장하고 있다. 나아가 UN이나 EU를 비롯한 국제사회를 중심으로 마약, 테러, 인신매매 등과 같이 조직적·국제적 범죄피해자에 대한 표준적인 지원과 보호제도를 마련하고 개선하며, 공조 방안 등을 연구하는 등 연구영역이 다변화되는 경향이다.[12]

세계피해자학기구[11]

Ⅱ. 한국 피해자학의 출발과 현재 그리고 미래

한국에 사회과학의 한 학문적 영역으로서 피해자학이 소개되기 시작한 시기는 1970년대이지만 실질적으로 학문으로서의 자리매김을 한 것은 1990년대 초기부터라고 할 수 있다. 즉, 1992년에 한국피해자학회가 설립되면서 범죄피해자에 대한 학문적 관심이 높아지고, 관련 연구성과를 보이기 시작했다. 1994년 이후 성폭력방지 및 피해자보호 등에 관한 법률, 가정폭력방지 및 피해자보호 등에 관한 법률이 제정된 데 이어 2004년 성매매방지 및 피해자보호 등에 관한 법률 등이 잇달아 제정되면서 성폭력 및 가정폭력, 성매매피해자 등에 대한 정부의 보호 및 지원정책이 시행되었다. 또한 국가의 수사권 및 형벌권으로부터 범죄자의 인권을 보호하는 이른바 무죄추정의 원칙 및 죄형법정주의 등의 형사절차상 원칙을 강조하던 형사정책 및 학문적 풍토가 관련 피해자의 인권을 회복하고 구제하는 것 역시 매우 중대한 국가적, 사회적 과제라는 공감대가 형성되었다.

이러한 인식을 바탕으로 2005년 「범죄피해자 보호법」이 제정되었으며, 이

11 세계피해자학기구는 매 3년마다 심포지엄을 개최하고 있으며, 2024년 인도에서 「제18차 국제 피해자학 심포지엄」이 개최된다. The World Society of Victimology, http://www.worldsocietyofvictimology.org/

12 Huan, C. H. E. N., and W. A. N. G. Xiaonan, “Victimology Basis of Restorative Justice,” Higher Education of Social Science 8.5 (2015): 7－10.

는 1987년도에 제정되었던 범죄피해자구조법과 함께 범죄피해자 보호의 양대축을 이루었다. 그러나 2010년 5월에 이 두 법을 통합하여 범죄피해자 보호법으로 전부 개정되었으며, 개정법에 범죄피해 지원 및 구조, 그리고 형사화해조정, 범죄피해자지원센터의 지원관련 규정을 담아 범죄피해자지원 체계를 명확히 하였다. 현행 범죄피해자 보호법은 유엔의 「범죄 및 권력남용 피해자의 기본권보장 선언」의 이념과 피해자 보호정책 등을 반영하고 있다.

특히 범죄피해자 보호법에 형사화해조정제도를 명시함으로써 범죄피해자에 대한 실질적인 지원을 유도하고 있으며, 이는 회복적 정의(Restorative Justice) 이념을 반영하는 것이기도 하다.

비록 한국은 피해자학의 학문적 출발이 서구사회보다 늦었지만 아동성폭력 가정폭력, 성폭력 등 특정 범죄피해자에 대한 국가차원의 지원법 및 제도를 도입하는 과정에서 매우 진보적인 태도를 취하고 있다.

2023년 1월에는 스토킹 피해자를 지원하고 그 가해자를 강력하게 처벌하는 내용을 담은 스토킹방지 및 피해자보호 등에 관한 법률이 제정되었다. 2020년에는 아동청소년 성착취 피해자 지원 및 수사를 강화하기 위하여 위장수사나 잠입수사제가 도입되었다. 또한 디지털상의 불법 촬영물 또는 복제물을 삭제해주는 디지털성범죄 피해자 지원제가 도입되었다. 나아가 성폭력범죄의 처벌 등에 관한 특례법의 개정으로 2025년 6월 21일부터 경찰관의 잠입수사 및 위장수사는 성인 대상 디지털 성범죄에도 적용될 수 있도록 범위가 확대되었다.

한편 피해자학을 더욱 체계적으로 발전시키고, 궁극적으로 범죄피해자에 대한 지원을 보다 실질적으로 확대하기 위해서는 연구역량을 갖출 필요가 있다. 따라서 범죄학 또는 형사정책 등을 강의하는 대학 등의 커리큘럼에 피해자학을 반드시 포함시켜 범죄자와 그 피해자에 대한 이해의 균형성을 맞춰야 한다. 이는 피해자학을 연구하는 학자들의 향후 학문적 소명이기도 하다. 또한 후학들의 연구지침이 될 다양한 연구주제의 개발 및 여러 텍스트가 제시되어야 한다.

제 2 장 피해자학의 이론적 배경

제1절 범죄피해자화

Ⅰ. 범죄피해자의 개념

범죄피해자(Criminal Victim)란 불법적인 행동으로 인해 고통(Harm)을 받는 사람 또는 사회 등을 의미한다. 고통에는 신체적, 정신적, 경제적인 것을 모두 포함한다.

피해자(Victim)는 라틴어인 "Victima"와 그리이스어인 "logos"에서 유래한다. 피해자학(Victimology)에 대한 본격적인 정의가 제시되기 전부터 피해자(Victim)라는 용어는 범죄학자인 베카리아(1764), 롬브로조(1876), 페리(1892), 가로팔로(1885), 서더랜드(1924), 헨티히(1948), 나겔(1949), 엘렌버거(1955), 울프강(1958), 스챠퍼(1968)에 의해 사용되고 있었다.[1]

범죄피해자의 범주에는 개인, 공공단체, 기업, 지역사회, 국가 등도 포함된다. 개인이 사기나 절도 같은 일상적인 범죄피해자라면, 시민이나 지역사회는 자연환경을 훼손하는 환경범죄의 공동피해자가 될 수 있다. 기업은 종업원의 전문기술정보의 유출이나 물건절도 등의 피해자가 될 수 있고, 국가는 개인이나 기업의 세금포탈이나 허위의료보험청구의 피해자가 될 수 있다.

한편 현행 범죄피해자 보호법은 피해자에 대하여 "범죄의 영향으로 인해 직접적 또는 간접적으로 재산상, 신체적, 정신적인 고통을 당하는 사람"이라고 정의하고 있다. 이는 범죄피해자 보호법은 피해자란 당연히 범죄로 인하여 피해를 받은 경우만을 피해자라고 정의하고, 피해는 범죄로 인한 직간접적인 피해를

1 Daigle, Leah E., and Lisa R. Muftic. Victimology: A comprehensive approach. Sage Publications (2019): 2–6.

모두 포함하는 것으로 이해할 수 있다. 또한 사람의 정의에는 자연인(自然人)과 법인(法人)을 포함하는 것으로 이해할 수 있다.

따라서 앞으로 이 책에서는 피해자란 범죄로 인한 직접적 또는 간접적인 피해자를 의미하는 것으로 그 표현은 피해자 또는 범죄피해자란 용어를 혼용하기로 한다.

II. 범죄피해자의 유형

범죄피해자를 범죄로 인하여 직간접적으로 다양한 피해를 당하는 사람이라고 정의할 때 다음으로 일어나는 궁금증은 "어떤 사람이 주로 범죄피해자가 되는가(Who is victimized)?"[2] 즉, 피해자화(victimization)에 대한 것이다.

범죄피해의 원인이 매우 다양하고 또한 많은 사람이 그 피해자가 되지만, 지구상의 모든 사람이 범죄피해를 당하지는 않는다. 따라서 "주로 누가, 왜, 어떤 범죄피해를 당하는가?"에 대한 의문은 당연하다.

이와 같은 의문을 풀고자 많은 연구가 진행되었고, 이러한 연구들이 초기 피해자학의 발전을 이끌었으며, 1980년대에 들어서는 일상활동이론 및 생활양식노출이론 등 개인의 일상활동 및 생활양식의 형태가 범죄피해의 원인이 된다는 이론으로까지 발전하였다.[3]

그리고 이와 같은 이론들은 범죄피해자는 범죄피해를 당하지 않는 사람들에 비해 일정한 특징을 가지고 있다는 것에 착안하여 이를 피해자화(Victimization)라고 정의하였다. 즉, "피해자화란 범죄피해자가 될 수 있는 행동 또는 피해자가 될 수 있는 사실" 등을 말한다.

초기의 피해자학자들은 피해자를 유형화하는 연구를 거쳐 피해자학을 사회과학의 일부로 자리매김하는 데 커다란 역할을 하였다. 대표적으로 변호사인 멘델손(Beniamin Mendelsohn), 콜로라도 주립대의 헨티히(Hans von Hentig), 범죄학자

2 Bindler, Anna, Nadine Ketel, and Randi Hjalmarsson. "Costs of victimization." Handbook of labor, human resources and population economics (2020): 1-31.

3 Daigle, Leah E., and Lisa R. Muftic. Victimology: A comprehensive approach. Sage Publications (2019): 29-32.

스샤퍼(Stephen Schafer), 정신의학자이자 사회운동가인 베르담(Frederic Wertham)[4] 등을 들 수 있다.

1. 멘델손의 피해자 유형

멘델손(Benjamin Mendelsohn)은 피해자학의 아버지(The Father of Victimology)라고 칭해진다. 멘델손은 피해자의 관점에서 범죄와 피해자를 이해하려는 태도를 취했다.

변호사였던 멘델손은 의뢰인인 범죄인이나 피해자가 일정한 특징을 가지고 있다는 사실을 발견하고 이를 좀 더 과학적으로 연구하기 시작하였다.

먼저 멘델손은 자신에게 변호사건을 위임하는 강간범과 그 피해자들을 대상으로 연구를 시작하였다. 연구는 주로 면담자료를 분석하는 방법을 사용하였고, 이를 토대로 1940년에 「범죄학에서의 강간」(Rape in Criminology)이라는 논문을 발표하였다. 멘델손은 이 논문을 통하여 강간 피해자가 "피해자가 되는 신중하지 못한 태도(Unconscious aptitude for being victimized)"를 가지는 경향이 있다고 주장하였다.[5]

이후 멘델손은 자신이 변론을 담당하는 사건의 재판을 준비하는 과정에서 범죄인과 피해자, 참고인, 그리고 주변인물 들을 대상으로 300여개 정도의 질문이 담긴 설문지를 가지고 설문조사 및 인터뷰를 실시하였다. 그리고 1963년 이것들을 분석하여 범죄와 피해자는 밀접한 관계에 있다는 결론을 발표했다. 그리고 멘델손은 범죄인과 피해자와의 관계를 다음과 같이 모두 6가지로 유형화하여 제시했다.

4 베르담은 1954년도에 그의 저서 「무죄인의 유혹」(Seduction of the Innocent)에서 코믹 드라마와 책이 청소년의 폭력성을 부추긴다며 비난했으며, 특히 TV를 폭력학교(a School for Violence)라고 불렀다. 범죄코믹 드라마는 폭력, 섹스, 약물남용, 기타성인범죄 등에 대한 경계심을 무너뜨리고, 갱을 영웅시함으로써 이런 것들을 접하는 청소년들에게 동일시를 부추긴다는 것이다. 이 책으로 인하여 미국 상원은 코믹 드라마의 유해성에 대한 청문회를 열었고, 코믹 드라마 및 책 등의 규제필요성을 제기했다. http://en.wikipedia.org/wiki/Fredric_Wertham

5 Benjamin Mendelsohn, "Rape in criminology," Translated and Sites in S. Scafer (1940), The Victim and His Criminal, New York: Random House (1968).

멘델손의 피해자 유형 분류

① 완전히 무고한 피해자(The completely innocent victim)

어린 아이이거나 완전히 무의식적인 사람과 같이 항거가 불가능하거나 심신이 상실된 상태 또는 그에 준하는 상태에서 범죄피해를 당하는 경우

② 약간의 잘못을 한 피해자(The victim with minor guilt)

피해자가 범죄행위라는 것을 알면서도 자발적 또는 상대방의 불법적인 행위에 동조하여 결국 범죄피해를 당하는 경우

** 피해자가 불법임을 알면서도 의사로부터 약물주사나 시술을 받다가 부작용 또는 사망 등에 이르는 경우, 낙태시술을 받다가 사망하는 경우 등

③ 범죄자 만큼 잘못을 한 피해자(The victim who is as guilty as the offender)

범죄행위의 공동정범이거나 종범 등으로서 범죄를 행하는 과정에서 피해자가 되는 경우

** 공동살인을 모의하거나 실행하는 과정에서 한쪽이 부주의 또는 배신 등으로 오히려 자신이 살해를 당하는 경우

④ 범죄자보다 더 잘못을 한 피해자(The victim more guilty than the offender)

다른 사람에게 범죄행위를 하도록 부추긴 피해자의 경우

** 오랫동안 상습적으로 가정폭력을 행사하여 가족들을 괴롭히다가 가족 구성원에게 폭행당하거나 살해당하는 경우

⑤ 가장 악의적인 피해자(The most guilty victim)

피해자가 범죄자를 공격함으로써 범죄자의 정당방위에 의해 살해당한 경우

** 상대방을 살해하다가 정당방위로 살해당하는 경우

⑥ 상상의 피해자(The imaginary)

누군가 자신을 공격한다고 의심하여 고통받는 피해자

** 피해망상증으로 고통받아 늘 누군가로부터 피해를 당한다고 망상에 사로잡혀 있는 경우

멘델손의 피해자 유형의 분류는 이후에 많은 후속연구의 모델이 되었으며, 멘델손은 범죄자가 아닌 범죄의 피해자를 중심으로 범죄와 피해자를 이해하려고 노력했다는 평가를 받고 있다.[6]

6 Zaykowski, Heather, and Lena Campagna, "Teaching theories of victimology," Journal of Criminal Justice Education 25.4 (2014): 452–467.

2. 헨티히의 피해자 유형

헨티히(Hans von Hentig)는 멘델손과 함께 피해자학의 초기 발전을 이끈 대표적인 학자이다.[7]

헨티히는 행위자(Doer) 또는 범죄자(Criminal)와 고통을 받는 사람(Sufferer) 또는 피해자(Victim)와의 상관성을 연구하여 1948년도에 「범죄자와 피해자」(The Criminal and His Victim)라는 논문을 발표하였다.[8]

헨티히는 이 논문에서 생물학적, 심리적 그리고 사회적 요인을 바탕으로 피해자 유형을 다음과 같이 일반적 유형(The general classes of victim), 심리적 유형(The psychological types of victim), 촉발적 유형(The activating sufferer type)으로 분류하였다.

헨티히의 피해자 유형 분류 •

일반적 유형(The general classes of victim)

① 청소년(The young)

신체적, 정신적, 사회적 나약성으로 쉽게 피해자가 될 수 있다.

② 여성(The female)

신체적, 사회적으로 상대적으로 나약해 피해자가 될 가능성이 높다.

③ 노인(The old)

나약한 육체와 외로움, 무기력증 등으로 쉽게 피해자가 될 수 있다.

④ 정신장애자(The mentally defective)

정신박약자, 정신장애자는 자아 보호능력이 떨어져 피해자가 될 가능성이 매우 높다.

⑤ 이민자, 소수자, 장애자(Immigrants, Minorities, Dull normals)

실업, 빈곤, 장애로 인한 불안한 사회적 지위 등으로 피해자가 될 가능성이 높다.

7 Von Hentig, H., The Criminal and His Victim, New Haven, CT: Yale University Press (1948).

8 Harvey Wallace, Victimology, Legal, Psychological, and Social Perspectives, 2nd(ed.), Fresno, CA: Pearson Education Inc. (2007): 9-14.

심리적 유형(The psychological types of victim)

① 우울형(The depressed): 존재의 상실감 및 무기력증, 나약한 자존심 등 때문에 쉽게 범죄피해자가 될 수 있다.

** 자포자기형 범죄나 자학행위 등

② 탐욕형(The acquisitive): 과도한 욕심과 이기심 등이 범죄피해의 원인이 되는 경우이다.

** 과도한 욕심으로 동업자에 대한 사기나 살인 등

③ 자유분방형(The wanton): 자유분방한 일상생활로 자기통제나 사회적인 통제가 무너지면서 범죄피해자가 되는 경우

** 음주나 마약 등으로 무단횡단 하다가 교통사고를 당하는 경우, 고상방가로 이웃과 시비로 폭행당하는 경우 등

④ 고독형(The lonesome and the heartbroken): 외로움을 많이 타거나 정신적으로 고독한 상태에 처한 경우 이성적인 사고가 어려워져 범죄 피해자가 되는 경우

** 가족이나 연인과의 결별, 노인 등이 주위 사람들과 유대가 약화될 때 친절한 사람에게 의지하다가 사기나 강간 등의 피해를 당하는 경우

⑤ 난동형(The tormentor): 평상시 가해자에 대하여 폭력을 행사하거나 상습적으로 괴로움을 주다가 반대로 상대방에게 공격당하는 경우

** 오랫동안 자신을 학대한 부모를 자녀가 성장하여 폭행하거나 살해하는 경우 등

⑥ 고립형(The blocked, exempted, and fighting): 장애인, 집단 소외자 또는 은둔자 등과 같이 고립적인 경우 주위로부터 도움을 받지 못하여 피해자가 되는 경우

촉발적 유형(The activating sufferer type)

촉발적 피해자(The activating sufferer): 피해자가 가해자로 신분이 바뀌는 것으로 많은 요인들이 피해를 촉진한다. 돌출적인 성격, 낮은 자존감, 연령, 음주, 약물 등의 요인으로 범죄피해를 유발하거나, 촉발하는 적극적인 역할을 하는 피해자를 말한다.

헨티히의 이와 같은 피해자에 대한 세 가지 유형의 분류는 이후의 피해자학자들의 연구에 영향을 주었으며, 피해자와 가해자의 상관성에 관심을 가지는 계기가 되었다.[9]

9 Ann Wolbert Burgess, Cheryl Regehr, et.all., Victimology Theories and Applications 05, Jones and Bartlett Publishers, Sudbury, Massachusetts (2010).

3. 울프강의 피해자 유형

울프강(Marvin Wolfgang)은 1948년부터 1952년까지 필라델피아의 초기 피해자학회를 이끌었다. 그는 범죄와 피해의 상관성을 주목하였고, 특히 살인사건들을 분석함으로써 이를 밝히려고 노력하였다. 울프강은 특히 헨티히가 분류한 촉발적 피해자에 관심을 가졌다.[10]

울프강은 1952년 필라델피아에서 발생한 588건의 살인사건들을 분석하여 150건(26%)의 피해자가 매우 적극적으로 범행(살인)을 촉발한 것을 확인하였다. 즉, 피해자가 먼저 상대방에 대하여 폭력을 사용하였고, 이것이 살인의 동기가 된 것으로 밝혀진 것이다.

울프강은 피해자가 살인을 촉발(Victim participated homicides)한 유형을 다음과 같이 구분하고 있다.

울프강의 살인 피해자 촉발 유형

① 오랜 기간 감정의 악화
피해자와 범인이 배우자, 친족, 매우 가까운 지인 관계 등이지만 오랜 기간 갈등관계로 상호감정이 나빠진 경우
② 사소한 시비
엘리베이터에서의 충돌 등과 같이 우연하게 사소한 충돌이 살인으로 이어진 경우
③ 사건 전 피해자의 실수
피해자가 약물이나 알콜중독 또는 과다소비 등으로 갈등 중 살인으로 이어지는 경우

울프강은 이와 같은 내용을 "피해자 촉발 살인사건(Victim precipitated criminal homicide)"이라는 논문으로 집필하여 1957년에 학술지 Criminology & Police에 게재하였다.[11]

울프강의 연구는 피해자가 범죄행위의 매우 적극적인 촉발요인으로서 작용

10 Wolfgang, Martin F., "Victim precipitated criminal homicide," J. Crim. L. Criminology & Police Sci. 48 (1957): 1.

11 Wolfgang, Martin E., "Victim Precipitated Criminal Homicide," The Journal of Criminal Law, Criminology, and Police Science 48.1 (1957): 1-11.

하고 있다는 것을 공식통계자료를 분석하여 밝혀냈다는 점에 의의가 있으며, 이후 다양한 후속연구를 이끌어냈다는 평가를 받았다.[12]

4. 스챠퍼의 피해자 유형

1968년에 스챠퍼(Stephen Schafer)는 멘델손 및 헨티히의 피해자 유형에 대한 연구를 보완하면서 피해자의 기능에 관심을 두었다.[13] 그는 범죄는 개인적인 행동이자 사회적인 행동이라고 보았다. 즉 범죄는 간단하게 발생한 것이 아니라 관여된 것(be committed)이며, 종종 피해자의 무시, 유발적 행동, 촉구적인 행동 등이 범죄를 일으킨다고 주장했다. 스챠퍼는 피해자의 행동은 다른 사람으로 하여금 자신을 공격하게 만드는 기능 또는 공격을 막는 등의 기능적인 역할을 한다고 보았다. 그는 피해자의 이러한 행동을 피해자의 기능적 책임(Functional Responsibility)이라고 불렀다.

스챠퍼는 피해자의 기능적 책임을 바탕으로 다음과 같이 피해자 유형을 7가지로 구분하였다.

스챠퍼의 피해자 유형 분류

① 책임없는 피해자(Unrelated Victims): 범죄에 책임이 없는 피해자
② 신체적으로 나약한 피해자(Biologically Weak Victims): 신체적으로 나약한 피해자로 책임이 없는 피해자
③ 사회적으로 나약한 피해자(Socially Weak Victims): 사회적으로 나약한 피해자로 책임이 없는 피해자
④ 정치적인 피해자(Political Victims): 책임이 없는 피해자
⑤ 행위촉진적 피해자(Precipitative Victims): 범죄에 일부 책임이 있는 피해자
⑥ 자기희생적 피해자(Self Victimizing): 피해가 전적으로 자기책임인 피해자
⑦ 적극적 범죄유발 피해자(Provocative Victims): 범죄자와 책임을 공유하는 피해자

12 Wolfgang, Marvin E., "Victim precipitated criminal homicide," Crime and justice at the millennium, Springer US (2002): 293－306.

13 Brent E. Turvey & Wayne Petherick, Forensic Victimology, Burlington, MA: Elsevier (2009): 17－18.

제2절 범죄피해이론

Ⅰ. 생활양식이론(Lifestyle Theory)

힌델랑(Hindelang)과 그의 동료들은 개인의 노출(Exposure)과 방어능력(Guardianship)이 개인의 범죄피해자화에 미치는 영향에 관하여 연구하였다.[14] 그들은 개인의 생활양식은 개인의 범죄피해자화에 영향을 준다며, 이를 생활양식이론(Lifestyle Theory)이라고 불렀다. 즉 개인의 매일 매일의 생활양식의 노출은 주변의 범죄동기를 가진 사람들에 의하여 범죄의 표적이 될 기회를 증가시킨다는 것이다. 이를 생활스타일이론, 라이프스타일이론이라고도 칭한다.

생활양식이론을 설명하는 중요한 변수로 성별차이와 소득차이를 들 수 있는데 전통적인 생활양식대로라면 남성이 여성보다 상대적으로 사회생활이나 집 밖에서의 생활이 많으므로 범죄에 노출될 기회가 증가한다고 본다. 또한 소득이 적은 경우 주거나, 여가활동, 교통수단 등에서 안전을 보장받기 어려우므로 소득이 많은 사람들보다 상대적으로 범죄적 환경에 노출될 수 있다. 따라서 생활양식이론에 따르면 젊은 사람, 남자, 미혼자, 저소득층, 그리고 저학력층 등은 노년층, 여자, 기혼자, 고소득층, 그리고 고학력층보다 폭력범죄의 피해자가 될 확률이 높다고 할 수 있다.

힌델랑은 사회생활이 활발할수록, 많은 사람들과 교제할수록 범죄피해를 당할 기회가 더 많아진다고 보았다. 즉 젊은 세대는 노인 세대보다 더 범죄피해가 될 가능성이 높은데 이는 젊은 세대는 범죄나 폭력을 행할 가능성이 훨씬 높은 다른 젊은이들을 접촉할 기회가 더 많기 때문이라는 것이다.

이후 생활양식이론은 다양한 후속연구들이 범죄피해자화의 원인을 탐색하는데 영향을 주고 있다.[15] 특히 생활스타일과 낮은 자존감 등의 상관성 연구나 청소년기부터 성인기에 달할 때까지 서로 다른 생활양식이 범죄피해자화에 영

14 Hindelang, Michael, Gottfredson, Michael & Garofalo, James. Victims of personal crime: An empirical foundation for a theory of personal victimization, Cambridge, Mass.: Ballinger (1978)

15 Daigle, Leah E., and Lisa R. Muftic. Victimology: A comprehensive approach. Sage Publications (2019): 37-41.

향을 미치는지에 대한 연구 등으로 발전되고 있다.

II. 일상활동이론(Routine Activities Theory)

범죄경향 및 피해자화에 대한 좀더 정교한 이론은 일상활동이론(Routine Activities Theory)이다. 이는 코헨과 펠슨(Cohen and Felson)에 의해 만들어졌다.[16] 코헨과 펠슨은 일상활동(Routine Activities)은 범죄경향과 피해자화에 초점을 맞춰 연구되어야 한다고 보았다. 그들은 개인의 행동은 반복되며, 개인의 필요 및 인구사회학적 특성에 따라 이루어진다고 전제했다. 일상활동은 집, 직장, 다른 일정한 장소에서도 반복된다.

일상활동이론은 개인의 일상활동 유형에 따라 범죄의 기회를 증가시킬 수도 있고, 감소시킬 수도 있다고 본다. 일상활동이론은 1960년대 미국의 경제성장이 범죄의 감소를 가져올 것이라는 범죄학자들의 예측이 빗나가고 오히려 FBI의 종합범죄보고서(Uniform Crime Report: UCR)를 통하여 범죄발생이 증가하고 있다는 것이 밝혀지면서 착안되었다. 코헨과 펠슨은 대도시 지역의 사회해체에 따른 개인의 일상적 활동의 변화가 범죄발생과 더욱 관련성이 있을 것으로 가정하였다. 즉, 특정한 사람 또는 대상이 일정한 공간과 시간에 놓여질 때 범죄가 발생한다는 것으로 범죄발생에 영향을 주는 요인으로 세 가지 변수를 들었다. 첫째, 현금이 필요한 약물중독자와 같이 범죄동기가 충만한 범죄자의 존재(Motivated Offender), 둘째, 적당한 범죄대상자나 목표물의 존재(Suitable Targets), 셋째, 경찰이나 방범시스템과 같은 방어능력의 부재(Absence of Capable Guardians) 등이다.

매일 매일의 교통수단, 쇼핑, 학교통학, 직장출퇴근 형태는 개인의 범죄피해에 영향을 준다. 강도나 소매치기 등은 집보다는 낯선 사람들과의 왕래가 많은 사람들과의 관계에서 더 많이 발생한다. 일상활동이란 즉, 누가, 어떠한 방법으로, 몇 시에, 어느 장소에서 등과 같은 피해자의 사회적 생태와 관련이 있다. 따라서 집에서 대부분의 시간을 보내는 사람들은 낯선 사람들로부터 살해를 당할 가능성이 많지 않다. 만약 그들이 폭력을 당한다면 가해자는 대부분 가족이

16 Lawrence E. Cohen and Marcus Felson, "Social Change and Crime Rate Trends: A Routine Activity Approach," American Sociological Review, Vol. 44 (1979): 588-593.

그림 2-1 일상활동이론의 모형도

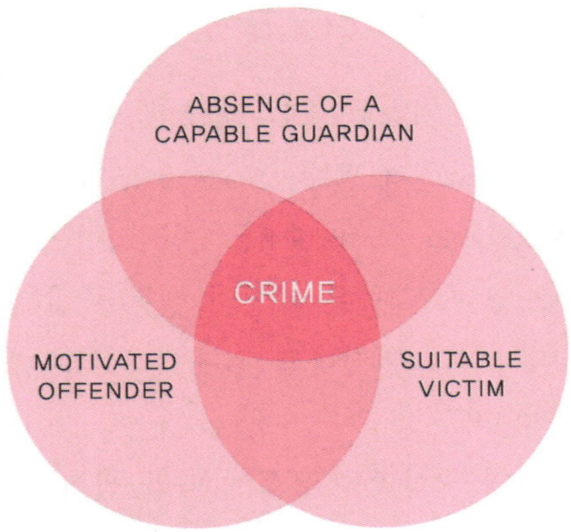

자료: Lopez. A., Routine Activity Theory Elements of Crime, http://lemoncenter.com/routine-activity-theory-elements-crime/

거나 가까운 친구들일 가능성이 높다.[17]

일상활동이론에서 범죄발생에 가장 영향을 주는 변수는 동기화된 범죄자의 존재이다. 동기화된 범죄자에게 있어 범죄를 촉진시키는 요인은 고가의 장비, 옮기기 쉬운 물건이나 현금소지, 자신의 행위를 방해할 만한 도구나 무기 등을 갖추지 못한 경우이다. 범죄자의 행위를 방해하는 도구나 무기에는 경찰의 순찰활동이나 경비시스템의 설치, 그리고 지역주민이나 피해자 주변 사람의 존재도 포함된다. 현금이나 고가의 물건이 가득한 빈 집이나 창고라 하더라도 하루 종일 밖을 내다보고 있는 주부나 노인 등이 이웃에 있다면 범죄대상으로의 매력성은 떨어질 것이다. 또한 일상활동이론은 여럿이 함께 생활하거나 외출하는 것보다 혼자서 생활하거나 외출하는 경우에 더 범죄대상으로서의 매력성을 가진다고 본다.

한편 일상활동이론 역시 한계점을 보인다는 비판을 받는다. 즉, 왜 어떤

17 Schaefer, Lacey. "Routine activity theory." Oxford Research Encyclopedia of Criminology and Criminal Justice (2021).

사람은 완벽한 방어장비를 구비하였음에도 불구하고, 그렇지 못한 사람보다 더 절도나 강도 피해를 당하는지, 또는 어떤 사람들은 매력적인 범죄유인적 요소를 갖췄음에도 불구하고 덜 범죄피해를 당하는지 등 복잡하고 다양한 요인들이 개개인의 피해자화에 영향을 끼치는 점을 모두 설명하지는 못한다는 것이다.[18]

펠슨은 약탈적 범죄의 영역에만 일상활동이론을 적용하던 것을 벗어나 기업범죄와 화이트칼라범죄의 영역에까지 확대시켰다. 또한 일상활동이론과 상황적 범죄예방정책을 접목시켜 기업과 지역사회의 범죄를 설명하였다.[19]

일상활동이론은 범죄학과 피해자학 모두가 가졌던 몇 가지 의문점을 설명해준다. 첫째, 사회적 환경이 개인의 범죄동기를 촉발할 수 있다는 것이다. 둘째, 소유한 것이 많을수록 절도와 강도를 당할 가능성이 증가한다. 셋째, 가족과 이웃이 범죄를 예방하기 위해 함께 대책을 마련하는 것이 경찰순찰 등과 같은 공식적 대책보다 더 효과가 있다. 넷째, 일상적 활동에서 자신과 재물 등을 외부에 노출시킬수록 범죄를 유발하는 것이라는 점 등이다.[20]

일상활동이론을 포함하여 범죄피해자의 선택과정과 불법적인 기회구조를 설명하는 이론들에 있어서 공통점은 이러한 이론들이 개인적, 혹은 심리적인 접근이라기보다는 오히려 집합적, 사회적 성향을 띤다는 것이다.[21]

18 Hollis, Meghan E., Marcus Felson, and Brandon C. Welsh, "The capable guardian in routine activities theory: A theoretical and conceptual reappraisal," Crime Prevention & Community Safety 15.1 (2013): 65－79.

19 Clarke, Ronald V., and Marcus Felson. "The origins of the routine activity approach and situational crime prevention." The origins of American criminology. Routledge (2017): 245－260.

20 Miró, Fernando. "Routine activity theory." The encyclopedia of theoretical criminology (2014): 1－7.; Felson, Marcus. "The routine activity approach." Environmental criminology and crime analysis. Routledge, 2016. 106－116.

21 Crawford, Lizabeth A., Katherine B. Novak, and Amia K. Foston. "Routine activities and delinquency: The significance of bonds to society and peer context." Crime & Delinquency 64.4 (2018): 472－509.

III. 일탈장소이론(Deviant Place Theory)

일탈장소이론이란 특정한 지역이나 장소는 범죄위험에 더 노출되어 있기 때문에 그러한 지역이나 장소에 있는 개인은 다른 장소보다 더 범죄피해를 당할 가능성이 높다고 주장하는 범죄피해이론이다.[22]

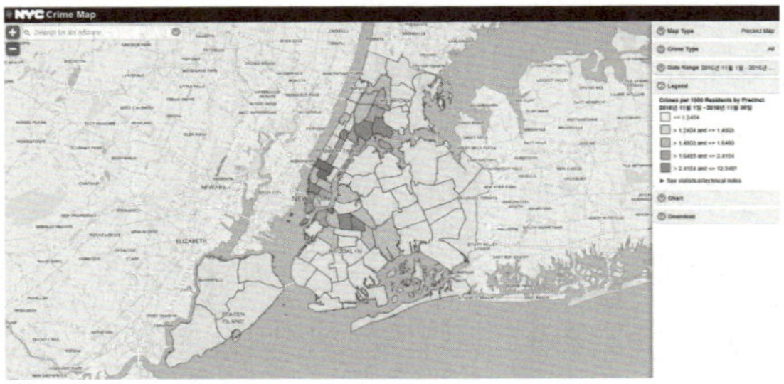

뉴욕시의 범죄발생-피해지도

자료: NYPD, http://www.nyc.gov/html/nypd/html/crime_mapping/nyc_crime_map_introduction.shtml/

일탈장소이론은 피해자촉발이론과는 달리 피해자는 범죄발생에 아무런 원인 제공을 하지 않지만, 피해자가 단지 특정한 장소에 머물거나, 거주하거나, 근무하는 등의 이유로 인하여 범죄피해를 당할 가능성이 더 높아지는 경우이다.

따라서 일탈장소이론에 따르면 범죄피해를 줄이려면 범죄발생이 많은 장소나 특정지역을 회피하거나 거리두기를 하는 등의 노력이 필요하다.[23]

일탈장소이론은 앞서의 생활양식이론이나 일상활동이론에 비하여 상대적으로 거시적인, 지리적인 관점의 접근이며, 범죄피해에 대한 물리적인 환경의 중요성을 강조한다고 볼 수 있다. 그리고 이러한 관점은 깨어진 창문이론(Broken Window Theory) 및 환경설계를 통한 범죄예방이론(Crime Prevention Through Environmental Design Theory: CPTED theory)의 태동 및 발전에 영향을 주는 피해자학이론이라고 할 수 있다.[24]

일탈장소이론을 바탕으로 도시설계나 지역개발에 있어 특정한 문화나 종교, 정치적인 신념 등을 공유하는 지역사회가 형성될 경우 그렇지 않은 경우 보다 범죄피해가 덜 발생할 수도 있다는 연구결과들이 제시되고 있다.[25]

---

22 Vito, Gennaro F., and Jeffrey R. Maahs. Criminology: Theory, Research, and Policy: Theory, Research, and Policy. Jones & Bartlett Learning (2020): 142.

23 Helle, Kristin. The Significance of Place and Gender: An Ohio Violent Crime Victimization Study. Diss. Youngstown State University (2014).

24 Eck, John E., and David L. Weisburd, "Crime places in crime theory," Crime and place: Crime prevention studies 4 (2015).

IV. 피해자촉발이론(The Victim Precipitation Theory)

피해자촉발이론(The Victim Precipitation Theory)이란 피해자가 범죄자의 범행동기를 유발하고 범죄실행에 영향을 끼친다는 피해자이론이다. 피해자촉진이론 또는 피해자유발이론이라고도 한다.[26]

피해자촉발이론을 최초로 체계적인 연구과정을 거쳐 주장한 학자는 울프강(Marvin Wolfgang)이다. 그는 1957년 살인사건에 대한 통계적 분석연구를 통하여 피해자가 범죄를 유발하는 동기를 제공하는 경우도 있다는 것을 밝혀냈다.

울프강은 연구를 시작하기 전, 살인의 원인을 피해자가 제공할 수도 있다는 가설을 세웠고, 실제로 588건의 공식적인 살인사건사례 중 26%, 150건이 피해자가 범죄를 유발한 것을 증명한 것이다.

울프강을 이은 다양한 후속연구들이 진행되었고, 일부 연구에서 남성과 여성범죄자 간에서 발생한 폭력사건의 경우 여성범죄자의 행동이 남성의 폭력을 촉발한 것으로 나타났다. 또한 음주는 공통적인 범죄촉발요소로 나타났고, 둘 이상의 범죄유발요소가 있는 경우 대부분 알콜이 가장 우선적인 범죄촉발 요소인 것으로 나타났다.

그런데 피해자가 범죄를 촉발하는 태도는 소극적이거나 또는 스스로 의식을 하지 못하는 경우도 있고, 적극적으로 행동하는 경우도 있다. 예를 들어 성전환자나 동성애자, 특정종교인, 난민 등은 어떠한 행동을 하지 않더라도 그 존재나 신념을 가지고 있다는 이유 혹은 표식만으로도 증오범의 공격을 받을 수 있다.

반대로 피해자가 범죄를 유발하는 적극적인 경우는 상대방과의 심한 다툼이나 모욕적인 언어나 태도, 채무불이행 등과 같이 상대방과의 갈등적인 요인이 있는 경우이다.

한편 범죄촉발이론은 범죄피해의 원인을 피해자에게 전가하고, 동시에 피해자의 행동에 대해 도덕적, 사회적 혹은 법적으로 책임을 물어 가해자의 형사

25 Rozhan, Arinah, et al., "Analysis Of Islamic Safe City Planning Concept For A Better Living Environment." RESEARCH JOURNAL OF FISHERIES AND HYDROBIOLOGY 11.3 (2016): 69–73.

26 Wolfgang, Marvin E., "Victim precipitated criminal homicide," Crime and justice at the millennium, Springer US (2002): 293–306.

적 책임을 덜어준다는 비판을 받기도 한다.[27] 특히 여성에 대한 강간이 노출이 심한 여성의 옷차림이나 늦은 시간의 활동, 음주 때문일 수도 있다는 연구결과[28]는 남성의 성폭력 동기를 여성 피해자에게서 찾으려는 것으로 범죄책임을 오히려 여성피해자에게 전가하거나, 범죄자의 범죄동기를 희석시킨다는 비판을 받고 있다.[29]

V. 통합이론(Integrated theory)

범죄피해에 영향을 주는 요소는 어떤 특정한 단일한 것이 아니라 다양한 요소들이 결합하여 범죄피해를 야기하는 것이라는 입장이다. 에자 파타(Ezzat A Fattah)는 이를 10가지로 정리하였다.[30]

① 기회(Opportunities)

개인, 주거, 직업 등의 특성 및 이러한 목표의 활동 및 행동과 밀접한 관련이 있는 기회는 범죄피해에 영향을 준다.

② 위험 요인(Risk factors)

연령 및 성별, 거주 지역, 보호자 부재, 알코올 유무와 같은 사회인구 통계학적 특성이 범죄피해에 영향을 준다.

③ 동기화된 범죄자(Motivated offenders)

범죄목적을 가지고 대상자를 물색하는 범죄자의 표적이 될 경우 범죄피해의 가능성이 높다.

---

27 Lasky, Nicole V. "Victim precipitation theory." The encyclopedia of women and crime (2019): 1–2.

28 Amir, Menachem, "Victim precipitated forcible rape," The Journal of Criminal Law, Criminology, and Police Science 58.4 (1967): 493–502.

29 Hayes, Rebecca M., Katherine Lorenz, and Kristin A. Bell, "Victim blaming others: Rape myth acceptance and the just world belief," Feminist Criminology 8.3 (2013): 202–220.

30 Fattah, Ezzat A. "The rational choice/opportunity perspectives as a vehicle for integrating criminological and victimological theories." Routine activity and rational choice. Routledge (2017): 225–258.

④ 노출(Exposure)

잠재적 범죄자와의 접촉 및 고위험 상황 및 환경에의 노출이 많을수록 범죄피해의 가능성이 높다.

⑤ 교제(Associations)

가해자와 피해자와의 친밀한 개인적, 사회적 또는 직업적인 접촉이 잦을수록 범죄피해의 가능성이 높다.

⑥ 위험한 시간과 위험한 장소(Dangerous times and dangerous places)

저녁, 심야 시간 및 주말, 공공 오락장소 출입, 유흥지역 등의 활동시간은 범죄피해에 영향을 준다.

⑦ 위험한 행동(Dangerous behaviour)

도발, 공격, 폭언 등은 폭력범죄피해를 불러일으킬 가능성이 높고, 과실, 부주의 등은 재산범죄 피해를 가져올 가능성이 높다.

⑧ 고위험 활동(High-risk activitie)

개개인의 모험추구, 일탈, 불법적 활동 등의 생활양식은 범죄피해를 가져올 가능성이 높다.

⑨ 방어적, 회피적 행동(Defensive/avoidance behaviors)

개개인의 위험감수적인 행동은 범죄피해 가능성을 확대시키고, 그 반대인 생활양식은 범죄피해 위험을 감소시킨다.

⑩ 구조적/문화적 경향(Structural/cultural proneness)

조직, 사회의 무기력, 박탈감, 문화적 낙인과 소외 등은 범죄 피해자화의 위험을 증가시킨다.

VICTIMOLOGY

제 3 장 범죄피해자조사

제1절 범죄피해자조사의 발달

Ⅰ. 피해자조사의 의의

피해자조사(Victim Survey, Victimization Survey)란 대상자에게 일정한 기간동안 범죄피해의 경험여부를 질문하여 범죄피해 실태를 파악하는 것을 말한다.[1] 피해자조사는 국가단위 혹은 특정지역 단위로 정부에 의하여 공식적으로 실시하는 것이 대부분이다.

범죄피해자 실태조사에 대한 연구는 1960년대에 이르러서야 경찰의 공식적 범죄통계의 암수범죄 문제에 대한 관심에서 시작되었다. 즉 경찰에 신고되거나 기록되지 않은 범죄의 피해자가 어느 정도인지에 대한 조사의 필요성이 제기된 것이다. 특히 당시 페미니스트이론은 성범죄나 가정폭력범죄의 경우 신고되지 않는 경우가 많아 결국 경찰 등 형사사법기관의 입장에서는 사건을 볼 수 없어(invisibility) 이를 범죄로도 그리고 피해자로도 처리할 수 없다는 문제를 제기하였다. 그리고 그 피해자가 대부분 여성이라는 점에서 피해자조사의 필요성을 주장하기 시작하였다.

피해자조사는 공식적 범죄통계의 문제점을 보완하는 방법으로 활용할 수 있고, 특히 드러나지 않은 범죄를 파악하는 데 효과적이다. 전국적인 조사를 행하므로 전국적 단위의 범죄 및 그 피해실태를 파악하는 데 매우 유용하다는 평가를 받는다. 또한 이 연구방법은 범죄학의 연구영역을 범죄자 중심에서 피해자에게까지 확대하는 데 기여하였다. 즉 범죄피해자의 성(sex)과 빈부의 정도, 학

1 BJS, National Crime Victimization Survey (NCVS), https://bjs.ojp.gov/data-collection/ncvs/; 허경미, 범죄학 제7판, 박영사, 2020, 11-12.

력, 직업, 지역, 생활패턴 등을 파악함으로써 범죄에 따라 그 피해자가 일정한 특징을 가지고 있음을 보여준 것이다.[2]

그러나 피해자조사는 범죄피해자가 매우 주관적으로 조사에 응답할 수 있어 조사의 객관성을 잃을 수 있다는 단점이 있다. 조사대상자는 실제 범죄로 인한 피해와 범죄가 아닌 경우의 피해를 자신의 주관적인 판단하에 범죄로 인한 피해라고 답변할 수 있다. 또한 실제 범죄피해를 당하였음에도 불구하고 밝히기 싫어서 없다고 답변하거나, 명예를 훼손당하거나 보복이 두려워 답변하지 않거나 허위로 답변하는 경우, 피해사실을 잊어버려 없다고 하는 등의 문제도 있다. 공식통계의 한계와 같이 화이트칼라범죄로 인하여 범죄피해를 당하였음에도 불구하고, 이를 인식하지 못하여 대답을 하지 못하는 경우도 있다.

조사대상자에게서 나타나는 이와 같은 한계 이외에도 조사자가 조사대상자에 대하여 편견을 가지고 질문을 하거나 대답을 유도하는 등 부적절한 태도로 인하여 정확한 답변을 얻지 못하는 경우도 있다. 나아가 전국적인 조사이므로 시간과 비용이 많이 소요되며 표본당사자가 전체성을 갖는가의 문제, 노숙자 등의 불법체류자, 일정연령 이하에 대한 범죄피해를 밝힐 수 없다는 등의 단점이 있다.

그러나 이와 같은 단점을 보완하는 다양한 노력이 이어지고 있고, 정부 혹은 연구자들은 정확한 범죄피해실태 파악 및 피해자 지원정책 등의 기초자료 확보를 위해 피해자조사를 활발하게 진행하고 있다.

II. 국제사회 단위의 범죄피해자조사

1. 유럽

국제범죄피해자조사(International Crime Victims Survey: ICVS)는 1987년 국가범죄조사에 대한 전문지식을 갖춘 유럽의 범죄학자 그룹에 의해 최초로 시작되었다. 설문조사는 범죄피해자의 실태를 유럽국가간 비교하려면 공통된 데이터가

2 Fay, Robert E., et al., "Developmental Estimates of Subnational Crime Rates Based on the National Crime Victimization Survey." (2015).

필요하다는 인식에서 출발하였다.

첫 번째 조사는 1989년[3]에 실시되었고, 이후 1992년[4], 1996년[5], 2000년[6] 및 2005년[7], 2010년 6회 유럽 및 세계 각국에서 시행되어 국가간 범죄피해의 실태를 비교하는 자료로 활용되었다.

국제범죄피해자조사는 Gallup, UNICRI, Max Planck Institute, CEPS / INSTEAD 및 GeoX Ltd를 포함하는 유럽 컨소시엄에 의해 수행되고 있다.

설문조사는 조사대상 국가의 범죄피해 정도를 비교하고, 시민들이 일상생활의 안전(security)에 대한 인식과 안도감(safety)의 정도를 파악하는 내용으로 문항이 구성되었다. 조사대상 연령은 15세 이상의 표본인구이다.

설문지는 지난 5년간 차량도난, 오토바이 도난, 자전거 도난, 강도, 절도, 성폭력, 사기, 공무원뇌물, 증오범죄, 약물범죄 등의 피해경험 및 범죄의 경찰신고 여부, 경찰처리에 대한 만족도, 국가의 범죄피해자 지원 여부, 지역사회의 범죄 두려움, 범죄예방노력 여부, 법집행에 대한 대중의 태도, 경찰에 대한 신뢰정도, 처벌 정도에 대한 인식 등에 대한 질문으로 개인의 인구사회학적 배경을 포함하여 모두 400개의 문항으로 구성되어 있다.[8]

가장 마지막 2010년도의 국제범죄피해자조사의 결과 협박, 폭행 피해가 대부분의 국가에서 가장 흔한 형태의 피해로 나타났다. 자동차 절도 피해는 상대

3 Van Dijk, J.J.M., Mayhew, P. & Killias, M. (1990). 'Experiences of crime across the world: Key findings from the 1989 International Crime Survey'. Deventer: Kluwer Law and Taxation.

4 Van Dijk, J.J.M., & Mayhew, P. (1992). 'Criminal victimization in the Industrialized World: Key findings of the 1989 and 1992 International Crime Surveys'. The Hague: Ministry of Justice, Department of Crime Prevention.

5 Mayhew, P., Van Dijk, J.J.M. (1997). 'Criminal Victimisation in eleven Industrialised Countries. Key findings from the 1996 International Crime Victims Survey'. The Hague: Ministry of Justice, WODC (summary).

6 Alvazzi del Frate, Anna, Van Kesteren, J.N., (2004) 'Criminal Victimisation in Urban Europe. Key findings of the 2000 International Crime Victims Survey'. Turin, UNICRI.

7 Van Dijk, J.J.M., Manchin, R., Van Kesteren, J., Nevala, S., Hideg, G. (2005) The Burden of Crime in the EU. Research Report: A Comparative Analysis of the European Crime and Safety Survey (EU ICS) 2005.

8 Dijk, J. V., Kesteren, J. V., & Smit, P. (2007). Criminal victimisation in international perspective. Boom Juridische Uitgevers. p. 236.

적으로 매우 적었다. 이는 국가의 경제적 상황과 관계가 있다. 12개국의 국가간 범죄피해 차이는 상당히 컸다. 일반 범죄로 인한 피해는 스위스, 에스토니아, 덴마크, 몰도바가 높고, 아제르바이잔, 조지아, 타지키스탄이 낮다. 이와 같은 특징은 국가간 GDP 수준과 반비례하다는 것을 알 수 있다. 아제르바이잔과 타지키스탄의 낮은 범죄피해율은 이들 국가의 인구가 대부분 농촌지역에 거주하는 것과 관련이 있다고 분석되었다.

표 3-1 ICVS 조사대상 국가의 2009/2010 범죄 피해율 비교

구분	차량 절도	절도	강도	폭행	뇌물수수
아제르바이잔	-	0.1	0.0	0.9	3.9
캐나다	1.4	1.3	1.4	3.5	0.6
덴마크	0.8	3.6	0.9	4.1	1.0
에스토니아	0.4	3.0	2.1	3.7	0.5
그루지야	0.1	0.5	0.2	0.18	0.2
독일	0.2	1.2	0.9	4.0	0.6
몰도바	0.2	1.6	0.7	3.2	7.3
네덜란드	0.5	0.8	1.3	5.7	0.2
스웨덴	0.5	1.0	0.7	4.5	0.1
스위스	0.2	1.9	1.0	5.1	0.2
타지키스탄	0.2	0.3	0.1	0.5	0.2
영국	1.5	1.5	0.9	4.9	0.

자료: van Dijk, J. (2013). The International Crime Victims Survey 1988-2010: Latest Results and Prospects. Newsletter: International Crime and Victimization Surveys.

2. UNODC

유엔 마약범죄사무소(UNODC, United Nations Office on Drugs and Crime)는 전 세계 마약, 범죄, 테러리즘 관련 문제에 대응하기 위해 다양한 활동을 수행하며, 특히 범죄 통계 및 피해자 조사도 업무의 일부이다.[9]

9 https://www.unodc.org/unodc/en/justice-and-prison-reform/cpcj-victims.html/

UNODC는 범죄피해조사의 중요성을 강조하고, 각국이 자국의 상황에 맞는 범죄피해조사를 실시할 수 있도록 방법론적 가이드라인과 기술적 지원을 제공한다. 특히 UNODC는 한국 통계청과 아시아-태평양 범죄통계 협력센터(UNODC-Kostat CoE)를 설립하여 아시아-태평양 지역 국가들의 범죄 통계 역량을 강화하고, 국제표준범죄분류(ICCS) 이행 및 범죄피해조사 실시 등을 지원한다. UNODC는 범죄피해조사 결과를 바탕으로 세계마약보고서(World Drug Report 2024), 인신매매에 관한 글로벌 보고서(Global Report on Trafficking in Persons 2024), 살인에 관한 글로벌 연구(Global Study on Homicide 2023), 유엔 범죄동향 및 형사사법 운영체계 조사(UN-CTS) 결과 보고서 등을 최근에 발간하였다.

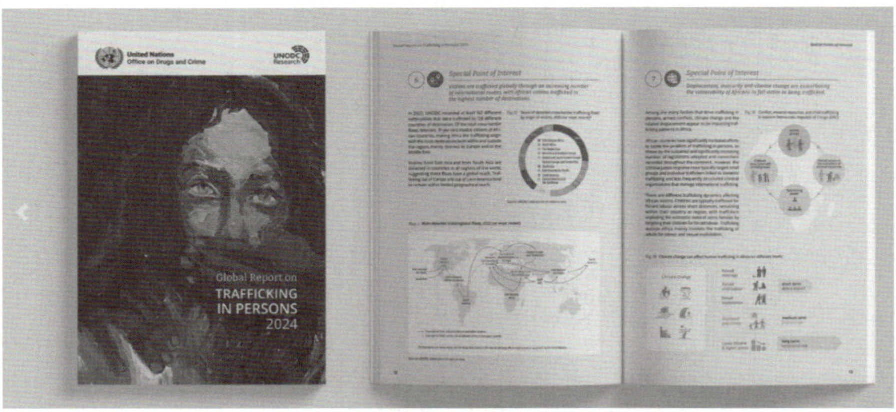

자료: https://www.unodc.org/unodc/en/data-and-analysis/glotip.html/

Ⅲ. 주요 국가의 범죄피해자조사

1. 영국

영국은 1972년에 런던의 작은 마을 세 군데를 대상으로 최초로 가정폭력 피해실태에 대하여 조사를 하였다.[10]

영국은 이 조사를 통하여 경찰 통계에 의해 잘 식별되지 않은 범죄실태를 파악하는 것 외에도, 범죄자와 피해자의 특징을 밝히는데 유용하다는 것을 알게 되었다. 또한 이를 바탕으로 범죄예방전략 개발을 지원하는 데 필수적이며, 시민들의 범죄피해 예방에 대한 관심을 높이고 태도변화를 가져올 수 있다고 인식하게 되었다.

이에 따라 영국은 잉글랜드, 웨일즈, 스코틀랜드를 대상으로 1981년부터 전국단위의 범죄피해조사를 실시하다가 2009년부터는 잉글랜드, 웨일즈만을 대상으로 한다.[11] 정식명칭은 잉글랜드, 웨일즈 범죄조사(Crime Survey for England and Wales: CSEW)이다. 매년 16세 이상 약 50,000가구를 대상으로 한다. 대상자에 대하여는 지난 12개월 동안 범죄피해 경험을 질문한다. 또한 가구의 10세 이상 15세 미만에 대하여는 별도 조사를 진행한다. 조사는 영국 통계청의 위탁을 받아 Kantar Public이 대행한다.

2024년에 실시한 잉글랜드 및 웨일즈 범죄 조사(CSEW)는 절도, 강도, 범죄피해, 사기, 컴퓨터 오용, 그리고 상해를 동반하거나 동반하지 않는 폭력 등이 960만 건 발생하였고, 이는 2023년도 840만 건 보다 14% 증가한 것이다.[12]

10 Sparks, Richard F., Hazel G. Genn, and David J. Dodd. Surveying victims: A study of the measurement of criminal victimization, perceptions of crime, and attitudes to criminal justice. London: Wiley, 1977.

11 Office for National Statistics, https://www.crimesurvey.co.uk/en/HomeReadMore.html/

12 https://www.ons.gov.uk/peoplepopulationandcommunity/crimeandjustice/bulletins/crimeinenglandandwales/yearendingdecember2024/

2. 네덜란드

네덜란드는 법무부에서 1974년부터 1980년까지 범죄피해자조사를 시행한데 이어 다시 1980년부터 2005년까지 조사를 시행하였다. 그리고 2005년에 이 범죄피해자조사와 경찰의 공식통계를 결합하여 국가안전모니터(National Safety Monitor, Veiligheidsmonitor－VM)로 칭하면서 2025년 현재에 이르고 있다.[13]

네덜란드의 국가안전모니터(Veiligheidsmonitor－VM)는 주민의 지역사회 두려움, 범죄 두려움 및 예방, 범죄피해 경험, 경찰 및 자치단체의 법집행 및 범죄예방정책 등에 대한 인식과 경험 등을 조사하며 2017년부터는 격년으로 한다.

대상자는 15세 이상 개인 및 가구주를 대상으로 하며, 인터넷 사이트에 접속하여 질문에 응답하는 방식으로 진행한다.

2023년에는 15세 이상 인구 80,000여 명을 대상으로 지난 12개월 동안 안전감, 범죄피해, 차별피해, 경찰경험 등에 대한 조사를 시행하였다.[14]

네덜란드 통계청은 2024년 3월에 분석결과를 발표하였고, 그 주요 내용은 다음과 같다.

전통적 범죄 피해

전체 인구의 2.2%가 자신이 사는 동네에서 종종 안전하지 못하다고 느끼는 것으로 나타났다. 네덜란드인 5명 중 1명이 폭력, 주거침입, 절도, 강도, 손괴, 무질서 등 전통적인 범죄의 피해를 입었다.

경찰은 인구 1,000명당 45.3명으로 2016년의 54.8명보다 증가한 것이다.

15세 이상 인구의 15.6%가 온라인 범죄의 피해를 입었다고 보고했다. 이는 2021년보다 1.3% 낮아진 것이다.

네덜란드의 15세 이상 인구 중 19.9%가 지난 12개월 동안 전통적인 범죄의 피해경험이 있다. 재산범죄 10.8%, 손괴 6.5%, 폭력 6.4%로 나타났다. 남성, 55세 미만의 사람, 고학

13 Centraal Bureau voor de Statistiek(CBS), Netherlands' Safety Monitor, https://www.cbs.nl/en－gb/our－services/methods/surveys/korte－onderzoeksbeschrijvingen/netherlands－safety－monitor.

14 https://www.cbs.nl/nl－nl/longread/rapportages/2024/veiligheidsmonitor－2023/1－inleiding－en－samenvatting/

력자, 해외에서 태어났거나 부모 중 한 명이 해외 출신인 사람은 범죄 피해자가 될 가능성이 평균보다 높았다.
범죄피해자의 대부분은 15~25세 연령대에 속하였다.
피해자가 가장 적게 보고된 집단은 75세 이상의 사람들, 교육 수준이 낮거나 중간인 사람들, 네덜란드에서 태어났으며 부모 역시 네덜란드에서 태어난 사람들로 나타났다.

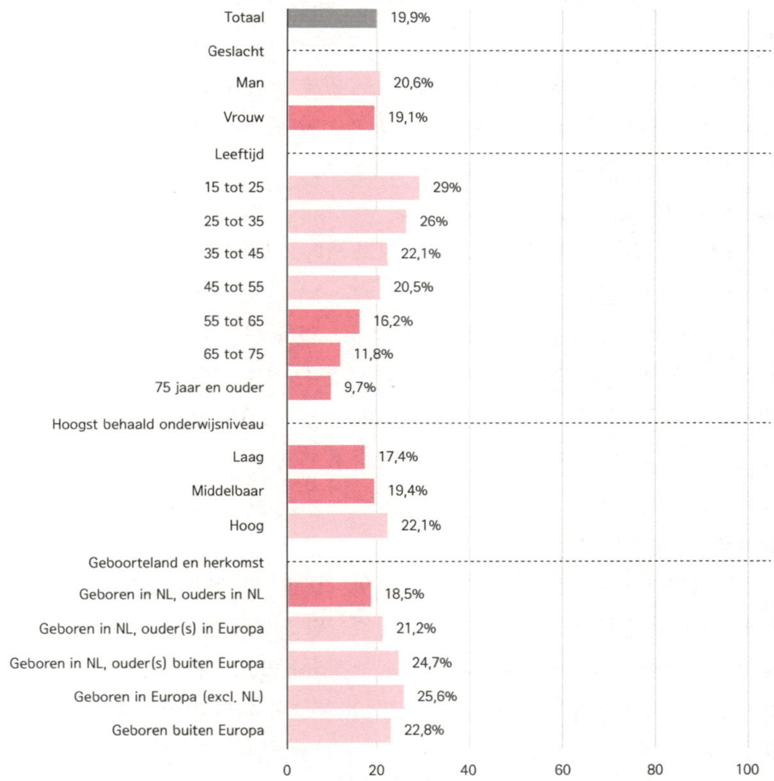

온라인 범죄피해

온라인 범죄란 인터넷, 이메일 또는 앱을 통해 발생하는 범죄로 판매 사기, 지불 사기, 신원 사기, 피싱) 컴퓨터 해킹 및 위협, 괴롭힘, 스토킹 및 섹스팅 등을 말한다.
2023년에 인구의 16%가 하나 이상의 온라인 범죄나 사건의 피해자로 나타났다. 온라인 사기 9%, 해킹 6%, 온라인 위협 및 협박 3%, 기타 온라인 범죄 1% 미만으로 피해사실이 있다고 응답했다.
온라인 범죄피해는 전체적으로는 2021년 17%에 비해 감소했다. 2023년에는 해킹, 특히 계정 해킹의 피해자가 줄어들었다.

스토킹 피해

15세 이상 네덜란드 인구의 2%가 스토킹 피해를 당해 여성 13만 7천 명, 남성 9만 명에 달하였다. 여성 피해자에 비해 남성 피해자는 스토커를 모른다고 보고할 가능성이 더 높았다. 남성은 여성보다 소셜 네트워크나 경찰 등 공식 기관에 스토킹 사실을 신고할 가능성이 낮았다. 피해자의 38%는 온라인에서만 스토킹을 당했고, 40%는 오프라인에서만 스토킹을 당했으며, 15%는 두 가지 모두에서 스토킹을 당했다.

남성의 경우 스토킹 피해는 모든 연령대에서 발생했지만, 여성의 경우 주로 젊은 여성이 피해를 입었다. 15~25세 여성의 3%가 2023년에 스토킹을 당한 적이 있다고 답했다. 25~45세 여성의 경우 이 비율은 2%였다.

여성은 66% 남성은 48% 정도 스토커를 알고 있다고 답하였다. 가해자는 파트너나 전 파트너, 동네사람, 지인인 경우가 많았다.

스토킹 피해자의 74%가 스토킹으로 인해 적어도 하나 이상의 정서적 또는 심리적 문제를 경험했다. 여성의 경우 77%, 남성의 경우 69%였다. 여성 55%, 남성 38%가 안전감이 떨어진다고 느끼고 있었다. 수면 문제(여 28%, 남성 20%)와 불안감(여성 29%, 남성 14%)을 이전보다 더 느끼는 것으로 나타났다.

경찰과의 접촉 및 접촉 만족도

네덜란드 국민의 4분의 1이 지난 12개월 동안 경찰과 한 번 이상 접촉한 적이 있다.

경찰과의 마지막 접촉에 대한 만족도는 3명 중 2명 정도가 매우 만족하였다. 마지막 접촉에 불만족했던 사람들 중 대부분은 문제가 해결되지 않았거나(44%) 경찰이 심각하게 받아들이지 않았거나 관심이 없었기 때문(39%), 경찰이 너무 오래 기다리게 했거나, 늦게 도착했거나, 전혀 도착하지 않았거나, 경찰이 나중에 충분한 정보를 제공하지 않았거나 알려주지 않았기 때문 등이 20%로 나타났다.

모든 응답자에게 해당 지역 경찰의 기능에 대해 얼마나 만족하거나 불만족하는지 질문한 결과 36%는 매우 만족하고, 매우 불만족은 8%, 29%는 만족도 불만족도 하지 않았고, 28%는 평가할 수 없다고 답했다.

범죄예방

네덜란드 국민의 4분의 3은 도난을 방지하기 위해 항상 또는 자주 차에서 귀중품을 꺼낸다고 답했다.

거의 절반이 저녁에 집에 아무도 없을 때 불을 켜둔다고(종종 또는 항상) 응답했다.
61%는 창문과 문에 보안 잠금장치나 걸쇠를 설치했고, 23%는 집에 감시 카메라를 설치했으며, 13%는 경보 시스템을 설치했다.
2021년과 비교했을 때 집 안팎에서 카메라 감시를 사용하는 경우가 늘어났다.
5명 중 1명 이상이 자신이나 가족 중 누군가가 이웃 예방활동에 참여한다고 밝혔다.
디지털 데이터를 보호하기 위해 강력한 비밀번호 선택(73%), 업데이트/백업(52%), 바이러스 검사 프로그램 사용(50%)을 하였다.

무례한 행동과 차별
15%는 거리에서 낯선 사람에게 무례한 대우를 받는 경우가 잦다고 답했다. 10명 중 1명은 상점이나 회사 직원, 대중교통에서 낯선 사람에게 무례하게 대우받는 경우가 많다고 답했다.
10명 중 1명 이상(11%)이 차별을 받았다고 느꼈다. 이는 2021년과 동일하였다.
한 번 이상 차별을 경험한 네덜란드 사람의 39%는 인종이나 피부색 때문에 차별을 받았다고 답했다. 차별을 경험한 사람 중 33%는 국적 때문에 차별을 받았고, 28%는 성별 때문에 차별을 받았고, 17%는 연령 때문에 차별을 받았고, 16%는 종교/신념 때문에 차별을 받았다고 답했다.
차별을 경험한 사람 중 39%는 국가 정부, 정치인, 지방 자치 단체 또는 경찰 등 기관이나 전문가에 의해 차별이 발생했다고 말했다.
차별을 경험한 사람 중 절반 이상(51%)은 차별로 인해 다른 사람에 대한 신뢰가 낮아졌다고 답했다. 21%는 안전하지 못하다고 느꼈고, 15%는 우울증을 앓고 있거나 겪었으며, 11%는 수면 문제를 겪었다.
차별을 받았다고 느낀 사람 중 11%가 이를 하나 이상의 당국에 신고했다. 차별을 받았다고 느낀 사람 중 2%가 경찰에 사건을 신고했다.

3. 미국

① 도입과 조사설계

미국은 범죄피해자에 대한 체계적인 조사를 범죄학자들의 주도하에 1966년에 10,000가구를 대상으로 시행하였다.[15] 이것은 1965년 '법집행과 사법행정을

15 William G. Doerner & Steven P. Lab, Victimology 5th ed., Newark, NJ: Anderson Publishing (2008): 38－40.

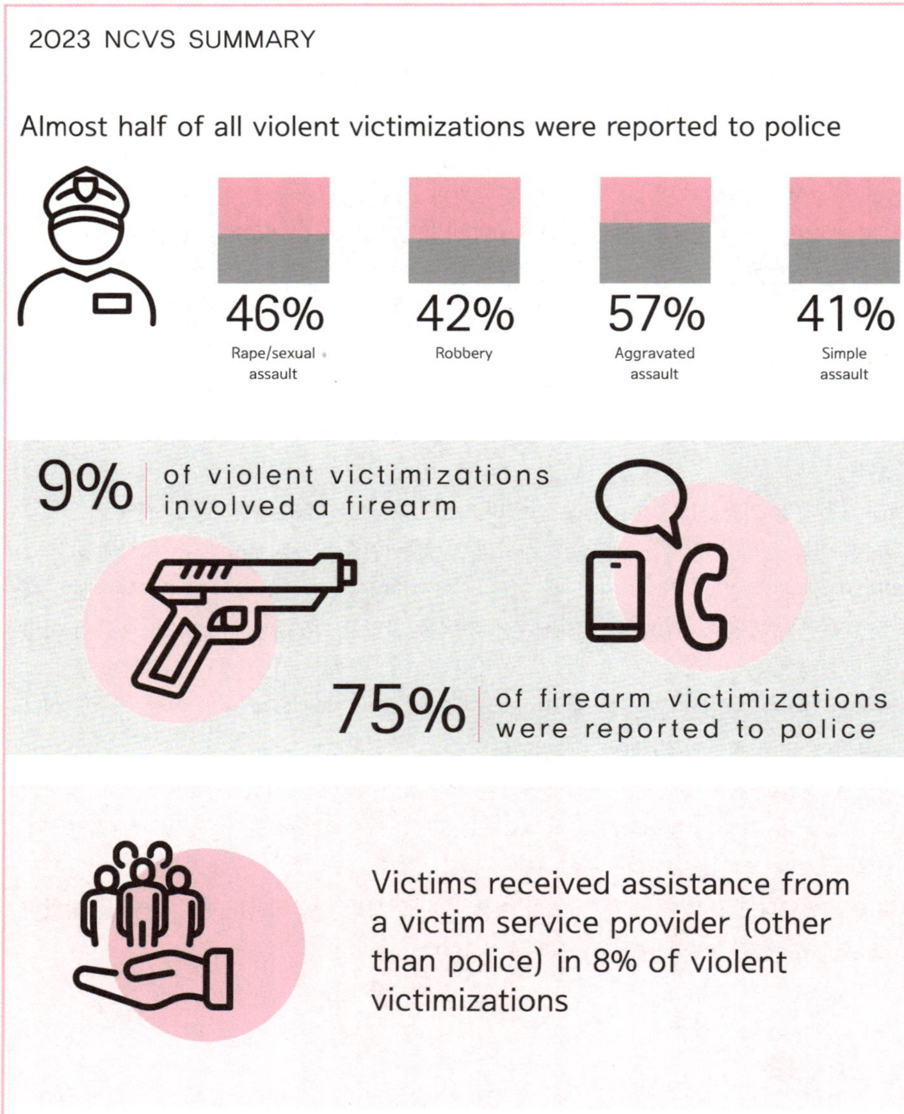

자료: Bureau of Justice Statistics, https://bjs.ojp.gov/document/NCVSKeyFindings 2023. pdf/

위한 위원회'(Commission on Law Enforcement and Administration of Justice)의 활동의 일환이기도 했다. 이 조사를 통해 사람들이 범죄피해를 경찰에 신고하지 않는, "암수범죄"(Dark Figure)의 실태를 확인하게 되었다. 이는 FBI가 작성하는 범죄통계보고서인 UCR의 정확성에 대한 의문을 증폭시켰다. 이에 따라 1972년에 연방정부 차원에서 26개 도시의 개인 및 가구를 표본으로 전국규모의 범죄피해조사, 즉 국가범죄조사(National Crime Survey: NCS)가 실시되었다. 1973년에는 미 인구조사국(Bureau of the Census)에서 계층화된 다단계 표집방법으로 전국의 가구를 무작위로 추출하여 조사하였다. 이 조사는 1992년 이후 국가범죄피해자조사(National Crime Victimization Survey: NCVS)로 명칭이 변경되었다.

2025년 현재 미국의 국가범죄피해자조사(NCVS)는 법무부 형사사법통계국(The Bureau of Justice Statistics: BJS)이 주관하며, 매년 실시한다.[16] 전국의 15만 가구, 12세 이상 24만 명을 조사대상 표본으로 하고 있다. 이들은 3년 6개월 동안 6개월 단위로 전화 또는 대면으로 인터뷰를 한다.

NCVS는 대인범죄(강간 또는 성폭력, 강도, 상해 및 단순 폭행, 개인 절도)와 재산범죄(강도, 절도, 자동차 절도 및 손괴)에 대한 정보를 수집한다. 설문조사 대상자는 자신에 대한 정보(예: 연령, 성별, 인종 및 히스패닉 출신, 결혼 상태, 교육 수준 및 수입)와 범죄피해 경험 여부를 응답하도록 구성되어 있다.

NCVS는 응답자의 범죄피해 사건에 대해 범죄자(나이, 인종 및 히스패닉 출신, 성 및 피해자와의 관계), 범죄의 성격(발생 시간 및 장소, 무기 사용, 신체상해 정도, 경제적 피해정도 등) 및 범죄가 경찰에 신고되었는지 여부, 범죄를 신고한 이유, 신고하지 않은 이유, 그리고 형사사법제도에 대한 피해자 경험 등에 대하여 질문한다.

설문지(Questionnaire)는 조사대상자의 인구사회학적 배경을 파악하는 설문지인 NCVS－1 기본조사설문지(BASIC SCREEN QUESTIONNAIRE)와 범죄피해경험을 조사하는 NCVS－2 범죄사건보고(Crime Incident Report)가 있다.

② 범죄피해 추세

1993년부터 2023년까지 지난 30년간 미국의 폭력 범죄 피해율과 재산범죄 피해율은 전반적으로 감소하는 추세를 보인다.[17]

16 Bureau of Justice Statistics, Data Collection, https://www.bjs.gov/index.cfm?ty=dcdetail&iid=245#Questionnaires/

17 https://bjs.ojp.gov/library/publications/criminal-victimization-2023/

미국 가정은 2023년에 1,360만 건의 재산 피해를 입었다.

2023년 재산피해율은 1,000가구당 192.3건으로 2022년 176.1건에서 증가했다.

③ 유형별 범죄피해

❶ 폭력범죄 피해

폭력피해에는 강간이나 성폭행, 강도, 가중폭행, 단순폭행 등이 포함된다.

2023년 단순 폭행을 제외한 폭력 피해율은 남성의 경우 2022년 1,000명당 9.5명에서 2023년 1,000명당 6.9명으로 감소한 반면, 여성의 경우 큰 변화가 없다. 친밀한 파트너 폭력(현재 또는 전 배우자, 남자친구 또는 여자친구에 의한 폭력 피해)은 2022년 12세 이상 인구 1,000명당 3.4명에서 2023년 1,000명당 2.2명으로 감소했다.

경찰에 신고된 폭력 피해율은 2022년부터 2023년까지 일정했으며(1,000명당 10.1명) 1993년(1,000명당 33.8명) 이후 전반적으로 감소 추세를 이어갔다. 2023년 비율은 2020년(1,000명당 6.6명)과 2021년(1,000명당 7.5명) 비율보다 높다. 2023년(42%)에 경찰에 신고된 강도 피해율은 42%로 2022년 64%보다 낮았다.

그림 3-1 폭력범죄 피해경험 및 경찰신고폭력범죄(1993–2023)

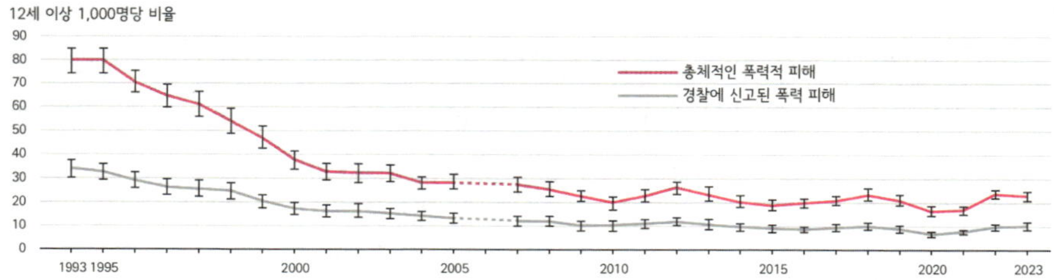

* 2006년은 오류로 정확한 통계를 제시하지 못함.

자료: Bureau of Justice Statistics, https://bjs.ojp.gov/document/cv23_sum.pdf/

표 3-2 최근 5년간 폭력범죄 피해

Type of violent crime	2019		2020		2021		2022		2023*	
	Number	Rate per 1,000[a]	Number	Rate per 1,000[a]	Number	Rate per 1,000[a]	Number	Rate per 1,000[a]	Number	Rate per 1,000[a]
Total violent crime[b]	5,813,410	21.0	4,558,150 †	16.4 †	4,598,310 †	16.5 †	6,624,950	23.5	6,419,060	22.5
Rape/sexual assault[c]	459,310	1.7	319,950	1.2	324,500	1.2	531,810	1.9	481,020	1.7
Robbery	534,420 ‡	1.9	437,260 †	1.6 †	464,280 †	1.7 †	694,860	2.5	731,620	2.6
Assault	4,819,680	17.4	3,800,950 †	13.7 †	3,809,530 †	13.6 †	5,398,290	19.1	5,206,430	18.3
Aggravated assault	1,019,490 ‡	3.7	812,180 †	2.9 †	766,330 †	2.7 †	1,540,110	5.5	1,273,200	4.5
Simple assault	3,800,190	13.7	2,988,770 †	10.7 †	3,043,190 †	10.9 †	3,858,180	13.7	3,933,230	13.8
Violent crime excluding simple assault[d]	2,013,220 †	7.3 ‡	1,569,390 †	5.6 †	1,555,110 †	5.6 †	2,766,770	9.8	2,485,830	8.7
Selected characteristics of violent crime[e]										
Domestic violence[f]	1.164.540	4.2	856,750 ‡	3.1 ‡	910,880	3.3	1,370,440	4.9	1,165,890	4.1
Intimate partner violence[g]	695.060	2.5	484,830	1.7	473,730	1.7	951,930 †	3.4 †	629,820	2.2
Stranger violence	2.254.740 †	8.1 †	1,973,200 †	7.1 †	2,056,150 †	7.4 †	2,994,270	10.6	3,233,400	11.4
Violent crime with an injury	1,265.680	4.6	1,160,920	4.2	975,340 †	3.5 †	1,412,290	5.0	1,312,760	4.6
Violent crime with a weapon	1,119,060 †	4.0 †	938,740 †	3.4 †	895,560 †	3.2 †	1,798,150	6.4	1,505,690	5.3

† 비교 연도와의 차이는 95% 신뢰 수준에서 유의미.
‡ 비교 연도와의 차이는 90% 신뢰 수준에서 유의미.
a. 12세 이상 1,000명당.
b. NCVS는 피해자와의 인터뷰를 기반으로 하기 때문에 살인은 제외.
c. 강간/성폭력.
d. 강간 또는 성폭행, 강도, 상습폭행. 가정폭력 및 상해, 단순폭행 등.
e. 폭력별 특성.
f. 가정폭력(현재 또는 과거의 가정 구성원간 폭력), g. 부부 혹은 파트너 폭력(현재 또는 이전의 배우자나 파트너 간 폭력).

자료: Bureau of Justice Statistics, Criminal Victimization 2023, 2024, 2.

❷ 재산범죄 피해

미국 가정은 2023년에 1,360만 건의 재산 피해를 입었다. 재산범죄에는 강도, 무단 침입, 자동차 절도 및 기타 유형의 가정 절도가 포함된다.

무단 침입 비율은 1,000가구당 4.5건에서 4.1건으로 감소했다. 이 기간에 절도피해율은 1,000명당 81.0건에서 83.1건으로 증가했다.

2019년부터 2023년까지 재산피해율은 1000가구당 101.4건에서 102.2건으로 미미한 증가를 보였다.

표 3-3 재산범죄 피해

Type of violent crime	2019		2020		2021		2022		2023	
	Number	Rate per 1,000[a]	Number	Rate per 1,000[a]	Number	Rate per 1,000[a]	Number	Rate per 1,000[a]	Number	Rate per 1,000[a]
Total	12,818,000 †	101.4	12,085,170 †	94.5 †	11,682,060 †	90.3 †	13,373,330	101.9	13,637,450	102.2
Burglary/trespassing[b]	2,178,400 †	17.2 †	1,741,250	13.6	1,800,350	13.9	1,919,930	14.6	1,746,980	13.1
Burglary[c]	1,484,730 †	11.7 †	1,210,640	9.5	1,142,900	8.8	1,324,030	10.1	1,202,830	9.0
Trespassing[d]	693,670 †	5.5 †	530,610	4.1	657,440 ‡	5.1 ‡	595,910	4.5	544,140	4.1
Motor vehicle theft	495,670 †	3.9 †	545,810 †	4.3 †	558,670 †	4.3 †	716,650	5.5	808,830	6.1
Other theft[e]	10,143,930 †	80.2	9,798,110 †	76.6 †	9,323,040 †	72.1 †	10,736,750	81.8	11,081,650	83.1

† 비교 연도와의 차이는 95% 신뢰 수준에서 유의미.
‡ 비교 연도와의 차이는 90% 신뢰 수준에서 유의미.
a. 단위 1000세대당.
b. 주택(거주공간), 기타 거주지(예: 호텔 객실 또는 별장) 또는 기타 구조물(예: 차고 또는 창고)을 포함한 장소에 대한 불법적이거나 강제적인 진입 또는 진입 시도를 포함. 범죄자가 훔쳤거나, 훔치려고 시도했거나, 훔치려 하지 않은 피해자를 포함. 토지 무단 침입은 제외.
c. 범죄자가 절도를 저지르거나 시도한 범죄만 포함.
d. 범죄자가 절도를 저지르거나 시도하지 않은 범죄를 포함. 토지 무단 침입은 제외.
e. 피해자와 개인적으로 접촉하지 않고 재산이나 현금을 불법적으로 취하거나 불법적으로 취하려는 시도를 포함.

자료: Bureau of Justice Statistics, Criminal Victimization 2023, 2024, 4.

④ 범죄신고

NCVS는 범죄가 경찰에 신고되었는지 여부와 범죄가 신고되지 않은 이유를 조사하였다. 피해자는 보복에 대한 두려움 또는 가해자를 곤경에 빠뜨리는 것에 대한 두려움, 경찰이 도움을 주기 위해 아무것도 하지 않거나 할 수 없다고 믿는 것, 범죄가 개인적인 문제이거나 신고하기에는 너무 사소한 것이라고 믿는 등 다양한 이유로 범죄를 신고하지 않았다. 경찰에 신고하는 시점은 범죄 사건 도중이나 직후 또는 그 이후이다. 경찰은 피해자, 제3자(목격자, 다른 피해자, 가족 구성원 또는 학교 관계자나 작업장 관리자와 같은 비경찰 공무원 포함) 또는 경찰이 사건 현장에 있었다는 사실을 기록한다.

폭력 피해의 약 45%가 2023년에 경찰에 신고되었으며, 이는 2022년에 신고된 41.5%보다 많은 것이다. 강간 또는 성폭행 피해의 경우 경찰에 신고된 비율이 2022년 21%에서 2023년 46%로 크게 증가했다. 강도 피해의 경우 2023년 42%로 2022년 64%보다 22% 정도 낮았다.

2023년에 전체 재산 범죄 피해 중 경찰에 신고된 비율은 32%에서 30%로 감소했는데, 이는 차량 절도 신고가 2022년 81%에서 72%로 크게 낮아진 것에서 기인한다.

표 3-4 2022년과 2023년 범죄 유형별 경찰에 신고된 피해자 비율

Type of violent crime	Reported to police		Not reported to police	
	2022	2023*	2022	2023*
Total violent crime[a]	9.7	10.1	13.2	11.8
Rape/sexual assault[b]	0.4	0.8	1.5 †	0.9
Robbery	1.6 ‡	1.1	0.9 ‡	1.5
Assault	7.8	8.2	10.9	9.5
Aggravated assault	2.7	2.6	2.7 †	1.8
Simple assault	5.0	5.6	8.2	7.7
Violent crime excluding simple assault[c]	4.7	4.4	5.0	4.1
Selected characteristics of violent crime[d]				
Domestic violence[e]	2.6	2.0	2.2	2.0
Intimate partner violence[f]	1.7 †	1.0	1.6	1.1
Stranger violence	3.8 ‡	5.1	6.5	6.1
Violent crime with an injury	2.4	2.3	2.5	2.1
Violent crime with a weapon	3.3	3.0	3.0 ‡	2.3
Total property crime	32.4	30.6	68.0	70.0
Burglary/trespassing[g]	6.4	5.6	8.1	7.4
Burglary[h]	4.5	3.8	5.5	5.1
Trespassing[i]	1.9	1.8	2.6	2.3
Motor vehicle theft	4.4	4.4	0.9 †	1.6
Other theft[j]	21.6	20.6	59.0	61.0

자료: Bureau of Justice Statistics, Criminal Victimization 2023, 2024, 8.

⑤ 피해자 특징

2023년에 남성 피해자가 관련된 폭력 사건의 비중은 45%로 미국 인구의 남성 비중 49%보다 낮았고, 여성 피해자가 관련된 폭력 사건의 비중은 55%로 인구의 여성 비중 51%보다 높았다. 남성 가해자가 관련된 폭력 사건의 비중은 75%로 남성인구 비중보다 1.5배로 나타났다. 여성 범죄자가 발생한 폭력 사건의 비중은 20%로 전체 인구 중 여성 비중의 절반에도 미치지 못했다.[18]

18 Bureau of Justice Statistics, Criminal Victimization 2023, 2024, 11.

2023년에 아시아인과 하와이 원주민 또는 기타 태평양 섬 주민은 전체 인구의 7%이었으나, 폭력 사건에서 피해자 3%, 가해자 1%로 더 적은 비중을 차지했다. 폭력 사건 가해자 비중은 백인 54%, 히스패닉 14%로 전체 인구의 백인(60%) 비율보다 히스패닉이 18%로 낮다. 흑인 범죄자가 발생한 폭력 사건의 비율은 24%로 전체 인구에서 흑인이 차지하는 비율 12%보다 높다.

18세에서 29세 사이의 피해자(33%) 또는 가해자(23%)가 연루된 폭력사건의 비율은 이 연령대의 인구 비율(18%)보다 높았다. 피해자(58%) 또는 가해자(62%)가 30세 이상인 사건의 비율은 이 연령대의 인구 비율(73%)보다 낮았다.

표 3-5 폭력 사건에 연루된 피해자와 범죄자의 인구통계학적 특성

Demographic characteristic	Population[a]	Number of violent incidents		Percent of Population[a*]	Percent of violent incidents		Percent ratio	
		Victim	Offender[b]		Victim	Offender[b]	Victim-to-population	Offender-to-population
Total	284,857,030	5,934,570	5,934,570	100%	100%	100%	1.0	1.0
Sex								
Male	139,949,880	2,695,780	4,102,150	49.1%	45.4% +	75.2% +	0.9	1.5
Female	144,907,150	3,238,800	1,098,440	50.9	54.6 +	20.1 +	1.1	0.4
Both male and female offenders	~	~	257,380	~	~	4.7	~	~
Race/Hispanic origin								
White[c]	171,573,780	3,541,060	2,630,800	60.2%	59.7%	53.7% +	1.0	0.9
Black[c]	34,813,560	868,760	1,177,040	12.2	14.6	24.0 +	1.2	2.0
Hispanic[d]	52,113,170	1,037,330	687,540	18.0	17.5	14.0 +	1.0	0.8
Asian/Native Hawaiian/ Other Pacific Islander[c,e]	20,351,610	194,600	65,430	7.1	3.3 +	1.3 +	0.5	0.2
Other[c,f]	6,004,920	292,830	105,160	2.1	4.9 +	2.1	2.3	1.0
Multiple offenders of various races[g]	~	~	235,130	~	~	4.8	~	~
Age								
11 or younger[h]	~	~	50,070	~	~	1.0%	~	~
12-17	25,586,570	513,510	442,250	9.0%	8.7%	8.9	1.0	1.0
18-29	52,570,700	1,951,690	1,116,810	18.5	32.9 +	22.6 +	1.8	1.2
30 or older	206,699,770	3,469,370	3,051,930	72.6	58.5 +	61.7 +	0.8	0.8
Multiple offenders of various ages	~	~	287,110	~	~	5.8	~	~

a. 12세 이상의 사람들로 일반적 주거환경에서 거주하는 사람들(교정시설, 군대, 요양원 등 집단 거주지의 거주자는 제외). 거주하지 않는 직업군인, 직장 내 기숙사에 거주하는 일반 성인, 기숙사 거주하는 학생은 포함.

b. 인지된 범죄자 특성이 보고된 사건을 포함.

c. 히스패닉계 사람 제외.

d. 복수 범죄자 사건에서 피해자가 히스패닉계라고 인지한 경우, 범죄자는 히스패닉으로 분류.

e. 아시아인만 또는 하와이 원주민 또는 기타 태평양 섬 주민으로만 인식된 피해자 또는 범죄자를 포함.
f. 아메리칸 인디언 또는 알래스카 원주민으로만 또는 둘 이상의 인종으로 식별된 피해자 또는 범죄자를 포함.
g. NCVS는 11세 이하의 피해자를 조사하지는 않지만, 범죄자가 11세 이하라고 보고할 수는 있음.

자료: Bureau of Justice Statistics, Criminal Victimization 2023, 2024, 12.

⑥ 피해자지원조직의 지원 여부

VSP(Victim service providers)는 범죄 피해자를 지원하는 공공 또는 민간 조직을 말한다. 피해자지원서비스를 받은 범죄피해자는 2023년 8.5%이다. 무기와 관련된 폭력범죄 피해자가 VSP 지원을 받은 비율은 7.6%이다. 이 기간 VSP 지원을 받은 다른 유형의 피해 비율에는 통계적으로 유의미한 변화가 없었다.

표 3-6 폭력범죄의 유형

Type of violent crime	2022	2023
Total violent crime[a]	9.3%	8.5%
Simple assault	7.0	7.7
Violent crime excluding simple assault[b]	12.5%	9.7%
Selected characteristics of violent crime[c]		
Intimate partner violence[d]	29.4%	22.6%
Violent crime with an injury	17.1%	19.1%
Violent crime with a weapon	8.6%	7.6%

자료: Bureau of Justice Statistics, Criminal Victimization 2023, 2024, 10.

제2절 한국의 범죄피해자조사

Ⅰ. 도입

한국에서는 1991년에 한국형사정책연구원이 실시한 "서울의 범죄피해에 대한 조사연구"를 최초의 범죄피해자조사라고 할 수 있으며, 이후 같은 기관에서 1993년, 1996년, 1998년, 2000년, 2002년, 2005년 총 6차례에 걸쳐 대략 2~3년 간격으로 전국적인 범죄피해자조사를 실시하였다. 또한 통계청이 인구센서스 조사의 일부로 범죄피해 실태를 조사한데 이어 2009년도에는 범죄피해자조사를 전국적으로 실시하였다.

범죄피해자조사란 일반 국민을 대상으로 정확한 범죄피해율(암수범죄피해)을 파악하고, 범죄의 취약성 요인을 밝히며, 범죄현상 및 치안정책에 대한 일반인들의 의식과 태도를 파악하기 위한 목적으로 실시되는 조사이다. 2009년 8월 19일부터 국가승인통계로 지정되었으며, 공식적인 통계 명칭은 「국민생활안전실태조사」이다.[19]

- 1990년: 『범죄피해조사란 무엇인가』 연구사업 수행
- 1994년: 제1차 『1993년 전국 범죄피해에 관한 조사』
- 1997년: 제2차 『1996년 한국의 범죄피해에 관한 조사』
- 1999년: 제3차 『1998년 한국의 범죄피해에 관한 조사』
- 2003년: 제4차 『2002년 한국의 범죄피해에 관한 조사』
- 2006년: 제5차 『2005년 한국의 범죄피해에 관한 조사』
- 2009년 8월 19일: 국가승인통계 승인
- 2009년: 『2008년 기준 전국범죄피해조사』, 국가승인통계로 지정됨
- 2011년: 『2010년 기준 전국범죄피해조사』
- 2013년: 『2012년 기준 국민생활안전실태조사』
- 2015년: 『2014년 기준 국민생활안전실태조사』
- 2017년: 『2016년 기준 국민생활안전실태조사』
  (특별주제: 난폭/보복 운전피해)

19 통계청, 국가통계대행, http://kostat.go.kr/policy/scm/scm_psd/8/1/index.static/

- 2019년: 『2018년 기준 국민생활안전실태조사』 실시
  (특별주제: 보이스피싱)
- 2021년: 『2020년 기준 국민생활안전실태조사』 실시
- 2023년: 『2022년 기준 국민생활안전실태조사』 실시

II. 국민생활안전실태조사

1. 조사설계

현행 피해자조사는 범죄피해자 보호법 제2장 제11조에 근거를 두고 있다. 통계청은 국민생활안전실태조사를 한국형사법무정책연구원에 위탁하였으며, 현재 범죄피해자조사의 작성기관은 한국형사법무정책연구원의 범죄통계조사센터이다.[20]

조사 및 공표주기는 2년이며, 공표시기는 조사 기준년도 다음해 12월이고, 계속통계의 성격을 갖는다. 공표범위는 전국이다. 공표는 보고서 형태로 행하며, 통계청 및 한국형사법무정책연구원 웹사이트 등을 통하여 공표한다. 조사 대상기간은 전년도 1.1~12.31까지이다.

범죄피해자조사는 범죄피해 측정이 상대적으로 엄격하여 일반적으로 생각하는 광의의 범죄피해 내용은 다소 축소되어 나타날 가능성이 있다는 평가를 받고 있다. 그리고 모든 범죄에 대한 피해조사는 아니며, 특히 피해자 없는 범죄는 피해자조사에서 다룰 수 없고, 부패범죄나 환경범죄 등도 범죄피해조사의 특성상 다루기 힘들다는 특징이 있다. 표본규모가 제한적이기 때문에 지역별 범죄피해율이나 범죄유형별 피해율의 경우 상대표준오차가 크다는 단점을 안고 있다.

2023년 범죄피해자조사는 2021년 인구총조사 상의 일반 조사구 중 보통 조사구(1) 및 아파트 조사구(A)의 모든 가구 및 만 14세 이상 가구원을 아래와 같은 방식으로 표본을 정하여 진행하였다.[21]

20 통계청, 승인통계 소재정보안내, https://kosis.kr/popup/abroadPopup.jsp?sid=2009032&title=국민생활안전실태조사/

21 한국형사법무정책연구원, 전국범죄피해조사 2022 분석보고서, 2023. 20.

- 조사 모집단 : 2021년 인구총조사 상의 일반 조사구 중 보통 조사구(1) 및 아파트조사구(A)의 모든 가구 및 만 14세 이상 가구원
- 표본 추출 방법
  - 조사구 추출 방법: 층화확률비례추출법(층화: 17개 시도 및 동/읍면을 고려한 26개층)
- 가구 추출 방법: 조사구 내 계통추출(조사구 내 10가구)
  - 계통 추출(조사구 내 10가구)
- 가중치 부여 : 설계 가중치, 무응답 조정 가중치, 사후 층화 가중치
- 조사 방법 : Tablet-PC를 활용한 TAPI(Tablet-pc Assisted Personal Interview) 방법으로 가구 방문 조사
- 최종조사대상
  7,122가구의 만 14세 이상 가구원 15,326명
- 조사 기간 : 2023.6.9. ~ 2023.8.4.

2. 국민생활안전실태조사 질문지

범죄피해자조사는 기초조사표와 사건조사표 등 두 가지에 의하여 진행된다. 다음은 2023년도에 시행한 범죄피해조사의 기초조사표이다.

그림 3-2 국민생활안전실태조사

통계법 제32조(성실응답의무), 제33조(비밀의 보호)
응답하진 내용은 통계법 제33조에 따라 엄격히 보호되며 통계작성 목적 외 다른 용도로 사용되지 않으니 성실하고 정확하게 응답하여 주시기 바랍니다.

명부 ID(조사원 작성)

조사표 ID(QC팀 작성)

2022년 기준

국민생활안전실태조사

[기초조사표: 가구대표 응답자]

인사말씀

국무총리실 산하 **한국형사·법무정책연구원**은 한국갤럽과 함께 「**국민생활안전실태조사**」를 실시하고 있습니다. 이 조사는 「범죄피해자보호법」 제11조(홍보 및 조사연구)에 따라 국민들의 안전에 대한 인식, 가구와 개인이 일상생활에서 입은 각종 범죄피해 경험(신고하지 않은 피해도 포함)을 파악하고 있습니다. 응답해 주신 자료는 정부의 범죄예방과 피해자보호정책 수립의 기초자료로 활용됩니다.

적극적인 협조와 정확한 응답을 부탁드립니다. 감사합니다.

♣ 귀하께서 답변해 주신 내용은 통계법 제33조(비밀의 보호)에 따라 비밀이 철저히 보장되며 통계 목적으로만 사용됩니다.

☎ 담당자 한국갤럽 김민재 차 장 02-3702-2158
안재혁 연구원 02-3702-2162
배은경 사 원 02-3702-2688

▶ 이 표는 조사원이 기입합니다.

<table>
<tr><td>조사구 번호</td><td colspan="6"></td></tr>
<tr><td>거처 번호</td><td colspan="6"></td></tr>
<tr><td>가구 번호</td><td colspan="6"></td></tr>
<tr><td>가구원 번호</td><td colspan="3">0</td><td colspan="3">1</td></tr>
<tr><td>성별</td><td colspan="3">① 남자</td><td colspan="3">② 여자</td></tr>
<tr><td>실제 생년월</td><td colspan="3">① 양력</td><td colspan="3">② 음력
□□□□년 □□월</td></tr>
<tr><td rowspan="4">조사표 기입방법</td><td>타계식</td><td colspan="2">① PAPI</td><td colspan="3">② TAPI</td></tr>
<tr><td>자계식</td><td colspan="2">③ PAPI</td><td colspan="3">④ TAPI</td></tr>
<tr><td>기타</td><td colspan="2">⑤ 종이 유치 → 유치사유 기록</td><td colspan="3">⑥ url 조사 → 유치사유 기록</td></tr>
<tr><td>유치사유
(조사표 기입방법
⑤, ⑥ 응답자만)</td><td colspan="5">① 일시부재
② 응답자가 시간될 때 응답하겠다고 함
③ 대면접촉이 부담스럽다고 함</td></tr>
</table>

※ 가구원 수 정보는 가구대표 응답자의 기초조사표만 기입해 주십시오.

<table>
<tr><td rowspan="2">총 가구원 수</td><td rowspan="2">만 14세 이상 가구원 수</td><td colspan="2">조사 완료 가구원 수</td></tr>
<tr><td>기초조사표 수</td><td>사건조사표 수</td></tr>
<tr><td></td><td></td><td></td><td></td></tr>
</table>

한국형사·법무정책연구원

개인정보 수집 및 이용 동의서

※ 개인정보 수집 일 이용에 대한 동의
본 동의서는 개인정보보호법에 따라 조사기관에서 제공하는 서식으로, 당사자가 동의한 개인정보는 조사 목적(조사 검증)으로만 수집 및 이용되며 외부에 어떠한 형태로도 제공되지 않습니다.
동의하시면 확인 서명란에 서명 부탁드립니다.

- 본 조사로 수집하는 개인정보 관리에 대한 책임은 전적으로 한국갤럽에 있습니다.
- 본 조사로 수집하는 개인정보에 대한 관리주체는 한국갤럽이며, 수집 목적 이외에 다른 용도로 사용되지 않습니다.
- 본 조사로 수집된 문서는 한국갤럽의 폐기 위탁업무 담당기관을 통해 안전하게 폐기됩니다.

수집 항목	수집 목적	폐기 시점	확인 서명	
성명, 연락처	본인 확인 및 검증	조사완료 후 1년		

응답자 성명	응답자 전화번호			검증
	① 집	② 휴대폰	③ 직장	
	(__________) -	(__________) -	(__________)	

조사표 쓰는 요령

◆ 각 항목별로 응답 항목에 ○, ✓표를 하거나 해당되는 숫자와 내용을 작성하여 주십시오.

◆ 한 항목의 기입이 끝나면 다음 항목을 기입하되, 건너뛰는 표시 (→)가 있으면 지정된 항목으로 가서 작성하여 주십시오.

H 가구 구성

H 현재 귀댁에 실제로 함께 살고 있는 **14세 이상의 가구원 모두**에 대해 아래 보기를 활용하여 다음 내용을 응답해 주십시오. (※ 양력 2007년 1월 이전, 음력 2006년 12월 이전 출생)

가구원 번호	가구대표 응답자와의 관계 [보기1]	성별	실제 생년월	혼인상태	직업 [보기2]	종사상 지위 [보기3]	장애인 복지카드 (등록증) 소지여부	국적		조사원이 적어 넣습니다
		① 남 ② 여		① 미혼·비혼 ② 현재 배우자 있음(동거 포함) ③ 사별이나 이혼(별거 포함)			① 있음 ② 없음	출생시 국적	현재 국적	사유 코드
01	① 가구대표 응답자 본인		(양/음) 년 월							
02			(양/음) 년 월							
03			(양/음) 년 월							
04			(양/음) 년 월							
05			(양/음) 년 월							
06			(양/음) 년 월							
07			(양/음) 년 월							
08			(양/음) 년 월							

[보기1] 가구대표 응답자와의 관계	[보기2] 직업	[보기3] 종사상 지위
① 가구대표 응답자 ② 배우자 ③ 자녀 ④ 자녀의 배우자 ⑤ 부모 ⑥ 배우자의 부모 ⑦ 손자녀(증손자녀 포함) 및 그 배우자 ⑧ 조부모 ⑨ (가구대표 응답자나 배우자의) 형제자매 및 그 배우자 ⑩ 기타	① 관리자, 전문가 및 관련 종사자 ② 사무종사자 ③ 서비스, 판매 종사자 ④ 농림어업 숙련 종사자 ⑤ 기능원, 기계조작 및 조립 종사자 ⑥ 단순 노무 종사자 ⑦ 직업 군인	① 정규직 임금근로자 ② 비정규직 임금근로자 ③ 자영업자 ④ 무급가족종사자
	⑧ 전업주부 ⑨ 학생 ⑩ 무직/기타(공익근무요원 포함)	⓪ 해당없음 (전업주부, 학생, 무직 등)

H. 가구 구성

- 가 구: 1인 또는 2인 이상이 모여서 취사, 취침 등 생계를 같이하는 생활 단위
- 가구대표 응답자 가구의 생활 생황을 잘 아는 사람
- 가구원: 현재 이 가구에서 취사, 취침 등 생계를 같이하는 사람이므로, 군 입대, 주말부부 등의 사유로 같이 살지 않는 경우는 제외
- 가구대표 응답자를 가장 먼저 적은 후, 가구대표 응답자와의 관계 보기 번호 순서대로 기입

I 동네와 이웃 환경

1 작년(2022년) 연말 기준으로 우리 동네 주위 환경에 대해 느낀 점을 응답해 주십시오.

항목	전혀 그렇지 않다	그렇지 않은 편이다	보통이다	그런 편이다	매우 그렇다
1) 주변에 쓰레기가 아무렇게나 버려져 있었고 지저분했다	①	②	③	④	⑤
2) 어둡고 후미진 곳이 많았다	①	②	③	④	⑤
3) 주변에 방치된 차나 빈 건물이 많았다	①	②	③	④	⑤
4) 기초 질서(무단횡단, 불법 주·정차 등)를 지키지 않는 사람들이 많았다	①	②	③	④	⑤
5) 무리 지어 다니는 불량 청소년들이 많았다	①	②	③	④	⑤
6) 큰소리로 다투거나 싸우는 사람들을 자주 볼 수 있었다	①	②	③	④	⑤

2 작년(2022년) 연말 기준으로 우리 동네 사람들에 대해 생각하는 것을 응답해 주십시오.

항목	전혀 그렇지 않다	그렇지 않은 편이다	보통이다	그런 편이다	매우 그렇다
1) 서로서로 잘 알고 지내는 편이었다	①	②	③	④	⑤
2) 동네에서 일어나는 일에 대해 자주 이야기했다	①	②	③	④	⑤
3) 어려운 일이 있으면 서로 잘 도왔다	①	②	③	④	⑤
4) 동네의 각종 행사와 모임에 적극적으로 참여했다	①	②	③	④	⑤
5) 동네 아이가 낯선 아이들에게 괴롭힘을 당하면 도와줄 것 같았다	①	②	③	④	⑤
6) 범죄사건이 발생하면 경찰에 신고할 것 같았다	①	②	③	④	⑤
7) 범죄예방을 위해 활동(순찰, 여성 안심귀가 봉사활동 등)을 해야 한다면 참여했을 것이다.	①	②	③	④	⑤

3 작년(2022년) 연말 기준으로 우리 동네 경찰에 대해 느낀 점을 응답해 주십시오.

항목	전혀 그렇지 않다	그렇지 않은 편이다	보통이다	그런 편이다	매우 그렇다
1) 순찰 활동을 잘 하고 있었다	①	②	③	④	⑤
2) 범죄사건이 발생하여 신고하면, 즉시 출동할 것 같았다	①	②	③	④	⑤
3) 범죄사건을 신고하면, 반드시 범인을 잡아줄 것 같았다	①	②	③	④	⑤

4 작년(2022년) 한 해와 비교해 볼 때, 앞으로 범죄가 증가할 것 같습니까? 감소할 것 같습니까?

항목	매우 감소할 것	약간 감소할 것	변화 없을 것	약간 증가할 것	매우 증가할 것
1) 우리나라 전체의 범죄	①	②	③	④	⑤
2) 내가 살고 있는 동네(지역)의 범죄	①	②	③	④	⑤

Ⅱ 일상생활과 범죄예방 활동

5 귀하는 다음과 같은 상황에서 얼마나 두려움을 느끼십니까?

항목	전혀 그렇지 않다	그렇지 않은 편이다	보통이다	그런 편이다	매우 그렇다
1) 밤에 혼자 집에 있을 때 두렵다	①	②	③	④	⑤
2) 밤에 혼자 동네 골목길을 걸을 때 두렵다	①	②	③	④	⑤

6 귀하는 아래의 사람들이 **일상생활 중에 범죄피해**를 당할까 봐 평소 얼마나 두렵습니까? (※ 배우자(애인)나 자녀가 없는 경우 '해당자 없음'에 표시해주십시오.)

항목	전혀 그렇지 않다	그렇지 않은 편이다	보통이다	그런 편이다	매우 그렇다
1) 나 자신이 범죄피해를 당할까 봐 두렵다		②	③	④	⑤
2) 배우자(애인)가 범죄피해를 당할까 봐 두렵다	①	②	③	④	⑤
3) 자녀가 범죄피해를 당할까 봐 두렵다	①	②	③	④	⑤
4) 부모님이 범죄피해를 당할까 봐 두렵다.	①	②	③	④	⑤

7 귀하는 다음 **각 항목의 범죄피해**를 당할까 봐 평소 얼마나 두렵습니까?

항목	전혀 그렇지 않다	그렇지 않은 편이다	보통이다	그런 편이다	매우 그렇다
1) 누군가 몰래 내 돈이나 물건을 훔쳐갈까 봐 두렵다	①	②	③	④	⑤
2) 누군가 강제로 내 돈이나 물건을 빼앗아갈까 봐 두렵다	①	②	③	④	⑤
3) 누군가 나를 구타(폭행)하여 다치게 할까 봐 두렵다	①	②	③	④	⑤
4) 누군가에서 속임을 당해 내 재산을 잃을까 봐 두렵다	①	②	③	④	⑤
5) 누군가 나를 성추행하거나 성폭행할까 봐 두렵다	①	②	③	④	⑤
6) 누군가 몰래 카메라 등을 이용하여 내 신체를 촬영할까 봐 두렵다	①	②	③	④	⑤
7) 누군가 내 물건이나 재산을 부수거나 못쓰게 할까 봐 두렵다	①	②	③	④	⑤
8) 누군가 내 집에 침입할까 봐 두렵다	①	②	③	④	⑤
9) 누군가 지속적으로 심한 욕설을 퍼붓거나 말로 괴롭힐까 봐 두렵다.	①	②	③	④	⑤
10) 누군가 나를 쫓아다니거나 전화 등으로 집요하게 괴롭힐까 봐 두렵다	①	②	③	④	⑤

8 귀하는 다음 각 항목에 대하여 어떻게 생각하십니까?

항목	전혀 그렇지 않다	그렇지 않은 편이다	보통이다	그런 편이다	매우 그렇다
1) 나는 다른 사람에 비해 범죄피해를 당할 소지가 높다	①	②	③	④	⑤
2) 누군가 나를 폭행하려 한다면, 나는 나 자신을 방어할 수 있다	①	②	③	④	⑤
3) 내가 범죄피해를 당한다면, 다른 사람에 비해 피해 결과가 더 심각하고 오래 지속될 것이다	①	②	③	④	⑤

9 작년(2022년) 한 해 동안, **귀하와 평소에 가깝게 지내는 사람(가족, 친척, 친구, 직장동료 등)**이 다음과 같은 피해를 당한 적이 있었습니까?

항목	있었다	없었거나 모른다
1) 신체 피해	①	②
2) 재산 피해	①	②

10 귀하는 작년(2022년) 한 해 동안, 일주일 평균 며칠 정도 **대중교통 수단**(버스, 지하철, 기차 등 포함. 단, 택시는 제외)을 이용했습니까?

① 일주일에 5일 이상	② 일주일에 3 ~ 4일
③ 일주일에 1 ~ 2일	④ 거의 또는 전혀 없음

11 귀하는 작년(2022년) 한 해 동안, 한 달 평균 며칠 정도 **저녁 10시 이후** 집에 들어갔습니까?

① 거의 매일(일주일에 4일 이상)	② 일주일에 2 ~ 3일	③ 일주일에 하루
④ 보름에 하루	⑤ 한 달에 하루	⑥ 거의 또는 전혀 없음

12 귀하는 작년(2022년) 한 해 동안, 한 달 평균 며칠 정도 술에 만취해서 집에 들어갔습니까?

① 거의 매일(일주일에 4일 이상)	② 일주일에 2 ~ 3일	③ 일주일에 하루
④ 보름에 하루	⑤ 한 달에 하루	⑥ 거의 또는 전혀 없음

13 작년(2022년) 한 해 동안, 귀하와 가구원이 모두 외출하거나 출근하여 **집이 비어 있는 시간**이 하루에 몇 시간 정도였습니까? **(평일 주중 기준)**

① 거의 비우지 않았음	② 4시간 미만	③ 4시간 이상 ~ 8시간 미만
④ 8시간 이상 ~ 12시간 미만	⑤ 12시간 이상	

14 귀하는 작년(2022년) 한 해 동안, 개인적인 용무로 다음과 같은 활동을 얼마나 자주 하였습니까?

항목	전혀 그렇지 않다	그렇지 않은 편이다	보통이다	그런 편이다	매우 그렇다
1) 온라인 게임	①	②	③	④	⑤
2) 인스턴트 메신저(카카오톡 등)	①	②	③	④	⑤
3) 이메일	①	②	③	④	⑤
4) SNS(페이스북, 인스타그램, 블로그 등)	①	②	③	④	⑤
5) 인터넷 쇼핑	①	②	③	④	⑤
6) 인터넷 뱅킹, 인터넷 금융	①	②	③	④	⑤
7) 인터넷 게시판	①	②	③	④	⑤

15 **귀하는 자신의 전반적인 일상생활**에 대하여 어느 정도 만족하십니까?

전혀 만족하지 않는다 — 보통이다 — 매우 만족한다

① ② ③ ④ ⑤ ⑥ ⑦ ⑧ ⑨ ⑩ ⑪

16 귀하의 일상생활에 관한 질문입니다. 각 항목별로 응답해 주십시오.

항목	전혀 그렇지 않다	그렇지 않은 편이다	보통이다	그런 편이다	매우 그렇다
1) 외출할 때 고가의 옷이나 액세서리를 하는 편이다	①	②	③	④	⑤
2) 범죄 관련 뉴스나 프로그램 등을 자주 보는 편이다	①	②	③	④	⑤
3) 사람들과 대화할 때 범죄사건에 관련된 이야기를 자주 하는 편이다	①	②	③	④	⑤

17 귀하는 범죄로부터 자신과 재산을 보호하기 위하여 다음과 같은 조치나 행동을 하고 있습니까?

항목	전혀 그렇지 않다	그렇지 않은 편이다	보통이다	그런 편이다	매우 그렇다
1) 밤에 자기 전에 문이 잘 잠겼는지 꼭 확인한다	①	②	③	④	⑤
2) 만약을 대비해서 호신 도구(호루라기, 호신용 스프레이, 전기충격기, 등)를 가지고 다닌다	①	②	③	④	⑤
3) 밤에 혼자 다니기가 무서워 누군가와 같이 다닌다	①	②	③	④	⑤
4) 범죄피해를 당할까 봐 위험하다고 생각하는 곳을 피해 다닌다	①	②	③	④	⑤
5) 밤에 일어 있어도 밖에 나가기가 무서워서 그 일을 미룬다	①	②	③	④	⑤
6) 밤에는 혼자 택시를 타지 않는다	①	②	③	④	⑤
7) 동네의 자율방범 활동에 참여하고 있다	①	②	③	④	⑤
8) 2~3일 이상 집을 비울 때 집을 이웃집에 봐달라고 부탁한다(택배 등)	①	②	③	④	⑤

Ⅲ 배경 문항

18 귀하는 현재 살고 있는 동네에서 얼마나 사셨습니까?

_______년 ______개월

19 최근 5년 이내(2018년 1월부터 지금까지) 이사를 한 경험이 있습니까?

① 있다 → ____회　　② 없다

20 가구원 가운데 현재 사는 집에서 영업(장사)을 하고 있는 사람이 있습니까?

① 있다 → 응답 후 20-1 번으로 ┐　　② 없다 → 응답 후 21 번으로

20-1 현재 집에서 영업(장사)하고 있음을 사람들에게 알리는 상호나 간판이 있습니까?
① 있다　　② 없다

21 현재 사는 집의 소유 형태는 무엇입니까?

① 자기 집(자가)	② 전세(월세 없음)	③ 보증금 있는 월세
④ 보증금 없는 월세(사글세)	⑤ 무상(관사, 사택 등)	⑥ 기타(구체적으로:　　)

22 귀하는 정규교육을 어디까지 받으셨습니까?
(※검정고시에 합격한 경우는 정규교육을 받은 것으로 인정합니다)

① 받지 않았음(미취학 포함)
② 초등학교
③ 중학교
④ 고등학교
⑤ 대학교(2, 3년제)
⑥ 대학교(4년제 이상)
⑦ 대학원 이상

(③~⑦) → 응답 후 22-1 로

22-1
① 졸업
② 재학
③ 수료
④ 휴학
⑤ 중퇴

23 작년(2022년) 한 해 동안, **귀 가구의 월평균 소득(세금 공제 전)**은 얼마입니까?

① 월평균 100만원 미만	② 월평균 100 ~ 200만원 미만
③ 월평균 200 ~ 300만원 미만	④ 월평균 300 ~ 400만원 미만
⑤ 월평균 400 ~ 500만원 미만	⑥ 월평균 500 ~ 600만원 미만
⑦ 월평균 600 ~ 700만원 미만	⑧ 월평균 700 ~ 1,000만원 미만
⑨ 월평균 1,000만원 이상	

Ⅳ 작년(2022년) 한 해 동안 겪은 피해 경험

• 문항 24번부터 33번까지는 **작년(2022년) 한 해 동안** 피해 경험이 있었는지를 확인하고자 하는 것입니다. 피해 경험을 기억하는데 도움을 드리기 위해 각 문항마다 방법과 장소 등의 다양한 예시들을 제시하였습니다. 해당 질문과 함께 예시 내용을 읽고 관련 피해 경험이 있었는지 응답해 주시기 바랍니다.

24 작년(2022년) 한 해 동안, 귀하는 **아래에 예시한 속임(사기)으로 재산 피해를 입었거나 그럴 뻔한 경우**가 있었습니까?

예 시	1) 누군가 돈을 갚을 의사가 능력이 없으면서 갚겠다고 속여 돈을 빌려 가서 못받음 2) 누군가 전화, 문자, 카카오톡 등으로 가족, 친구, 은행, 경찰, 검찰 등을 사칭하여 돈이나 개인정보를 요구함

3) 누군가 전화로 자녀가 사고(납치, 교통사고 등)를 당했다고 하면서 돈을 요구함
4) 중고거래사이트나 인터넷쇼핑몰에서 송금 또는 결제를 하였으나 물건을 받지 못함
5) 누군가 인터넷 주소(링크) 접속이나 전화 상담을 유도하여 돈이나 개인정보를 빼냄
6) 가짜 상품을 진품이라고 속여 판매함
7) 공짜, 할인, 경품 당첨 등을 미끼로 상품을 구매하게 함
8) 주식, 분양, 사업 등 속아서 돈을 투자했다가 돌려받지 못함
9) 기타의 사기(속임수)로 인한 재산상의 피해

① 있었다 → _____건 ② 없었다

25 작년(2022년) 한 해 동안, 귀하는 **아래에 예시한 물건을 도둑맞거나 빼앗긴 경험** 또는 **그럴 뻔한 경우**가 있었습니까?

예 시

1) 현금, 수표, 상품권 등
2) 신용카드, 현금지급카드, 교통카드
3) 지갑, 핸드백, 가방
4) 개인 휴대 물품(노트북, 휴대전화, 이어폰, 스마트워치, 의류, 도서, 게임기 등)
5) (전기)자전거 혹은 그 부속품
6) 이동장치(자동차, 오토바이, (전동)킥보드, 전동휠 등)
7) 자동차 부품
8) 가전제품(TV, 컴퓨터, 커피머신, 블루투스 스피커, 오디오 등)
9) 귀금속, 도자기, 예술품, 가구
10) 그 외 다른 물건

① 있었다 → _____건 ② 없었다

26 **지금까지 말씀해주신 사건은 제외하고,** 작년(2022년) 한 해 동안, **아래 예시한 방법으로** 누군가 귀하의 **집에 허락 없이 들어왔거나 들어올 뻔한 경우**가 있었습니까?

예 시

1) 자물쇠를 부수거나 방범창을 절단하고 침입
2) 담을 넘어서 침입
3) 가스배관을 타고 기어 올라와 침입
4) 누군가 우리 집의 문을 허락 없이 열려고 시도함
5) 기타의 다른 방법으로 침입

① 있었다 → _____건 ② 없었다

27 **지금까지 말씀해주신 사건은 제외하고,** 작년(2022년) 한 해 동안, 누군가 고의로 귀하와 가구원의 **재산이나 물건을 부수거나 그럴뻔한 경우**가 있었습니까?

예 시

1) 누군가 귀하의 집 창문 등에 손상을 입힘
2) 누군가 귀하의 집 밖에 놓아둔 물건에 손상을 입힘
3) 누군가 귀하의 차량 등에 손상을 입힘
4) 그 외 다른 물건을 망가뜨림

① 있었다 → _____건 ② 없었다

28	**지금까지 말씀해주신 사건은 제외하고,** 작년(2022년) 한 해 동안, **아래 예시한 장소**에서 귀하는 **폭행이나 위협(협박)** 또는 **도둑을 맞았거나 당할 뻔한 적이** 있었습니까?
예 시	1) 우리 집 또는 그 근처 2) 친척, 친구, 이웃집이나 그 근처 3) 직장이나 학교 4) 시장, 쇼핑센터, 식당, 은행 등 상업시설 5) 체육관, 극장, 놀이공원, 등산로(산책로) 등 대중시설 6) 지하철(역), 버스(정류장), 터미널 등 대중교통 시설 7) 거리, 주차장, 승용차 등 그 밖의 장소

① 있었다 → _____건　　② 없었다

29	**지금까지 말씀해주신 사건은 제외하고,** 작년(2022년) 한 해 동안, 귀하는 **아래에 예시한 방법으로 폭행**이나 **위협(협박)을 당했거나 당할 뻔한 적이** 있었습니까? (※전화로 위협을 당한 경우는 제외합니다.)
예 시	1) 칼 등의 흉기(무기)를 사용 2) 야구방망이, 가위, 프라이팬, 막대기를 휘두름 3) 돌이나 병을 던짐 4) 몸을 붙잡거나 치거나 목을 조름 5) 귀하 앞에서 위협함 6) 그 외 다른 폭행 위협(협박)

① 있었다 → _____건　　② 없었다

30	**지금까지 말씀해주신 사건은 제외하고,** 작년(2022년) 한 해 동안, 귀하는 **아래에 예시한 방법으로 누군가로부터 성추행 등 성적인 피해를 당했거나 당할 뻔한 적이** 있었습니까?
예 시	1) 메일, 문자, 카톡, 다이렉트메시지(DM) 등을 통한 성적 불쾌감을 느끼게 만드는 메시지, 사진, 동영상 등의 전송 2) 인터넷에 자신에 대해 성적 불쾌감을 느끼게 만드는 게시물 게시 3) 누군가 나의 동의 없이 카메라 등을 이용하여 내 신체 일부를 촬영 4) 동의 없이 원치 않는 성적 접촉 5) 동의 없이 강제로 성관계 6) 그 외 다른 성폭력

① 있었다 → _____건　　② 없었다

37 귀하가 생각하는 1인 가구 대상 치안정책의 필요성에 대해 응답해주세요.
(두 지표 사이의 상대적인 중요도를 주관적으로 ∨표시하면 됩니다)

항목
정책 1) 거주지 주변 환경을 범죄예방에 적합하도록 설계 및 관리하는 CCTV설치, 안전환경 설계 등의 정책
정책 2) 사회 구성원 간 공동체를 형성할 수 있도록 지원하는 사회적 관계망 형성 지원, 커뮤니티 활동 지원 서비스 등의 정책
정책 3) 주거침입을 어렵게 함으로써 범죄예방이 되도록 하는 방범창, 비상벨 설치 등의 정책
정책 4) 주거지 주변 이동 동선의 안전확보를 지원하도록 하는 여성안심귀가길, 자율방범, 로고젝터 등의 정책
정책 5) 안전 관련 위급한 상황에서 서비스 받도록 하는 응급안전서비스, 맞춤 돌봄서비스 등의 정책
정책 6) 자립을 지원하도록 하는 취업지원, 문화생활 지원 등의 정책

38 현재 시행 중인 치안정책이 범죄 두려움 감소 및 범죄예방에 효과적이라고 생각하는지 응답해주세요.

항목	전혀 효과적이지 않다	효과적이지 않은 편이다	보통이다	효과적인 편이다	매우 효과적이다
1) 거주지 주변 환경을 범죄예방에 적합하도록 설계 및 관리하는 CCTV설치, 안전환경 설계 등의 정책	①	②	③	④	⑤
2) 사회 구성원 간 공동체를 형성할 수 있도록 지원하는 사회적 관계망 형성 지원, 커뮤니티 활동 지원 서비스 등의 정책	①	②	③	④	⑤
3) 주거침입을 어렵게 함으로써 범죄예방이 되도록 하는 방범창, 비상벨 설치 등의 정책	①	②	③	④	⑤
4) 주거지 주변 이동 동선의 안전확보를 지원하도록 하는 여성안심귀가길, 자율방범, 로고젝터 등의 정책	①	②	③	④	⑤
5) 안전 관련 위급한 상황에서 서비스 받도록 하는 응급안전서비스, 맞춤 돌봄서비스 등의 정책	①	②	③	④	⑤
6) 자립을 지원하도록 하는 취업지원, 문화생활 지원 등의 정책	①	②	③	④	⑤

사례비(답례품) 수령 확인서

본인은 본 조사에 참여하여 사례비(답례품)로 지급된 상품권(5천원)을 수령하였음

2023. . . 성명 ____________(서명)

♣ 귀중한 시간을 내어 응답하여 주셔서 고맙습니다 ♣

III. 개인의 범죄피해

국민생활안전실태조사를 통하여 얻은 통계자료를 분석하여 2022년 한 해 만 14세 이상 국민들이 경험한 범죄피해를 개인 및 가구로 분류하여 살펴본다.

1. 범죄피해 개요

2022년 한 해 동안 만 14세 이상 개인의 범죄피해는 폭력범죄와 재산범죄의 둘로 구분되고 폭력범죄에는 강도, 폭행, 성폭력, 괴롭힘이, 재산범죄에는 사기, 절도, 손괴가 포함된다.

① 전체 범죄 피해자 수 및 범죄 피해자율

2022년 한 해 동안 폭력범죄의 피해경험이 있다고 응답한 사람은 368,577명, 재산범죄의 피해경험이 있다고 응답한 사람은 2,302,968명으로 모두 2,671,546명이 피해가 있다고 응답하였다. 전체범죄 피해 경험은 2016년 이후 계속해서 증가하고 있으며 범죄 피해자율은 2016년 3.46%, 2018년 3.63%, 2020년 3.50%, 2022년 6%로 증가했다.

그림 3-3 개인의 범죄피해 추세

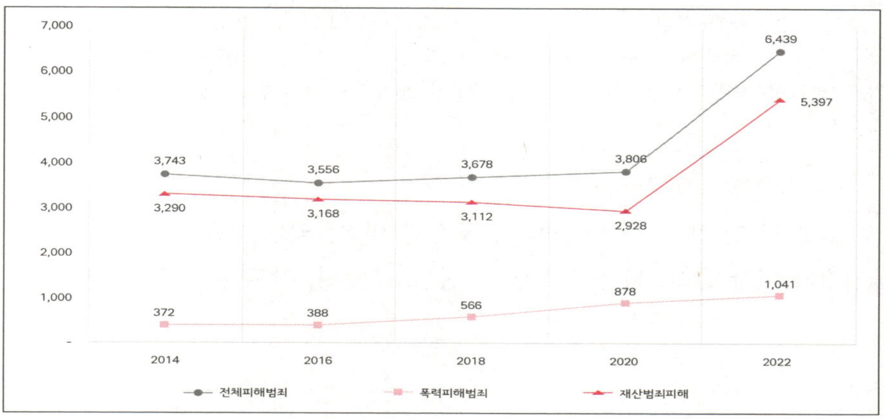

자료: 한국형사법무정책연구원, 전국범죄피해조사 2022 분석보고서, 2023. 113.

② 인구 10만 명당 범죄피해

2022년 한 해 동안 발생한 폭력범죄피해 발생 건수는 463,347건이고, 피해율은 2014년 0.37%, 2016년 0.39%, 2018년 0.57%, 2020년 0.88%, 2022년 1.04%로 2014년 이후 계속하여 증가하였다.[22]

2022년 한 해 동안 발생한 재산범죄피해 발생 건수는 2,401,351건으로 2020년에 비해 폭증하였고, 피해율도 2020년 2.93%에서 5.40%로 증가하였다.

2022년 인구 10만 명당 전체 유형의 피해 건수는 6,439건으로 2016년 이후 계속하여 증가하고 있다. 인구 10만 명당 폭력범죄피해 건수는 2022년 1.041건으로 2014년 이래 가장 높은 수준이며, 재산범죄피해 건수는 2022년 5,397건으로 증가하였다.

표 3-7 범죄피해사건 수와 범죄비율

구분			연도				
			2014	2016	2018	2020	2022
전체 범죄	범죄피해 건수(추정)	건	1,648,170	1,660,589	1,675,662	1,751,184	2,864,698
	범죄 피해율(추정)	(%)	(3.74)	(3.56)	(3.68)	(3.81)	(6.44)
	인구 10만 명당 피해 건수	건/10만 명	3,743	3,556	3,678	3,806	6,439
폭력 범죄	범죄피해 건수(추정)	건	163,696	181,115	257,954	404,034	463,347
	범죄 피해율(추정)	(%)	(0.37)	(0.39)	(0.57)	(0.88)	(1.04)
	인구 10만 명당 피해 건수	건/10만 명	372	388	566	878	1,041
재산 범죄	범죄피해 건수(추정)	건	1,449,005	1,479,474	1,417,708	1,347,149	2,401,351
	범죄 피해율(추정)	(%)	(3.29)	(3.17)	(3.11)	(2.93)	(5.40)
	인구 10만 명당 피해 건수	건/10만 명	3,290	3,168	3,112	2,928	5,397

자료: 한국형사법무정책연구원, 전국범죄피해조사 2022 분석보고서, 2023. 112. 재구성.

③ 유형별 범죄피해

2022년 한 해 동안 폭력범죄의 유형별 범죄실태는 다음과 같다. 성폭력 피해건수가 가장 많고, 다음이 폭행, 괴롭힘, 스토킹, 강도 순서로 나타났다.

22 한국형사법무정책연구원, 전국범죄피해조사 2020 분석보고서, 2022. 80.

표 3-8 폭력범죄 유형별 피해

구분			연도				
			2014	2016	2018	2020	2022
강도 (!)	범죄피해 건수(추정)	건	26,700	30,568	56,933	19,070	32,082
	범죄 피해율(추정)	(%)	(0.06)	(0.07)	(0.12)	(0.04)	(0.07)
	인구 10만 명당 피해 건수	건/10만 명	61	66	125	41	72
폭행	범죄피해 건수(추정)	건	68,248	75,051	73,222	163,490	114,704
	범죄 피해율(추정)	(%)	(0.15)	(0.16)	(0.16)	(0.36)	(0.26)
	인구 10만 명당 피해 건수	건/10만 명	155	161	161	355	258
성폭력 (!)	범죄피해 건수(추정)	건	56,890	35,489	73,196	169,686	212,745
	범죄 피해율(추정)	(%)	(0.13)	(0.08)	(0.16)	(0.37)	(0.48)
	인구 10만 명당 피해 건수	건/10만 명	129	76	161	369	478
스토킹	범죄피해 건수(추정)	건	-	-	-	-	36,873
	범죄 피해율(추정)	(%)	-	-	-	-	(0.08)
	인구 10만 명당 피해 건수	건/10만 명	-	-	-	-	83
괴롭힘 (!)	범죄피해 건수(추정)	건	11,857	40,007	54,603	51,788	66,943
	범죄 피해율(추정)	(%)	(0.03)	(0.09)	(0.12)	(0.11)	(0.15)
	인구 10만 명당 피해 건수	건/10만 명	27	86	120	113	150

자료: 한국형사법무정책연구원, 전국범죄피해조사 2022 분석보고서, 2023. 115. 재구성.

2022년 한 해 동안 재산범죄의 유형별 범죄실태는 다음과 같다. 사기의 비중이 압도적으로 높고, 절도, 손괴의 순서로 나타났다.

표 3-9 재산범죄 유형별 피해

구분			연도				
			2014	2016	2018	2020	2022
사기	범죄피해 건수(추정)	건	411,078	538,181	460,838	966,276	1,481,199
	범죄 피해율(추정)	(%)	(0.93)	(1.15)	(1.01)	(2.10)	(3.33)
	인구 10만 명당 피해 건수	건/10만 명	933	1,152	1,012	2,100	3,329
절도	범죄피해 건수(추정)	건	706,163	672,332	715,624	307,098	626,095
	범죄 피해율(추정)	(%)	(1.60)	(1.44)	(1.57)	(0.67)	(1.41)
	인구 10만 명당 피해 건수	건/10만 명	1,604	1,440	1,571	667	1,407
손괴 (!)	범죄피해 건수(추정)	건	293,051	244,637	168,178	73,776	281,211
	범죄 피해율(추정)	(%)	(0.67)	(0.52)	(0.37)	(0.16)	(0.63)
	인구 10만 명당 피해 건수	건/10만 명	665	524	369	160	632
기타 (!)	범죄피해 건수(추정)	건	38,714	24,323	73,069	-	12,846
	범죄 피해율(추정)	(%)	(0.09)	(0.05)	(0.16)		(0.03)
	인구 10만 명당 피해 건수	건/10만 명	88	52	160		29

자료: 한국형사법무정책연구원, 전국범죄피해조사 2022 분석보고서, 2023. 116.

④ 범죄피해의 중복정도

2022년 폭력범죄 피해자 1명당 피해 횟수 분포를 보면 1건의 피해가 있었다고 응답한 경우는 92.86%, 2건의 중복 피해 6.48%, 3건의 중복 피해 0.66%로 2020년에 비해 1~2건 이상의 중복 피해자 비율이 증가하였다. 2022년 재산범죄 피해자 1명당 피해 횟수 분포를 보면 1건의 피해 92.12%, 2건의 중복 피해 6.88%, 3건의 중복 피해 0.68% 등의 순으로 나타났다.

표 3-10 범죄 유형별 피해자 1명당 피해 횟수

구분		연도									
		2014		2016		2018		2020		2022	
		폭력범죄	재산범죄	폭력범죄	재산범죄	폭력범죄	재산범죄	폭력범죄	재산범죄	폭력범죄	재산범죄
1건 피해자	명	120,335	1,281,040	153,951	1,425,435	241,328	1,394,415	280,123	1,192,904	342,276	2,121,571
	%	(83.35)	(94.15)	(91.04)	(98.24)	(98.15)	(99.03)	(90.59)	(91.72)	(92.86)	(92.12)
2건 중복 피해자	명	16,381	56,381	13,626	21,858	4,545	9,938	19,573	92,683	23,868	158,511
	%	(11.35)	(4.14)	(8.06)	(1.51)	(1.85)	(0.71)	(6.33)	(7.13)	(6.48)	(6.88)
3건 중복 피해자	명	3,788	17,786	1,532	1,532	-	3,652	9,509	12,598	2,432	15,615
	%	(2.62)	(1.31)	(0.91)	(0.11)	(0.26)	(3.08)		(0.97)	(0.66)	(0.68)
4건 중복 피해자	명	-	1,621	-	2,220	-	-	-	2,381	-	3,953
	%	(0.12)	(0.15)		(0.18)						(0.17)
5건 이상 중복 피해자	명	3,871	3,871	-	-	-	-	-	-	-	3,317
	%	(2.68)	(0.28)								(0.14)
계	명	144,374	1,360,697	169,109	1,451,045	245,873	1,408,005	309,205	1,330,565	368,577	2,302,968
	%	(100.00)	(100.00)	(100.00)	(100.00)	(100.00)	(100.00)	(100.00)	(100.00)	(100.00)	(100.00)

자료: 한국형사법무정책연구원, 전국범죄피해조사 2022 분석보고서, 2023. 136. 재구성.

2. 폭력범죄 피해의 특징

① 발생시기

2022년 한 해 동안 폭력범죄 피해는 계절별로 봄(3~5월) 28.3%, 여름(6~8월) 20.5%, 가을(9~11월) 25.3%, 겨울(12월~2월) 25.9% 등으로 나타났다. 시간대별로는 저녁 및 밤(18시~24시) 시간대에 44.1%, 한낮 및 오후(12시~18시) 12.6%, 낮에 발생했지만 시간을 모름은 14.0%, 밤에 발생했지만 시간 모름은 19.1% 등으로 나타났다.[23]

23 한국형사법무정책연구원, 전국범죄피해조사 2022 분석보고서, 2023. 148.

② 발생장소

2022년 한 해 동안 폭력범죄 피해가 발생한 장소를 보면 집 30.49%, 인구 밀집 상업지 28.01%, 등산로·산책로·대중교통 시설 17.9%, 공공기관, 사무실, 공장 8.4%, 기타 6.4% 등의 순이었다.

발생 장소가 집인 경우 우리 집에서 발생했다는 응답이 96.4%, 다른 사람의 집 3.6%이었다.

③ 피해자의 인구사회학적 특징

폭력범죄 피해자의 인구사회학적 특징은 다음과 같다.

표 3-11 폭력범죄 피해자의 인구사회학적 특징

구분			연도				
			2014	2016	2018	2020	2022
성별	남	(%)	42.23	40.40	33.01	32.67	25.4
	여	(%)	57.77	59.60	66.99	67.33	74.6
연령대	10대	(%)	21.76	15.24	5.56	14.16	10.0
	20대	(%)	38.53	12.96	22.85	31.77	20.8
	30대	(%)	10.53	17.71	26.51	16.25	22.3
	40대	(%)	11.84	15.41	18.76	17.03	25.1
	50대	(%)	5.86	17.43	17.40	12.66	12.5
	60대	(%)	7.88	11.18	5.16	6.22	6.6
	70대 이상(!)	(%)	3.61	10.08	3.76	1.91	2.7
혼인 상태	미혼(비혼)	(%)	61.26	42.90	39.49	60.20	52.0
	현재 배우자 있음 (동거 포함)	(%)	29.89	43.72	48.36	24.73	40.7
	사별이나 이혼 (별거 포함)	(%)	8.84	13.38	12.15	15.08	7.4
직업	관리자·전문가	(%)	1.00	7.84	1.34	3.85	4.4
	사무 종사자	(%)	26.56	19.18	17.91	16.93	25.6
	서비스·판매 종사자	(%)	19.31	17.31	41.64	24.41	34.7
	농림어업 종사자(!)	(%)	5.24	2.88	1.51	3.07	1.0
	기계조작·조립 종사자	(%)	3.21	4.97	2.72	7.41	4.4
	단순 노무 종사자(!)	(%)	-	3.95	2.12	0.94	1.3
	전업주부	(%)	6.38	9.54	13.66	9.68	8.7
	학생	(%)	36.21	17.28	13.17	21.28	13.9
	무직/기타(공익근무요원 포함)	(%)	2.10	17.06	5.94	12.43	6.1
월 평균 가구 소득	100만 원 미만(!)	(%)	6.22	15.12	4.54	7.30	1.2
	100만 원 이상~200만 원 미만	(%)	23.04	18.94	3.35	11.02	7.4

	200만 원 이상~300만 원 미만	(%)	22.17	10.12	19.58	10.33	10.4
	300만 원 이상~400만 원 미만	(%)	22.00	19.77	19.43	26.97	13.6
	400만 원 이상~500만 원 미만	(%)	9.31	9.78	16.09	13.75	18.9
	500만 원 이상~1,000만 원 미만	(%)	10.32	23.79	34.79	30.63	46.0
	1,000만 원 이상(!)	(%)	6.94	2.47	2.21	-	2.6

자료: 한국형사법무정책연구원, 전국범죄피해조사 2022 분석보고서, 2023. 153-154.

④ 폭력범죄 피해자와 가해자의 관계

폭력범죄 피해자와 가해자의 관계는 다음과 같다.

피해자와 가해자와 관계는 친인척 10.6%, 지인 42.4%, 완전 타인 47.7%로 나타났다.[24]

⑤ 피해자의 대응

폭력범죄 피해 당시 피해자가 취한 대응은 다음과 같이 나타났다.

표 3-12 폭력범죄 피해자의 대응

구분(복수 응답 가능)	비율(%)
흉기(무기)를 가지고 가해자에게 대항	-
주먹으로 때리거나 발로 차는 등 방법으로 가해자에게 대항	20.9
소리 지르기, 경찰을 부르겠다는 등의 위협이나 경고	51.5
협상, 애원, 설득 등 가해자에게 사정	6.0
탈출이나 도망을 하거나 시도함	22.7
경찰, 경비원에게 도움을 요청	15.0
타인에게 도움을 요청	9.1
숨거나(숨기거나) 회피	13.3
그 외의 행동	2.1

자료: 한국형사법무정책연구원, 전국범죄피해조사 2022 분석보고서, 2023. 158.

24 한국형사법무정책연구원, 전국범죄피해조사 2022 분석보고서, 2023. 169.

3. 재산범죄 피해의 특징

① 발생시기

2022년 재산범죄 피해 발생은 봄 30.0%, 가을 23.6%, 여름 26.4%, 겨울 19.9%이다.[25]

재산범죄 피해 발생 시각 중 아침 및 오전 6.1%, 한낮 및 오후 31.2%, 낮에 발생했지만 시간 모름 24.7%이었다. 저녁이나 밤 시간대의 범죄피해 발생은 18.5%로, 심야 및 새벽 1.1%, 밤에 발생했지만 시간 모름 9.1% 등이었다.

② 발생장소

2022년 한 해 동안 발생한 재산범죄 피해 장소는 집 38.8%, 인구 밀집 상업지 20.9%, 그 외 공공기관, 사무실, 공장 9.9%, 야외, 거리, 등산로, 산책로, 대중교통시설 등 8.5%, 주택가나 그 인접한 도로 9%로 나타났다.

이 가운데 22.3%는 온라인상에서 피해가 발생하였다. 온라인상에서 재산범죄 피해 경험은 인터넷 쇼핑 28.4%, 인스턴트 메신저(카카오톡 등) 31.7%, 인터넷 뱅킹 10.4%, 온라인게임 2.3%, SNS(페이스북 등) 7.6% 등이었다.

③ 인구사회학적 특징

재산범죄 피해자의 인구사회학적 특징은 다음과 같다.

표 3-13 재산범죄 피해자 분석

구분		연도				
		2014	2016	2018	2020	2022
성별	남자	40.56	40.87	41.56	45.13	35.5
	여자	59.44	59.13	58.44	54.87	64.5
연령대	10대	3.61	3.31	4.46	5.00	2.0
	20대	15.29	8.25	18.54	13.66	9.0
	30대	18.96	21.25	21.23	14.68	14.9
	40대	23.36	20.12	18.82	21.50	23.2
	50대	22.59	27.64	17.18	24.42	22.1
	60대	9.11	11.44	12.13	15.87	21.4

25 한국형사법무정책연구원, 전국범죄피해조사 2022 분석보고서, 2023. 176.

	70대 이상	7.08	7.98	7.64	4.86	7.4
혼인 상태	미혼(비혼)	21.97	19.58	27.58	33.72	20.0
	현재 배우자 있음(동거 포함)	64.71	69.08	61.38	51.48	61.4
	사별이나 이혼(별거 포함)	13.32	11.35	11.04	14.80	18.7
직업	관리자, 전문가	3.46	2.98	1.84	1.57	2.0
	사무 종사자	21.94	17.56	23.69	15.18	19.0
	서비스 판매 종사자	23.04	25.56	30.19	42.54	41.4
	농림어업 종사자	4.89	3.34	3.81	3.17	3.5
	기계조작, 조립 종사자	7.48	9.99	5.68	8.24	5.8
	단순 노무 종사자	3.02	4.26	2.85	3.60	3.7
	전업주부	21.32	22.74	14.22	14.11	15.9
	학생	8.96	7.47	11.04	8.28	3.8
	무직/기타(공익근무요원 포함)	5.70	6.10	6.39	3.31	4.7
월 평균 가구 소득	100만 원 미만	7.57	6.81	6.47	3.73	3.1
	100만 원 이상~200만 원 미만	11.86	10.55	5.40	6.25	5.6
	200만 원 이상~300만 원 미만	16.85	13.10	12.06	14.60	17.8
	300만 원 이상~400만 원 미만	23.86	20.10	20.97	24.55	16.9
	400만 원 이상~500만 원 미만	19.91	19.56	22.40	20.70	15.0
	500만 원 이상~1,000만 원 미만	17.87	26.74	32.05	27.49	39.7
	1,000만 원 이상	2.08	3.14	0.66	2.69	2.1

자료: 한국형사법무정책연구원, 전국범죄피해조사 2022 분석보고서, 2023. 181.

Ⅳ. 가구의 범죄피해

가구 대상 범죄피해는 주거침입이 수반된 범죄와 주거침입과 무관한 범죄로 구분된다.

주거침입범죄피해에는 주거침입강도, 주거침입절도, 단순주거손괴, 단순주거침입 등이, 기타 가구 대상 범죄에는 자동차(부품)절도, 자동차(부품)손괴가 해당된다.

2020년 조사부터 손괴 관련 경험에 미수 경험이 포함되었다.

① 범죄피해 가구 수와 피해 가구 비율

2022년 가구 대상 범죄피해 가구 수는 419,739가구로 추정되어 2020년 576,108건보다 감소하였다. 가구율은 1.93%로 2016년 1.99%, 2018년 2.10%, 2020년 2.68%보다 감소하였다.

표 3-14 가구의 범죄피해

구분			연도				
			2014	2016	2018	2020	2022
전체 가구 대상	피해가구수(추정)	가구	431,604	382,309	430,327	576,108	419,739
	피해가구 비율(추정)	%	(2.31)	(1.99)	(2.10)	(2.68)	(1.93)
주거 침입 관련	피해가구수(추정)	가구	243,377	221,320	305,123	240,284	127,600
	피해가구 비율(추정)	%	(1.30)	(1.15)	(1.49)	(1.12)	(0.59)
기타 가구 대상	피해가구수(추정)	가구	190,396	160,989	125,204	335,824	292,139
	피해가구 비율(추정)	%	(1.01)	(0.84)	(0.61)	(1.56)	(1.34)

자료: 한국형사법무정책연구원, 전국범죄피해조사 2022 분석보고서, 2023. 137.

그림 3-4 10만 가구당 범죄피해건수(2014~2022)

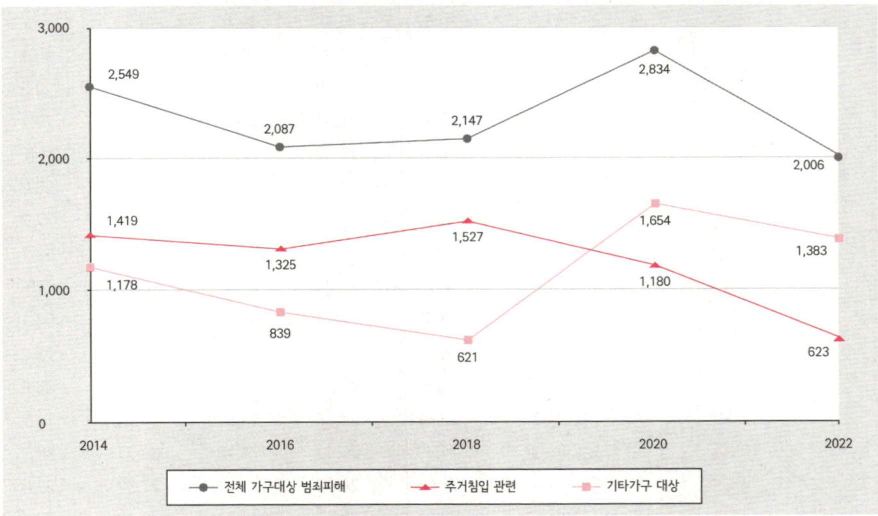

전체 가구 대상 범죄피해 발생 건수(10만 가구당)는 2018년 2,147건, 2020년 2,834건으로 증가하다가 2022년 2,006건으로 감소하였다.

② 가구의 가구 대상 범죄의 중복 피해

2022년 가구 대상 범죄에서 가구당 피해 횟수 분포를 살펴본 결과 1건 피해, 98.6%, 2.0%가 2건 이상의 중복 피해가 있는 것으로 나타났다.

V. 경찰에 신고 및 경찰조치의 만족도

폭력범죄 및 재산범죄 피해를 경험한 사람들을 대상으로 경찰에 신고여부는 다음과 같다.

폭력범죄는 전체 피해건 중 86.8%가 신고되지 않았고, 재산범죄는 79.3%가 신고되지 않았다. 가장 신고율이 낮은 범죄는 괴롭힘 97.1%, 성폭력 96%로 나타났다.

표 3-15 범죄유형별 피해신고

유형			연도				
			2014	2016	2018	2020	2022
폭력 범죄 피해	강도	신고	39.57	39.74	49.10	70.37	9.9
		미신고	60.43	60.26	50.90	29.63	90.1
	폭행	신고	11.58	28.59	34.76	32.92	29.3
		미신고	88.42	71.41	65.24	67.08	70.7
	성폭력	신고	9.83	15.62	31.23	0.00	4.0
		미신고	90.17	84.38	68.77	100.00	96.0
	스토킹	신고	-	-	-	-	37.3
		미신고	-	-	-	-	62.7
	괴롭힘	신고	16.98	15.23	14.35	18.02	2.9
		미신고	83.02	84.77	85.65	81.98	97.1
	전체	신고	16.26	27.44	32.60	18.95	13.2
		미신고	83.74	72.56	67.40	81.05	86.8
재산 범죄 피해	사기	신고	25.61	20.58	25.81	19.73	19.7
		미신고	74.39	79.42	74.19	80.27	80.3
	절도	신고	27.68	26.07	20.12	27.57	22.5
		미신고	72.32	73.93	79.88	72.43	77.5
	손괴	신고	11.82	11.73	24.22	0.00	23.1
		미신고	88.18	88.27	75.78	100.00	76.9
	기타	신고	21.09	-	5.70	-	-
		미신고	78.91	100.00	94.30	-	-
	전체	신고	23.58	21.53	21.71	20.44	20.7
		미신고	76.42	78.47	78.29	79.56	79.3

자료: 한국형사법무정책연구원, 전국범죄피해조사 2022 분석보고서, 2023. 200.

경찰에 신고하지 않은 이유에 대해서는 2022년의 경우 폭력범죄 피해에 대해서는 피해가 심각하지 않았기 때문 61.4%, 보복이 두려워서 10.1% 등으로 나타났다.

재산범죄 피해에 대해서는 피해가 심각하지 않았기 때문에 53.7%, 증거가 없었기 때문에 11.3%로 폭력범죄와는 미신고사유가 다르게 나타났다.

표 3-16 범죄유형별 신고하지 않은 이유

유형		연도				
		2014	2016	2018	2020	2022
폭력범죄피해	피해가 심각하지 않았기 때문에	35.52	39.18	47.34	45.09	61.4
	다른 방식으로 처리/개인적으로 해결	4.13	17.27	15.74	13.46	5.3
	증거가 없었기 때문에	2.56	6.43	5.91	10.26	6.1
	경찰이 아무 조치도 취하지 않을 것이라고 생각하서	6.06	5.29	3.25	11.60	3.0
	경찰이 가해자를 검거하지는 못하면서 오히려 귀찮게 할 것이라고 생각해서	-	4.20	5.40	4.92	1.3
	가해자가 아는 사람이기 때문에	11.50	16.40	14.44	4.29	6.3
	보복이 두려워서	17.84	1.23	4.70	5.26	10.1
	피해가 알려지는 것이 창피하고 수치스러워서	22.39	10.00	0.82	5.12	3.7
	그 외의 이유	-	-	2.41	-	2.7
재산범죄피해	피해가 심각하지 않았기 때문에	43.22	37.84	54.28	48.40	53.7
	다른 방식으로 처리/개인적으로 해결	10.05	11.23	10.50	8.10	8.2
	증거가 없었기 때문에	23.32	23.71	14.86	13.12	11.3
	경찰이 아무 조치도 취하지 않을 것이라고 생각하서	8.55	7.40	8.12	9.53	8.0
	경찰이 가해자를 검거하지는 못하면서 오히려 귀찮게 할 것이라고 생각해서	7.43	7.65	3.99	5.00	6.9
	가해자가 아는 사람이기 때문에	5.10	10.12	6.83	12.53	8.0
	보복이 두려워서	0.16	0.65	-	1.78	1.9
	피해가 알려지는 것이 창피하고 수치스러워서	1.28	0.82	0.24	1.40	1.8
	그 외의 이유	0.89	0.59	1.17	0.15	0.2

자료: 한국형사법무정책연구원, 전국범죄피해조사 2022 분석보고서, 2023. 203.

경찰에 신고한 경우 경찰의 조치에 대한 만족여부는 2022년의 경우 폭력범죄 피해신고에 대한 경찰조치에 대해 약간 만족했다 59.7%, 보통이다 23.1%, 매우 만족했다 13.0% 등으로 나타났다.

재산범죄 피해신고에 대한 경찰조치 만족도는 2022년의 경우 약간 만족했다 35.2%, 보통이다 28.7%, 약간 불만족했다 16.8%, 매우 불만족했다 12.0%, 매우 만족했다 7.3%로 나타났다.

표 3-17 범죄피해 신고에 대한 경찰조치 만족도

유형		연도				
		2014	2016	2018	2020	2022
폭력 범죄 피해	매우 만족했다	20.19	23.31	22.09	13.34	13.0
	약간 만족했다	25.79	27.16	26.82	65.80	59.7
	보통이다	10.86	38.39	48.29	13.40	23.1
	약간 불만족했다	27.78	11.15	-	3.75	4.2
	매우 불만족했다	15.37	-	2.80	3.72	-
	계	100.00	100.00	100.00	100.00	100.00
재산 범죄 피해	매우 만족했다	4.22	4.06	4.68	13.07	7.3
	약간 만족했다	21.93	12.71	15.75	14.71	35.2
	보통이다	35.36	55.95	54.42	44.24	28.7
	약간 불만족했다	20.13	15.88	17.70	13.94	16.8
	매우 불만족했다	18.36	11.40	7.45	14.05	12.0
	계	100.00	100.00	100.00	100.00	100.00

자료: 한국형사법무정책연구원, 전국범죄피해조사 2022 분석보고서, 2023. 208.

제 2 편

VICTIMOLOGY

범죄피해자의 권리형성 및 국제사회의 범죄피해자 권리보호

VICTIMOLOGY

제 4 장 범죄피해자의 권리형성

제1절 범죄피해자 권리의 영향요소

범죄피해자 권리의 영향요소란 범죄피해자의 권리 형성 또는 권리행사에 영향을 미치는 요소(Empowerment Cause)를 말한다.[1]

범죄피해자들을 둘러싼 매스미디어, 법률시스템, 지역사회의 여론, 피해자 지원기금 여부 등은 피해자 권리 형성 및 강화에 영향을 준다. 또한 관련 법령을 정비하고, 시민단체의 역할을 촉진하는 역할을 한다.[2]

Ⅰ. 여론

미디어는 범죄사실을 생생하게 전달하고 싶어하지만, 이것은 경찰이나 범죄피해자의 범죄사실을 숨기고 싶어하는 의견과 충돌할 수 있다. 따라서 범죄피해를 지원하는 형사사법정책가들은 미디어의 본질과 역할에 대한 명확한 이해가 필요하며, 피해자를 위하여 미디어를 어떻게 활용할 것인가에 대한 연구가 요구된다.[3]

미디어는 사실을 보도하지만, 그것을 흥미 있게 전달함으로써 사람들의 이목을 집중시키려는 저널리즘을 가지고 있다. 따라서 이러한 미디어의 본질을 이

1 Harvey Wallace, Victimology: Legal, Psychological, and Social Perspectives, 2nd., ed., Sanfrancisco, California: California State University (2007): 97－115.

2 Klaus, Witold, Konrad Buczkowski, and Paulina Wiktorska, "Empowering the Victims of Crime: A Real Goal of the Criminal Justice System or No More Than a Pipe Dream?," Trust and Legitimacy in Criminal Justice. Springer International 2020.1.30.Publishing (2015): 65－91.

3 Surette, Ray. Media, crime, and criminal justice, Nelson Education (2014).

해한다면 피해자 지원단체나 정부기관은 미디어와의 지속적이고 정례적인 소통을 통하여 피해자지원에 대한 정책정보와 방향을 알려주고, 미디어가 이를 적극적으로 보도할 수 있도록 커뮤니케이션을 활발히 해야 한다. 범죄피해자를 보호하고 지원하기 위하여 미디어의 속성과 파급력을 활용하는 것은 매우 효과적인 전략이다. 이는 궁극적으로 모든 범죄피해자의 지원을 위해서도 필수적이다. 특히 여론은 피해자의 고통과 피해자 보호나 지원제도의 문제점, 형사절차상 피해자의 불편 등을 대중에게 알림으로써 피해자 정책에 대한 사회적 관심을 불러일으켜 관련 문제를 해결해야 한다는 사회적 공감대를 형성하는 데 기여를 한다.

아동학대사건이나 아동성폭력사건, 그리고 가정폭력사건, 음주운전 교통사고 가해자 뺑소니사건, 스토킹사건 등 수많은 사건을 보도하는 과정에서 피해자의 고통과 형사사법기관의 불공정한 수사나 재판 등의 문제점이 부각된다. 결국 시민들이 나서서 문제를 해결해야 한다는 여론이 형성된다. 이는 미디어가 피해자의 권리를 강화하는데 기여하는 순기능적인 측면이라고 할 수 있다.

미시간주립대학의 저널리즘연구소는 미디어매체에 대하여 범죄피해자에 대한 보도 및 인터뷰시에 고려하여야 할 사항을 다음과 같이 제시하고 있다.[4]

미디어와의 인터뷰 시 범죄피해자의 권리

1. 피해자의 동의없이 피해자의 이름, 나이 등의 신원정보를 노출해선 안 된다.[5]
2. 피해자는 미디어에 의견을 포현할 권리가 있다.
3. 피해자는 미디어의 인터뷰에 응하지 않을 권리가 있다.
4. 피해자가 인터뷰에 응할 수 있을 때만 취재에 응할 권리가 있다.
5. 기자, 감독, 토크쇼 진행자 등의 질문사항을 사전에 요구할 수 있다.
6. 인터뷰를 하는 동안 피해자가 트라우마를 보이는 경우 인터뷰를 중지시킬 수 있다.
7. 피해자에게 인터뷰를 강요해선 안 된다.
8. 피해자의 비보도(Off the record) 요청내용에 대해서 절대로 미디어에 알려선 안 된다.
9. 피해자가 미디어와의 인터뷰를 원할 경우 이를 실현할 수 있도록 돕는다.
10. 모든 토크쇼와 인터뷰에 피해자인 아동을 참여시켜선 안 된다.

4 Michigan State University School of Journalism, http://victims.jrn.msu.edu/public/articles/tentips.html/

- 진실 보도: 많은 기자들이 어떤 사안을 보도하면서 해당사안 이전의 스토리를 만들려는 경향이 있다. 그러나 언론은 있는 사실을 그대로 보도하는 것이 가장 큰 목적이지 기자의 마음이나 상상을 전달하는 매체가 아니다.
- 인터뷰 거부의 존중: 대부분의 범죄피해자는 자신의 피해사실을 보도하는 것을 거부하려고 한다. 기자는 피해자가 사실 보도를 승인하고 동의할 때까지 기다리고, 설득해야 한다.
- 분노감의 인정: 많은 피해자가 분노감을 느끼며, 이는 그들을 지탱시켜주는 원동력이기도 하고, 동시에 그들의 보다 나은 삶을 위해 현재를 헤쳐 나가게 하는 힘이 될 수도 있다.
- 타협에 대한 이해: 일부 피해자는 타협적인 행동을 보일 수도 있다. 예를 들어 아동이 납치된 경우 범인 요구대로 부모가 인질범에게 금전을 지불하는 경우 또는 성폭력 피해자가 가해자와 합의하는 경우 등이 있다.
- 우울감 배려: 피해자가 우울증을 경험할 수 있고, 이는 자연스러운 피해자의 심리상태이다. 따라서 이러한 피해자 특징을 배려해야 한다.

피해자와 인터뷰하는 기자(미디어)가 범죄피해자의 이러한 태도를 이해하지 못한다면 미디어는 피해자의 입장을 제대로 전달하지 못하게 되며, 피해자의 진정한 고통을 대중에게 전달하지 못하게 된다.

반대로 피해자를 지원하는 시설이나 단체가 피해자에게 미디어와의 인터뷰를 주선하고, 미디어가 이를 제대로 보도를 한다면 미디어는 피해자를 보호하고 피해자의 권익을 옹호하는 기회로 활용될 수 있다.

II. 입법화

피해자의 권리를 보호하고 강화하는 데 있어 법률을 제정하고, 개정하는 등의 노력은 매우 중요한 가치를 지닌다. 피해자의 권리보호와 관련한 법령은 대부분 피해자 권리보호를 위한 시민단체의 운동이나 시민들의 자발적 모임이 지

5 범죄피해자 보호법, 성폭력범죄의 처벌 등에 관한 특례법, 가정폭력범죄처벌법, 아동·청소년의 성보호에 관한 법률 소년법 등에서는 관련 범죄피해자의 신원공개 및 동의를 거치지 않은 보도 등을 금지하고 있다.

속적으로 관련 법률의 필요성을 지적하고 지역주민들을 대상으로 지지를 호소하는 등의 노력으로 이루어진다.

한편으로는 사회적인 파장을 불러일으키는 사건이 발생한 경우 그와 같은 피해가 재발하지 않도록 관련법을 제정해야 한다는 시민들의 요구와 정부의 정책방향이 함께 하면서 관련 법이나 제도의 제정과 개선이 진행된다.

예를 들어 1998년 한국의 「성폭력범죄의 처벌 및 피해자보호 등에 관한 법률」은 당시 가족들 앞에서 부녀자를 성폭행하는 사범들을 가중처벌하고 이들 피해자를 보호하기 위한 법률의 필요성이 대두되면서 제정되었고, 2000년 「청소년의 성보호에 관한 법률」은 청소년에 대한 성매매가 성행하자 성적 자기의 사결정능력이 부족한 청소년의 성을 사는 것은 청소년의 성을 착취하는 것으로, 즉 청소년을 성매매피해자로 간주하고 이들의 성을 사는 사람을 범죄자로 규정하고 이들을 가중처벌하며, 동시에 청소년을 보호하려는 취지에서 제정되었다.

2000년대에 들어와서는 더욱 다양한 피해자 권리를 형성하고 보호하는 입법정비가 진행되었다. 대표적으로는 「범죄피해자 보호법」, 「성매매방지 및 피해자보호 등에 관한 법률」,「특정 성폭력범죄자에 대한 위치추적 전자장치 부착에 관한 법률」,[6] 「성폭력범죄자의 성충동 약물치료에 관한 법률」, 「아동·청소년의 성보호에 관한 법률」 등을 들 수 있다.

최근 스토킹이 폭행, 살인 등 강력범죄로 이어지는 가운데 스토킹범죄의 처벌 및 그 절차에 대한 특례 등을 규정한 스토킹범죄의 처벌 등에 관한 법률이 2021년 4월에 스토킹범죄의 처벌 등에 관한 법률이 제정된데 이어 2023년 1월에는 스토킹방지 및 피해자보호 등에 관한 법률이 제정되었다.

III. 피해자기금조성

피해자지원을 위한 기금조성(Fundraising)은 정부의 재정적 부담이 따르지만 필수불가결한 조치이다. 안정적인 재원의 확보는 피해자지원을 위해서 우선적으

6 이 법은 2009년에 특정 범죄자에 대한 위치추적 전자장치 부착 등에 관한 법률로 개칭되었다.

로 이루어져야 하며, 정부 자체의 정책추진 및 피해자지원 시민단체 등의 지원을 위해서 특수한 기금적립은 매우 긴요한 과제이다.

미국의 경우 1984년도에 「범죄피해자법」(The Victims of Crime Act: VOCA)을 통하여 피해자지원을 위한 연방기금을 마련할 수 있었다. 그러나 이 법에 의해 마련된 기금으로 지원을 받을 수 있는 범죄피해자의 종류는 한정적이므로 다양한 범죄피해자 지원을 위한 기금조성은 계속되었는데 그 중의 하나인 범죄피해자기금법(42 U.S. Code § 10601 – Crime Victims Fund)이 제정되었다.[7] 이 법은 범죄피해자법상 피해자 지원정책을 구체적으로 실천에 필요한 지원기금의 확보 및 기금 배분을 위한 근거법이라고 할 수 있다.

미국은 이 법에 따라 연방정부의 재무부에 별도의 계정으로 범죄피해자기금을 창설하였다. 기금은 모든 범죄의 벌금, 범칙금, 몰수된 보석금으로 적립된다. 범죄피해자기금법은 이 기금의 사용대상을 아동학대 피해자지원, 연방형사사법기관의 피해자지원, 테러방지 긴급 예비비, 국내 테러 및 미국 내 폭동의 피해자에 대한 보상 및 지원, 국외 테러 피해자 지원, 국제테러피해자비용상황프로그램에 기금 적립, 주정부 지원 등으로 명시하고 있다.

미국은 이 밖에도 테러피해자 등을 지원하는 다양한 법제를 지속적으로 보완하고 있는데 2016년 11월에는 「미국테러리즘피해자지원기금법」(US Victims of State Sponsored Terrorism Fund)을 제정했다.[8]

한국의 경우에도 2011년 「범죄피해자보호기금법」을 제정하여 법무부장관이 보호기금을 관장하며, 피해자에 대한 보조금 및 형사사법기관의 피해자지원 정책 및 지원단체 보조금 등으로 활용하고 있다. 재원은 미국과 같이 각종 범죄의 벌금, 구상금, 기부금 등으로 적립하고 있다.[9]

7 uscode.house.gov, http://uscode.house.gov/view.xhtml?req=(title:42%20section:10601%20edition:prelim)/

8 42 USC 10609, uscode.house.gov, http://uscode.house.gov/view.xhtml?req=granuleid:USC-prelim-title42-section10609&num=0&edition=prelim/

9 범죄피해자기금법이라고 약칭하며, [시행 2021. 12. 21.] [법률 제18585호, 2021. 12. 21., 타법개정]되었다.

제2절 회복적 정의 및 지역사회의 개입 전략

Ⅰ. 회복적 정의(Restorative Justice)의 이념

회복적 정의(Restorative Justice) 또는 회복적 사법이라는 용어는 1977년 알버트 에글라시(Albert Eglash)에 의해 사용되기 시작했다. 에글라시는 정의를 세우는데 세 가지 유형이 있다고 주장했다.[10]

1. 처벌에 근거한 보복적 정의(retributive justice)
2. 가해자에 대한 치료적 교정을 포함하는 분배적 정의(distributive justice)
3. 희생자와 범죄자들의 의견을 바탕으로 한 회복적 정의(restorative justice)

이 가운데 세 번째의 회복적 정의가 범죄문제를 해결하며, 동시에 피해자의 피해를 구제하며, 범죄문제를 가장 효과적으로 해결하는 바람직한 접근방식이라고 주장하였다. 이후 회복적 정의 이념을 구현하는 다양한 형사사법전략들이 등장하고, 관련 영역에 대한 연구가 활발하게 진행되고 있다.

따라서 회복적 정의란 "범죄자와 피해자, 그리고 지역사회 주민들이 사건해결과정에 능동적으로 참여하여 피해자 또는 지역사회의 손실을 복구하고 관련 당사자의 재통합을 추구하는 범죄대응양식"이라고 정의할 수 있다.

범죄문제의 해결과 피해자의 관점에서 회복적 정의의 이념은 다음과 같이 정리할 수 있다.[11]

첫째, 범죄자가 범죄피해의 결과, 법률규정의 의미를 깨닫게 하고, 둘째, 범죄피해자와의 적극적인 화해(Compliance)를 통해 자신의 책임을 인정하고, 배상(Recidivism)하며, 셋째, 범죄피해자는 범죄의 피해－신체적, 물질적－피해를 배상받고, 범죄두려움으로부터 벗어나고, 넷째, 지역사회는 범죄문제해결을 위해 적극적으로 범죄문제에 개입함으로써 궁극적으로 지역사회의 통합을 꾀하는 전략이다.

10 Eglash, Albert, "Beyond restitution: Creative restitution," Restitution in criminal justice (1977): 91－99.

11 Kirkwood, S., A practice framework for restorative justice. Aggression and Violent Behavior, 63, (2022): 101688.

그림 4-1 회복적 사법 이념의 구현 모형

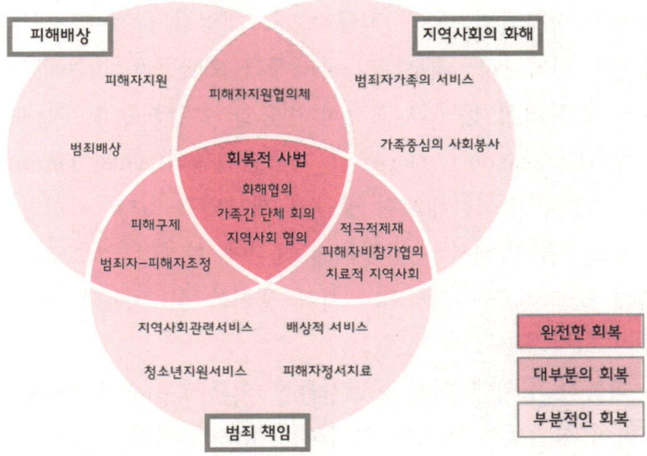

자료: Robinson, Joseph, and Jennifer Hudson. “RESTORATIVE JUSTICE: A TYPOLOGY AND CRITICAL APPRAISAL.” Willamette J. Int'l L. & Dispute Res. 23 (2016): 335–367.

II. 회복적 정의와 전통적인 형사사법절차의 차이

회복적 정의에 대하여는 이것이 전통적인 형사사법시스템을 대체하는 다이버전(Diversion) 시스템이라고 보는 관점과 전통적인 형사사법시스템을 보완하는 시스템이라고 보는 관점으로 구분된다.[12] 그러나 이 둘의 관점의 차이가 무엇이던지 회복적 정의에 깔려 있는 가장 중요한 맥락은 범죄의 원인이 되는 해악성을 제거하고, 범죄로 인한 피해자의 몸과 마음, 재산적 피해를 치료하고, 범죄로 인해 직간접적으로 피해를 입은 지역사회를 회복시키는 것이야말로 정의(Justice)라고 인식하는 것이다. 그리고 각국의 형사사법제도 전반에 회복적 정의의 이념

12 Hardjaloka, Loura. “Criminal Justice System of Children: An Overview Restorative Justice Concept in Indonesia and Other Countries.” Jurnal Dinamika Hukum 15.1 (2015): 73–81.

을 구현하는 다양한 형사정책, 즉 수용자 처우[13] 및 노역, 가석방제도, 보호관찰 프로그램 등에 반영되어 있다.[14]

회복적 정의의 이념은 전통적인 형사사법절차, 특히 범죄발생의 초기단계에서 전통적인 형사사법기관이 적극적으로 개입하기 전에 지역사회가 먼저 개입하는 데에서 나타난다. 대부분의 국가에서 오랫동안 고수해왔던 범죄자에 대한 구금정책이 사회적 문제와 경제적 비용을 야기해왔고, 이 문제를 극복하기 위해 조정센터(Meditation Center)부터 가족단위협의(Family Group Conference)에 이르기까지 다양한 범죄문제해결 방안이 제시되고 있다. 이러한 추세는 공식적인 형사사법절차를 통해서는 범죄문제 해결에 한계가 있으므로 범죄문제를 범죄자와 피해자, 그리고 지역사회가 함께 풀어야 할 사회적 과제라는 인식의 확대와 맞물려 있다.[15]

한편 회복적 정의에 대해 비난자들은 회복적 사법은 전통적 형사사법시스템과 비교하여 상습범의 범죄를 억제하는 정도의 미미한 효과만을 가지는 형사시스템일 뿐이라고 주장한다. 또한 국가가 부담할 범죄자 처벌 및 피해자 지원 비용을 지역사회가 부담케 한다는 비판도 있다.[16]

Ⅲ. 회복적 정의: 지역사회의 개입 전략

회복적 정의의 이념을 실현하기 위한 방법에는 조정(Meditation), 가족단위협의(Family Group Conference), 써클제재(Circle Sentencing), 피해배상적 보호관찰(Reparative Probation) 등이 대표적으로 제시되고 있다.[17] 이러한 방법들은 대

13 허경미, "영국의 교도소 개혁 전략 및 특징에 관한 연구." 교정연구 69 (2015): 83 – 110.

14 허경미, "영국의 보호관찰 민영화에 관한 연구," 교정연구, (2012.9): 69 – 92.; 허경미. "캐나다의 회복적 사법 교정제도에 관한 연구," 한국공안행정학회보 25 (2016): 130 – 161.

15 Zehr, Howard, and Harry Mika. "Fundamental concepts of restorative justice." Restorative Justice. Routledge, (2017): 73 – 81.

16 Gal, Tali. "'The conflict is ours': community involvement in restorative justice." Contemporary justice review 19.3 (2016): 289 – 306.

17 Stroup, Brandon. "Conceptualizing and implementing a restorative justice concentration: transforming the criminal justice curriculum." Contemporary Justice Review 22.4 (2019): 334 – 350.

체로 경찰, 검찰 등의 개입이 아직 이루어지지 않았거나 수사가 일부 진행된 경우 등에 지역사회가 자발적으로 개입하거나 형사사법기관의 중재로 지역사회가 개입하여 문제를 해결하려는 형태로 나타난다.

1. 조정(Meditation)

범죄자와 피해자 사이에 제3자가 개입하여 범죄자가 피해자에게 화해하고, 범죄피해를 적당하게 배상하도록 중재하는 것을 말한다. 일반적으로 조정의 결과에 대해 범죄자와 피해자 모두 만족도가 높고, 특히 피해자의 두려움이나 분노감 등의 해소에 긍정적인 영향을 주는 것으로 나타났다. 조정에 참여한 범죄자의 재범률 역시 그렇지 않은 경우 보다 낮은 것으로 밝혀졌다.[18]

현재 한국도 범죄피해자 보호법, 형사소송법과 「소송촉진 등에 관한 특례법」을 근거로 형사화해조정제도를 도입하여 시행하고 있다. 소송촉진 등에 관한 특례법 제36조 제1항은 "형사피고사건의 피고인과 피해자 사이에 민사상 다툼(해당 피고사건과 관련된 피해에 관한 다툼을 포함하는 경우에 한한다)에 관하여 합의한 경우, 해당 피고사건이 계속 중인 제1심 또는 제2심 법원에 공동하여 그 합의를 공판조서에 기재하여 줄 것을 신청할 수 있다"라고 규정한 데 이어 제5항에서는 "합의가 기재된 공판조서의 효력 및 화해비용에 관하여는 「민사소송법」 제220조 및 제389조의 규정을 준용한다"고 하여 형사사건의 합의에 민사소송법상 집행력을 부과하고 있다.[19]

2. 가족단위협의(Family Group Conference)

가족단위협의는 피해자회복, 범죄자의 반성과 수치심, 범죄자의 행동에 대한 비난 등에 가치를 두면서 범죄문제를 해결하려는 노력으로 각국에서 적극적으로 활용되고 있다.[20] 가족단위협의는 특히 소년사범 문제를 해결하는 데 유용

18 이동원·백일홍, "형사조정의 성립과 만족 요인에 대한 평가 분석," 형사법의 신동향 (2016): 243–278.

19 소송촉진 등에 관한 특례법 제36조–제38조 참조.

20 Fronius, Trevor, et al. "Restorative Justice in US Schools: An Updated Research Review." WestEd (2019).

하다는 평가를 받고 있다.[21]

가족단위협의는 오스트리아, 호주, 캐나다, 핀란드, 독일, 네덜란드, 헝가리, 아일랜드, 이스라엘, 이탈리아, 일본, 뉴질랜드, 노르웨이, 폴란드, 세르비아, 슬로바키아, 남아프리카공화국, 스리랑카, 미국과 영국 등에서 매우 활발하게 시행되고 있다.

가족단위협의의 진행과정은 다음과 같다.

이 제도의 발상지라 할 수 있는 뉴질랜드의 가족법 제251조에 의하면 가족단위협의에는 범죄소년 및 그 친권자 또는 보호자, 청소년사법담당관, 관련범죄수사관(경찰), 피해자 및 그 친권자 또는 보호자, 범죄소년의 변호사, 사회복지사, 보호관찰관 등이다. 가족단위협의는 대체로 권고사항으로 범죄자의 피해자에 대한 사과, 범죄자 관련 형사절차의 계속이나 중단, 피해자에게 배상할 내역,

그림 4-2 협의회의 구성도

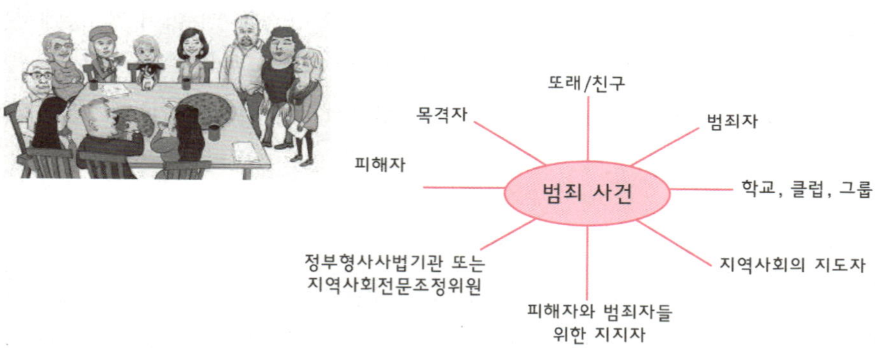

자료: New Zealand Government, Child Youth and Family, http://www.cyf.govt.nz/keeping−kids−safe/ways−we−work−with−families/family−group−conference−or−fgc.html/

21 Howard, Kelly, Clare McCann, and Margaret Dudley. "'It's really good… why hasn't it happened earlier?' Professionals' perspectives on the benefits of communication assistance in the New Zealand youth justice system." Australian & New Zealand Journal of Criminology 53.2 (2020): 265−284.

범죄자에 대한 처벌의 정도 등을 만장일치로 결정할 것 등이다. 협의의 성격상 어느 한쪽이 만족하지 못하면 의미가 없으므로 일치된 결론이 나오지 못하면 협의는 중단된다.

회복적 정의에서 책임은 행위자 개인이 인정해야하는 것으로 전통적인 형사사법 정책적 측면에서의 응보 성격의 범죄에 대한 책임과는 다른 측면이 있다. 따라서 가족단위협의에서는 범죄소년의 책임인식을 매우 중요시하게 여기는데 가해소년은 피해자와 그 가족들로부터 범죄행위의 결과에 대해 들어야 하며, 그 결과가 자신의 행위로 인한 것이라는 사실을 인정하고, 사과해야 하며, 피해배상을 위해 무엇을 할 것인가에 대한 계획을 세워야 한다.

범죄소년이 자신의 자활에 도움이 될 직업훈련이나 금주프로그램, 혹은 안전운전프로그램 등을 스스로 결정하고, 적극적으로 참여함으로써 이 제도가 궁극적으로 효과를 나타난다고 할 수 있다.

우리나라의 학교폭력의 예방 및 대책에 관한 법률상 학교폭력대책자치위원회의 결정도 가족단위협의의 한 유형으로 볼 수 있다.

3. 공동체 제재(Circle Sentencing)

공동체 제재 또는 지역사회 제재란 지역주민의 개입, 힘의 분산, 지역사회의 영향력 등을 요소로 범죄문제를 해결하려는 전략이라고 할 수 있다. 치료서클(healing circle) 또는 평화만들기 서클(peace making circle)이라고도 한다.22

공동체 제재는 미국이나 캐나다 원주민의 전통적인 범죄해결 방법을 현대적으로 변형한 것으로 경찰, 검찰, 판사, 또는 지역사회 원로들이 마주 앉아 문제를 해결하기 위해 대화하는 형태로

협의처벌 회의 장면

자료: King County Office of Alternative Dispute Resolution, Peace circles, https://expandingthenarrative.com/2016/07/22/peace-circles-transcending-race-and-culture-boundaries/

22 Amjad, Sohail, and Nagina Riaz. "The concept and scope of restorative justice system: Explaining history and development of the system for the immediate need of society." International Journal of Law, September (2019).

진행된다.

써클제재는 대화를 통하여 범죄에 대한 처벌(Sentencing)과 화해(Peacemaking)의 수준이나 정도에 대한 공정한 합의점을 찾기 위해 노력한다.

써클제재는 주로 공동체 구성원의 갈등, 학생의 퇴학, 정학, 아동보호사건 등에 활용되는 데 써클을 경험한 참여자들은 가해자의 경우는 참가자들과의 연결감, 변화된 행동, 피해자 및 공동체에 대해 배상할 수 있는 기회, 재판을 피할 수 있는 점 등 때문에 만족감을 표시하였다. 한편 피해자의 경우에는 자신의 억울함을 풀고, 다른 참가자들과의 유대감을 강화하는 등의 만족감을 느낀다고 대답했다.

표 4-1 써클제재 회의과정

단계(Stage)	행동(Activity)
준비(preparation)	참석자 확인
개회(opening)	개회사, 상호소개, 진행순서 설명
법적 단계(legal stage)	사실, 진행과정, 보호관찰 기록
사실해명(clarifying facts)	보충사실 설명 및 자료제시
공감대 형성하기(seeking common ground)	범죄, 알콜문제, 가정해체, 학교퇴학 등 산적된 문제 드러내기
옵션선택(exploring option)	피해자를 위한 대책과 지금까지 범죄자가 행한 행동, 지역사회의 역할 등을 파악하고 논의
의견교환(developing concerns)	어떤 옵션이 현실적인지, 참여할 수 있는 것인지 상호의견교환
끝내기(closing)	정리하고 마침, 설사 공통합의(consensus)에 이르지 못해도 참여자들은 정서적으로 온화해짐

자료: William G. Doerner & Steven P. Lab, Victimology, 5th., ed., (Newmark, NJ: Anderson Publishing), 2008) 126.

4. 피해배상적 보호관찰(Reparative Probation): 사회봉사

피해배상적 보호관찰이란 범죄자가 노동(신체적 활동)을 통하여 범죄로 인한 피해자와 지역사회의 피해를 최소한이라도 보상토록 하는 것이다. 최근에는 지역사회의 소외계층이나 복지시설 등에서 노동봉사하는 프로그램이 개발되고 있으며 사회봉사명령이라고도 불린다.

법무부의 사회봉사명령 대상 분야

소외계층 지원 (목욕, 이미용, 빨래, 청소, 무료급식, 가사 지원활동 등)
복지지설 지원 (노인·아동·장애인 등 복지시설 지원활동 등)
주거환경개선 지원 (집수리, 도배·장판·방충망 교체, 도색, 청소 등)
농·어촌 지원 (농·어촌 지역 인력지원, 농가환경 개선 등)
긴급재난복지 지원 (자연재해 및 재난 발생시 복구활동 등)
지역사회 지원 및 기타 공익 지원 (지역환경정화 활동, 공익행사보조 등)

자료: 범죄예방정책국, https://www.cppb.go.kr/cppb/707/subview.do/

피해배상적 보호관찰을 통하여 범죄자는 지역사회에 간접적으로 배상하고, 지역사회는 범죄자를 용서하고 그들의 재활을 지지하는 것이다. 즉, 범죄자의 도덕성 회복, 피해자에 대한 배상, 범죄자의 지역사회에 대한 책임감, 지역사회의 범죄문제 해결을 위한 참여와 개입 등의 효과가 있다.

피해배상적 보호관찰: 사회봉사

Ⅳ. 회복적 정의 전략의 한계

회복적 정의 제도가 피해자를 지원하기 위한 적극적인 형사사법 이념 및 정책이긴 하지만 이를 현실적으로 실천하거나 적극적으로 도입하기에는 몇 가지 한계점이 있다.[23]

다음과 같이 그 문제점을 정리해 볼 수 있다.

표 4-2 회복적 정의 전략의 한계

피해자	범죄자	지역사회
• 참여불만 • 충분치 않은 보상액: 모욕감 • 사생활 공개: 인권침해 • 부족한 정보	• 참여불만 • 인권침해: 신분노출 • 부족한 정보	• 부적당한 준비 • 전문가 부족 • 중재인 · 위원회의 불공평 • 지나친 피해자 위주

23 Green, Bruce A., and Lara Bazelon. "Restorative justice from prosecutors' perspective." Fordham L. Rev. 88 (2019): 2287.

VICTIMOLOGY

제 5 장 유엔(UN) 및 유럽연합(EU)의 범죄피해자 권리보호

제1절 유엔의 피해자인권 이념과 보호

Ⅰ. 유엔의 피해자인권 이념

유엔의 피해자인권 관련한 협약 등은 다음과 같이 정리할 수 있다.

세계인권선언(1948), 1965년 인종차별철폐협약(1965), 시민적 및 정치적 권리에 관한 국제규약(1966), 여성차별철폐협약(1979), 1984년 고문방지협약(1984), 아동권리협약(1989)

이 가운데 범죄피해자의 자유권과 관련하여 그 의미가 중요한 것은 「시민적 및 정치적 권리에 관한 국제규약」(International Covenant on Civil and Political Rights, 1966)이다. 이 규약은 개인의 시민적, 정치적 제 권리의 국제적 보장을 정한 유엔의 조약이다. 1966년 12월 16일 제21회 유엔총회에서 채택되었고, 1976년 3월 23일부터 발효되었다. 한국에서는 1990년 7월 10일부터 발효되고 있다. B규약 또는 자유권규약이라고도 지칭한다.[1]

Ⅱ. 유엔마약범죄국(UNODC)

유엔의 다양한 기구 가운데 범죄피해자의 권리보호 및 지원과 관련된 조직은 유엔마약범죄국(United Nations Office on Drugs and Crime: UNODC)이다. 이 기구는 유엔이 1997년에 불법 마약, 국제범죄에 대응하기 위하여 설립한 기구이다.[2]

1 A규약은 유엔의 경제적, 사회적, 문화적 제 권리에 관한 규약을 말한다.

2 UNODC, About UNODC, https://www.unodc.org/unodc/en/about-unodc/index.html?ref=menutop/

본부는 비엔나에 있고, 뉴욕과 브뤼셀에 연락사무소를 두고 있으며, 500여 명의 직원들이 근무하고 있다. 세계 150여 개 국가가 가입되어 있으며, 20여 개의 현장 사무소가 있다.

UNODC는 약물남용의 위험에 대한 교육, 불법 약물제조 및 인신매매, 마약 관련 범죄 등에 대응한 국제적인 활동에 주력하고 있다. 또한 범죄예방 및 피해자지원, 조직범죄집단과 부정부패의 차단 등을 위한 국제규정 및 가이드라인의 제정, 테러방지 및 테러단체에 대한 제재를 위한 국제적인 연대 및 관련 규정 등의 제정 등의 영역으로도 그 업무를 확장하고 있다.

유엔마약범죄국은 범죄피해자와 관련한 주요 활동을 다음과 같이 제시하고 있다.

- 피해자의 권리 확보를 위한 법률적 기반강화
- 피해자 지원, 피해자 보호 및 증인 보호에 대한 국가 정책 개발
- 피해자 지원 서비스를 제공하는 기관의 능력을 개발 및 기관간 연계전략 개발
- 피해자조사를 통한 피해자 특징 및 패턴 분석

III. 유엔의 범죄 및 권력남용 피해자를 위한 정의에 관한 기본원칙선언

1. 배경

「유엔의 범죄 및 권력남용 피해자를 위한 정의에 관한 기본원칙선언」(Declaration of Basic Principles of Justice for Victims of Crime and Abuse of Power)은 1985년 11월 29일에 선포되었다. 이 선언은 강제성은 없지만 회원국들에게 피해자지원과 관련하여 가이드라인을 제시하고 있다. 이 선언은 A. 범죄의 피해자, B. 권력 남용의 피해자로 카테고리를 나누어 사법절차의 이용과 공정한 대우(Access to justice and fair treatment), 원상회복(Restitution), 배상(Compensation), 지원(Assistance) 등의 4장, 21개 조문으로 규정되어 있다.[3]

3 The Office of the High Commissioner for Human Rights, Declaration of Basic Principles

이 선언은 인종, 피부색, 성별, 연령, 언어, 종교, 국적, 정치적 또는 기타 견해, 문화적인 신념이나 관습, 재산, 출생 또는 가족의 신분, 민족적 또는 사회적 출신, 장애 등에 따라 차별되지 아니하고 모두에게 적용된다고 천명하고 있다.

이에 따라 유럽연합 및 미국, 그리고 한국 등의 경우 이를 기초로 다양한 범죄피해자 관련 법령 및 정책들을 제정하고 있다.

2. 범죄피해자

1조. 피해자란 회원국 내에서 시행되는 형법(권력 남용을 금지하는 법률 포함)을 위반하는 행위 또는 부작위를 통해 신체적 또는 정신적 상해, 정서적 고통, 경제적 손실 또는 기본적 권리의 실질적인 침해를 포함한 피해를 개인 또는 집단적으로 입은 사람을 말한다.
2조. 본 선언에 따라 가해자의 신원 확인, 체포, 기소 또는 유죄 판결 여부, 그리고 가해자와 피해자 간의 가족 관계와 관계없이 모든 사람은 피해자로 간주될 수 있다. 피해자라는 용어에는 피해자의 직계 가족 또는 부양가족, 그리고 곤경에 처한 피해자를 돕거나 피해를 방지하기 위해 활동하는 과정에서 피해를 입은 사람도 포함된다.
3조. 여기에 포함된 규정은 인종, 피부색, 성별, 나이, 언어, 종교, 국적, 정치적 또는 기타 의견, 문화적 신념이나 관행, 재산, 출생 또는 가족 상태, 민족적 또는 사회적 기원, 장애 등 어떠한 종류의 구별 없이 모든 사람에게 적용된다.

3. 사법절차의 이용과 공정한 대우, 평온한 생활의 회복

피해자의 형사사법절차상 존중 및 정보제공, 그리고 평온한 생활의 회복을 위한 지원 등을 받을 수 있다고 규정하고 있다.

4조. 피해자는 존엄성을 존중받고 동정(compassion)을 가지고 대우받아야 한다. 그들은 그들이 입은 피해에 대하여, 정해진 국내법에 따라 사법절차를 이용하고 조속히 범죄피해 상황에서 벗어날 권리가 있다.
5조. 회원국은 피해자가 신속하고, 공정하며, 저렴하고, 쉽게 이용 가능한 공식적 또는

of Justice for Victims of Crime and Abuse of Power, https://www.ohchr.org/en/instruments-mechanisms/instruments/declaration-basic-principles-justice-victims-crime-and-abuse/

비공식적인 절차를 통해 피해 상황에서 벗어날 수 있도록 사법 및 행정절차를 확립하고 강화해 나가야 한다. 피해자들은 이러한 절차를 통해 범죄피해 상황에서 벗어날 수 있는 권리가 있음을 통지 받아야 한다.

6조. 회원국은 사법 및 행정절차에서 피해자의 요구에 신속히 대응하기 위하여 다음과 같은 조치를 취하여야 한다.

(a) 회원국은 피해자에게 피해자의 역할 및 범위, 절차의 진행상황, 사건의 처분결과에 대한 정보를 제공하여야 한다. 중범죄인 경우와 피해자가 그러한 정보를 요청하는 경우에는 특히 그러하다.

(b) 피해자의 개인적 이익이 침해된 경우에는, 피고인의 권리를 침해하지 않는 범위 내에서, 관련국의 형사사법 절차에 따라, 피해자의 의견과 이해관계가 사법절차에 적절한 단계에서 표시되고 반영되어야 한다.

(c) 회원국은 법적절차가 진행되는 동안 피해자에게 적절한 지원을 제공해야 한다.

(d) 회원국은 피해자의 불편을 최소화하고, 사생활의 평온을 보호하며, 필요한 경우 위협과 보복으로부터 피해자, 그 가족, 피해자 측 증인의 안전을 보호하기 위한 조치를 취하여야 한다.

(e) 사건의 처리 및 배상명령이나 재판의 집행에 있어 불필요한 지연을 피해야 한다.

7조. 회원국은 분쟁해결과 피해회복을 원활히 하기 위해 적절한 경우에 조정, 중재, 기타 관습법상의 또는 관행에 의한 비공식적인 분쟁해결절차를 활용하여야 한다.

4. 원상회복(Restitution)

피해자는 가해자 및 책임있는 제3자 등으로부터 범죄피해에 대한 원상회복을 받을 권리가 있으며, 범죄자 등은 지역사회 등에 범죄피해를 준 경우 그에 대한 배상책임을 부담하며, 형사절차상 피해를 당한 경우 국가는 배상책임을 부담한다.

8조. 범죄자 및 범죄에 책임이 있는 제3자는 피해자, 그 가족, 그 피부양자에게 적절한 원상회복을 해야 한다. 이러한 배상에는 재산의 반환, 피해자가 입은 고통이나 손실에 대한 상환 및 용역제공, 권리의 회복, 피해를 입음으로써 발생한 비용의 변상 등이 포함된다.

9조. 정부는 형사사건에서 원상회복을 다른 제재 수단에 부가하여 가능한 판결선고의 선택사항으로 사용할 수 있도록, 법령 및 사법관행을 검토해야 한다.

10조. 환경에 상당한 피해를 입히고, 그 피해가 지역사회에 혼란을 초래하는 경우에는 원상회복의 명령이 있는 경우 그 내용으로 가능한 한 환경의 복구, 기반시설의 재건, 공중시설의 교체, 재배치 비용의 보상 등이 포함되어야 한다.

11조. 공무원 또는 공무 혹은 그에 준하여 행하는 자가 형법을 위반한 경우, 피해자는 피해에 책임이 있는 공무원이나 대리인이 속한 정부로부터 보상을 받는다. 작위나 부작위로 인한 피해에 책임이 있는 자가 속한 정부가 존재하지 않는 경우에는, 승계 정부(the State or Government successor in title)가 책임을 진다.

5. 손해배상

피해자에 대한 손해배상 및 각국의 피해자지원기금제 등을 권고하고 있다.

12조. 피해자가 가해자나 다른 방법으로 충분한 배상을 받을 수 없는 경우 정부는 다음의 피해자에게 금전적인 배상을 하도록 노력하여야 한다.

(a) 중대한 범죄로 인하여 심각한 신체적 상해를 입었거나 신체적·정신적 건강에 손상을 입은 피해자

(b) 위와 같은 범죄의 결과로 인하여 사망하였거나, 신체적·정신적으로 장애를 가지게 된 사람의 가족 (특히 피부양자)

13조. 회원국은 피해자 배상을 위한 국가기금의 설립, 강화 및 확대를 장려하여야 한다. 적절한 경우 회원국이 피해에 대해 책임이 없는 경우에도 자국민의 범죄피해에 대한 배상을 하는 다른 기금 또한 이 목적으로 설립할 수 있다.

6. 지원시스템 및 전문성

피해자지원시스템의 구축 및 형사사법기관의 전문성을 강조하고 있다.

14조. 피해자는 정부, 자원봉사, 지역사회를 통해서 필요한 물질적, 의료적, 심리적, 사회적 지원을 받아야 한다.

15조. 피해자는 의료, 사회, 기타 관련 서비스의 이용가능성에 대해 통지받아야 하며, 쉽게 이를 이용할 수 있어야 한다.

16조. 경찰, 사법, 의료, 사회복지 담당자, 기타 관련 담당자들은 피해자의 요구에 즉각적으로 대응할 수 있도록 훈련받아야 하며, 적절하고 신속한 지원을 보장하기 위한 지침을 제공해야 한다.

17조. 피해자에게 서비스와 지원을 제공함에 있어, 제3조의 요인이나, 피해의 성격상 특별한 지원을 필요로 하는 피해자들에게는 그에 알맞은 주의를 기울여야 한다.

7. 권력남용 피해자지원

국제적 기준에 맞는 피해자지원 법규 제정 및 기본권 침해 피해자들에 대한 지원규정을 제시하고 있다.

18조. '피해자'란 회원국의 형법 위반은 아니지만 인권과 관련되어 국제적으로 인정되는 규범을 위반하는 작위·부작위에 의해, 육체적·정신적 피해, 감정적 고통, 경제적 손실 또는 기본권의 중대한 침해를 받은 개인 또는 단체를 의미한다.
19조. 회원국은 권력의 남용을 막고 그러한 남용의 피해자들을 구제하는 법규를 도입하는 것을 검토하여야 한다. 특히 그러한 규제에는 원상회복 또는 보상 기타 필요한 물적, 의료, 심리, 사회적 지원이 포함되어야 한다.
20조. 회원국은 제18조에 정한 바와 같이 피해자에 관한 다자간 국제조약에 대한 교섭을 검토하여야 한다.
21조. 회원국은 정기적으로 법규 및 관행을 검토하여 정부가 사회의 변화에 적절히 대응하고 있는지를 확인하여야 하며, 필요한 경우 정치적, 경제적 권력의 중대한 남용을 막고 이에 관한 절차와 정책을 수립하는 입법을 하고 이를 시행하여야 하며, 그러한 피해자들을 위하여 적절한 권리와 구제수단을 마련하고 이를 쉽게 이용할 수 있게 하여야 한다.

제2절 유럽연합의 피해자인권 이념과 보호

1. 유럽연합의 피해자인권 이념

유럽연합의 범죄피해자 보호 및 지원을 위한 협약 및 각종 결정(권고) 등은 다음과 같다.

유럽인권협약(1950), 폭력범죄피해자 보상에 관한 유럽협약(1983)

유럽연합 범죄피해자 기준과 실행에 대한 의견
Crime victims in the European Union. Reflexions on standards and action (Communication from the Commission to the Council, the European Parliament and the Economic and Social Committee. COM (99) 349 final, 14 July 1999)

유럽연합 형사사법절차에서 피해자의 지위에 대한 이사회 기본결정
COUNCIL FRAMEWORK DECISION of 15 March 2001 on the standing of victims in criminal proceedings
(adopted pursuant to Title VI of the Treaty on European Union (2001/220/JHA)

유럽연합 범죄피해자 원조 관련 회원국에 대한 장관위원회의 권고
Recommendation Rec(2006)8 of the Committee of Ministers to member states on assistance to crime victims
(adopted by he Committee of Ministers on 14 June 2006 at the 967th meeting of the Ministers' Deputies)

유럽연합 피해자권리지침(Directive 2012/29/EU of the European Parliament and of the Council of 25 October 2012)

II. 유럽연합 형사사법절차에서 피해자의 지위에 대한 이사회 기본결정

1. 배경

유럽연합이사회는 유럽연합조약의 정신을 바탕으로 2001년 3월 15일(2001/220/JHA)에 「유럽연합 형사사법절차에서 피해자의 지위에 대한 이사회 기본결정」(COUNCIL FRAMEWORK DECISION of 15 March 2001 on the standing of victims in criminal proceedings)을 채택하였다.

이 기본결정은 1999년 7월 14일 유럽의회이사회경제사회위원회에서 만든 "유럽연합의 범죄피해자: 표준과 실행에 대한 의견"이란 제목의 통신문에서 출발하였다. 유럽의회는 2000년 6월 15일 집행위원회 통신문에 대한 결의를 채택하였고, 논의를 거쳐 이 기본결정을 채택하게 된 것이다.

이 기본결정은 모두 19개조로 구성되어 있다.

2. 정의

이 기본결정은 피해자란 '회원국의 형법을 위반한 작위 또는 부작위에 의해 직접적으로 야기된 것으로, 신체적·정신적 손상, 감정적 고통, 경제적 손실을 포함하는 침해를 당한 자를 의미한다'고 규정하였다. 그리고 피해자지원단체, 형사사법절차, 형사사건조정 등에 대하여 그 개념을 정의하고 있다.

3. 주요내용

이 기본결정의 주요규정은 다음과 같다.

제 1 조(개념)
제 2 조(존중과 인정)
제 3 조(청문 및 증거 제공)
제 4 조(정보를 제공받을 권리)
제 5 조(의사소통 보장)
제 6 조(피해자를 위한 특별 지원)
제 7 조(형사사법절차와 관련한 피해자의 비용 지원
제 8 조(보호받을 권리)
제 9 조(형사사법절차상 보상을 받을 권리)
제10조(형사사법절차상 형사조정)
제11조(다른 회원국에 거주하는 피해자)
제12조(회원국간의 협력)
제13조(전문가 서비스 및 피해자지원단체
제14조(절차에 관여하거나 피해자를 접촉하는 인력에 대한 훈련)
제15조(절차상 피해자의 지위와 관련된 실질적인 조건)
제16조(지역적 범위)
제17조(실행)
제18조(평가)
제19조(시행일)

III. 유럽연합 피해자권리지침

1. 배경

「유럽연합 피해자권리지침」(Directive 2012/29/EU of the European Parliament and of the Council of 25 October 2012: EU's Directive on Victims' Rights)[4]은 2012년 10월 25일에 채택되어 2012년 11월 14일 유럽연합 관보에 공포되었다. 이 지침은 2011년 5월에 유럽 집행위원회가 서명한 「피해자의 권리, 지원 및 보호에 관한 최소한의 기준 수립」(Council Framework Decision 2001/220/JHA(the Directive))을 대체한다.[5]

2. 회원국의 의무

유럽연합 피해자권리지침(DG)의 목적은 유럽연합(EU) 회원국이 지침 조항 2012/29/EU를 회원국의 피해지원 법령 및 정책에 반영하도록 그 가이드라인을 제공하는 것이다. 이 지침은 회원국에 대한 법적 구속력을 갖지 않는다. 이 지침은 유럽연합이 다양한 이해 당사자(회원국의 국가 당국, 피해자 지원 단체, 기타 관련 NGO)의 협의 과정의 결과이다.

회원국들은 이 지침을 2015년 11월 16일까지 비준하였다.

이 지침은 범죄 피해자의 권리를 강화하여 모든 피해자가 국적과 관계없이 범죄가 발생하는 유럽연합의 모든 곳에서 동일한 기본 수준의 동일한 권리(Horizontal Directive on Rights)를 누릴 수 있도록 하는 조치이다.

이 지침은 유럽연합이 기존에 채택한 「인신 매매에 관한 지침」(Directive on Trafficking in Human Beings) 및 「아동 성 착취에 관한 지침」(Directive on Child Sexual Exploitation) 등과 같이 적용된다.[6]

---

4 정식명칭은 「The Directive on the rights, support and protection of victims of crime」이다. JUSTICIA European Rights Network, http://eujusticia.net/index.php/victimsrights/category/victims-directive/

5 eurocrim-database, http://db.eurocrim.org/db/en/vorgang/275/

6 liberainternational.eu, http://www.liberainternational.eu/wordpress/wp-content/uploads/2015/11/Better-protection-for-victims-in-criminal-proceedings.pdf/

3. 주요내용

이 지침은 모두 6개장, 즉 총칙(General Provisions), 정보제공 및 지원(Provision of Information and Support), 형사절차참여(Participation in Criminal Proceedings), 피해자보호 및 보호대상자의 인정(Protection of Victims and Recognition of Victims with Specific Protection Needs), 기타규정(Other Provisions), 최종규정(Other Provisions) 등 모두 26개 조항으로 구성되어 있다.[7]

이러한 규정들은 피해자들의 피해회복 및 존엄하게 대우받고, 보호받아야 하며, 그들이 개별적으로 필요로 하는 지원정책들이 망라되어 있다.

유럽연합 피해자권리지침(DG JUSTICE GUIDANCE DOCUMENT)

1. 피해자에 대한 정보제공 및 지원(Information and support)

① 형사사법기관에 대한 접근권보장 및 이해하기 쉬운 용어 및 언어 사용 요구 권리
② 형사사법기관과의 최초 접촉시 필요한 정보를 얻을 수 있는 권리
③ 서면이의신청 및 답변서를 요구할 수 있는 권리
④ 피해자인터뷰시 설명 및 통역을 요구할 수 있는 권리
⑤ 사건진행사항에 대한 정보를 얻을 수 있는 권리
⑥ 피해자지원시스템에 대한 접근권

2. 형사절차상 피해자의 참여(Victims with a formal role in criminal proceedings)

① 피해자 진술 및 증거제출권
② 불기소결정에 대한 이의신청 및 정보요구권
③ 회복적 정의실천 시 보호받을 권리
④ 형사비용배상요구
⑤ 법률지원요구
⑥ 피해물품원상회복

7 European Union, Directive 2012/29/EU of the European Parliament and of the Council of 25 October 2012 establishing minimum standards on the rights, support and protection of victims of crime, and replacing Council Framework Decision 2001/220/JHA, https://eur-lex.europa.eu/legal-content/EN/TXT/?qid=1421925131614&uri=CELEX:32012L0029/

* 유럽연합 회원국 시민이 다른 가입국에서 범죄피해를 당한 경우 자국의 시민과 동일한 권리를 보장해야 한다.

3. 피해 및 그 가족의 보호 및 특별한 요구의 수용(Protecting victims(and their family)/ recognising special needs)

① 특별한 보호요구에 대한 개별진단 요구권
② 가해자에 대한 접근금지요구권
③ 범죄수사시 신속하며, 최소한의 피해자조사요구권
④ 사생활보호권
⑤ 형사절차상 개별진단 및 구체적인 보호요구권
⑥ 형사사법기관간 협조 및 조정, 전문화를 위한 교육

4. 추진

이 지침은 회원국이 2017년 11월 16일까지 그리고 그 후 3년마다 피해자가 이 지침에 명시된 피해자 권리를 실천한 데이터를 보고하도록 하였다. 보고 내용에는 범죄피해 발생건수, 피해인원, 연령, 성별 등이 포함되도록 하였다.

2020년 5월 11일에 유럽연합은 범죄 피해자의 권리를 지속적으로 개선하기 위해 피해자 권리에 관한 최초의 EU 전략(2020–2025)을 채택했다. 이 전략은 범죄 피해자에게 권한을 부여하고 피해자의 권리를 위해 협력하는 두 가지 접근 방식을 기반으로 합니다. 범죄 피해자에게 권한을 부여하는 것과 관련된 주요 우선순위는 다음과 같다.

① 피해자와의 효과적인 의사소통 및 피해자가 범죄를 신고할 수 있는 안전한 환경
② 가장 취약한 피해자에 대한 지원 및 보호 개선
③ 피해자가 보상에 쉽게 접근할 수 있도록 하는 것

피해자의 권리를 위해 함께 일하는 것을 목표로 하는 우선순위는 다음과 같다.

① 모든 관련 행위자 간의 협력 및 조정 강화

② 피해자 권리의 국제적 차원 강화.

또한 EU는 성평등 전략 2020-2025 아동권리 전략 2021, 유럽사법훈련전략 2022 , LGBTI+ 평등전략 2023, EU 반인종주의 행동계획 2020-2025, 장애인 권리전략 2021-2030, 인신매매 근절을 위한 전략적 접근 및 아동 성적 학대에 대한 보다 효과적인 투쟁을 위한 전략 등을 개발하여 회원국들에게 가이드라인을 제시하고 있다.[8]

2022년 6월 28일에 유럽연합은 회원국의 피해자 권리 지침에 대한 평가 결과를 채택했다. 이에 따르면 지난 10년 동안 피해자 권리 지침은 "EU 전역에서 피해자의 삶을 개선하는 데 크게 기여했다. 피해자의 안전을 강화하고 형사 소송 참여 및 가해자와의 접촉으로 인한 부정적인 영향의 위험을 줄였다. 한편 지침의 일부 권리 초안에서 명확성과 정확성의 부족으로 인해 모든 피해자가 자신의 권리를 완전히 찾지는 못하고 있다"고 지적했다. 따라서 2023년부터 피해자 권리지침의 개정 방향을 모색하고 있다.

유럽연합위원회는 2023년 7월 12일 유럽연합피해자권리지침 개정안을 제시했다. 이 제안은 유럽의회와 이사회에서 순차적으로 채택되어야 한다. 개정안은 다음을 더 강조하였다.[9]

회원국은 헬프라인 서비스를 설치하여 피해자에게 필요한 정보를 제공한다.
피해자의 보호 요구는 정교하게 개별 평가를 통해 충족되어야 한다.
어린이 피해자 등 취약한 피해자에 대한 지원을 강화하고 지원한다.
피해자는 재판과정에서 법적 지원을 받을 수 있어야 한다.
피해자는 가해자로부터 보상을 받을 수 있도록 적절한 법적 근거 및 지원이 있어야 한다.

8 commission.europa.eu, Victims' rights in the EU, https://commission.europa.eu/strategy-and-policy/policies/justice-and-fundamental-rights/

9 European Union, Victims' rights in the EU, https://commission.europa.eu/strategy-and-policy/policies/justice-and-fundamental-rights/criminal-justice/protecting-victims-rights/victims-rights-eu_en#revision-of-the-victims-rights-directive/

제 6 장 주요 국가의 범죄피해자 권리보호

제1절 독일

Ⅰ. 범죄피해자 지원제도의 발달

독일에서는 1970년대부터 범죄피해자의 지원에 대한 사회적 관심과 요구가 일어나기 시작했다. 이에 따라 교통사고 피해자나 성범죄 피해자 등을 지원하기 위한 소규모의 피해자지원단체들이 베를린 지역을 중심으로 활동을 시작하였다. 이들 다양한 단체들의 전국적 네트워크를 갖춘 피해자지원단체로 결성된 것이 백색고리(Weisser Ring)와 범죄피해자보호협회(Arbeitskreis der Opferhilfe in der Bundesrepublik Deutschland e.V.: ADO)이다.

백색고리는 1976년에 Mainz에서 설립된 민간단체로 독일 전역 및 오스트리아, 스위스, 체코, 헝가리 등지에서 활동하며, 각각의 단체가 독립적인 비영리 단체이다. 이들은 주로 자원봉사자에 의해 운영되며 범죄피해자에 대한 정신적 상담을 비롯한 쉼터 기능, 경찰 및 법원 등에의 동행, 법률적 지원, 가해자와의 화해조정 등의 역할을 수행한다. 독일의 경우 전국적으로 400여 개의 단체와 2,900여 명의 자원봉사자들이 활동하고 있다.[1]

백색고리 이외에도 전국적인 범죄피해자지원단체로 1988년에 결성된 범죄피해자보호협회(Der Arbeitskreis der Opferhilfen: ADO)를 들 수 있다. 이들 역시 각 지역의 단체들을 회원으로 가지고 있는 전국규모의 범죄피해자지원단체이며, 백색고리와도 긴밀한 협조관계를 유지하고 있다.[2] 이들 두 단체 모두 법무부로부터 보조금을 지급받고 있다.

1 weisser – ring, http://weisser – ring.de/

2 Arbeitskreis der Opferhilfen, http://www.opferhilfen.de/ado_Flyer_engl.pdf/

II. 범죄피해자 보호 관련 입법화

독일 최초의 피해자지원을 위해 제정된 법률은 1976년의 범죄피해자보상법(Federal Statute on Compensation to Victims of Crime)이다. 이 법은 주로 폭력범죄에 의한 피해자지원을 내용으로 하고 있다. 이 법에 의해 지원을 받는 피해자는 타인에 의해서 가해진 고의적이며 위법한 폭력적인 공격행위로 피해자의 건강에 대한 중대한 침해 또는 지속적인 손상을 입었거나 범죄와 피해자의 건강에 대한 손상 사이의 인과관계가 있는 경우에 해당한다. 청구권자는 독일국적을 가졌거나 독일과 상호협약을 체결한 국가의 국민, 혹은 EU 시민이어야 한다.

이 법은 형사절차상 피해자의 지위를 인정하고 그 권리보장을 강화하는 내용으로 전면적으로 확대되면서 「폭력범죄의 피해자 보상법」(Act on Compensation to Victims of Violent Crime)으로 법명이 개칭되었다.[3] 이 법은 피해자의 소송참가, 배상명령제를 도입하였다. 특히 배상명령은 형사법원에 피해자 또는 그 상속인이 손해배상 청구를 하는 제도로서 피해자가 신속히 범죄피해배상을 받을 수 있도록 지원하는 장치이다.

또한 1994년도의 범죄방지법에 의해 범죄자와 그 피해자간의 형사화해조정제도가 도입되었다. 특히 이 제도는 개정 형법에 의해서도 담보되고 있는데 범죄자가 피해자와의 합의가 이루어진 경우 형벌을 감경하거나 일수벌금형 기간이 1년을 초과하지 않는 금액의 벌금형을 선고할 경우에는 형벌을 면제할 수 있다고 규정함으로서 형사화해조정제도가 실질적인 효과를 발하도록 지원하고 있다.

1996년에는 「아동증인의 보호에 관한 법률」에 의해 16세 미만의 아동에 대한 재판과정에서의 증인심문시 비디오녹화방식에 의한 심문방식의 도입과 제3의 장소에서의 심문 등의 특례가 인정되었다. 2001년에는 증인보호법(Federal Act on Harmonization of Witness Protection)을 제정하여 재판시 필요한 경우 피고인을 퇴장시킨 후 증인심문을 할 수 있도록 하였으며, 또한 필요한 경우 비공개 재판을 허용하도록 규정하였다. 2002년에 개정된 형사소송법은 범죄자의 벌금

3 Dauster, Manfred. "Victims of Crime and Criminal Proceedings in Germany Noziegumu Upuri un Kriminā1 Process Vācijā.", 2019.

액 중 10%를 범죄피해자지원단체에 보조하도록 법원이 판결내용에 명시하여야 하며, 범죄자가 벌금과 피해자에 대한 배상금을 동시에 이행할 수 없는 경제적 상태인 경우 피해자의 배상금 청구권이 국가의 벌금청구권 행사보다 우선하도록 규정하였다.

또한 주거침입죄, 모욕죄, 상해죄, 협박죄, 재물손괴죄 등 비교적 경미한 범죄에 대해서는 법원에 공소를 제기할 수 있는 이른바 사인소추주의가 허용된다. 이 경우 개인의 공소는 검사와 동일한 효과가 있다. 다만, 이 경우 검사는 공소를 다시 제기하거나 이미 제기된 공소를 인수받아 재판을 계속할 수 있다.

또한 성범죄의 경우 검사가 공소를 제기한 상태에서 검사와 동일한 재판진행상 권리를 행사할 수 있는 이른바 부대공소권(Nebenklage)을 가진다.

한편 독일 연방의회는 2019년 11월 7일 「사회보상법」(Regelung des Sozialen Entschädigungsrechts, 19/13824)을 통과시켰다.[4] 이 법은 폭력과 테러피해자에 대해 국가가 신체적 피해와 정신적 피해를 보상할 수 있도록 하였으며, 국내 피해자는 물론이고 해외에서 관련 피해를 당한 경우 혜택을 받을 수 있도록 규정하였다. 또한 유가족의 장례비나 장애자에 대한 연금 등도 지급하는 등 폭력범죄 피해자에 대한 좀 더 실질적인 보상책을 규정하였다. 이 법은 2024년 1월 1일부터 시행되고 있다.

Ⅲ. 피해자지위의 강화

독일은 2015년 11월 16일에 「유럽연합 피해자보호지침」(EU's directive on Victims' Rights)에 서명하였다. 이 지침은 피해자의 인권 및 존엄, 존중, 형사절차에의 참여보장 등을 요구하고 있다.[5] 이미 독일 형사법은 EU가 요구하는 피해자의 다양한 권리를 충족하는 것으로 평가받고 있다.[6]

4 Deutscher Bundestag, Opfer von Gewalttaten werden künftig besser entschädigt, https://www.bundestag.de/dokumente/textarchiv/2019/kw45-de-entschaedigungsrecht-664940/

5 European Union Agency for Fundamental Rights, Victims' rights as standards of criminal justice Justice for victims of violent crime Part I, Luxembourg: Publications Office of the European Union, 2019.

6 European Commission, accessed 13 July 2016, http://ec.europa.eu/justice/criminal/victims/

한편 독일은 「강제성행위금지법」(No means no rape consent law)을 2016년 7월 7일에 제정하고, 이를 2017년 7월 1일부터 시행하였다.[7] 이 법은 성매매피해자의 인권 및 성폭력 피해자의 성적자기의사결정권 등을 폭넓게 인정함으로써 형사사법절차상 피해자의 권리를 더욱 강화하는 의의가 있다.[8]

이 법은 독일 의회가 만장일치로 통과시켰는데 가장 중요한 의의는 성범죄의 개념을 확대함으로써 성범죄자의 처벌을 확대시킨 것이고, 결과적으로 피해자가 의식하지 못하거나, 적극적으로 거부하지 못하더라도 가해자를 처벌할 수 있도록 한 것이다.[9]

이 법은 2015년 12월 31일 쾰른 일대에서 난민들에 의하여 독일 여성들이 무려 497건의 성폭력을 당했다고 신고했지만, 겨우 알제리 난민 1명만이 기소된 것이 발단이 되었다. 그러나 이마저도 2016년 5월 말에 법원에 의해 석방되었다. 이에 따라 독일 정부 및 여성계 등에서는 여성의 안전을 보호하고, 성폭력범의 처벌을 강화하기 위한 법률이 필요하다는 공감대가 형성되었다.

Strafgesetzbuch (StGB)
§ 177 Sexueller Übergriff; sexuelle Nötigung; Vergewaltigung
형법(StGB)
섹션 177 성폭행; 성폭행; 강간
(1) 타인의 명백한 의사에 반하여 타인에게 성행위를 하거나 성행위를 하게 하거나 제3자에게 성행위를 하게 하거나 묵인한 자는 6개월에서 5년 동안 징역에 처한다.
(2) 타인에 대하여 성행위를 하거나 하게 한 자 또는 제3자에 대하여 성행위를 하게 하거나 묵인한 자도 다음 각 호에 해당하는 경우에 처벌한다.

---

index_en.htm/

7 US. NEWS, Germany passes new sex worker protection, no-means-no laws, http://www.usnews.com/news/news/articles/2016-09-23/german-sex-worker-protection-law-passes-final-hurdle/

8 independent, http://www.independent.co.uk/news/world/europe/rape-law-germany-reichstag-mps-vote-strict-no-means-no-rape-law-cologne-attacks-a7125101.html/

9 Soeren Kern, 2016. 7. 8. Germany's New No Means No Rape Law, https://www.gatestoneinstitute.org/8427/germany-rape-law/

1. 가해자가 상대방이 반대 의사를 형성하거나 표현할 수 없는 사람의 무능력을 이용한 경우
2. 가해자가 상대방의 신체적 또는 정신적 상태로 인하여 동의를 하지 않는 의사를 형성하거나 표현하는 데 현저한 제약이 있음을 의미하는 사실을 이용한 경우
3. 가해자가 상대방의 공포를 악용한 경우
4. 가해자가 피해자가 저항할 경우 심각한 위해를 가할 수 있는 상황을 이용한 경우
5. 가해자가 흉기로 위협하여 성행위를 강요하거나 묵인한 경우

(3) 미수행위는 처벌받을 수 있다.

(4) 피해자의 질병 또는 장애로 인하여 유언을 작성하거나 표현할 수 없는 때에는 1년 이상의 징역에 처한다.

(5) 1년 이상의 징역에 처한다.

1. 피해자에게 폭력을 사용한다.
2. 생명이나 사지에 대한 절박한 위험으로 피해자를 위협하거나
3. 피해자가 어떠한 보호도 받지 못한 채 가해자에게 휘둘리는 상황을 이용한 경우

(6) 특히 죄질이 중한 경우에는 2년 이상의 징역에 처한다. 죄질이 중한 경우는 다음과 같다.

1. 가해자가 피해자와 성교를 수행하거나 수행했거나 피해자에게 특히 모욕감을 주는 유사한 성행위를 수행하거나 수행한 경우, 특히 신체 삽입(강간)이 포함된 경우
2. 그 행위를 여러 사람이 함께 저지른 경우

(7) 다음의 경우에는 3년 이상의 징역에 처한다.

1. 무기 또는 기타 위험한 도구를 휴대하는 경우
2. 폭력이나 폭력의 위협을 통해 다른 사람의 저항을 막거나 극복하기 위한 도구나 수단을 가지고 있는 경우
3. 피해자를 건강에 심각한 피해를 줄 위험에 처하게 한 경우

(8) 다음의 경우에는 5년 이상의 징역에 처한다.

1. 행위 중에 무기 또는 기타 위험한 도구를 사용하거나
2. 피해자에게

(1) 행위에서 심하게 신체적 학대를 하거나

(2) 그 행위로 죽음의 위험에 빠뜨린 경우

(9) 제1항 및 제2항의 중하지 않은 경우는 3개월 이상 3년 이하의 징역, 제4항 및 제5항의 중하지 않은 경우는 6개월 이상 10년 이하의 징역, 제7항 및 제8항의 중하지 않은 경

우는 1년 이상 10년 이하의 징역에 처한다.

자료: Bundesministerium der Justiz, https://www.gesetze-im-internet.de/stgb/__177.html/

나아가 독일은 2024년 8월에 국제 범죄 관련 사건에서 피해자의 권리를 강화하기 위해 국제법 위반 범죄법(Völkerstrafgesetzbuch, VStGB)을 개정했다. 이에 따라 성폭행, 성노예, 강제 낙태와 같은 성범죄를 반인륜 범죄이자 전쟁 범죄로 명시적으로 포함하였다. 그리고 이와 관련한 범죄의 피해자는 사적 보조 검사로서 소송에 참여할 권리가 부여되며, 변호사와 심리사회적 지원을 받을 수 있다. 그리고 재판부가 역사적으로 중요하다고 인정할 경우 재판의 오디오 및 비디오 녹화를 허용하고, 언론인이 법정을 생중계할 수 있도록 하였다.[10]

제2절 프랑스

Ⅰ. 범죄피해자 지원제도의 발달

프랑스는 1982년에 법무부에 범죄피해자과를 창설하여 이를 중심으로 범죄피해자에 대한 지원과 관련법규의 제정 등을 관장하였다. 프랑스에서는 1980년대 초까지 140여개가 넘는 범죄피해자 지원단체들이 활동하고 있었으며, 법무부는 1986년에 통일적인 운영준칙 등을 통하여 효과적으로 이들 단체의 운영을 지원하기 위하여 「국립 피해자지원 및 조정협회」(l'Institut national d'aide aux victimes et de médiation: INAVEM)를 설립하였다. 이들은 주로 개별적으로 범죄피해자를 지원하다가 1999년에 도입된 형사화해조정기능을 담당하기 시작하였으며 현재까지 왕성한 활동을 벌이고 있다.

INAVEM은 헬프전화시스템인 +33(0)180523376을 통하여 피해자를 지원

10 https://www.gesetze-im-internet.de/vstgb/BJNR225410002.html/

그림 6-1 프랑스 피해자 협회(France Victimes) 엠블럼

자료: France Victimes, https://www.france-victimes.fr/

이 가능한 가장 가까운 INAVEM 단체로 인도하거나 안내하는 등의 역할을 담당하고 있다. 또한 피해자 권리에 대한 인식을 제고하고 국내, 유럽 및 국제 수준에서 피해자지원단체들을 대표한다. 유럽 법무부 전자 포털(European Justice e-porta fact sheet)이 제공하는 23개의 언어로 범죄피해자 지원을 안내한다.

INAVEM은 2004년 6월에 협회를 결성하였고, 2017년에 「프랑스 피해자 협회」(France Victimes)로 명칭을 변경하였다. 프랑스 피해자 협회는 대인범죄(폭력, 강간, 괴롭힘, 위협 등) 및 재산범죄(강도, 절도 등), 교통사고, 테러, 증오범죄, 자연재해 등의 피해자를 대상으로 지원활동을 벌이고 있다. 2025년 현재 프랑스 전역에서 130여개의 지부와 850여개의 지원센터가 운영되며, 연간 32만명의 피해자를 지원하고 있다.[11] 이 협회는 전문가 및 자원 봉사자를 위한 교육프로그램도 운영한다. 이 협회는 「EU 피해자지원」(Victim Support Europe)의 창립 멤버이

11 France Victimes, https://www.infovictimes.fr/en/france-victimes-victim-support-services/

며 유럽연합과 협력하여 유럽연합 내 피해자에 대한 권리와 지원을 장려하고 개발하고 있다.

II. 범죄피해자 보호 관련 입법화

프랑스는 1977년 이후 형사소송법을 통하여 범죄피해자보상권을 규정한 데 이어 이후 형사소송법의 개정시 범죄피해자의 권리향상을 위한 규정을 보완하였다.

범죄피해보상금의 지급대상은 사망 또는 중대한 신체장애, 절도, 사기 및 횡령, 강간, 강제추행, 테러의 피해자 등을 대상으로 하며, 신체장애는 보상금액의 상한이 없다.

이후 수회에 걸친 형사소송법 개정시 범죄피해자의 지위를 더욱 명확히 보장하는 정책적 의지가 반영되었다. 즉 범죄피해자는 피해자지원단체에의 지원청구권을 행사할 수 있게 되었으며, 형사절차상 정보청구권, 피해당사자소송청구권, 특정한 범죄피해자의 경우 소송비용의 무료청구권 등의 내용이 개정된 형사소송법에 규정된 것이다.[12]

이를 구체적으로 정리하면

① 범죄피해자의 손해보상청구권 인정

② 형사절차상 경찰, 검찰, 예심판사 등의 범죄피해자에 대한 정보통지의무

③ 피해자당사자소송의 원고권(사인소추주의)

④ 범죄피해자 지원단체에의 원조청구권

⑤ 범죄 피해자보상금 청구권

⑥ 범인의 범죄피해자 면담불허 등으로 정리할 수 있다.

특히 프랑스에서는 범죄피해자는 검사의 불기소 혹은 검사의 기소여부에 상관없이 자신이 직접 원고가 되어 예심판사나 법원에 소송을 제기할 수 있는 이른바 사인소추주의를 허용하고 있다.

12 service－public.fr, What if you are a victim of a crime?, https://www.service－public.fr/particuliers/vosdroits/F20789?lang＝en/

또한 피해자가 형사상 고소를 하지 않고 민사소송을 제기할 수도 있으며, 이는 피해자가 민사소송으로 범죄피해에 손해를 보상받는 것으로 사인소추주의의 일환이기도 하다. 이로써 범죄피해자는 사인소추주의 권한을 형사법원에 행사할 수도 있고, 민사법원에 행사할 수도 있는 선택권을 가진다. 다만, 이 경우 검사가 공소를 제기한 경우 민사법원에의 피해자 소송의 진행은 보류될 수 있으며, 검사가 제기한 형사법원을 통한 피해자의 손해를 보상하는 절차가 우선시된다.

프랑스는 형사화해조정제도를 1999년에 개정된 형사소송법에 도입하였다. 이는 경미한 범죄에 대하여 범죄자와 그 피해자가 범죄피해자지원단체의 조정으로 화해에 이른 경우 검사의 기소편의주의에 의거하여 불기소처분을 결정하는 것을 말한다. 이 경우 피해자는 형사조정에 의한 손해배상금을 민사소송법상의 배상명령을 통하여 확보할 수 있다. 만약 범죄자가 형사화해조정 내용을 이행하지 않을 경우 검사는 공소제기를 하며, 구형량을 강화한다.

한편 프랑스 정부는 2019년 11월 25일에 여성폭력 피해자를 지원하기 위하여 관련법을 개정하고 2020년부터 3억 6천 만 유로의 기금을 만들어 관련 정책들을 실천할 것이라고 발표하였다. 이는 2018년 한 해 동안 가정폭력 혹은 데이트 폭력에 의해 살해당한 프랑스여성이 116명이나 된다며 프랑스 여성들이 연일 시위를 벌이며 책임 있는 대책을 요구한데 따른 조치이다.[13]

지젤 펠리코 사건: 뿌리깊은 프랑스 사회의 일상적 성폭력을 드러내다.[14]

2011년부터 2020년 사이에 지젤 펠리코의 당시 남편인 도미니크 펠리코는 그녀에게 약물을 투여해 의식을 잃게 한 뒤 최소 72명의 남성에게 92회에 걸쳐 강간을 하도록 도왔다. 도미니크는 이러한 폭행을 사진과 영상으로 꼼꼼하게 기록했다.

이러한 학대 사실은 2020년 9월에 도미니크가 슈퍼마켓에서 치마 속 사진을 찍은 혐의로 체포되어 경찰이 그의 전화기에서 수천장의 성폭행 사진과 영상을 발견하면서 밝혀졌다.

재판은 2024년 9월 2일 아비뇽에서 시작되었으며, 도미니크와 강간, 강간미수 또는 성폭행 혐의로 기소된 다른 50명의 남성을 대상으로 진행되었다.

13 rfi, French government promises tough laws to protect women against domestic violence, http://www.rfi.fr/en/europe/20191125-french-government-promises-protect-women-against-violence/

피해자 지젤은 부끄러워할 사람은 가해자들이라며, 가해자와 직접 대면하고 사회적 낙인에 맞서기 위해 공개 재판을 요구했다. 2024년 12월 19일, 51명의 피고인 전원이 유죄 판결을 받았다. 도미니크는 최고 20년의 징역형을 선고받았고, 다른 사람들은 3년에서 15년까지의 형을 선고받아 이들이 받은 형량은 총 600년에 달했다.
도미니크와 그녀의 딸, 그리고 이들을 지지하는 수많은 지지자들이 #MendorsPas("나를 억압하지 마세요")라는 화학물질반대단체를 만들어 활동하고 있다. 이는 화학물질을 몰래 먹여 여성을 폭행하는 행위를 반대하고 피해자를 지원하는 취지를 담고 있다.

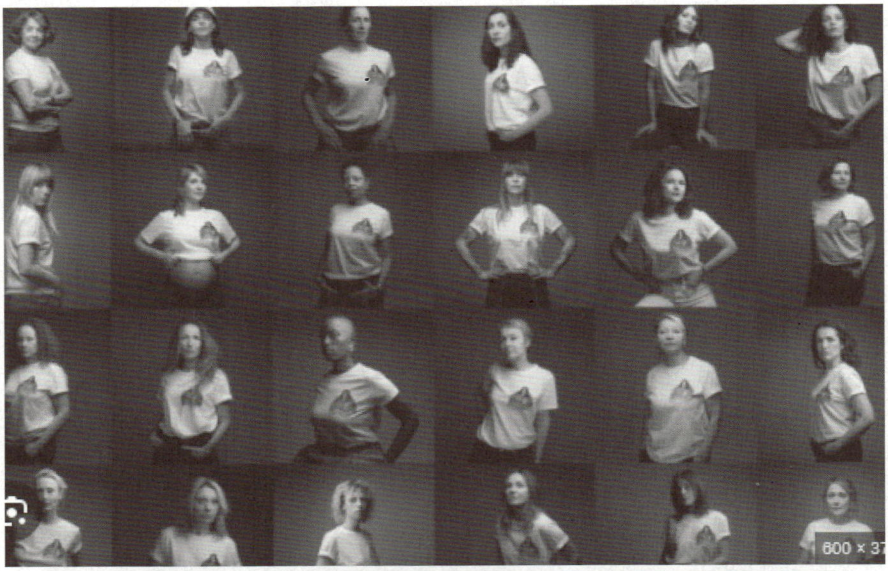

자료: https://www.france24.com/en/france/20241126－france－unveils－new－measures-to－protect－women－in－wake－of－pelicot－affair

14 https://www.theguardian.com/world/2025/apr/17/gisele－pelicot－sue－paris－match－magazine－invasion－privacy?utm_source＝chatgpt.com

Ⅲ. 피해자지위의 강화

한편 프랑스는 2004년 프랑스의 형사소송법을 개정하면서 기존의 피해자 보상규정을 전면적으로 개정하고, 관련 절차 및 기금운용의 근거법으로 「테러리즘 및 폭력범죄피해자보호기금법」(Guarantee Fund for Acts of Terrorism and Other Crimes: FGTI)체제로 변경하였다. 이는 프랑스에서 증가하는 테러피해자에 대한 적극적인 피해배상 및 다른 형사범죄로 인한 피해자들에 대한 지원을 좀 더 효과적으로 하겠다는 의지가 반영된 것이다.[15]

프랑스는 2012년까지 테러 및 인신매매 피해자에 대한 규정을 완비하지 못해 유럽인권협약 제4조(Article 4 of the European Convention of Human Rights)를 위반했다는 지적을 받았으나 2013년 이후 이에 대한 표준규정을 갖췄다는 평가를 받고 있다.[16]

프랑스는 2015년 11월 16일에 「유럽연합 피해자보호지침」(EU's directive on Victims' Rights)에 서명하였다. 이 지침은 피해자의 인권 및 존엄, 존중, 형사절차에의 참여보장 등을 요구하고 있다.[17]

프랑스는 범죄피해자보호법을 별도로 가지고 있지 않으며 관련 규정을 형사소송법에 담고 있다. 따라서 프랑스 형사소송법은 지속적으로 개정되며 여기에서 설명하는 것은 2023년 11월 20일자 법률(Loi d'orientation et de programmation du ministère de la Justice 2023-2027)에 규정된 것이다. 프랑스는 범죄피해자의 권리를 다음과 같이 형사소송법에 명시하고 있다.[18]

15 ministère de la Justice, Compensation of Victims of Criminal Acts in France, http://www.justice.gouv.fr/art_pix/indemnisation_victime_an.pdf/

16 the U.S. Department of State, Trafficking in Persons Report 2013, https://www.state.gov/j/tip/rls/tiprpt/2013/

17 European Commission, accessed 13 July 2016, http://ec.europa.eu/justice/criminal/victims/index_en.htm/

18 legifrance, Code de procédure pénale, https://www.legifrance.gouv.fr/codes/texte_lc/LEGITEXT000006071154/

① 정보 및 통지를 받을 권리(Right to Information and Notification)

피해자는 범죄 발생 후 경찰이나 헌병대에서 사건의 진행 상황, 자신의 권리, 지원 서비스(협회 등)에 대한 정보를 제공받을 권리가 있다. 그리고 피해자는 수사 진행, 재판 결과, 가해자의 석방 또는 가석방 등에 대해 통지받을 권리를 가진다.

② 보호 권리(Right to Protection)

피해자는 가해자로부터 위협이나 보복으로부터 보호받을 권리가 있다. 법원은 접근 금지 명령 등을 내릴 수 있다. 피해자의 사생활은 보호되며, 불필요한 공개나 언론 노출로부터 보호받을 권리를 가진다. 또한 미성년자, 장애인 등 취약한 피해자를 위해서는 비디오증언 등 특별한 배려를 받을 수 있다.

③ 형사절차상 당사자로서의 참여 권리(Participation Rights as a Party in Criminal Proceedings)

프랑스는 형사소송법에서 피해자에게 형사절차에서 민사 당사자(Partie Civile)로 참여할 수 있는 권리를 부여하고 있다. 따라서 피해자는 수사 단계(검찰 또는 수사판사에게) 또는 재판 단계(형사법원에 직접)에서 자신을 민사 당사자로 등록할 수 있다. 민사 당사자가 가지는 권리는 다음과 같다.

- 손해배상 청구: 형사재판에서 범죄로 인한 손해에 대한 민사적 손해배상(damages)을 가해자에게 청구할 수 있다.
- 수사 참여: 수사 단계에서 민사 당사자는 추가 수사를 요청하거나 증인을 소환하도록 요청할 수 있다.
- 정보 접근: 사건 기록을 열람하고 복사할 수 있는 권리가 있다.
- 항소권: 형사 재판의 결과에 대해 항소할 수 있는 권리가 있다.
- 변호인 선임: 변호인의 도움을 받아 자신의 권리를 행사할 수 있다.

④ 손해배상 및 보상 권리(Right to Compensation and Reparation)

피해자는 민사 당사자로 참여하여 재판을 통해 가해자에게 직접 손해배상을 청구할 수 있다. 가해자가 배상능력이 없거나 소재를 알 수 없는 경우 또는 살인, 성폭력, 중상해, 가정폭력과 같이 중대한 피해를 당한 피해자는 국가로부터 배상을 받을 수 있다. 테러 행위의 피해자는 테러행위 피해자보상기금(Fonds de Garantie des Victimes d'Actes de Terrorisme et d'Autres Infractions, FGTI)을 통해 보상을 받을 수 있다. 이밖에 긴급한 경우 긴급구조기금(Fonds d'Aide d'Urgence)을 통해 즉각적인 재정 지원을 받을 수도 있다.

⑤ 지원 서비스에 대한 권리(Right to Support Services)

피해자는 다양한 피해자지원협회들을 통하여 심리적, 법적, 사회적 지원을 무료로 제공받을 수 있다. 또한 소득수준에 따라 변호사 비용 등을 국가로부터 지원받을 수도 있다.

⑥ 불만 및 이의신청 권리(Right to Lodge Complaints and Objections)

피해자는 자신의 권리가 침해되었다고 판단될 경우, 해당 기관에 이의를 제기하거나 상급 기관에 불만을 제기할 수 있는 권리를 가진다.

제3절 영국

Ⅰ. 범죄피해자 지원제도의 발달

영국은 1964년 국가에 의한 금전적 범죄피해자보상제도를 확립하였으며, 1974년에 첫 번째 범죄피해자그룹(Victim Support group)이 영국의 브리스톨(Bristol)에서 설립되었고, 이후 영국 전역에 유관단체가 다양하게 설립되었다. 1979년에 「국가피해자지원협회」(the National Association of Victim Support Schemes)가 만들어졌다.[19]

국가피해자지원협회는 잉글랜드와 웨일즈 지방 전역에 흩어져 개별적으로 활동하고 있는 범죄피해자지원단체를 소속 회원으로 묶어 관리하고 있다.

이 협회는 6,500여 명에 이르는 자원봉사자들을 중심으로 서비스를 제공하고 있으며, 이들은 피해자의 동의하에 경찰로부터 제공받은 피해자와 접촉하여 필요한 서비스를 제공하고 있다.[20]

19 Victimsupport, http://www.victimsupport.org.uk/About%20us/What%20we%20do/

20 Victimsupport, https://www.victimsupport.org.uk/

스코틀랜드 지방에도 1981년부터 범죄피해자지원그룹들이 활동하기 시작했고 이들을 통합관리하기 위한 「스코틀랜드 피해자지원협회」(the Scottish Association of Victim Support Schemes)가 설립되었다. 이 스코틀랜드 피해자지원협회는 스코틀랜드, 북아일랜드 지역뿐만 아니라 잉글랜드 및 웨일즈 지방의 범죄피해자지원그룹들과 연계하여 활동하고 있다.[21]

국가피해자지원협회는 독자적인 자선단체이지만, 경찰 및 법원과 긴밀한 협조체제를 유지하고 있다. 이들은 경찰로부터 위탁받은 피해자에 대한 지원서비스 뿐만 아니라 법원에 의해 요청받거나 법원을 통해 서비스 지원을 요구한 증인에 대한 지원프로그램(witness support)도 함께 운영하고 있다.

1991년에 영국 내무부는 Crown Court Witness Service(형사법원 증인 지원 서비스)에 자금을 지원하는 데 동의했다. 이에 따라 1994년부터 서비스가 공식적으로 시작되었고, 1996년까지 잉글랜드와 웨일스의 모든 형사법원(Crown Court)에 증인 지원 서비스가 구축되었다.

이밖에도 국립가정폭력헬프라인(National Domestic Abuse Helpline)이 가정폭력 피해자에게 전문적인 지원과 상담을 제공하며, 성폭력지원센터(Rape Crisis Centres)가 성폭력 피해자에게 특화된 상담, 지원, 옹호 서비스를 제공한다. 이밖에도 아동학대 및 방임 관련 단체 및 스토킹, 증오범죄 등 전문 지원 단체 등이 특정 유형의 범죄 피해자들을 위한 전문적인 지원을 제공한다.[22]

II 범죄피해자 보호 관련 입법화

1. 배경

영국은 유럽연합에 의해 2001년 3월 15일에 채택된 「유럽연합 형사사법절차에서 피해자의 지위에 대한 이사회 기본결정」(COUNCIL FRAMEWORK DECISION of 15 March 2001 on the standing of victims in criminal proceedings) 및 2012년 10월

21 Victimsupport, http://www.victimsupportsco.org.uk/page/about.cfm/

22 uk Ministry of Justice, Guidance Victim services commissioning guidance, 2024. =

25일에 채택된 「유럽연합 피해자권리지침」 등 다양한 피해자 인권관련 가이드라인을 바탕으로 피해자보호제도 및 관련법을 정비하였다.[23]

영국은 2004년에 「가정폭력, 범죄, 그리고 피해자법」(Domestic Violence, Crime and Victims Act 2004)을 제정하였다. 이 법은 「유럽연합 피해자권리지침」의 내용을 반영하였다. 이 법에 피해자의 권리, 보호 및 지원 등을 담은 규정 즉 피해자코드(Victims' Code)를 두었다.[24] 이 법은 여러 번 개정되면서 범죄피해자 보호법으로 그리고 최종적으로 피해자 및 수용자법(Victims and Prisoners Act 2024)으로 법명이 바뀌었다.[25] 이 법은 피해자 코드(Victims' Code)에서 범죄 피해자가 형사 사법 시스템 내에서 기대할 수 있는 최소한의 서비스 표준과 권리를 제시하였다. 이는 경찰, 검찰청(CPS), 법원, 보호관찰 서비스 등 모든 형사사법기관에 적용된다. 이 법은 지역경찰기관(local policing bodies), 지방당국(local authorities), 통합보건위원회(Integrated Care Boards, ICBs)에 가정폭력, 성폭력, 심각한 폭력 피해자를 위한 지역사회 지원 서비스 위탁(commissioning)에 협력할 의무를 명시적으로 부과하였다. 또한 공동으로 피해자 지원 서비스를 계획하고 자금을 조달하도록 강제하고 있다. 또한 공동으로 지역사회 피해자 지원 서비스의 필요성을 평가하고, 이를 바탕으로 협력 전략을 개발해야 한다고 규정함으로써 피해자지원 및 보호가 국가와 지방정부, 형사사법기관의 공동의무임을 명확히 하고 있다. 그리고 피해자 코드 원칙을 강화하여 형사사법기관이 피해자 코드에 대한 인식을 높이고 준수 정보를 수집 및 공유할 새로운 의무를 부과하여 피해자 지원 단체와의 연계가 더욱 활발해지도록 하였다.[26]

이밖에 가정폭력법(Domestic Abuse Act 2021)에서는 가정폭력 피해자를 위한 가정폭력 보호 명령, 지방 당국의 안전한 거주지 지원, 이주 여성 피해자 보호 강화 등을 규정하고 있다. 온라인안전법(Online Safety Act 2023)은 온라인 환

23 gov.uk, https://www.gov.uk/get-support-as-a-victim-of-crime/

24 Domestic Violence, Crime and Victims Act 2004, section 32-44B., https://www.legislation.gov.uk/ukpga/2004/28/contents/

25 legislation.gov.uk, Victims and Prisoners Act 2024, https://www.legislation.gov.uk/ukpga/2024/21/

26 https://www.gov.uk/government/publications/the-code-of-practice-for-victims-of-crime/

경에서 발생하는 범죄 피해(예: 사적 이미지 부당 유포, 온라인 괴롭힘, 스토킹)로부터 피해자를 보호하기 위하여 제정되었다. 청소년사법및형사증거법(Youth Justice and Criminal Evidence Act 1999)은 형사사법절차에서 미성년자를 보호하기 위한 특별 조치(Special Measures)를 규정하고 있다.

III. 피해자지위의 강화

피해자및수용자법(Victims and Prisoners Act 2024)은 피해자보호 및 지원의 주요 내용을 강화하여 피해자지위를 강화하고 있다. 주요 내용은 다음과 같다.[27]

① 이해하고 이해받을 권리(Right to understand and be understood)

정보를 쉽게 이해하고 통역 및 번역 서비스를 포함하여 자신의 입장을 배려한 지원을 받을 수 있다.

② 지연 없이 범죄 상세 정보를 기록할 권리(Right to have details of the crime recorded without delay)

범죄 발생 후 가능한 한 빨리 경찰에 의해 범죄 기록이 이루어져 증거와 기억 등이 소실되거나 훼손되지 않도록 한다.

③ 범죄 신고 시 정보를 제공받을 권리(Right to receive information when reporting a crime)

피해자는 범죄 신고 시 서면 확인을 받고, 형사사법절차에 대한 정보 및 피해자 지원 프로그램/서비스에 대한 정보를 제공받을 권리가 있다.

④ 피해자 지원 서비스에 연계되고 맞춤형 지원을 받을 권리(Right to be referred to victim support services and receive tailored support)

범죄피해자는 피해자 지원 서비스(지원단체나 협회 등)에 연계되거나 직접 연락할 권리, 그리고 개인의 필요에 맞춰 지원을 받을 권리를 말한다.

27 https://www.gov.uk/government/news/new-set-of-rights-for-victims-of-crime/

⑤ 보상에 대한 정보를 제공받을 권리(Right to receive information about compensation)

피해자는 범죄로 인한 손실, 손해 또는 부상에 대한 보상 청구 방법에 대한 정보를 받을 권리를 말한다.

⑥ 수사 및 기소에 대한 정보를 제공받을 권리(Right to receive information about the investigation and prosecution)

피해자는 사건수사 등의 진행사항에 대해 지속적으로 정보를 받고, 중요한 결정에 대해 통보받으며, 특정한 결정에 대한 재검토를 요청할 권리가 있다.

⑦ 피해자 성명서 작성 권리(Right to make a Victim Personal Statement)

피해자는 범죄가 자신에게 미친 영향을 법원에 진술할 수 있는 기회를 가지며, 이는 가해자 선고 시 고려될 수 있다.

⑧ 재판, 재판절차 및 증인의 역할에 대한 정보를 제공받을 권리(Right to receive information about the trial, trial procedures, and the role of a witness)

재판 관련 정보 및 증인의 역할과 증언의 의미 등에 대한 정보를 제공받을 권리가 있다.

⑨ 사건 결과 및 항소에 대한 정보를 제공받을 권리(Right to receive information about the case outcome and appeals)

피해자는 사건의 최종 결과 및 항소 여부에 대한 정보를 제공받을 권리가 있다.

⑩ 경비 지급 및 재산 반환 권리(Right to receive expenses and have property returned)

피해자는 범죄로 인한 경비 상환 및 압수된 재산을 반환받을 권리가 있다.

⑪ 유죄 판결 후 가해자에 대한 정보를 제공받을 권리(Right to receive information about the offender after conviction)

특정범죄 가해자의 수감 및 석방에 대한 정보를 제공받을 권리가 있다.

⑫ 권리 침해 시 불만을 제기할 권리(Right to make a complaint if rights are breached)

피해자는 피해자 코드에 명시된 권리가 충족되지 않았다고 느낄 경우 해당 형사사법기관에 직접 불만을 제기할 수 있는 권리를 가진다.

그림 6-2 Victims' Code

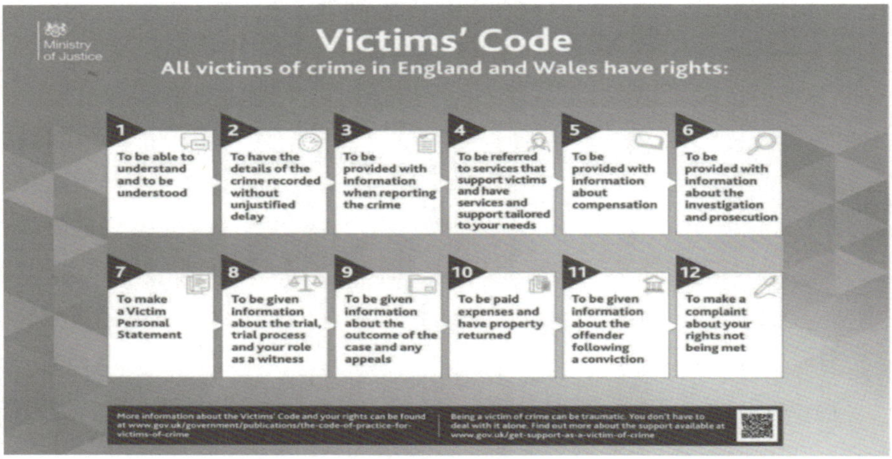

자료: https://www.gov.uk/government/publications/the-code-of-practice-for-victims-of-crime/code-of-practice-for-victims-of-crime-in-england-and-wales-victims-code/

제4절 미국

Ⅰ. 범죄피해자 지원제도의 발달

1960년대 미국에서는 폭력범죄의 증가와 그에 따른 사회적 후유증이 가장 심각한 해결과제 중 하나로 등장하였다. 이에 따라 1965년 캘리포니아를 필두로 하여 많은 주에서 범죄피해자배상제도가 도입되기 시작하고 1970년대에는 일부 대도시에서 시작된 민간자원봉사단체의 피해자지원프로그램이 미국 전역으로 확대되었다. 범죄피해의 정확한 실태조사를 위한 노력도 시도되었다. 1972년도에 범죄피해자조사(The National Crime Victimization Survey: NCVS)가 시작되었으며, 이는 미국 전역에서 경찰에 신고되지 않은 암수범죄를 비롯한 범죄피해의 실태를 파악하고자 시작되었다. 이 범죄피해자조사는 FBI의 종합범죄보고프로그램(Uniform Crime Reporting Program)과 함께 미국의 범죄실태를 파악하는 가장 중요한 공식적 통계조사이다.

1975년에는 비영리단체인 「국가범죄피해자지원협회」(the National Organization for Victim Assistance: NOVA)가 결성되었다. 이 단체는 범죄피해자의 권리를 회복하고 이들을 도와주기 위한 단체로 피해자 및 증인지원 프로그램, 형사사법기관, 피해자학계, 정신과의사, 연구자, 범죄피해경험자 및 생존자, 기타 범죄피해자 권리에 대한 인식을 같이 한 전문가 및 단체들의 모임이다. 연방정부에 의하여 일정한 기금을 보조받고 있으며 파트너십 관계를 유지하고 있다.

NOVA는 범죄 피혜자 지원과 관련한 단체, 형사사법기관 종사자 및 대학생 등 다양한 수요자들을 대상으로 한 범죄피해자 구조와 보호 및 지원과 관련한 교육프로그램 및 세미나 등도 운영하고 있다. 2025년을 기준으로 NOVA는 국립옹호 리더십 센터(National Advocacy Leadership Center, NALC), NOVA 피해자 지원 아카데미(NOVA Victim Assistance Academy, NVAA) 등을 운영하고 있다.[28]

28 https://trynova.org/training-programs/nova-victim-assistance-academy/

II. 범죄피해자 보호 관련 입법화

1982년 레이건 대통령 시절 범죄피해자 관한 대통령 특별위원회는 연방 헌법 제6조의 개정을 포함한 68개항의 권고를 내용으로 하는 최종보고서를 제출한데 이어 「범죄피해자 및 증인보호법」(VWPA), 1984년의 범죄피해자법(VOCA), 1986년의 아동에 대한 형사사법 및 지원법, 1990년의 범죄통제법, 1992년의 연방법원행정법, 1994년의 폭력범죄규제 및 법집행에 관한 법률, 1996년의 반테러법, 2000년의 교통사고 및 폭력범죄피해자 보호법, 2001년의 범죄피해자보호에 관한 기본법 등이 제정되었다. 이 가운데 1984년의 「범죄피해자법」(The Victims of Crime Act: VOCA)은 연방피해자기금을 설치하여 연방정부가 주정부에 범죄피해자 지원을 위한 보조금을 지급할 수 있도록 하여 본격적인 피해자 지원의 시금석이 된 중요한 의미를 가진다. 가장 최근의 개정은 2021년 7월에 이루어졌다. 바이든 대통령이 서명한 수정 VOCA의 주요 골자는 연방정부가 주정부가 범죄피해자에게 지원한 기금의 75%를 부담토록 한 것이다.[29]

미국은 1988년에 법무부 내에 범죄피해자법상 범죄피해기금(Crime Victims Fund)을 관할하고, 범죄피해자지원 프로그램을 운영하는 범죄피해자사무소(Office for Victims of Crime: OVC)를 창설했다. OVC는 범죄피해기금을 관장하고 의회에 보고서를 제출할 의무가 있다. 각 주정부에 대한 지원 및 직접 범죄피해자지원 프로그램을 운영한다.[30]

미국은 2004년에 범죄피해자권리법(Crime Victims' Rights Act: CVRA)을 제정하였다.[31] 주요 내용은 피해자의 권리 보장 및 형사사법 절차 내 참여를 촉진하기 위하여 연방 범죄의 피해자에게 형사사법 시스템 내에서 행사할 수 있는 구체적이고 집행 가능한 권리를 명시적으로 부여하기 위해 제정되었다. 이 권리들은 피해자가 수사, 기소, 선고, 석방, 가석방 등 형사사법 절차의 각 단계에서 정보에 접근하고, 자신의 의견을 진술하며, 보호받을 수 있도록 한다.

한편 미국은 2011년 9/11테러 이후 테러 관련 정책에 관한 정책을 총괄하

29 OVC, The VOCA Fix, https://ovc.ojp.gov/about/crime-victims-fund/voca-fix/
30 OVC, Helping Crime Survivors Find Their Justice, https://ovc.ojp.gov/
31

는 「애국법」(Patriot Act)을 2002년에 제정하였다. 그리고 이 법에서 테러피해자에 대한 보상금 등의 근거를 별도로 두었다. 따라서 테러피해자에 대한 지원은 범죄피해자법과 애국법 등에 의하여 진행된다.[32]

미국의 범죄피해자를 위한 주요 정책은 범죄피해자법에 의한 배상금제도와 원상회복명령제도(Restitution), 형사화해조정제도(Mediation), 범죄수익몰수제도(Confiscation Order) 등을 들 수 있다. 이 가운데 원상회복명령제도는 법원이 범죄피해에 대해 범인이 피해자에게 모두 배상할 것을 명령하는 것으로 피해자에게 모두 피해사실을 변제하는 조건으로 보호관찰의 대상이 된다.

형사화해조정제도는 일부 심각하지 않은 범죄에 대해 법원이 조정자(Mediator)로 임명한 전문가에 의해 가해자와 피해자의 갈등을 조정하여 합의에 이르게 하는 제도이다. 가해자는 피해자에게 정신적인 사과와 함께 신체적, 재산상의 피해를 금전으로 배상하는 것으로 법원의 심리사건의 경감 및 가해자로 하여금 피해자에게 실질적인 배상을 하도록 유도하는 효과가 있다.

또한 피해자나 증인에 대한 보호프로그램(Witness Security Program)으로 피해자 혹은 증인에게 안전을 보호하고 새롭게 직업을 알선하며, 거주지를 이동하여 정착하게 도와줌으로써 피해자가 안정적으로 살아갈 수 있도록 터전을 제공한다. 이밖에도 범죄인이 자신의 범죄사실로 일정한 수익을 얻은 경우 정부가 이를 박탈하여 피해자가 사용할 수 있도록 하는 Son of Sam's Law도 있다.[33]

최초의 Son of Sam's Law는 1977년 뉴욕주에서 제정되어 1977년부터 1990년 사이에 11번이나 샘의 아들이라고 지칭되었던 연쇄살인범 비코위츠(David Berkowitz)에게 적용되었다. 비코위츠가 수감생활을 하는 동안 출판업자들은 그의 범죄이야기를 소설화하거나 영화로 만들기 위하여 천문학적인 액수를 제시했지만, 1999년 뉴욕 주정부의 Son of Sam's Law의 제정으로 계약은 좌절되었다.

Son of Sam's Law는 범죄인에게 뿐만 아니라 범죄사실을 가지고 글을 쓰

---

32 Sacco, Lisa N., Congressional Research Service, and United States of America, "The Crime Victims Fund: Federal Support for Victims of Crime." (2015).

33 Franklin, H. Bruce, "The American prison in the culture wars," Workplace: A Journal for Academic Labor 6 (2013).

거나 영화를 만듦으로써 경제적 이익을 취하는 범죄인 가족, 친구, 이웃, 변호사 등 모두에게 적용되었다.

그러나 이에 대하여 미국 연방대법원은 이 법이 수정헌법 정신을 위반한다고 판결하였다. 범죄자가 범죄사건 정보를 대중매체 등과 팔아넘기는 계약을 금지함으로써 결과적으로 피해자가 범죄자에게 금전적 피해배상을 받을 수 없게 되는 문제가 생긴다는 것이 그 이유이었다. 이에 따라 뉴욕주는 이 법을 1992년에 폐지하고 주정부법 제22조 범죄피해자위원회(1992.EXECUTIVE LAW ARTICLE 22. CRIME VICTIMS BOARD)로 대체하였다.[34] 뉴욕주는 이를 통하여 범죄자가 범죄정보를 이용하여 대중매체 등과 계약하여 얻은 모든 수익을 몰수할 수 있도록 하였고, 이를 범죄피해자에게 배상할 수 있는 근거를 확보하였다.

뉴욕주의 Son of Sam's Law는 연방정부의 범죄및형사소송법(Crime and Criminal Procedure)[35]에 특별몰수명령제(Order of special forfeiture)에 반영되었다. 이는 누구든지 범죄사건을 바탕으로 영화, 음악, 비디오, 서적 등을 제작하여 얻은 수익금의 전부 또는 일부에 몰수명령을 할 수 있도록 하는 것이 주요골자이다. 2023년 연방정부와 유사한 Son of Sam's Law를 각 주정부가 가지고 있다.[36]

범죄수익몰수제도는 범죄로 취득한 부정한 이익을 박탈함으로써 마약범죄, 조직범죄, 부패범죄 등 막대한 경제적 이익을 취하는 일련의 범죄유형들을 엄격히 처벌하는 제도를 운영하는 것이다.

또 이렇게 몰수된 재산은 법집행경비 즉, 형사소추비용, 재범방지 교화 프로그램, 관련 시설 건립비용 등과 범죄의 진압, 예방 및 그리고 피해자의 재활과 지원을 위하여 사용되는 제도로 많은 국가에서 채택하고 있다.

한편 2022년 연방정부는 에밋틸반린치법(Emmett Till Anti- lynching Act)을 제정하여 린치를 증오를 기반으로 한 폭력행위로 연방범죄로 규정하였다.[37] 이

34 FREEDOM FORUM INSTITUTE, 'SON OF SAM' STATUTES: FEDERAL AND STATE SUMMARY, https://www.freedomforuminstitute.org/2012/03/23/son-of-sam-statutes-federal-and-state-summary/

35 18 U.S.C.S. § 3681 (Lexis 2000), Enacted in 1984.TITLE 18. CRIMES AND CRIMINAL PROCEDURE PART II. CRIMINAL PROCEDURE CHAPTER 232A. SPECIAL FORFEITURE OF COLLATERAL PROFITS OF CRIME.

36 Congressional Research Service, Crime and Forfeiture, 2023. pp. 94-108.

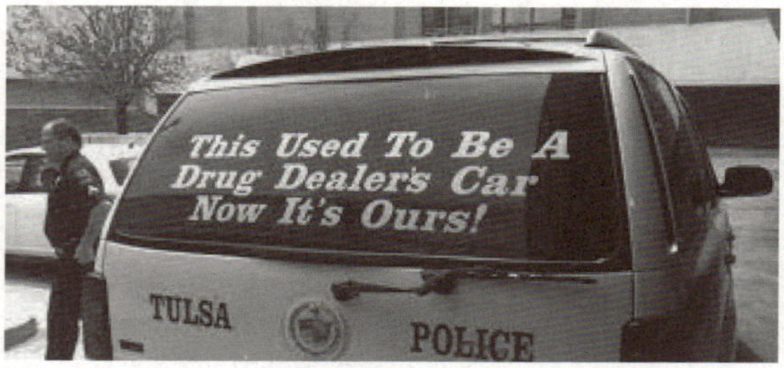

자료: https://fee.org/articles/a-history-of-civil-asset-forfeiture-in-america-pirates-mob-bosses-and-the-war-on-drugs/

에 따라 린치로 사망 또는 중상을 초래한 범죄에 대해 최대 30년의 징역형을 선고할 수 있도록 하였다. 그 공모자도 처벌한다. 2024년에는 인신매매영향방지법(IMPACTT Human Trafficking Act)을 제정하여 인신매매 피해자를 지원하는 국토안보수사국 직원에게 트라우마에 대한 교육을 제공하도록 하였다.

주정부 법으로 파격적인 경우는 2023년에 제정된 메릴랜드 아동 피해자법(Maryland Child Victims Act)으로 이 법은 아동 성 학대 소송의 공소시효를 폐지하여 피해자가 학대 발생 시점과 관계없이 소송을 제기할 수 있도록 했다.

III. 피해자지위의 강화

범죄피해자권리법(Crime Victims' Rights Act 2004), 범죄피해자법(Victims of Crime Act, 1984), 아동학대피해자법(Victims of Child Abuse Act 1990) 등은 범죄피해자에게 보장되는 중요한 권리를 명시하고 있다, 아는 미국의 각 주법에서도 유사하거나 더 많은 권리를 보장하는 데 영향을 미치고 있다.[38]

① 피고인으로부터 합리적으로 보호받을 권리(The right to be reasonably protected from the accused)

피해자는 피고인으로부터의 위협, 폭력 등으로부터 안전을 보장받을 권리를 가진다.

37 https://www.congress.gov/bill/117th-congress/house-bill/55/

38 justice.gov, Crime Victims' Rights Ombudsman - Victims' Rights, https://www.justice.gov/usao/crime-victims-rights-ombudsman-victims-rights/

② 범인 또는 피고인의 석방 또는 도주, 가석방 등과 관련된 모든 정보를 통지받을 권리(The right to reasonable, accurate, and timely notice of any public court proceeding, or any parole proceeding, involving the crime or of any release or escape of the accused)

피해자는 형사사법 절차의 주요 단계(예: 보석 심리, 공판, 선고, 가석방 심리, 석방 또는 도주)에 대해 통보받을 권리를 가진다.

③ 공개적인 법원 절차에서 배제되지 않을 권리(The right not to be excluded from any such public court proceeding)

피해자는 법원이 명확하고 설득력 있는 증거를 통해 피해자의 증언이 다른 증언을 들으면 실질적으로 변경될 것이라고 판단하지 않는 한, 공개적인 법원 절차에서 배제되지 않을 권리가 있다.

④ 석방, 유죄 인정 합의, 선고 또는 가석방 절차와 관련된 모든 공개적인 법원 절차에서 합리적으로 진술할 권리(The right to be reasonably heard at any public proceeding in the district court)

피해자는 보석 심리, 유죄 인정 합의, 선고, 가석방 심리 등 주요 형사사법 절차에서 자신의 의견을 구두 또는 서면으로 진술할 권리가 있다. 이에는 피해자영향진술서(Victim Impact Statement, VIS) 제출을 포함한다.

⑤ 사건 담당 정부 변호사(검사)와 합리적으로 협의할 권리(The reasonable right to confer with the attorney for the Government in the case)

피해자는 사건 담당 검사와 사건 진행 상황, 피고인의 유죄인정합의, 선고 등에 대해 의견을 교환할 권리를 가진다.

⑥ 법률에 규정된 대로 완전하고 시기적절한 배상을 받을 권리(The right to full and timely restitution as provided in law)

범죄로 인해 입은 손실에 대해 가해자로부터 배상(Restitution)을 받을 권리를 가진다. 이 배상은 형사재판에서 직접 명령될 수 있다.

⑦ 불합리한 지연이 없는 절차를 받을 권리(The right to proceedings free from unreasonable delay)

피해자는 형사사법 절차가 불필요하게 지연되지 않고 신속하게 진행받을 권리를 가진다.

⑧ 공정하고 존엄성과 사생활을 존중받는 대우를 받을 권리(The right to be treated with fairness and with respect for the victim's dignity and privacy)

피해자는 형사사법 시스템 내에서 공정하고 존중받는 대우를 받을 권리를 가진다.

⑨ 사건 기록 통지 시스템(Victim Notification System, VNS)

연방범죄 피해자는 VNS를 통해 사건진행 상황, 피고인의 구금 상태, 석방 등에 대한 정보를 자동으로 받을 수 있는 권리를 가진다.

⑩ 보상 프로그램 접근 권리

연방기금(Crime Victims Fund)을 통해 피해자 보상 프로그램이 운영되며, 피해자는 의료비, 상담비, 장례비, 소득 손실 등에 대한 재정적 지원을 받을 수 있다.[39]

⑪ 아동 피해자에 대한 특별 보호

아동 피해자는 형사사법 절차가 덜 외상적으로 진행되도록 특별한 보호와 지원을 제공받을 권리를 가진다.

39 ovc.ojp.gov, Crime Victims Fund, https://ovc.ojp.gov/about/crime-victims-fund/

그림 6-3 피해자통지시스템(Victim Notification System: VNS)

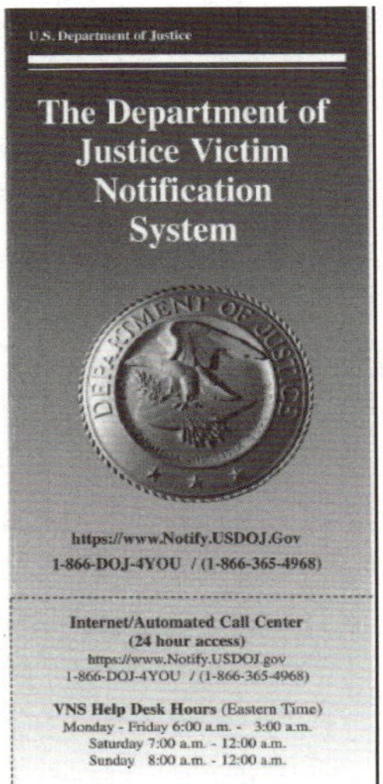

Summary - Internet/Call Center		
Information - Activity	Internet	Call Center
Register/Verify Email	✓	
Investigation Status (Under Investigation or Prosecution Declined)	✓	✓
Filing of Criminal Charges, Outcome of Charges and Sentencing data	✓	✓
Public Court Hearings	✓	✓
Custody Status, BOP Location, Projected Release Date	✓	✓
Other relevant documents	✓	
Links to other Internet Web resources	✓	
Update address, email, telephone number	✓	✓
Stop Receiving Notification	✓	✓

자료: The UNITED STATES Department of Justice Victim Notification System, https://www.notify.usdoj.gov/

제5절 일본

Ⅰ. 범죄피해자 지원제도의 발달

일본에서는 1980년에 「범죄피해자등급부금지급법」이 설립되어 1981년 1월 1일부터 시행되었다.

이 법률에 의해 사람의 생명·신체를 해하는 고의의 범죄행위에 의해 사망한 피해자의 유족에 대한 유족급부금과, 후유장애를 가진 피해자 본인에 대한 장해급부금이 지급되게 되었다. 또한 이와 거의 동시에 피해자의 아동에 대한 장학금 등을 지급하는 「재단법인범죄피해구원기금」도 설립되었다.

1992년에 동경의과치과대학에 「범죄피해자상담실」이 설치되었고, 이는 후에 「사단법인피해자지원도민센터」로 발전하였다.

이후 민간피해자지원단체의 모임인 「전국피해자지원네트워크」가 1998년에 설립되었다.

「전국피해자지원네트워크」를 중심으로 매년 10월 3일을 '범죄피해자지원의 날'로 정하고, 전국의 가맹단체들이 여러 가지 행사를 벌이고 있다. 이 네트워크는 1999년에 범죄피해자의 권리선언을 발표하였고, 2003년에 범죄피해자에의 지원 활동을 행하는 사람의 윤리강령을 제정하는 등 지속적인 활동을 전개하였다.

2001년에 기존의 범죄피해자등급부금지급법이 전면개정되어 그 법률명이 「범죄피해자등급부금의지급등에관한법률」로 변경되어 2002년부터 본격적으로 시행되었다. 개정법에서는 제22조의 피해자등에관한원조 규정으로 경찰의 범죄피해자 지원이 법적 의무임을 명확히 하였다. 또한 제23조의 범죄피해자등조기원조단체 규정을 두어 도도부현에 의하여 범죄피해자등조기원조단체로 지정된 민간단체에 대해 피해자의 동의를 얻는 조건으로 경찰은 범죄피해나 피해자 등에 관한 정보를 제공하도록 하였다. 이는 민간지원단체가 경찰단계부터 범죄피해자를 지원할 수 있는 근거가 되었다.

범죄피해자등 급부금의 지급 등에 관한 법률 제23조에 규정된 범죄피해자등 조기원조단체에 의한 범죄 피해자 지원사업은 다음과 같다.

1. 피해자 등에 대한 원조의 필요성에 관한 홍보활동 및 계발활동
2. 피해자 등에 관한 상담에 응하는 것
3. 범죄피해자등급부금의 지급을 받는 피해자의 지급신청을 보조하는 것
4. 물품의 공여 또는 대여, 인력의 제공 기타의 방법에 의해 피해자 등을 원조하는 것

민간단체에 의한 지원활동비는 단체 회원의 기부금이나 경정 사업 등의 수익금을 활용하고 있으나 그 예산확보에 어려움을 겪고 있다.

결국 범죄 피해자와 그 가족을 위한 일본의 주요 단체는 2018년 해체되었다. 이후 2022년 3월에 전국적인 단위의 민간피해자지원단체가 다시 발족되었다.[40]

40 the japan times, Japan crime victims' support group sees revival after four years, https://www.japantimes.co.jp/news/2022/03/27/national/crime-legal/crime-group-reestablished/

Ⅱ. 범죄피해자 보호 관련 입법화

일본은 2004년에 「범죄피해자등기본법」을 제정하였다. 이 법은 국가 및 지방자치단체의 범죄피해자보호의무, 범죄피해자지원대책의 수립 및 실시, 상담시설 등과 관련 정보제공, 손해배상 및 급부금제도의 실시확대, 의료서비스, 법률지원서비스, 증인보호서비스, 범죄피해자에 대한 고용주 등의 불이익처분금지, 경찰 및 검찰의 수사 및 기소정보 등의 통지, 재판과정에서의 증인보호 및 심문절차 배려, 민간단체에 대한 운영비 보조 및 감세조치 등을 주요내용으로 하고 있다.

이 밖에도 형사소송법에 근거하여 범죄피해자가 증인으로 재판에서 증언을 하는 경우 증인과 피고인과의 사이를 차단하거나, 방청인과 증인과의 사이를 차단하는 차폐조치를 허용하고 있다. 또한 성범죄나 아동학대, 가정폭력 등의 피해자를 위해 비디오링크 방식의 증인심문, 신뢰관계 있는 자와의 지정동석권, 친고죄 고소기간의 폐지, 공판기록 등의 열람 및 등사 등의 권리가 보장된다.

일본은 2022년 12월 10일에 악의적인기부금청탁금지법(law to ban organizations from maliciously soliciting donations)을 제정했다. 이 법은 종교단체 등을 포함하여 조직이 기부자에게 부동산이나 자산을 매각하여 기부토록 하거나, 대출받게 하는 등의 행위를 금지하고 처벌하며, 기부자의 배우자와 부양 자녀가 기부를 취소할 수 있도록 하였다. 이 법은 종교단체를 포함한 조직의 강요에 의한 기부 피해를 구제하고, 그 가족을 지원하는 것이 목적이다.

이 법은 2022년 7월 암살당한 아베 신조 전 총리의 범인이 아베가 통일교와 관련이 있다고 믿어 범행한 것이라고 진술한 것이 계기가 되었다. 범인은 자신의 아버지가 통일교에 전 재산을 바쳐 가족이 비참한 생활을 해왔고, 통일교와 아베가 밀착 관계라고 믿는다고 진술하였다. 이후 일본 전역에서 통일교를 해산하고, 정치권과의 유착관계를 밝히라는 여론과 함께 통일교에 빠진 부모 때문에 나머지 가족들이 파산상태에 빠졌다는 피해자들이 시위를 벌이는 등 문제가 불거지면서 의회가 이 법을 제정하게 된 것이다.[41]

일본은 연인이나 부부, 또는 인터넷채팅을 통한 은밀한 사생활을 공유하고 친밀한 관계를 유지하는 관계에서 범죄가 발생한 경우 관련 상황이나 당사자간 관계의 특수성으로 피해사실이 입증이 어려워 구제받지 못하거나 가해자를 처벌하지 못하는 등의 일부 범죄에 대하여 체계적인 입법과정을 통하여 피해자를 보호하려는 노력을 계속해 왔다.[42]

대표적으로 2000년에 「스토커행위 등 규제 등에 관한 법률」을 제정한 데 이어 2013년에 개정작업을 벌여 경찰의 개입대상을 확대하였다.

2013년에는 「배우자로부터의 폭력방지 및 피해자보호에 관한 법률」을 개정하여 동거중인 연인간의 폭력행위 가해자도 처벌토록 함으로써 가해자 처벌 및 피해자 보호의 근거를 마련하였다. 또한 2014년에는 「사생활성적동영상피해방지법」(일명 리벤지포르노처벌법)을 제정하였다. 이는 연인간 성적 동영상을 인터넷에 공개하여 보복하는 범죄를 처벌하는 것으로 가해자에 대해 최대 2년 이하 징역이나 50만엔 이하 벌금을 부과할 수 있도록 하고 있다. 한편 이에 대하여는 피해자보호차원에서 적극적으로 옹호하는 측과 지나친 사생활규제라는 지적등이 공존하고 있다.[43]

일본은 2016년 종합법률지원법을 제정하여 민형사사법절차에서 국민들에게 변호사 지원서비스 등을 받을 수 있도록 하였다. 2024년 이 법을 전면적으로 개정하여 살인이나 성범죄 등 중범죄 피해자는 피해 신고, 형사 고발, 법정 밖 합의, 소송 대리 등 사건 초기부터 재판 종결시까지 일련의 법률지원 서비스를 받을 수 있도록 하였다.[44]

한편 2024년 3월 일본 대법원은 동성 파트너도 유족으로서 범죄 피해자 연금을 받을 자격이 있다고 판결하였다. 대법원은 연금법상 배우자의 범위에는 사실상 혼인 관계에 있는 사람도 포함하는 것으로 해석하였다. 이에 따라 동성 커플도 유족 연금 혜택을 받을 수 있게 되었다.[45]

41 kyodo news, Japan enacts law to help victims of religious donations, https://english.kyodonews.net/news/2022/12/6d358e46c218-japan-to-enact-law-to-prohibit-malicious-donation-solicitations.html/

42 법무부, 범죄예방정책통계분석, 2022, 154.

43 Martin, Yod-Samuel, and Jose M. del Alamo, "Forget About Being Forgotten," Data Protection on the Move, Springer Netherlands (2016): 249-275.

44 https://www.japaneselawtranslation.go.jp/en/laws/view/3233/en/

III. 일반인판사제

일본은 2009년에 일반인판사제(the Saiban－in Act)를 도입하여 2025년 현재에 이르고 있다. 이는 특정한 사건에 일반 시민이 법정에서 판사의 옆에 앉아 피고인을 심문하고, 판사에게 유무죄 및 형량에 대한 의견을 제시하는 것을 말한다.[46] 무작위로 선출된 시민 6명 정도가 형사재판에 참여하는 것을 주요 골자로 한다.

그림 6-4 일반인판사제 법정

45 https://www.asahi.com/ajw/articles/15210350?utm_source=chatgpt.com/

46 Ministry of justice, Overview of the Saiban－in (Lay Judge) System, https://www.moj.go.jp/EN/keiji1/saibanin_seido_gaiyou01.html/

그림 6-5 일반인 판사의 역할

Duty of the saiban-in(lay judges)

● **Trial**

Lay judges hear the witness testimony and examine the evidence.

⇩

● **Deliberations**

Lay judges and professional judges deliberate and determine together whether the defendant is guilty or innocent, and the sentence when guilty.

⇩

● **Judgment**

The presiding judge renders the judgment.

사이반인, 즉 일반인판사는 20세 이상 시민 중에서 무작위로 선출된다. 시민참여재판이 적용되는 범죄는 다음과 같다.

1. 사람을 죽인 경우(살인)
2. 강도상해, 강도살인, 강도치사상
3. 사람을 상해하여 사망한 경우(신체에 상해를 입힌 경우)
4. 음주운전사망사건(위험운전 사망사고)
5. 사람이 사는 집에 불을 지르는 경우(사람이 거주하는 건물 방화)
6. 몸값을 노리고 유괴된 경우(납치, 몸값)
7. 아동학대 사망사건(아동학대과실치사)
9. 마약거래(각성제관리법 위반)

IV. 피해자법정참여제

피해자법정참여제는 테러피해자와 그 유족에게 형사절차상 다음과 같이 법정에서의 참여를 허용하는 것을 말한다.

① 재판 날짜에 출두하여 검찰 옆에 앉는다.
② 특정 증인을 심문하고 필요한 조사를 할 수 있다.
③ 의견을 진술하는 데 필요한 것으로 간주되는 범위 내에서 피고인을 조사한다.
④ 검찰에 의해 발견된 사실이나 법적용에 대하여 자신의 의견을 표현할 수 있다.

구체적으로 피해자법정참여제가 적용되는 범죄는 고의의 범죄행위에 의해 사람을 사상케 한 죄, 강제추행죄, 준강제추행죄 및 준강간, 업무상과실치사상, 체포 및 감금, 미성년자 약취·유인, 영리목적 약취·유인, 유괴, 인신매매, 국외이송목적 약취·유인 등으로 이는 개인의 존엄을 근간으로 하는 생명, 신체, 자유에 대해 피해를 입은 사건을 중심으로 한정하였다.[47]

47 이정민, "일본의 피해자 참가제도와 형사재판의 변화," 피해자학연구 17 (2009): 35-57.

VICTIMOLOGY

제 3 편

범죄피해자 권리의 입법화

VICTIMOLOGY

제 7 장 헌법상 범죄피해자의 권리

제1절 헌법의 이념과 범죄피해자

헌법은 국민의 기본권을 천부인권으로 규정하고 있다. 기본권이란 국가에 대하여 청구할 수 있는 개인적 공권(公權)이다. 기본권은 인간의 존엄성을 바탕으로 하며, 헌법은 개별규정을 통하여 기본권을 광범위하게 보호하고 있다.

구체적으로는 인간의 존엄권, 행복추구권, 평등권, 자유권, 생존권, 청구권, 참정권 등으로 구분할 수 있다.

범죄피해자의 경우 헌법은 행복추구권, 청구권 등을 통하여 피해자의 기본권을 보장하는 장치를 두었다.[1] 헌법상 범죄피해자를 위한 규정은 행복추구권(제10조), 청원권(제26조), 국가배상청구권(제29조), 형사보상청구권(제30조), 헌법소원(제111조) 등이다.

제2절 청구권 행사

1. 의의

헌법 제10조는 "모든 국민은 인간으로서의 존엄과 가치를 가지며, 행복을 추구할 권리를 가진다. 국가는 개인이 가지는 불가침의 기본적 인권을 확인하고 이를 보장할 의무를 진다."고 규정하고 있다. 범죄피해자의 경우 범죄로 인하여 행복추구권을 침해 당하였음으로 이에 대하여 헌법상 규정된 청구권, 즉 국가에

1 소병도, "범죄피해자의 헌법적 권리와적법절차를 통한 보장," 홍익법학 17.2 (2016): 307－332.

대하여 자신에게 일정한 행위를 해줄 것을 청구할 수 있다.

청구권에는 청원권, 재판청구권, 형사보상청구권, 국가배상청구권, 범죄피해자구조청구권, 위헌법률심판청구권 등이 있다.

대한민국 사람은 모두 청원권, 재판청구권, 형사보상청구권 등을 행사할 수 있다. 이에 대하여 외국인에게도 인정된다. 그러나 국가배상청구권, 범죄피해자구조청구권은 상호주의원칙(호혜성원칙)에 따라 상호의 보증이 있는 때에 한하여 외국인에게도 허용된다. 형사보상청구권과 범죄피해자구조청구권은 그 성질상 법인은 그 주체가 될 수 없다.

2. 청원권

헌법 제26조에 의해 대한민국 국민은 법률이 정하는 바에 의하여 국가기관에 문서로 청원할 권리를 가지며, 국가는 청원에 대하여 심사할 의무를 부담한다.

청원권을 실현하기 위한 근거법으로 청원법, 국회법, 지방자치법 등에 근거규정이 있다. 범죄피해자 역시 청원권을 행사할 수 있다.

3. 재판받을 권리

헌법 제27조에 의해 대한민국 국민은 재판받을 권리가 있다. 범죄피해자의 경우에도 이 규정이 준용된다. 재판권을 실현하기 위한 근거법으로 형사소송법, 소년법, 비송사건절차법, 행정소송법, 민사소송법 등이 있다.

① 법관 및 법률에 의해 재판받을 권리

모든 국민은 헌법과 법률이 정한 법관에 의하여 법률에 의한 재판을 받을 권리를 가진다.

② 일반법원에서의 재판권

군인 또는 군무원이 아닌 국민은 대한민국의 영역안에서는 중대한 군사상 기밀 · 초병 · 초소 · 유독음식물공급 · 포로 · 군용물에 관한 죄중 법률이 정한 경우와 비상계엄이 선포된 경우를 제외하고는 군사법원의 재판을 받지 아니한다.

③ 신속한 재판

모든 국민은 신속한 재판을 받을 권리를 가진다.

④ 피해자의 재판절차상 진술권

형사피해자는 법률이 정하는 바에 의하여 당해 사건의 재판절차에서 진술할 수 있다.

4. 형사보상청구권

헌법 제28조에 의해 대한민국 국민은 형사보상청구권을 행사할 수 있다. 형사피의자 또는 형사피고인으로서 구금되었던 자가 법률이 정하는 불기소처분을 받거나 무죄판결을 받은 때에는 법률이 정하는 바에 의하여 국가에 정당한 보상을 청구할 수 있다.

재판권을 실현하기 위한 근거법으로 형사보상 및 명예회복에 관한 법률이 있다.

5. 국가배상청구권

헌법 제29조에 의해 대한민국 국민은 국가배상청구권을 행사할 수 있다. 국가배상권을 실현하기 위한 근거법으로 국가배상법이 제정되어 있다.

대한민국 국민은 공무원의 직무상 불법행위로 손해를 받은 경우 법률이 정하는 바에 의하여 국가 또는 공공단체에 정당한 배상을 청구할 수 있다. 이 경우 공무원 자신의 책임은 면제되지 아니한다.

6. 범죄피해자 구조청구권

헌법 제30조에 의해 대한민국 국민은 범죄피해자 구조청구권을 행사할 수 있다. 범죄피해자 구조청구권을 실현하기 위한 근거법으로 범죄피해자 보호법, 범죄피해자보호기금법 등이 제정되어 있다.

대한민국 국민은 타인의 범죄행위로 인하여 생명·신체에 대한 피해를 받은 경우 법률이 정하는 바에 의하여 국가로부터 구조를 받을 수 있다.

제3절 헌법소원

Ⅰ. 헌법소원의 의의

공권력에 의하여 헌법상 보장된 국민의 기본권이 침해된 경우에 헌법재판소에 제소하여 그 침해된 기본권의 구제를 청구하는 제도이다. 대한민국 사람이면 누구나 청구가 가능하다. 즉 자연인은 물론 법인도 헌법소원을 청구할 수 있다.

범죄피해자 역시 헌법소원을 통하여 기본권을 구제받을 수 있다.[2]

헌법소원은 누구나 청구할 수 있지만, 청구인이 변호사가 아닌 한 반드시 변호사를 대리인으로 선임하여야 한다.[3]

그러나 정말 구제받아야 할 사람이 변호사를 선임할 비용이 없어 권리구제를 받지 못하는 일이 없도록 국선대리인제도가 마련되어 있고, 국선대리인의 선임을 희망할 때에는 헌법재판소에 국선대리인 선임신청서를 제출하여야 한다.

국선대리인 선임신청은 청구인이 작성한 헌법소원 청구서를 제출하면서 할 수도 있고 헌법소원 청구서를 작성하지 않고, 헌법소원을 청구하고자 하는 이유를 함께 기재한 선임신청서를 제출함으로써 할 수도 있다.

---

2 윤영미. (2020). 사적 행위가 개재된 기본권 침해를 다루는 비전형적 헌법소원. 저스티스, (177), 5−30.

3 헌법재판소법 제70조−제71조.

그림 7-1 헌법소원 심판절차

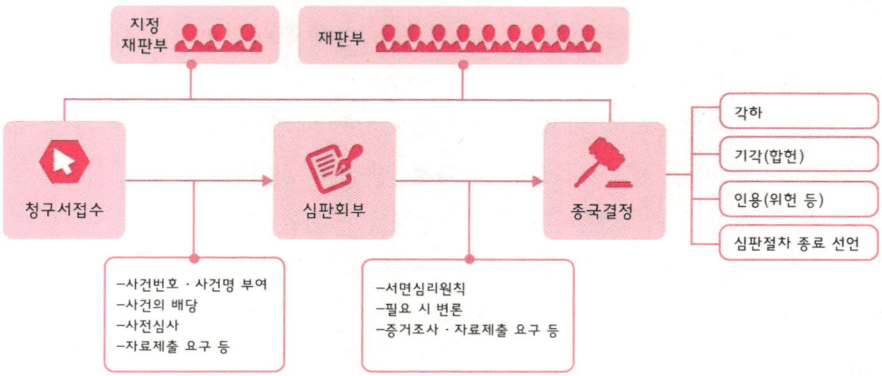

자료: 헌법재판소, https://www.ccourt.go.kr/cckhome/kor/cjustice/constitutionPetitionJudge.do/

II. 청구사유

1. 공권력의 행사 또는 불행사로 인한 권리 침해시

공권력의 행사 또는 불행사로 인하여 헌법상 보장된 기본권을 침해받은 사람은 법원의 재판을 제외하고는 헌법재판소에 헌법소원심판을 청구할 수 있다. 다만, 다른 법률에 구제절차가 있는 경우에는 그 절차를 모두 거친 후가 아니면 청구할 수 없다.[4]

2. 법률의 위헌성 여부

법률이 헌법에 위반되는 여부가 재판의 전제가 된 때에는 당해 사건을 담당하는 법원은 직권 또는 당사자의 신청에 의한 결정으로 헌법재판소에 위헌법률심판을 제청한다.[5]

4 헌법재판소법 제68조 제1항.

5 헌법재판소법 제68조 제2항.

심판대상이 되는 법률은 국회가 제정한 형식적 의미의 법률 외에도 법률과 동일한 효력을 가지는 대통령긴급명령, 조약과 일반적으로 승인된 국제법규를 포함한다고 해석된다.

이 경우 그 당사자는 당해 사건의 소송 절차에서 동일한 사유를 이유로 다시 위헌여부 심판의 제청을 신청할 수 없다.

법원이 위헌법률심판을 헌법재판소에 제청한 때에는 당해 소송사건의 재판은 헌법재판소의 종국결정이 있을 때까지 정지된다. 다만, 법원이 긴급하다고 인정하는 경우에는 종국재판 외의 소송절차를 진행할 수 있다.

위헌법률심판의 제청은 각급 법원이 독립적으로 할 수 있으나 대법원을 거쳐야 한다.

그림 7-2 헌법소원 청구

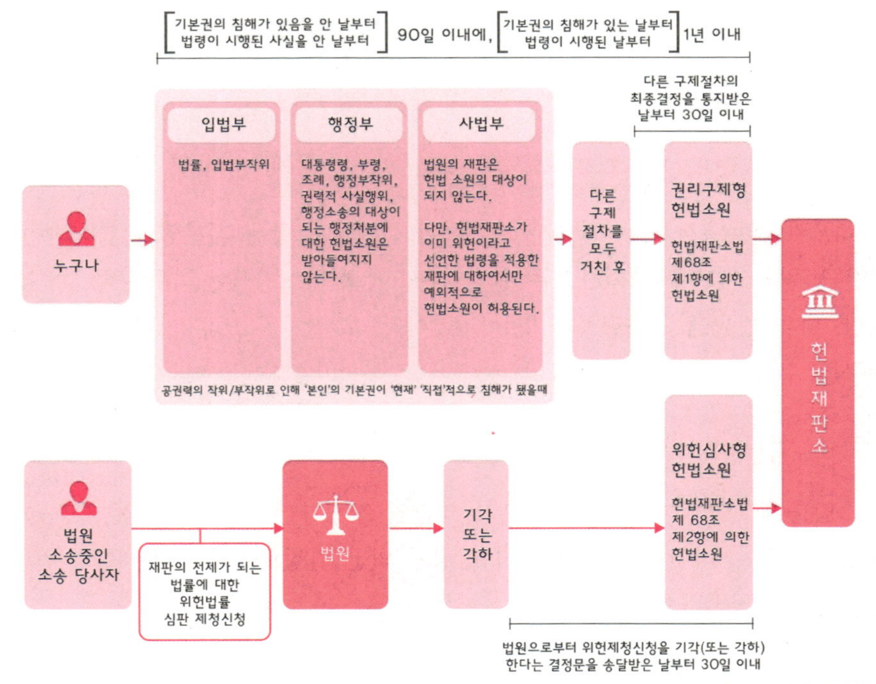

자료: 헌법재판소, https://www.ccourt.go.kr/cckhome/kor/cjustice/constitutionPetitionRequestMeans.do/

Ⅲ. 청구기간 · 절차 · 국선대리인 선임

1. 청구기간

헌법소원심판은 그 사유가 있음을 안 날부터 90일 이내에, 그 사유가 있은 날부터 1년 이내에 청구하여야 한다. 다만, 다른 법률에 의한 구제절차를 거친 헌법소원심판은 그 최종결정을 통지받은 날로부터 30일 이내에 청구하여야 한다.

법률의 위헌여부심판의 제청신청이 기각된 때에는 그 신청을 한 당사자는 헌법재판소에 헌법소원심판을 청구할 수 있다. 이 경우 그 당사자는 당해 사건의 소송절차에서 동일한 사유를 이유로 다시 위헌여부심판의 제청을 신청할 수 없다.

이 경우 위헌여부심판의 제청신청을 기각하는 결정을 통지받은 날부터 30일 이내에 청구하여야 한다.

2. 심판청구절차

헌법재판소에 대한 심판청구는 심판사항 별로 정하여진 심판청구서를 헌법재판소에 제출함으로써 한다.[6] 다만, 위헌법률심판에 있어서는 법원의 제청결정서, 탄핵심판에 있어서는 국회의 소추의결서의 정본으로 이에 갈음한다. 심판청구서에는 필요한 증거서류 또는 참고자료를 첨부할 수 있다.

헌법소원청구서에는 다음 사항을 기재한다.

1. 청구인 및 대리인의 표시
2. 침해된 권리
3. 침해의 원인이 되는 공권력의 행사 또는 불행사
4. 청구이유
5. 기타 필요한 사항

6 이하 헌법재판소법 제62조 – 제74조.

재판장은 심판청구가 부적법하나 보정할 수 있다고 인정되는 경우에는 상당한 기간을 정하여 보정을 요구하여야 한다. 일단 보정이 있는 때에는 처음부터 적법한 심판청구가 있는 것으로 본다. 청구서 또는 보정서면을 송달받은 피청구인은 헌법재판소에 답변서를 제출할 수 있다.

3. 국선대리인 선임

헌법소원심판을 청구하고자 하는 자가 변호사를 대리인으로 선임할 자력이 없는 경우에는 헌법재판소에 국선대리인의 선임을 신청할 수 있다. 또한 헌법재판소가 공익상 필요하다고 인정할 때에는 국선대리인을 선임할 수 있다.

IV. 결정

1. 심판청구의 각하

헌법재판소장은 헌법재판소에 재판관 3인으로 구성되는 지정재판부를 두어 헌법소원심판의 사전심사를 담당하게 할 수 있다. 사전심사 결과 다음에 해당되는 경우에는 지정재판부 재판관 전원의 일치된 의견에 의한 결정으로 헌법소원의 심판청구를 각하한다.

1. 다른 법률에 의한 구제절차가 있는 경우 그 절차를 모두 거치지 않거나 또는 법원의 재판에 대하여 헌법소원의 심판이 청구된 경우
2. 청구기간이 경과된 후 헌법소원심판이 청구된 경우
3. 대리인의 선임없이 청구된 경우
4. 기타 헌법소원심판의 청구가 부적법하고 그 흠결을 보정할 수 없는 경우

지정재판부는 전원의 일치된 의견으로 각하결정을 하지 아니하는 경우에는 결정으로 헌법소원을 재판부의 심판에 회부하여야 한다. 헌법소원심판의 청구 후 30일이 경과할 때까지 각하결정이 없는 때에는 심판에 회부하는 결정이 있는 것으로 본다.

2. 기각결정

헌법재판소는 심판사건의 본안판단(실질적인 심사)을 통하여 청구를 받아들일 수 없는 경우 사건을 기각하는 결정을 내린다. 이는 심판에 회부된 내용이 헌법에 반하지 않는다는 의미이다.

3. 인용결정

헌법재판소는 기본권 침해의 원인이 된 공권력의 행사를 취소하거나 그 불행사가 위헌임을 확인하는 인용결정을 내릴 수 있다. 헌법소원의 인용결정은 모든 국가기관과 지방자치단체를 기속한다.[7]

헌법재판소는 공권력의 행사 또는 불행사가 위헌인 법률 또는 법률의 조항에 기인한 것이라고 인정될 때에는 인용결정에서 당해 법률 또는 법률의 조항이 위헌임을 선고할 수 있다. 헌법재판소가 공권력의 불행사에 대한 헌법소원을 인용하는 결정을 한 때에는 피청구인은 결정취지에 따라 새로운 처분을 하여야 한다.

헌법소원이 인용된 경우에 당해 헌법소원과 관련된 소송사건이 이미 확정된 때에는 당사자는 재심을 청구할 수 있다. 재심에 있어 형사사건에 대하여는 형사소송법의 규정을, 그 외의 사건에 대하여는 민사소송법의 규정을 준용한다.

V. 종국결정과 비용

1. 종국결정

헌법재판소는 사건을 접수한 날부터 180일 이내에 종국결정의 선고를 하여야 하며, 재판관의 궐위로 7인의 출석이 불가능한 때에는 그 궐위기간은 심판기간에 산입하지 아니한다. 위 심판기간은 훈시적 성격을 가진다.

종국결정을 할 때에는 사건번호와 사건명, 당사자 또는 대리인의 표시, 주문, 이유, 결정일자를 기재한 결정서를 작성하고, 심판에 관여한 재판관 전원이 서명·날인하여야 한다. 심판에 관여한 재판관은 결정서에 의견을 표시하여야

7 헌법재판소법 제75조.

한다.

종국결정이 선고되면 지체없이 결정서 정본을 당사자에게 송달하여야 한다. 다만, 위헌법률심판의 경우에는 결정 선고일부터 14일 이내에 제청법원에 송달하여야 한다.

2. 심판비용

헌법재판소의 각종 심판에 관한 심판비용은 국가가 부담한다. 다만, 당사자의 신청에 의한 증거조사의 비용은 헌법재판소규칙이 정하는 바에 따라 당해 신청인에게 부담시킬 수 있다. 헌법재판소는 헌법소원심판의 청구인에 대하여 헌법재판소규칙으로 정하는 공탁금의 납부를 명할 수 있다.

VI. 헌법소원의 효과

헌법재판소의 인용결정은 모든 국가기관과 지방자치단체를 기속한다.[8] 특히 공권력의 불행사에 대하여 헌법재판소가 헌법소원을 인용하는 결정을 한 때에는 피청구인은 그 결정의 취지에 따라 새로운 처분을 하여야 한다.

위헌으로 결정된 법률 또는 법률조항은 그 결정이 있는 날부터 효력을 상실한다. 다만, 형벌에 관한 법률 또는 법률조항은 소급하여 그 효력을 상실한다. 법률의 위헌 여부 심판의 헌법소원이 인용된 경우에 그 헌법소원과 관련된 소송사건이 이미 확정된 때에는 당사자는 민사·형사·행정 등 사건의 종류를 불문하고 재심을 청구할 수 있다.

또한 형벌법규에 대한 위헌결정은 소급효가 있으므로 그 헌법소원과 관련이 없는 형사사건일지라도 위헌으로 결정된 법률 또는 법률조항에 근거한 유죄의 확정판결에 대하여는 재심을 청구할 수 있다

헌법재판소는 결정일부터 14일 이내에 결정서 정본을 제청법원에 송달하여야 한다.

---

8 헌법재판소법 제68조 제2항.

VICTIMOLOGY

제 8 장 형사소송법상 범죄피해자의 권리

제1절 공소제기 전

Ⅰ. 범죄신고 및 고소권

범죄피해자는 범죄피해사실을 수사관서에 신고하여 사건을 처리해달라는 의사표시를 할 수 있으며, 고소를 통하여 범죄사실을 수사기관에 신고하고 범죄자에 대한 처벌을 요구하는 의사표시를 할 수 있다.[1] 즉 범죄로 인한 피해자는 고소할 수 있다. 다만, 자기 또는 배우자의 직계존속을 고소하지 못한다. 피해자의 법정대리인은 독립하여 고소할 수 있다. 피해자가 사망한 때에는 그 배우자, 직계친족 또는 형제자매는 고소할 수 있다. 단, 피해자의 명시한 의사에 반하지 못한다. 피해자의 법정대리인이 피의자이거나 법정대리인의 친족이 피의자인 때에는 피해자의 친족은 독립하여 고소할 수 있다. 사자의 명예를 훼손한 범죄에 대하여는 그 친족 또는 자손은 고소할 수 있다.

친고죄에 대하여 고소할 자가 없는 경우에 이해관계인의 신청이 있으면 검사는 10일 이내에 고소할 수 있는 자를 지정하여야 한다.

친고죄에 대하여는 범인을 알게 된 날로부터 6개월을 경과하면 고소하지 못한다. 단, 고소할 수 없는 불가항력의 사유가 있는 때에는 그 사유가 없어진 날로부터 기산한다. 고소는 제1심 판결선고전까지 취소할 수 있으며, 고소를 취소한 자는 다시 고소하지 못한다. 친고죄의 공범 중 그 1인 또는 수인에 대한 고소 또는 그 취소는 다른 공범자에 대하여도 효력이 있다.

피해자의 명시한 의사에 반하여 죄를 논할 수 없는 사건, 즉 반의사불벌죄

1 형사소송법 제221조부터 제238조, [시행 2022. 9. 10.] [법률 제18862호, 2022. 5. 9., 일부개정].

에 있어서 처벌을 희망하는 의사표시의 철회에 관하여도 고소는 제1심 판결선고 전까지 취소할 수 있으며, 고소를 취소한 자는 다시 고소하지 못한다.

또한 범죄수사에 있어 피해자는 고소인 및 참고인 자격으로 출석하여 범죄피해사실 등을 진술할 수 있으며, 피의자와 대질신문을 요구할 수 있다.[2]

II. 수사처분의 결과 통보 및 청구권

검사가 고소 또는 고발에 의하여 범죄를 수사할 때에는 고소 또는 고발을 수리한 날로부터 3개월 이내에 수사를 완료하여 공소제기 여부를 결정하여야 하며, 공소를 제기하거나 제기하지 아니하는 처분, 공소의 취소 또는 타관송치[3]를 한 때에는 그 처분한 날로부터 7일 이내에 서면으로 고소인 또는 고발인에게 그 취지를 통지하여야 한다.

검사는 고소 또는 고발 있는 사건에 관하여 공소를 제기하지 아니하는 처분을 한 경우에 고소인 또는 고발인의 청구가 있는 때에는 7일 이내에 고소인 또는 고발인에게 그 이유를 서면으로 설명하여야 한다.

또한 검사는 범죄로 인한 피해자 또는 그 법정대리인(피해자가 사망한 경우에는 그 배우자 · 직계친족 · 형제자매를 포함)의 신청이 있는 때에는 당해 사건의 공소제기여부, 공판의 일시 · 장소, 재판결과, 피의자 · 피고인의 구속 · 석방 등 구금에 관한 사실 등을 신속하게 통지하여야 한다.[4]

표 8-1 범죄피해자에 대한 통지

구분 / 연도별	2018	2019	2020	2021	2022
통지의사 확인(건)	121,537	124,356	161,155	199,030	242,044
사건처분결과, 공판개시, 재판결과, 출소통지 등(건)	780,033	961,396	990,972	1,155,361	1,529,808

자료: 법무부, 2023년 범죄피해자보호지원 시행계획, 37.

2 형사소송법 제245조.

3 제256조 (타관송치) 검사는 사건이 그 소속검찰청에 대응한 법원의 관할에 속하지 아니한 때에는 사건을 서류와 증거물과 함께 관할법원에 대응한 검찰청검사에게 송치하여야 한다.

4 형사소송법 제256조의 2부터 제259조.

제2절 검사의 불기소처분에 대한 구제제도

Ⅰ. 항고

검사의 불기소처분에 불복하는 고소인이나 고발인은 그 검사가 속한 지방검찰청 또는 지청을 거쳐 서면으로 관할 고등검찰청 검사장에게 항고할 수 있다.[5] 이 경우 해당 지방검찰청 또는 지청의 검사는 항고가 이유 있다고 인정하면 그 처분을 경정(更正)하여야 한다.

고등검찰청 검사장은 위의 항고가 이유 있다고 인정하면 소속 검사로 하여금 지방검찰청 또는 지청 검사의 불기소처분을 직접 경정하게 할 수 있다. 이 경우 고등검찰청 검사는 지방검찰청 또는 지청의 검사로서 직무를 수행하는 것으로 본다.

항고는 검사로부터 불기소 통지를 받은 날부터 30일 이내에 하여야 한다.

Ⅱ. 재항고

항고를 한 자(형사소송법상 재정신청(裁定申請)을 할 수 있는 자는 제외)는 그 항고를 기각하는 처분에 불복하거나 항고를 한 날부터 항고에 대한 처분이 이루어지지 아니하고 3개월이 지났을 때에는 그 검사가 속한 고등검찰청을 거쳐 서면으로 검찰총장에게 재항고할 수 있다. 이 경우 해당 고등검찰청의 검사는 재항고가 이유 있다고 인정하면 그 처분을 경정하여야 한다.

재항고는 항고기각 결정을 통지받은 날 또는 항고 후 항고에 대한 처분이 이루어지지 아니하고 3개월이 지난 날부터 30일 이내에 하여야 한다.

Ⅲ. 항고기각 등

항고 또는 재항고를 한 자가 자신에게 책임이 없는 사유로 정하여진 기간

5 검찰청법 제10조.

이내에 항고 또는 재항고를 하지 못한 것을 소명하면 그 항고 또는 재항고 기간은 그 사유가 해소된 때부터 기산한다.

항고 및 재항고 기간이 지난 후 접수된 항고 또는 재항고는 기각하여야 한다. 다만, 중요한 증거가 새로 발견된 경우 고소인이나 고발인이 그 사유를 소명하였을 때에는 그러하지 아니하다.

제3절 법원의 구제제도

Ⅰ. 진술권

1. 피해자 또는 법정대리인의 진술신청

① 진술신청

피해자 또는 그 법정대리인은 재판 중 신청에 의하여 진술을 할 수 있다. 즉, 법원은 범죄로 인한 피해자 또는 그 법정대리인(피해자가 사망한 경우에는 배우자·직계친족·형제자매)의 신청이 있는 때에는 그 피해자등을 증인으로 신문하여야 한다.[6]

다만, 피해자등이 이미 당해 사건에 관하여 공판절차에서 충분히 진술하여 다시 진술할 필요가 없다고 인정되는 경우 및 피해자등의 진술로 인하여 공판절차가 현저하게 지연될 우려가 있는 경우의 어느 하나에 해당하는 경우에는 그러하지 아니하다.

② 피해자 진술의 비공개

법원은 범죄로 인한 피해자를 증인으로 신문하는 경우 당해 피해자·법정대리인 또는 검사의 신청에 따라 피해자의 사생활의 비밀이나 신변보호를 위하여 필요하다고 인정하는 때에는 결정으로 심리를 공개하지 아니할 수 있다.

헌법 제109조는 재판의 심리와 판결은 공개한다고 규정하고 있다. 다만, 심리는 국가의 안전보장 또는 안녕질서를 방해하거나 선량한 풍속을 해할 염려가

6 형사소송법 제292조의2 – 제294조의2.

있을 때에는 법원의 결정으로 공개하지 아니할 수 있다고 규정하고 있어 원칙적으로 재판 및 심리의 공개주의원칙을 천명하고 있다.

그러나 성폭력 및 가정폭력, 아동학대 등의 특정한 범죄의 경우 심리내용을 공개시 피해자의 명예훼손 등의 우려가 있는 경우 그 예외를 가정폭력방지 및 피해자보호 등에 관한 법률, 성폭력방지 및 피해자보호 등에 관한 법률, 아동·청소년의 성보호에 관한 법률 등에 규정하고 있다.

③ 피고인등의 퇴정

재판장은 증인 또는 감정인이 피고인 또는 어떤 재정인의 면전에서 충분한 진술을 할 수 없다고 인정한 때에는 그를 퇴정하게 하고 진술하게 할 수 있다. 피고인이 다른 피고인의 면전에서 충분한 진술을 할 수 없다고 인정한 때에도 같다. 피고인을 퇴정하게 한 경우에 증인, 감정인 또는 공동피고인의 진술이 종료한 때에는 퇴정한 피고인을 입정하게 한 후 법원사무관등으로 하여금 진술의 요지를 고지하게 하여야 한다.[7]

2. 증인신문과정의 피해자 보호

① 신뢰관계에 있는 자의 동석

법원은 범죄로 인한 피해자를 증인으로 신문하는 경우 증인의 연령, 심신의 상태, 그 밖의 사정을 고려하여 증인이 현저하게 불안 또는 긴장을 느낄 우려가 있다고 인정되는 때에는 직권 또는 피해자·법정대리인·검사의 신청에 따라 피해자와 신뢰관계에 있는 자를 동석하게 할 수 있다.[8]

법원은 범죄로 인한 피해자가 13세 미만이거나 신체적 또는 정신적 장애로 사물을 변별하거나 의사를 결정할 능력이 미약한 경우에 재판에 지장을 초래할 우려가 있는 등 부득이한 경우가 아닌 한 피해자와 신뢰관계에 있는 자를 동석하게 하여야 한다.

② 증인의 법정외 신문

법원은 증인의 연령, 직업, 건강상태 기타의 사정을 고려하여 검사, 피고인

---

7 형사소송법 제297조.

8 형사소송법 제163조의2.

또는 변호인의 의견을 묻고 법정 외에 소환하거나 현재지에서 신문할 수 있다.[9]

③ 비디오 등 중계장치 등에 의한 증인신문

법원은 다음의 어느 하나에 해당하는 자를 증인으로 신문하는 경우 상당하다고 인정하는 때에는 검사와 피고인 또는 변호인의 의견을 들어 비디오 등 중계장치에 의한 중계시설을 통하여 신문하거나 가림시설 등을 설치하고 신문할 수 있다.[10]

- 「아동복지법」에 해당하는 죄의 피해자
- 「아동·청소년의 성보호에 관한 법률」에 해당하는 죄의 대상이 되는 아동·청소년 또는 피해자
- 범죄의 성질, 증인의 연령, 심신의 상태, 피고인과의 관계, 그 밖의 사정으로 인하여 피고인 등과 대면하여 진술하는 경우 심리적인 부담으로 정신의 평온을 현저하게 잃을 우려가 있다고 인정되는 자

또한 법원은 증인이 멀리 떨어진 곳 또는 교통이 불편한 곳에 살고 있거나 건강상태 등 그 밖의 사정으로 말미암아 법정에 직접 출석하기 어렵다고 인정하는 때에는 검사와 피고인 또는 변호인의 의견을 들어 비디오 등 중계장치에 의한 중계시설을 통하여 신문할 수 있다.

비디오 등 중계장치에 의한 중계시설을 통하여 행한 증인신문은 증인이 법정에 출석하여 이루어진 증인신문으로 본다.

3. 공판기록 열람 · 등사

소송계속 중인 사건의 피해자(피해자가 사망하거나 그 심신에 중대한 장애가 있는 경우에는 그 배우자 · 직계친족 및 형제자매), 피해자 본인의 법정대리인 또는 이들로부터 위임을 받은 피해자 본인의 배우자 · 직계친족 · 형제자매 · 변호사는 소송기록의 열람 또는 등사를 재판장에게 신청할 수 있다.[11]

재판장은 피해자 등의 권리구제를 위하여 필요하다고 인정하거나 그 밖의

9 형사소송법 제165조.

10 형사소송법 제165조의2.

11 형사소송법 제294조의4.

정당한 사유가 있는 경우 범죄의 성질, 심리의 상황, 그 밖의 사정을 고려하여 상당하다고 인정하는 때에는 열람 또는 등사를 허가할 수 있다. 재판장이 등사를 허가하는 경우에는 등사한 소송기록의 사용목적을 제한하거나 적당하다고 인정하는 조건을 붙일 수 있다. 소송기록을 열람 또는 등사한 자는 열람 또는 등사에 의하여 알게 된 사항을 사용함에 있어서 부당히 관계인의 명예나 생활의 평온을 해하거나 수사와 재판에 지장을 주지 아니하도록 하여야 한다.

II. 보석결정시 피해자 의견 반영

피고인, 피고인의 변호인 · 법정대리인 · 배우자 · 직계친족 · 형제자매 · 가족 · 동거인 또는 고용주는 법원에 구속된 피고인의 보석을 청구할 수 있다.

보석의 청구가 있는 때에는 법원은 일정한 요건에 해당되지 않는 경우에는 보석을 허가해야 한다. 다만, 피고인이 피해자, 당해 사건의 재판에 필요한 사실을 알고 있다고 인정되는 자 또는 그 친족의 생명 · 신체나 재산에 해를 가하거나 가할 염려가 있다고 믿을만한 충분한 이유가 있는 때에는 보석을 허가하지 않을 수 있다.[12]

또한 법원이 보석을 허가하는 경우에도 필요하고 상당한 범위 안에서 피해자, 당해 사건의 재판에 필요한 사실을 알고 있다고 인정되는 자 또는 그 친족의 생명 · 신체 · 재산에 해를 가하는 행위를 하지 아니하고 주거 · 직장 등 그 주변에 접근하지 아니할 것을 보석허가의 조건으로 할 수 있다.

법원은 보석의 조건을 정함에 있어서 다음 각 호의 사항을 고려하여야 한다.[13]

1. 범죄의 성질 및 죄상(罪狀)
2. 증거의 증명력
3. 피고인의 전과·성격·환경 및 자산
4. 피해자에 대한 배상 등 범행 후의 정황에 관련된 사항

12 형사소송법 제94조－제96조.

13 형사소송법 제94조－제99조.

III. 재정신청

1. 재정신청

재정신청이란 검찰의 결정에 불복하는 경우 관할 고등법원에 그 당부에 관한 결정을 요구하는 형사소송법상의 법률행위를 말한다.

2. 신청권자

범죄피해자 및 사건의 당사자는 재정신청[14]을 할 수 있다. 즉, 고소권자로서 고소를 한 자는 검사로부터 공소를 제기하지 아니한다는 통지를 받은 경우이다.

3. 절차

① 신청기일

재정신청을 하려는 자는 항고기각 결정을 통지받은 날 또는 위의 사유가 발생한 날부터 10일 이내에 지방검찰청검사장 또는 지청장에게 재정신청서를 제출하여야 한다. 다만, 검사가 공소시효 만료일 30일 전까지 공소제기를 하지 않는 경우 공소시효 만료일 전날까지 재정신청서를 제출할 수 있다.

고소인은 재정신청을 하려면 검찰청법상 항고우선주의 원칙에 따라 먼저 항고를 거쳐야 하지만,[15] 다음에 해당하는 경우에는 예외이다.

1. 항고 이후 재기수사가 이루어진 다음에 다시 공소를 제기하지 아니한다는 통지를 받은 경우
2. 항고 신청 후 항고에 대한 처분이 행하여지지 아니하고 3개월이 경과한 경우
3. 검사가 공소시효 만료일 30일 전까지 공소를 제기하지 아니하는 경우

② 지방검찰청검사장 등의 처리

재정신청서를 제출받은 지방검찰청검사장(지청장)은 재정신청서를 제출받은 날부터 7일 이내에 재정신청서 · 의견서 · 수사 관계 서류 및 증거물을 관할 고등

14 형사소송법 제260조부터 제264조의 2.

15 이를 항고우선주의라 한다.

검찰청을 경유하여 관할 고등법원에 송부하여야 한다.

③ 심리와 결정

법원은 재정신청서를 송부받은 때에는 송부받은 날부터 10일 이내에 피의자에게 그 사실을 통지하여야 한다. 법원은 재정신청서를 송부받은 날부터 3개월 이내에 항고의 절차에 준하여 다음의 구분에 따라 결정하며, 결정에 대하여는 불복할 수 없다.

1. 신청이 법률상의 방식에 위배되거나 이유 없는 때에는 신청을 기각한다.
2. 신청이 이유 있는 때에는 사건에 대한 공소제기를 결정한다.

재정신청의 기각결정이 확정된 사건에 대하여는 다른 중요한 증거를 발견한 경우를 제외하고는 소추할 수 없다. 이 경우 필요한 때에는 증거를 조사할 수 있다. 재정신청사건의 심리는 특별한 사정이 없는 한 공개하지 아니한다.

재정기각 또는 공소제기 결정을 한 때에는 즉시 그 정본을 재정신청인·피의자와 관할 지방검찰청검사장 또는 지청장에게 송부하여야 한다. 공소제기 결정에 따른 재정결정서를 송부받은 관할 지방검찰청 검사장 또는 지청장은 지체 없이 담당 검사를 지정하고 지정받은 검사는 공소를 제기하여야 한다.

④ 재정신청사건 기록의 열람·등사 제한 및 비용부담

재정신청사건의 심리 중에는 관련 서류 및 증거물을 열람 또는 등사할 수 없다. 다만, 법원은 증거조사과정에서 작성된 서류의 전부 또는 일부의 열람 또는 등사를 허가할 수 있다.

법원은 재정신청기각 또는 재정신청인이 그 신청을 취소한 경우에는 결정으로 재정신청인에게 신청절차에 의하여 생긴 비용의 전부 또는 일부를 부담하게 할 수 있다.

⑤ 공소시효의 정지 등

고소인의 재정신청이 있으면 그 재정결정이 있을 때까지 공소시효의 진행이 정지되며, 재정신청으로 공소제기 결정이 있는 때에는 그 결정이 있는 날에 공소가 제기된 것으로 본다.

재정신청은 대리인에 의하여 할 수 있으며 공동신청권자 중 1인의 신청은 그 전원을 위하여 효력을 발생한다. 재정신청은 그 결정이 있을 때까지 취소할 수 있다. 취소한 자는 다시 재정신청을 할 수 없다. 재정신청 취소는 다른 공동신청권자에게 효력을 미치지 아니한다. 검사는 재정신청 결정에 따라 공소를 제기한 때에는 이를 취소할 수 없다.

VICTIMOLOGY

제 9 장 범죄피해자 보호법상 범죄피해자의 권리

제1절 범죄피해자 보호법의 이념 및 정책방향

Ⅰ. 이념

「범죄피해자 보호법」은 범죄피해자 보호·지원의 기본 정책 등을 정하고 타인의 범죄행위로 인하여 생명·신체에 피해를 받은 사람을 구조함으로써 범죄피해자의 복지 증진에 기여함을 목적으로 제정되었다.[1]

이 법은 범죄피해자의 존엄성보장, 명예와 사생활의 보호, 그리고 법적 절차 참여권 등의 세 가지 이념을 제시하고 있다.

① 범죄피해자는 범죄피해 상황에서 빨리 벗어나 인간의 존엄성을 보장받을 권리가 있다.
② 범죄피해자의 명예와 사생활의 평온은 보호되어야 한다.
③ 범죄피해자는 해당 사건과 관련하여 각종 법적 절차에 참여할 권리가 있다.

Ⅱ. 정책방향

1. 국가 및 지방자치단체, 그리고 국민의 책무

국가는 범죄피해자 보호·지원을 위하여 다음의 조치를 취하고 필요한 재원을 조달할 책무를 진다.[2]

1. 범죄피해자 보호·지원 체제의 구축 및 운영
2. 범죄피해자 보호·지원을 위한 실태조사, 연구, 교육, 홍보

---

1 범죄피해자 보호법, [시행 2025. 3. 21.] [법률 제20433호, 2024. 9. 20., 일부개정].
2 범죄피해자 보호법 제4조－제6조.

3. 범죄피해자 보호·지원을 위한 관계 법령의 정비 및 각종 정책의 수립·시행
4. 범죄수사관, 피해자 지원 기관 종사자 교육훈련
5. 범죄피해자 인권 주간 운영(매년 11월 29일 포함된 1주간)

범죄피해자 지원사업 참여 국가기관

중앙행정기관 : 10개 기관(6부, 1처, 2청, 1위원회)
- 교육부, 법무부, 행정안전부, 보건복지부, 고용노동부, 여성가족부, 법원행정처, 대검찰청, 경찰청, 방송통신위원회

지방자치단체는 범죄피해자 보호·지원을 위하여 적극적으로 노력하고, 국가의 범죄피해자 보호·지원 시책이 원활하게 시행되도록 협력하여야 한다. 또한 지방자치단체는 그 책무를 다하기 위하여 필요한 재원을 조달하여야 한다.

범죄피해자 보호법은 국민의 책무도 규정하여 국민은 범죄피해자의 명예와 사생활의 평온을 해치지 아니하도록 유의하여야 하고, 국가 및 지방자치단체가 실시하는 범죄피해자를 위한 정책의 수립과 추진에 최대한 협력하여야 한다고 명시하고 있다.

2. 범죄피해자 보호 및 지원

① 손실 복구 지원 등

국가 및 지방자치단체는 범죄피해자의 피해정도 및 보호·지원의 필요성 등에 따라 상담, 의료제공(치료비 지원을 포함), 구조금 지급, 법률구조, 취업 관련 지원, 주거지원, 그 밖에 범죄피해자의 보호에 필요한 대책을 마련하여야 한다.[3]

② 형사절차 참여 보장 등

국가는 범죄피해자가 해당 사건과 관련하여 수사담당자와 상담하거나 재판절차에 참여하여 진술하는 등 형사절차상의 권리를 행사할 수 있도록 보장하여야 한다.

3 범죄피해자 보호법 제8조.

그림 9-1

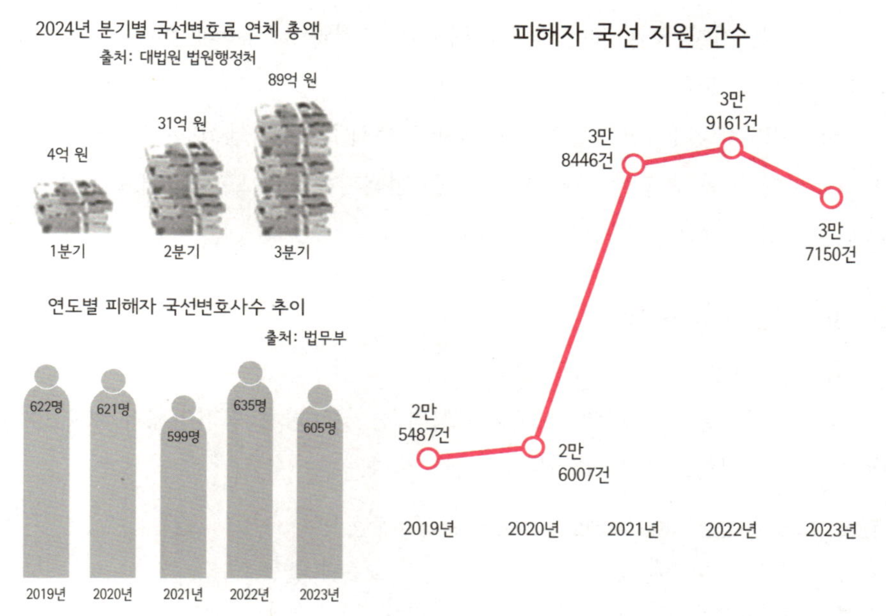

자료: 법률신문, 2025.1.15., https://www.lawtimes.co.kr/news/204715/

국가는 범죄피해자가 요청하면 가해자에 대한 수사 결과, 공판기일, 재판 결과, 형 집행 및 보호관찰 집행 상황 등 형사절차 관련 정보를 대통령령으로 정하는 바에 따라 제공할 수 있다.

③ 범죄피해자에 대한 정보 제공 등

국가는 수사 및 재판 과정에서 다음의 정보를 범죄피해자에게 제공하여야 한다.

1. 범죄피해자의 해당 재판절차 참여 진술권 등 형사절차상 범죄피해자의 권리에 관한 정보
2. 범죄피해 구조금 지급 및 범죄피해자 보호·지원 단체 현황 등 범죄피해자의 지원에 관한 정보

3. 그 밖에 범죄피해자의 권리보호 및 복지증진을 위하여 필요하다고 인정되는 정보

④ 사생활의 평온과 신변의 보호 등

국가 및 지방자치단체는 범죄피해자의 명예와 사생활의 평온을 보호하기 위하여 필요한 조치를 하여야 한다.

국가 및 지방자치단체는 범죄피해자가 형사소송절차에서 한 진술이나 증언과 관련하여 보복을 당할 우려가 있는 등 범죄피해자를 보호할 필요가 있을 경우에는 적절한 조치를 마련하여야 한다.

3. 기본계획 수립

① 법무부장관의 5개년 기본계획

법무부장관은 범죄피해자보호위원회의 심의를 거쳐 범죄피해자 보호·지원에 관한 기본계획을 5년마다 수립하여야 한다.[4]

1. 범죄피해자 보호·지원 정책의 기본방향과 추진목표
2. 범죄피해자 보호·지원을 위한 실태조사, 연구, 교육과 홍보
3. 범죄피해자 보호·지원 단체에 대한 지원과 감독
4. 범죄피해자 보호·지원과 관련된 재원의 조달과 운용
5. 그 밖에 범죄피해자를 보호·지원하기 위하여 법무부장관이 필요하다고 인정한 사항

2022년부터 2026년까지 제4차 범죄피해자 보호·지원 기본계획에 따른 13개 정책과제 및 34개 세부추진 과제가 추진 중이다.[5]

② 연도별 시행계획

법무부장관, 관계 중앙행정기관의 장과 자치단체장은 기본계획에 따라 연도별 시행계획을 수립·시행하여야 한다. 관계 중앙행정기관의 장과 시·도지사는 다음 연도의 시행계획과 전년도 추진 실적을 매년 법무부장관에게 제출하여

4 범죄피해자 보호법 제12조－제14조.

5 법무부, 2023년 범죄피해자보호지원 시행계획. 범죄피해자보호·지원에 관한 제4차 기본계획(2022－2026), 2023.

야 한다. 이 경우 법무부장관은 그 시행계획이 부적합하다고 판단할 때에는 그 시행계획을 수립한 장에게 시행계획의 보완·조정을 요구할 수 있다.

③ 관계 기관의 협조

법무부장관은 기본계획과 시행계획을 수립·시행하기 위하여 필요하면 관계 중앙행정기관의 장, 지방자치단체의 장 또는 관계 공공기관의 장에게 협조를 요청할 수 있다.

중앙행정기관의 장 또는 시·도지사는 시행계획을 수립·시행하기 위하여 필요하면 관계 중앙행정기관의 장, 지방자치단체의 장 또는 공공기관의 장에게 협조를 요청할 수 있다.

협조요청을 받은 기관의 장이나 지방자치단체의 장은 특별한 사유가 없으면 협조하여야 한다.

그림 9-2 제4차 범죄피해자 보호 · 지원 기본계획 비전과 목표

비전	범죄피해자의 인권존중 및 인간다운 삶의 보장 실현		
목표	"원상회복" 완전한 피해회복을 위한 연속적 지원서비스 제공	"실질적 참여" 형사절차에서 피해자의 법적 지위 강화와 참여기회 확대	"평온하고 안전한 삶으로 복귀" 신변 및 정보보호를 통한 2차피해와 재피해 예방

추진 과제	피해회복 지원의 내실화 및 대상 확대	- 범죄 발생 직후 응급위기 지원 강화 - 피해회복 지원 서비스의 질적 향상 - 경제적 지원(구조금 포함)의 실질화 및 효율적 집행체계 구축
	가해자의 책임인식 및 피해배상 촉진	- 형사조정제도의 실질화 - 가해자의 피해배상 촉진
	형사절차 참여기반 강화 및 참여 기회 확대	- 피해자 정보접근권 확대 및 강화 - 법률조력의 확대 및 전문성 강화 - 피해자의 형사절차 진술권 강화
	피해자의 정보 및 신변보호와 2차피해 예방	- 피해자의 정보보호 강화 - 피해자의 신변보호 강화 - 형사절차에서의 2차피해 예방
	협력적 정책추진체계 구축 및 정책기반 강화	- 협력적 정책추진체계 구축 - 정책기반 강화

자료: 법무부, 2022-2026년 범죄피해자보호지원 시행계획, 4.

④ 범죄피해자보호위원회 운영

범죄피해자 보호 · 지원에 관한 기본계획 및 주요 사항 등을 심의하기 위하여 법무부장관 소속으로 범죄피해자보호위원회를 둔다.[6]

1. 기본계획 및 시행계획에 관한 사항
2. 범죄피해자 보호·지원을 위한 주요 정책의 수립·조정에 관한 사항
3. 범죄피해자 보호·지원 단체에 대한 지원·감독에 관한 사항
4. 그 밖에 위원장이 심의를 요청한 사항

제2절 범죄피해자 구조금제도

Ⅰ. 범죄피해자 구조금제도의 의의

범죄피해자 구조금이란 국가가 구조대상 범죄피해를 받은 사람 또는 그 유족이 피해의 전부 또는 일부를 배상받지 못하는 경우 또는 자기 또는 타인의 형사사건의 수사 또는 재판에서 고소 · 고발 등 수사단서를 제공하거나 진술, 증언 또는 자료제출을 하다가 범죄피해를 당한 경우 범죄피해자 보호법에 근거를 두고 지급하는 금전을 말한다.[7]

구조금은 장해구조금 및 중상해구조금, 유족구조금 등으로 구분된다.

Ⅱ. 범죄피해구조심의회

1. 설치

구조금 지급에 관한 사항을 심의 · 결정하기 위하여 각 지방검찰청에 범죄피해구조심의회(지구심의회)를 둔다. 그리고 법무부에 범죄피해구조본부심의회

---

6 범죄피해자 보호법 제15조. 보호위원회는 위원장을 포함하여 20명 이내의 위원으로 구성한다.

7 범죄피해자 보호법 제16조－제17조.

(본부심의회)를 두어 지구심의회의 재심신청사건 및 그 밖에 법령에 따라 그 소관에 속하는 사항에 관한 사항을 심의·결정한다. 지구심의회 및 본부심의회는 법무부장관의 지휘·감독을 받는다.[8]

2. 구조금의 지급신청

구조금을 받으려는 사람은 그 주소지, 거주지 또는 범죄 발생지를 관할하는 지구심의회에 신청한다. 신청은 해당 구조대상 범죄피해의 발생을 안 날부터 3년, 발생한 날부터 10년이 지나면 할 수 없다. 구조금을 받을 권리는 양도하거나 담보로 제공하거나 압류할 수 없다.

3. 구조결정

지구심의회는 신청을 받으면 신속하게 구조금을 지급하거나 지급하지 아니한다는 결정을 하여야 한다.

지구심의회는 구조금 지급 및 손해배상청구권 대위에 관한 사항을 심의하기 위하여 필요하면 신청인이나 그 밖의 관계인을 조사하거나 의사의 진단을 받게 할 수 있고 행정기관, 공공기관이나 그 밖의 단체에 조회하여 필요한 사항을 보고하게 할 수 있다.

지구심의회는 신청인이 정당한 이유 없이 제1항에 따른 조사에 따르지 아니하거나 의사의 진단을 거부하면 그 신청을 기각할 수 있다.

4. 재심신청

지구심의회에서 구조금 지급신청을 기각, 각하시 그 지구심의회를 거쳐 본부심의회에 재심을 신청할 수 있다. 본부심의회는 구조금 지급신청을 각하한 지구심의회의 결정이 법령에 위반되면 사건을 그 지구심의회에 환송하거나, 신청인이 잘못된 부분을 보정하여 재심신청을 하면 사건을 해당 지구심의회에 환송할 수 있다.

8 범죄피해자 보호법 제24조 – 제29조의3.

5. 긴급구조금의 지급

지구심의회는 구조금 신청을 받았을 때 구조피해자의 장해 또는 중상해 정도가 명확하지 아니하거나 그 밖의 사유로 인하여 신속하게 결정을 할 수 없는 사정이 있으면 신청 또는 직권으로 대통령령으로 정하는 금액의 범위에서 긴급구조금을 지급하는 결정을 할 수 있다.

긴급구조금 신청은 주소지, 거주지 또는 범죄 발생지를 관할하는 지구심의회에 할 수 있다.

국가는 지구심의회가 긴급구조금 지급 결정을 하면 긴급구조금을 지급하며, 지급된 금액 내에서 구조금을 지급할 책임을 면한다.

긴급구조금을 받은 사람은 지구심의회에서 결정된 구조금의 금액이 긴급구조금으로 받은 금액보다 적을 때에는 그 차액을 국가에 반환하여야 하며, 지구심의회에서 구조금을 지급하지 아니한다는 결정을 하면 긴급구조금으로 받은 금액을 모두 반환하여야 한다.

6. 구조금의 환수

국가는 구조금을 받은 사람이 다음에 해당하면 지구심의회 또는 본부심의회의 결정을 거쳐 구조금의 전부 또는 일부를 환수할 수 있다. 국가가 구조금을 환수할 때에는 국세징수의 예에 따르고, 그 환수의 우선순위는 국세 및 지방세 다음으로 한다.[9]

1. 거짓이나 그 밖의 부정한 방법으로 구조금을 받은 경우
2. 구조금을 받은 후 제19조에 규정된 사유가 발견된 경우
3. 구조금이 잘못 지급된 경우

9 범죄피해자 보호법 제30조.

7. 소멸시효구조금

그 구조결정이 해당 신청인에게 송달된 날부터 2년간 행사하지 아니하면 시효로 인하여 소멸된다.[10]

표 9-1 범죄피해구조금 지급

구분	2020	2021	2022	2023	2024
	206	189	189	149	155
유족구조금	145	143	138	111	113
장해구조금	27	24	23	14	16
중상해구조금	34	22	28	24	26

자료: 지표누리, 범죄피해구조금 지급 건수, https://www.index.go.kr/

III. 범죄피해자 구조금 지급요건과 제한

1. 지급요건

구조대상 범죄피해를 받은 사람(구조피해자)이 다음의 어느 하나에 해당하면 구조피해자 또는 그 유족에게 범죄피해 구조금(구조금)을 지급한다.

1. 구조피해자가 피해의 전부 또는 일부를 배상받지 못하는 경우
2. 자기 또는 타인의 형사사건의 수사 또는 재판에서 고소·고발 등 수사단서를 제공하거나 진술, 증언 또는 자료제출을 하다가 구조피해자가 된 경우

2. 구조금의 종류

1) 유족구조금

유족구조금은 구조피해자가 사망하였을 때 맨 앞의 순위인 유족에게 지급한다. 다만, 순위가 같은 유족이 2명 이상이면 똑같이 나누어 지급한다.

10 범죄피해자 보호법 제31조.

① 유족의 범위 및 순위

1. 배우자(사실상 혼인관계를 포함한다) 및 구조피해자의 사망 당시 구조피해자의 수입으로 생계를 유지하고 있는 구조피해자의 자녀
2. 구조피해자의 사망 당시 구조피해자의 수입으로 생계를 유지하고 있는 구조피해자의 부모, 손자·손녀, 조부모 및 형제자매
3. 제1호 및 제2호에 해당하지 아니하는 구조피해자의 자녀, 부모, 손자·손녀, 조부모 및 형제자매

유족구조금등을 받을 유족의 순위는 위에 열거한 순서로 하고, 제2호 및 제3호에 열거한 사람 사이에서는 해당 각 호에 열거한 순서로 하며, 부모의 경우에는 양부모를 선순위로 하고 친부모를 후순위로 한다.

② 유족구조금을 받을 수 없는 경우

다음의 유족은 유족구조금을 받을 수 없다.

1. 구조피해자를 고의로 사망하게 한 경우
2. 구조피해자가 사망하기 전에 그가 사망하면 유족구조금을 받을 수 있는 선순위 또는 같은 순위의 유족이 될 사람을 고의로 사망하게 한 경우
3. 구조피해자가 사망한 후 유족구조금등을 받을 수 있는 선순위 또는 같은 순위의 유족을 고의로 사망하게 한 경우

2) 장해구조금 및 중상해구조금

장해구조금 및 중상해구조금은 해당 구조피해자에게 지급한다. 다만, 장해구조금 또는 중상해구조금의 지급을 신청한 구조피해자가 장해구조금 또는 중상해구조금을 지급받기 전에 사망(해당 구조대상 범죄피해의 원인이 된 범죄행위로 사망한 경우는 제외)한 경우에는 맨 앞의 순위인 유족에게 지급하되, 순위가 같은 유족이 2명 이상이면 똑같이 나누어 지급한다.

■ 범죄피해자 보호법 시행규칙 [별지 제9호서식] 〈개정 2025. 3. 18.〉

[ ]유족구조금 · [ ]긴급구조금 지급신청서

(앞 쪽)

접수번호	접수일자	처리일자	처리기간

구분	항목	
신청인	성명	연락처
	주민등록번호(외국인등록번호)	
	(※ 사업자명칭과 사업자등록번호는 사업자로 등록된 경우에 기재함)	
	사업자명칭	사업자등록번호
	주소	
	구조피해자와의 관계	
구조 피해자	성명	
	주민등록번호(외국인등록번호)	
	주소	
	직업(근무처 명칭 및 소재지)	
	관할검찰청	00지방검찰청 (00지청)

제1순위 유족	성명	구조피해자와의 관계	주소

손해배상금 수령 여부	※ 해당란에 √ 표시합니다. [ ]유 [ ]무	※ '유' 에 √ 표시한 경우 기재합니다. 수령한 손해배상금액 : 원
분할 지급 신청 여부	※ 해당란에 √ 표시합니다. [ ]유 [ ]무	※ '유' 에 √ 표시한 경우 분할 지급 사유 및 희망 분할 횟수를 기재합니다.
긴급구조금 신청 사유		
신청인 계좌번호	은행 :	계좌번호 :
비고		

년 월 일

신청인 (서명)

00지방검찰청 범죄피해구조심의회 귀중

처 리 절 차								
신청서 작성	➔	접 수	➔	심의	➔	지급여부 결정	➔	결정 및 통지
신청인		관할 지방검찰청		관할 범죄피해구조 심의회		관할 범죄피해 구조심의회		관할 지방검찰청

(뒤 쪽)

<table>
<tr><td>신청인
첨부서류</td><td>1. 구조피해자의 사망진단서, 사체검안서 또는 그 밖에 구조피해자의 사망 사실 및 사망일을 증명할 수 있는 서류
2. 신청인의 성명, 생년월일, 등록기준지 및 구조피해자와의 친족관계를 증명할 수 있는 서류(가족관계증명서, 기본증명서, 입양관계증명서 및 주민등록표 등본 · 초본으로 확인할 수 없는 경우로 한정합니다)
3. 신청인이 구조피해자와 혼인신고를 하지 않았으나, 피해자의 사망 당시 사실상 혼인관계에 있던 경우에는 그 사실을 증명할 수 있는 서류
4. 신청인이 「범죄피해자 보호법」 제18조제1항제1호에 해당하는 사람이 아닐 경우에는 신청인보다 선순위인 유족이 없다는 사실을 증명할 수 있는 서류
5. 신청인이 범죄피해가 발생할 당시 구조피해자의 수입으로 생계를 유지하고 있던 사실을 인정할 수 있는 국세 납세증명서, 지방세 세목별 과세증명서, 소득금액증명 및 사업자등록증명 등의 서류(신청인이 피해자의 배우자인 경우는 제외합니다)
6. 다음 각 목의 서류(구조피해자나 그 유족이 법 제23조제2호에 해당하는 외국인인 경우로 한정합니다)
가. 해당 외국인이 범죄피해 발생 당시 대한민국 국민의 배우자이거나 대한민국 국민과 혼인관계(사실상의 혼인관계를 포함합니다)에서 출생한 자녀를 양육하고 있다는 사실을 증명할 수 있는 서류(가족관계증명서, 주민등록표 등본, 국내거소신고 사실증명 및 외국인등록 사실증명으로 확인할 수 없는 경우로 한정합니다)
나. 해당 외국인이 「출입국관리법」 제10조제2호의 영주자격 또는 이 규칙 제5조의2에 따른 장기체류자격을 가지고 있다는 사실을 증명할 수 있는 서류(국내거소신고 사실증명 및 외국인등록 사실증명으로 확인할 수 없는 경우로 한정합니다)
※ 동일 순위의 유족 2명 이상이 신청하는 경우에는 비고란에 그 뜻을 기재하되, 중복되는 서류는 첨부하지 않을 수 있습니다.</td><td>수수료
없음</td></tr>
<tr><td>담당 공무원
확인사항</td><td>1. 가족관계증명서(상세) 기본증명서(상세)
2. 입양관계증명서(상세) 주민등록표 등본 · 초본
3. 국내거소신고 사실증명 외국인등록 사실증명
※ 신청인은 위 확인사항에 대해 아래 행정정보 공동이용 동의서를 작성하는 경우 서류 제출이 면제됩니다. 동의서를 작성하지 않는 경우에는 신청인이 직접 서류를 제출해야 하나, 아래 본인정보 제공 요구서 및 본인정보 공동이용 동의서를 작성하는 경우에는 서류 제출을 면제받을 수 있습니다.</td><td></td></tr>
<tr><td>본인정보
제공 요구
서류</td><td>[ ] 1. 가족관계증명서(상세) [ ] 2. 기본증명서(상세)
[ ] 3. 입양관계증명서(상세) [ ] 4. 주민등록표 등본 · 초본
[ ] 5. 국내거소신고 사실증명 [ ] 6. 외국인등록 사실증명
[ ] 7. 국세 납세증명서 [ ] 8. 지방세 세목별 과세증명서
[ ] 9. 소득금액증명 [ ] 10. 사업자등록증명
※ 「민원 처리에 관한 법률」에 따른 본인정보 제공 요구를 통해 이 사무</td><td></td></tr>
</table>

	를 처리하기를 동의하는 항목에 √ 표시를 하고, 아래 본인정보 제공 요구서 및 본인정보 공동이용 동의서를 작성하는 경우 해당 서류 제출이 면제됩니다. 요구서 및 동의서를 작성하지 않는 경우에는 이미 행정정보 공동이용 동의서를 작성한 경우를 제외하고는 신청인이 직접 서류를 제출해야 합니다.
참고사항	법무부 · 검찰청에서는 범죄피해구조금 이외에도 범죄피해자에 대해 다양한 경제적 · 심리적 · 법률적 지원을 하고 있습니다. 자세한 내용은 우측 QR코드를 통해 접속할 수 있는 범죄피해자 지원 안내 누리집에서 확인할 수 있습니다.

금융정보(입금계좌확인정보) 제공 동의서

본인은 금융기관이 「금융실명거래 및 비밀보장에 관한 법률 시행령」 제8조제1항에 따라 입금계좌확인정보(입금이 가능한 계좌인지 여부)를 구조금 지급업무 담당 기관에 업무처리 완료 시까지 제공하는 것에 동의합니다.

신청인(대표자) (서명 또는 인)

본인정보 제공 요구서

「민원 처리에 관한 법률」 제10조의2, 「민원 처리에 관한 법률 시행령」 제7조의3 및 제7조의4에 따라 공동이용을 위한 본인정보를 위와 같이 신청합니다.

신청인(대표자) 성명 (서명 또는 인)
생년월일

법무부장관, 행정안전부장관, 법원행정처장, 국세청장 귀하

행정정보 공동이용 및 본인정보 공동이용 동의서 ※ 해당란에 √ 표시합니다.

[ ] 1. 본인은 이 건 업무 처리와 관련하여 담당 공무원이 「전자정부법」 제36조에 따른 행정정보의 공동이용을 통하여 위의 담당 공무원 확인 사항을 확인하는 것에 동의합니다.

[ ] 2. 본인은 이 건 업무 처리와 관련하여 「민원 처리에 관한 법률」 제10조의2에 따른 본인정보 제공요구를 통해 민원처리기관의 담당자가 정보요구 대상기관에서 제공하는 본인에 관한 행정정보를 전자적으로 확인하는 것에 동의합니다.

신청인(대표자) (서명 또는 인)

■ 범죄피해자 보호법 시행규칙 [별지 제11호의2서식] 〈신설 2025. 3. 18.〉

[ ]장해구조금
[ ]중상해구조금 유족 지급신청서
[ ]긴급구조금

※ 색상이 어두운 칸은 신청인이 작성하지 않으며, [ ]에는 해당되는 곳에 √표를 합니다. (3쪽 중 1쪽)

<table>
<tr><td>접수번호</td><td colspan="2">접수일시</td><td>처리일자</td><td>처리기간</td></tr>
<tr><td rowspan="5">신청인</td><td colspan="2">성명</td><td colspan="2">연락처</td></tr>
<tr><td colspan="4">주민등록번호(외국인등록번호)</td></tr>
<tr><td colspan="2">사업자명칭(사업자로 등록된 경우에 기재함)</td><td colspan="2">사업자등록번호(사업자로 등록된 경우에 기재함)</td></tr>
<tr><td colspan="4">주소</td></tr>
<tr><td colspan="4">구조피해자와의 관계</td></tr>
<tr><td rowspan="4">범죄피해</td><td colspan="4">기존 구조금 신청 사건번호</td></tr>
<tr><td rowspan="3">구조
피해자</td><td colspan="3">성명</td></tr>
<tr><td colspan="3">주민등록번호(외국인등록번호)</td></tr>
<tr><td colspan="3">사망일
년 월 일</td></tr>
<tr><td rowspan="6">제1순위
유족</td><td>성명</td><td>구조피해자
와의 관계</td><td colspan="2">주소</td></tr>
<tr><td></td><td></td><td colspan="2"></td></tr>
<tr><td></td><td></td><td colspan="2"></td></tr>
<tr><td></td><td></td><td colspan="2"></td></tr>
<tr><td></td><td></td><td colspan="2"></td></tr>
<tr><td></td><td></td><td colspan="2"></td></tr>
<tr><td colspan="2">손해배상금 수령 여부</td><td>※ 해당란에 √ 표시합니다.
[ ]유 [ ]무</td><td colspan="2">※ '유'에 √ 표시한 경우 기재합니다.
수령한 손해배상금액 : 원</td></tr>
<tr><td colspan="2">분할지급 신청 여부</td><td>※ 해당란에 √ 표시합니다.
[ ]유 [ ]무</td><td colspan="2">※ '유'에 √ 표시한 경우 분할 지급 사유 및 희망 분할 횟수를 기재합니다.</td></tr>
<tr><td colspan="2">긴급구조금 신청 사유</td><td colspan="3"></td></tr>
<tr><td colspan="2">신청인 계좌번호</td><td>은행:</td><td colspan="2">계좌번호:</td></tr>
</table>

년 월 일

신청인 (서명 또는 인)

00지방검찰청 범죄피해구조심의회 귀중

3. 구조금 지급의 제한

1) 구조피해자와 가해자가 친족관계시 구조금 전액 지급금지

범죄행위 당시 구조피해자와 가해자 사이에 다음 각 호의 어느 하나에 해당하는 친족관계가 있는 경우에는 구조금을 지급하지 아니한다.

1. 부부(사실상의 혼인관계 포함)
2. 직계혈족
3. 4촌 이내의 친족
4. 동거친족

2) 구조피해자와 가해자가 친족관계시 구조금 일부 지급금지

범죄행위 당시 구조피해자와 가해자 사이에 위의 어느 하나에 해당하지 아니하는 친족관계가 있는 경우에는 구조금의 일부를 지급하지 아니한다.

3) 전액 구조금 지급금지

구조피해자가 다음의 어느 하나에 해당하는 행위를 한 때에는 구조금을 지급하지 아니한다.

1. 해당 범죄행위를 교사 또는 방조하는 행위
2. 과도한 폭행 · 협박 또는 중대한 모욕 등 해당 범죄행위를 유발하는 행위
3. 해당 범죄행위와 관련하여 현저하게 부정한 행위
4. 해당 범죄행위를 용인하는 행위
5. 집단적 또는 상습적으로 불법행위를 행할 우려가 있는 조직에 속하는 행위(다만, 그 조직에 속하고 있는 것이 해당 범죄피해를 당한 것과 관련이 없다고 인정되는 경우는 제외)
6. 범죄행위에 대한 보복으로 가해자 또는 그 친족이나 그 밖에 가해자와 밀접한 관계가 있는 사람의 생명을 해치거나 신체를 중대하게 침해하는 행위

4) 일부 지급금지

구조피해자가 다음에 해당할 경우는 구조금의 일부를 지급하지 아니한다.

1. 폭행·협박 또는 모욕 등 해당 범죄행위를 유발하는 행위
2. 해당 범죄피해의 발생 또는 증대에 가공(加功)한 부주의한 행위 또는 부적절한 행위

4. 구조금의 예외 원칙

① 사회통념의 원칙

구조피해자 또는 그 유족과 가해자 사이의 관계, 그 밖의 사정을 고려하여 구조금의 전부 또는 일부를 지급하는 것이 사회통념에 위배된다고 인정될 때에는 구조금의 전부 또는 일부를 지급하지 아니할 수 있다.

구조금의 실질적인 수혜자가 가해자로 귀착될 우려가 없는 경우 등 구조금을 지급하지 아니하는 것이 사회통념에 위배된다고 인정할 만한 특별한 사정이 있는 경우에는 구조금의 전부 또는 일부를 지급할 수 있다.

② 이중배상의 금지 원칙

구조피해자 또는 그 유족이 다음에 해당하는 보상 또는 급여 등을 받을 수 있을 때에는 그 금액의 범위에서 구조금을 지급하지 아니한다.

1. 국가배상법에 따른 손해배상 급여
2. 산업재해보상보험법에 따른 장해급여 · 유족급여 · 상병보상연금
3. 자동차손해배상 보장법에 따른 손해보상
4. 의사상자 등 예우 및 지원에 관한 법률에 따른 보상금
5. 선원법에 따른 재해보상
6. 어선원 및 어선 재해보상보험법에 따른 상병급여 · 장해급여 · 일시보상급여 · 유족급여
7. 근로기준법에 따른 재해보상
8. 의용소방대 설치 및 운영에 관한 법률에 따른 보상
9. 국가공무원법, 지방공무원법, 공무원연금법, 공무원 재해보상법, 군인 재해보상법, 군인연금법에 따른 급여
10. 사립학교법, 사립학교교직원 연금법에 따른 급여

③ 손해배상과의 관계

국가는 구조피해자나 유족이 해당 구조대상 범죄피해를 원인으로 하여 손

해배상을 받았으면 그 범위에서 구조금을 지급하지 아니한다.

국가는 지급한 구조금의 범위에서 해당 구조금을 받은 사람이 구조대상 범죄피해를 원인으로 하여 가지고 있는 손해배상청구권을 대위한다. 국가가 손해배상청구권을 대위할 때 가해자인 수형자나 보호감호대상자의 작업장려금 또는 근로보상금에서 손해배상금을 받을 수 있다.

④ 외국인에 대한 구조

구조피해자 또는 그 유족이 외국인인 때에는 다음에 해당하는 경우에만 이 법을 적용한다.

1. 해당 국가의 상호 보증이 있는 경우
2. 해당 외국인이 구조대상 범죄피해 발생 당시 대한민국 국민의 배우자이거나 대한민국 국민과 혼인관계(사실상의 혼인관계를 포함)에서 출생한 자녀를 양육하고 있는 자로서 다음에 해당하는 체류자격을 가지고 있는 경우
   - 출입국관리법에 따른 영주자격
   - 출입국관리법에 따른 장기체류자격으로서 법무부령으로 정하는 체류자격

⑤ 구조금 일시금 지급원칙 및 예외

구조금은 일시금으로 지급한다. 다만, 구조피해자 또는 그 유족이 연령, 장애, 질병이나 그 밖에 대통령령[11]으로 정하는 사유로 구조금을 관리할 능력이 부족하다고 인정되는 경우로서 다음에 해당하는 경우에는 구조금을 최대 48개월 내에서 분할하여 지급할 수 있다.

1. 구조피해자나 그 유족이 구조금의 분할 지급을 청구하여 범죄피해구조심의회가 구조금의 분할 지급을 결정한 경우
2. 범죄피해구조심의회가 직권으로 구조금의 분할 지급을 결정한 경우

구조금을 분할하여 지급할 수 있는 경우는 구조금 지급을 결정할 당시 구조피해자나 그 유족이 다음의 어느 하나에 해당하는 사유로 구조금을 관리할 능력이 부족하다고 인정되는 경우로 한다.

11 범죄피해자보호법 시행령 제16조.

1. 미성년자
2. 피성년후견인
3. 파산선고를 받은 사람으로서 복권되지 않은 사람
4. 노령, 장애, 질병 또는 그 밖의 사유로 심신상실 등 정신적 제약이 있는 사람

구조금을 분할 지급하는 경우에는 제3항에 따른 분할 지급 기간에 대하여 시중은행의 1년 만기 정기예금의 평균 이자율을 고려하여 법무부장관이 정하여 고시하는 이자율을 적용한 이자를 함께 지급해야 한다.

Ⅳ. 지급금액

1. 유족구조금액

유족구조금은 구조피해자의 사망 당시(신체에 손상을 입고 그로 인하여 사망한 경우에는 신체에 손상을 입은 당시)의 월급액이나 월실수입액 또는 평균임금에 유족의 수와 연령 및 생계유지상황 등을 고려하여 24개월 이상 48개월 이하의 범위에서 개월 수를 곱한 금액으로 한다. 이때 개월 수는 최대 48개월을 넘지 않는다.[12]

2. 장해구조금과 중상해구조금

구조피해자가 신체에 손상을 입은 당시의 월급액이나 월실수입액 또는 평균임금에 피해자의 장해 또는 중상해의 정도와 부양가족의 수 및 생계유지상황 등을 고려하여 2개월 이상 40개월 이하의 범위에서 장애급(1급부터 10급까지)에 따라 지급한다.

---

12 1. 구조피해자의 수입으로 생계를 유지하고 있는 구조피해자의 자녀, 손자·손녀, 형제자매는 각각 19세 미만인 사람으로 한정하고, 구조피해자의 수입으로 생계를 유지하고 있는 구조피해자의 부모, 조부모는 각각 60세 이상인 사람으로 한정한다.
2. 「장애인복지법」 제32조에 따라 장애인으로 등록된 사람은 제1호의 연령 제한을 받지 않는다.

제3절 범죄피해자지원법인제도

Ⅰ. 범죄피해자지원센터

1. 의의

범죄피해자지원센터란 범죄피해자를 보호하기 위하여 구성된 단체로 범죄피해자 보호법에 따라 일정한 자산 및 인적 구성 등 요건을 갖추고 법무부장관에게 등록된 사단법인을 말한다. 국가 또는 지방자치단체는 등록한 범죄피해자 지원법인의 건전한 육성과 발전을 위하여 필요한 경우에는 예산의 범위에서 등록법인에 보조금을 교부할 수 있다. 보조금은 범죄피해자 보호·지원 또는 보호시설 운영을 위한 용도로만 사용할 수 있다.

2. 범죄피해자지원센터의 현황 및 감독

① 현황

법무부에 등재된 범죄피해자지원센터는 전국에 59개가 있다. 전국의 지방검찰청 또는 지청 소재지에 위치한다.[13]

② 감독

법무부장관은 등록법인 또는 위탁기관에 대하여 그 업무·회계 및 재산에 관한 사항을 보고하게 하거나 자료의 제출이나 필요한 명령을 할 수 있고, 그 운영 실태를 조사할 수 있다.

법무부장관은 등록법인이 다음에 해당하는 경우 이를 시정, 해당 임원의 직무정지, 징계등을 요구할 수 있으며, 해당 법인의 등록을 취소하거나 보호시설의 운영 위탁을 취소할 수 있다. 등록법인의 등록을 취소할 경우 청문을 하여야 한다.

1. 법무부장관이 요구하는 보고서 또는 자료를 거짓으로 작성하거나 그 보고 또는 제출을 거부한 경우

13 법무부, 2022－2026년 범죄피해자보호지원시행계획, 2023, 23.

2. 검사를 거부, 방해 또는 기피한 경우
3. 법무부장관의 시정명령, 직무정지 또는 징계요구에 대한 이행을 게을리한 경우

3. 범죄피해자지원센터의 의무

① 재판 등에 대한 영향력행사 금지

범죄피해자 보호·지원 업무에 종사하는 자는 형사절차에서 가해자에 대한 처벌을 요구하거나 소송관계인에게 위력을 가하는 등 수사, 변호 또는 재판에 부당한 영향을 미치기 위한 행위를 하여서는 아니 된다.

② 비밀누설 금지

범죄피해자 보호·지원 업무에 종사하고 있거나 종사하였던 자는 그 업무를 수행하는 과정에서 알게 된 타인의 사생활에 관한 비밀을 누설하여서는 아니 되며, 범죄피해자를 보호하고 지원하는 목적으로만 그 비밀을 사용하여야 한다.

③ 수수료 등의 금품수수 금지

범죄피해자 보호·지원 업무에 종사하고 있거나 종사하였던 자는 범죄피해자를 보호·지원한다는 이유로 수수료 등의 명목으로 금품을 요구하거나 받아서는 아니 된다. 다만, 다른 법률에 규정이 있는 경우에는 그러하지 아니하다.

4. 범죄피해자지원센터의 사업

범죄피해자지원센터는 피해자 긴급구호, 경제적 지원(생계비, 치료비, 간병비 등), 취업지원, 수사기관 및 법정 동행 등의 활동을 한다.

경제적 지원은 법무부가 지원한 기금을 바탕으로 법무부가 정한 기준에 따른다. 다만 센터가 보유한 기부금을 좀 더 활용할 수 있다.

5. 경찰권의 개입 청구

범죄피해자지원법인의 장 또는 보호시설의 장은 피해자나 피해자의 가족구성원을 긴급히 구조할 필요가 있을 때에는 경찰관서(지구대·파출소 및 출장소를 포함)의 장에게 그 소속 직원의 동행을 요청할 수 있으며, 요청을 받은 경찰관서

의 장은 특별한 사유가 없으면 이에 따라야 한다.

II. 스마일센터

1. 의의

법무부는 범죄피해 트라우마 통합지원기관인 스마일센터를 2010년 7월에 서울 송파구에 설치한 이후 2025년 현재 전국에 16개소를 민간위탁기관 형식으로 개설하였다.

스마일센터는 외상후스트레스장애(PTSD), 우울증, 불안장애 등 심리적 어려움을 겪는 피해자들과 그 가족들을 위하여 심리평가, 심리치료, 법률상담, 사회적 지원 연계 등의 서비스를 제공한다.

또한 범죄 발생 후 신변 보호가 필요하거나 본인의 집에서 생활하기 곤란한 피해자들에게 임시주거가 가능한 쉼터를 제공하고 있다.

2. 서비스 지원체계

스마일센터 서비스 진행 순서는 다음과 같다.

그림 9-3 서비스 진행 순서

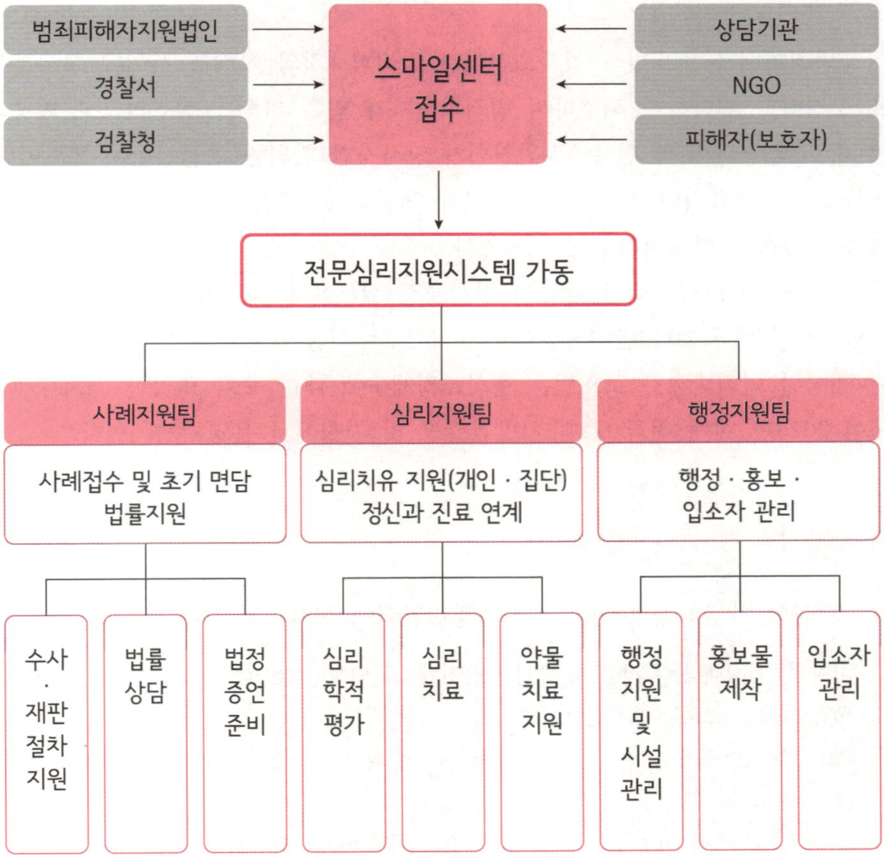

자료: 법무부, 스마일센터, http://www.moj.go.kr/cvs/2723/subview.do/

제4절 형사조정제도

Ⅰ. 형사조정의 의의

범죄피해자 보호법상 형사조정이란 범죄피해자와 가해자 사이에 형사분쟁을 공정하고 원만하게 해결하여 범죄피해자가 입은 피해를 실질적으로 회복하는 데 도움이 되도록 형사조정위원회가 당사자간 합의를 이끌어내는 제도이다. 형사조정은 대표적인 지역사회 범죄문제 해결의 한 방법이며, 회복적 정의의 이념을 실현하는 방법이라고 할 수 있다.[14]

형사조정제도는 대검 예규인 형사조정 실무운용 지침에 따라 2006년 4월 시범실시된 이후 2007년 8월부터는 전국 모든 검찰청에서 시행 중이며,[15] 2010년 개정된 범죄피해자 보호법은 형사조정제도에 대한 보다 명확한 근거규정을 두어 2025년 현재 전국 60개 지방검찰청 및 지청에서 운영 중에 있다.

Ⅱ. 형사조정 대상과 제외

다음에 해당하는 사건은 형사조정위원회에 형사조정 회부할 수 있다.

1. 차용금, 공사대금, 투자금 등 개인간 금전거래로 인하여 발생한 분쟁으로써 사기, 횡령, 배임 등으로 고소된 재산범죄 사건
2. 개인간의 명예훼손·모욕, 경계침범, 지식재산권 침해, 의료분쟁, 임금체불 등 사적 분쟁에 대한 고소사건
3. 기타 형사조정에 회부하는 것이 분쟁해결에 적합하다고 판단되는 고소사건
4. 고소사건 이외의 일반 형사사건으로서 제1호 내지 제3호에 준하는 사건

위의 대상사건이라 하더라도 다음에 해당하는 사유가 있을 때에는 형사조정에 회부하여서는 아니된다.

14 범죄피해자보호법 제41조－제46조.

15 형사조정 실무운용 지침 제1조, [시행 2021. 10. 18.] [대검찰청예규 제1245호, 2021. 10. 18., 일부개정].

1. 피의자가 도주나 증거인멸의 염려가 있는 경우
2. 공소시효 완성이 임박한 경우
3. 고소장 및 증거관계 등에 의하여 각하, 혐의없음, 공소권없음, 죄가안됨 사유에 해당함이 명백한 경우

표 9-2 형사조정

연도 \ 구분	의뢰건수	성립건수	성립률(%)
2017	118,113	59,424	58.4
2018	117,014	57,061	57.5
2019	118,311	56,946	56.7
2020	77,514	34,296	51.6
2021	60,217	28,550	56.9
2022	70,878	36,719	51.8
2023	69,528	36,935	53.1

자료: 법무연수원, 2024 범죄백서, 2025, 207.

III. 형사조정위원회

형사조정을 담당하기 위하여 각급 지방검찰청 및 지청에 형사조정위원회를 둔다. 형사조정위원회는 2명 이상의 형사조정위원으로 구성한다.[16]

1. 위원회 구성

형사조정을 위하여 관할 지방검찰청(지청)에 형사조정위원회를 둔다. 형사조정위원회는 2명 이상의 형사조정위원으로 구성한다.

2. 위원의 위촉

형사조정위원은 형사조정에 필요한 조정능력 및 법적지식 등의 전문성과 학식·덕망을 갖춘 사람으로서 관할 지방검찰청(지청)의 장이 미리 위촉하는 사람으로 한다. 이 경우 그 임기는 2년으로 하되, 연임할 수 있다.

16 형사조정 실무운용 지침 제1조.

형사조정위원회의 위원장은 관할 지방검찰청(지청)의 장이 형사조정위원 중에서 위촉한다. 이 경우 그 임기는 2년으로 하되, 연임할 수 있으며, 다음의 경우는 위원이 될 수 없다.

1. 「국가공무원법」 제33조상 국가공무원임용 결격 사유에 해당하는 사람
2. 비리를 저지르거나 사회적 물의를 야기한 사람
3. 형사조정위원 재위촉 대상자의 경우 형사조정 업무실적이 저조한 사람

3. 위원의 제척 및 기피

형사조정위원이 해당 형사사건에서 다음에 해당하는 경우 해당 형사조정 업무에서 제척된다.

1. 형사조정위원 또는 그 배우자나 배우자이었던 사람이 당사자인 때
2. 형사조정위원이 당사자와 친족의 관계에 있거나 있었던 때
3. 형사조정위원이 당사자의 대리인이었거나 대리인으로 된 때
4. 형사조정위원이 해당 형사사건에 관하여 참고인진술·증언 또는 감정을 하였을 때

당사자, 그 법정대리인 또는 보호자는 형사조정위원이 제척에 해당하거나 불공정한 형사조정을 할 염려가 있는 때에는 관할 지방검찰청(지청)의 장에게 형사조정위원 기피신청서를 제출함으로써 해당 형사조정위원의 기피를 신청할 수 있다. 이 경우 해당 형사조정위원은 관할 지방검찰청(지청)의 장의 허가를 받아 이를 회피할 수 있다.

관할 지방검찰청(지청)의 장은 기피신청이 이유 있다고 인정하는 때에는 인용결정을 하여야 하며, 기피신청이 절차에 위배되거나 형사조정의 지연을 목적으로 하는 것임이 분명하다고 인정되는 때에는 결정으로 기각한다. 이 경우 기피신청이 인용되는 때에는 해당 형사조정위원은 해당 형사조정절차에 관여하지 못한다.

4. 당사자의 동의 및 이해관계인의 참여

형사조정위원회는 조정사건에 대해 당사자 모두의 동의가 있음을 확인한

후 형사조정을 진행하여야 한다. 당사자가 미성년자나 금치산자 또는 한정치산자인 경우에는 그 법정대리인의 동의가 있어야 한다.[17]

형사조정의 결과에 관하여 이해관계가 있는 자는 조정장의 허가를 받아 형사조정에 참가할 수 있으며, 조정장은 필요하다고 인정하면 형사조정위원회를 통한 신청 또는 직권으로 조정의 결과에 관하여 이해관계가 있는 자를 형사조정에 참여하게 할 수 있다.

5. 형사조정위원의 금지행위

형사조정위원이거나 형사조정위원이었던 자는 다음의 행위를 하여서는 아니된다.[18]

1. 형사절차에서 피고소인에 대한 처벌을 요구하거나 소송관계인에게 위력을 가하는 등 수사·변호·재판에 부당한 영향을 미치기 위한 행위
2. 형사조정 업무를 수행하는 과정에서 알게 된 타인의 사생활에 관한 비밀을 누설하거나 형사조정 외의 목적으로 그 비밀을 사용하는 행위
3. 형사조정을 이유로 법령에서 정한 경우 외에 사례비, 수수료 등 명목 여하를 불문하고 당사자 등 관계인에게 금품을 요구하거나 그들로부터 금품을 받는 행위

6. 형사조정기간 및 절차

① 기간

형사조정기간은 형사조정위원회에 형사조정 회부된 날부터 3개월 이내로 한다. 다만, 형사조정에 의한 합의사항 이행 등 범죄피해 회복을 위해 형사조정기간 연장이 필요하다고 인정되는 경우, 형사조정위원회는 당사자의 동의를 얻어 최대 2개월 이내의 범위에서 검사에게 형사조정기간 연장 요청을 할 수 있다.

이 경우 검사는 형사조정에 의한 합의사항 이행 등 범죄피해 회복을 위해 형사조정기간을 연장할 필요가 있다고 인정되는 경우에는 1회 1개월 이내의 범위에서 2회에 한하여 형사조정기간을 연장할 수 있다.

17 형사조정 실무운용 지침 제6조.

18 형사조정 실무운용 지침 제24조.

② 조정중단

형사조정위원회는 조정 과정에서 증거위조, 허위진술 등의 사유로 명백히 혐의가 없는 것으로 인정되는 경우 담당검사와 협의하여 조정을 중단하고 담당검사에게 회송하여야 한다.[19]

③ 불성립

형사조정위원회는 당사자 사이에 합의가 성립되지 아니하는 경우 또는 성립된 합의내용이 위법하거나 선량한 풍속 기타 사회질서에 위반된다고 인정되는 경우에는 조정 불성립 결정을 하고 담당검사에게 해당 사건을 회송하여야 한다.

④ 결과회송

형사조정위원회는 형사조정절차가 끝나면 해당 형사사건을 형사조정에 회부한 검사에게 그 결과를 보내야 한다.

7. 형사조정 후 사건의 처리

① 조정이 성립된 경우

검사는 형사조정 절차에서 형사조정이 성립되어 고소가 취소되거나 합의서가 작성된 사건 중 친고죄나 반의사불벌죄에 해당하여 공소권없음 처분 대상 사건인 아닌 경우 각하 처분한다. 다만, 관련자료 등을 검토한 결과 범죄혐의가 있다고 사료되는 때에는 통상의 수사절차에 따라 수사를 진행하되 처벌 시 감경할 수 있다.[20]

② 조정이 불성립된 경우

형사조정이 성립되지 아니한 사건에 대하여는 통상의 수사절차에 따라 수사할 수 있다. 다만, 관련자료 등을 검토한 결과 각하, 혐의없음, 죄가안됨 또는 공소권없음이 명백하거나 피고소인의 소재불명이 확인된 경우에는 즉시 불기소 또는 기소중지 처분할 수 있다. 검사는 형사조정이 성립되지 아니하였다는 사정

19 형사조정 실무운용 지침 제9조.

20 형사조정 실무운용 지침 제22조 제1항.

을 피고소인에게 불리하게 고려하여서는 아니된다.[21]

③ 재고소 또는 항고사건의 처리

형사조정이 성립되어 각하 처분된 사건에 대하여 재고소 또는 항고가 있는 때에는 검찰사건사무규칙에 따라 처리하여야 한다. 다만, 고소사건 접수 즉시 조정의뢰 되거나 조정성립 이후 별도의 수사절차 없이 합의 성립을 이유로 처분된 사건 중 고소인의 주장과 기타 자료 등을 검토하여 혐의유무를 규명함이 상당하다고 판단되는 사건은 재수사 또는 재기수사 할 수 있다. 이러한 사건에 대하여는 형사조정을 다시 의뢰할 수 없다.[22]

---

21 형사조정 실무운용 지침 제22조 제2항.

22 형사조정 실무운용 지침 제23조.

별지 제1호

형사조정신청서

<table>
<tr><td></td><td></td></tr>
<tr><td>사건번호</td><td></td></tr>
<tr><td>피해자(고 소 인)</td><td></td></tr>
<tr><td>피의자(피고소인)</td><td></td></tr>
<tr><td>죄 명</td><td></td></tr>
<tr><td>형사조정을 희망하는 사유</td><td>※ 고소인이 형사조정을 희망하는 특별한 사유가 있는 경우 기재</td></tr>
<tr><td rowspan="3">관련자료 열람, 사본 교(송)부 동의 여부</td><td>피해자(고소인)
열 람 (□ 동의, □ 부동의)
사본교부 (□ 동의, □ 부동의)</td></tr>
<tr><td>피의자(피고소인)
열 람 (□ 동의, □ 부동의)
사본교부 (□ 동의, □ 부동의)</td></tr>
<tr><td>※ 해당란 체크, 사본교부에 동의하면 사본을 송부하는 것에도 동의한 것으로 봅니다.</td></tr>
<tr><td rowspan="3">관련자료 열람, 사본 교(송)부 등의 범위</td><td>피해자(고소인)
□ 자료 일체
□ 고소장, □ 쟁점진술서, □ 답변서
□ 기타( )</td></tr>
<tr><td>피의자(피고소인)
□ 자료 일체
□ 고소장, □ 쟁점진술서, □ 답변서
□ 기타( )</td></tr>
<tr><td>※ 기타 란에는 열람, 사본 교(송)부에 동의하는 그 외의 자료들을 구체적으로 명기하여 주시기 바랍니다.</td></tr>
<tr><td>관련자료 열람 등 부동의 사유</td><td></td></tr>
<tr><td colspan="2">피해자(고소인), 피의자(피고소인)는 위 사건의 형사조정절차 회부를 신청합니다.
년 월 일
피해자(고 소 인) (인)
피의자(피고소인) (인)
OO지방검찰청 검사장(OO지방검찰청 △△지청장) 귀하</td></tr>
</table>

별지 제4호

형사조정회부서

<table>
<tr><td>사건번호</td><td></td></tr>
<tr><td>피의자
(피고소인)</td><td>□ 신청 □ 직권</td></tr>
<tr><td>피해자
(고 소 인)</td><td>□ 신청 □ 직권</td></tr>
<tr><td>죄 명</td><td></td></tr>
<tr><td>사건 개요</td><td></td></tr>
<tr><td>형사조정
회부기간</td><td>년 월 일 ~ 년 월 일까지 (2개월)</td></tr>
<tr><td colspan="2">위 사건에 대하여 형사조정에 회부하오니 형사조정 실시 후 그 결과를 통보하여 주시기 바랍니다.
년 월 일
○○지방검찰청 검사 (인)
OO검찰청(OO검찰청 △△지청) 형사조정위원회 위원장 귀하</td></tr>
</table>

※ 첨부: 위 사건 의견서 또는 고소장 사본 1부(고소장 접수 후 수사 착수 전 형사조정에 회부된 사건은 고소장 첨부)

별지 제9호

형사조정 결정문						
구 분		내 용				
형사조정위원회 관리번호 (검찰 사건번호 및 사건명)		형사조정 제 호 (20 형제 호, 00000법위반)				
피 의 자						
피해자 · 고소인						
담당 형사조정위원		1. 2. 3.				
조정기간		접수일 . . .	종료일 . . .		조정횟수	회
조정결과	유형	피해자 (고소인)[23]	사유(해당사유에 표시)		비고	
	성립		□ 별첨 (합의서, 고소취소장)와(과) 같은 내용으로 조정성립		□ 합의서 첨부 □ 고소 취소장 첨부	
	조건부 조정성립[24]		□ 별첨 (합의서, 고소취소장)와(과) 같은 내용으로 조건부 조정성립		□ 합의서 첨부 □ 고소 취소장 첨부 □ 공증 필	
	불성립[25]		□ 피해자(고소인)의 합의금 과다요구			
			□ 금전 이외 피해자의 무리한 요구			
			□ 피의자의 무자력			
			□ 피해자와 피의자의 감정다툼			
			□ 피의자의 사과, 화해의 노력 결여			
			□ 피해자가 사과 및 화해제의 거절			
			□ 기일불출석		(불출석자 기재)	
			□ 소환 불능		(소환 불능자 기재)	
			□ 조건부 조정의 고소취소조건 (합의조건) 일부 불이행			
			□ 조건부 조정의 고소취소조건 (합의조건) 전부 불이행			
			□ 기타		(사유 간략 기재)	
사건 관련 조정위원 의견						
위와 같은 내용으로 형사조정이 이루어졌음을 확인함 00지방 검찰청 형사조정위원회 조정장 (인) 위원 (인) 위원 (인) 00지방검찰청 검사 귀하						

23 피해자·고소인이 여러 명인 경우 해당 당사자의 번호 기재

24 조정결과 통보 시를 기준으로 고소취소나 합의 조건의 성취여부를 판단할 수 없는 경우는 조건부 조정으로 결과 기재

25 여러 사유에 해당하는 경우 복수 체크 가능

제10장 범죄피해자보호기금법상 범죄피해자의 권리

제1절 범죄피해자보호기금법의 이념 및 기금조성 등

Ⅰ. 이념

「범죄피해자보호기금법」은 범죄피해자를 보호·지원하는 데 필요한 자금을 조성하기 위하여 범죄피해자보호기금을 설치하고, 그 관리·운용에 관하여 필요한 사항을 규정하는 것을 목적으로 제정되었다.[1]

국가는 범죄피해자 보호·지원에 필요한 자금을 확보·공급하기 위하여 범죄피해자보호기금을 설치하였고, 이 기금은 법무부장관이 관리·운용한다.

Ⅱ. 기금의 조성

기금은 다음의 재원으로 조성한다.

1. 형사소송법상 부과된 벌금 수납액
2. 범죄피해자 보호법에 따라 대위하여 취득한 구상금
3. 정부 외의 자가 출연 또는 기부하는 현금, 물품, 그 밖의 재산
4. 기금의 운용으로 인하여 생기는 수익금

Ⅲ. 기금의 용도

기금은 다음에 해당하는 용도에 사용한다.[2]

1 범죄피해자보호기금법 제1조, [시행 2021. 12. 21.] [법률 제18585호, 2021. 12. 21., 타법개정].
2 범죄피해자보호기금법 제6조.

1. 범죄피해 구조금 지급
2. 범죄피해 보조금의 교부
3. 다른 법률에 따른 범죄피해자의 보호·지원에 관련된 사업이나 활동
4. 기금의 조성·관리 및 운영을 위한 경비의 지출
5. 그 밖에 범죄피해자의 보호·지원을 목적으로 하는 사업이나 활동

기금의 용도 중 다른 법률에 따른 범죄피해자의 보호·지원에 관련된 사업이나 활동은 다음을 의미한다.[3]

1. 「범죄피해자 보호법」 제7조에 따른 상담, 의료 제공, 취업 관련 지원, 주거지원 및 보호시설의 설치·운영
2. 「성폭력방지 및 피해자보호 등에 관한 법률」 제10조 및 제12조에 따른 성폭력피해상담소 및 성폭력피해자보호시설의 설치·운영
3. 「가정폭력방지 및 피해자보호 등에 관한 법률」 제5조 및 제7조에 따른 가정폭력 관련 상담소 및 가정폭력피해자 보호시설의 설치·운영
4. 「아동복지법」 제45조 및 제50조에 따른 아동보호전문기관 및 아동복지시설의 설치·운영
5. 「법률구조법」 제21조의2에 따른 범죄피해자 보호·지원
6. 「범죄피해자 보호법」 제9조 및 「특정범죄신고자 등 보호법」 제13조에 따른 범죄피해자의 신변 보호에 관련된 조치
7. 「범죄피해자 보호법」 제21조에 따른 손해배상청구권의 대위에 필요한 비용의 지급
8. 「범죄피해자 보호법」 제42조에 따른 형사조정위원의 수당 등의 지급

표 10-1 범죄피해자보호기금

(단위: 백만원)

구분	항목	2024	2025	2026	2027	2028
수입	ㅇ기타재산이자수입	417	728	834	893	660
	ㅇ변상금	1,797	1,708	1,808	1,693	1,771
	ㅇ기타경상이전수입	2,717	2,718	2,568	2,531	2,668
	ㅇ일반회계전입금	86,121	88,762	91,126	93,104	113,747
수입 합계		91,052	93,916	96,336	98,221	118,846
지출	ㅇ사업비	88,606	105,665	109,488	114,431	119,488

3 범죄피해자 보호법 시행령 제5조 [시행 2021. 1. 1.] [대통령령 제31116호, 2020. 10. 20., 일부개정].

	ㅇ기금관리비	48	48	48	48	48
	ㅇ기금간거래(예수원금 및 이자)	2,549	2,250	-	-	-
지출 합계		91,203	105,665	109,488	114,431	119,488
수입-지출 차이		△151	△11,749	△13,152	△16,210	△642

자료: 법무부, 범죄피해자보호기금 2024년 연간 자산운용계획, 2024. 3.

제2절 범죄피해자보호기금운용심의회

Ⅰ. 범죄피해자보호기금운용심의회의 설치

기금의 관리·운용에 관한 다음 사항을 심의하기 위하여 법무부에 범죄피해자보호기금운용심의회를 둔다.[4]

1. 기금의 관리 및 운용에 관한 주요 정책
2. 「국가재정법」 제66조에 따른 기금운용계획안의 수립
3. 「국가재정법」 제70조제2항에 따른 주요항목 지출금액의 변경
4. 「국가재정법」 제8조제3항에 따른 기금 성과보고서 및 같은 법 제73조에 따른 기금 결산보고서의 작성
5. 「국가재정법」 제79조에 따른 자산운용지침의 제정 및 개정
6. 기금의 관리·운용에 관한 중요 사항으로서 대통령령으로 정하는 사항과 그 밖에 심의회의 위원장이 필요하다고 인정하여 부의하는 사항

범죄피해자보호기금운용심의회 위원은 법무부, 보건복지부, 여성가족부, 기획재정부 등 범죄피해자 보호·지원을 위한 사업을 수행하는 부처의 공무원을 위촉한다. 다만, 위원장을 포함한 심의회 위원의 2분의 1 이상은 공무원이 아닌 자로 위촉하여야 한다.

4 범죄피해자보호기금법 제7조.

그림 10-1 범죄피해자보호기금 의사결정구조

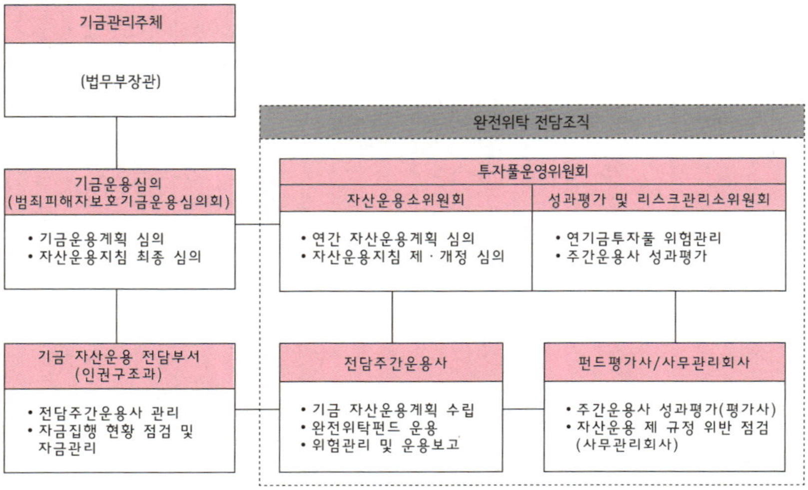

자료: 법무부, 범죄피해자보호기금 운용지침, 2024, 5.

Ⅱ. 기금계정의 관리

법무부장관은 기금의 수입과 지출을 명확히 하기 위하여 한국은행에 기금계정을 설치한다.

기금의 회계연도는 정부의 회계연도에 따른다. 기금은 기업회계의 원칙에 따라 회계처리한다.

기금의 결산상 이익금이 생긴 때에는 이를 전액 적립하여야 한다.

법무부장관은 거짓이나 그 밖의 부정한 방법으로 기금을 지원받거나 지원받은 기금을 다른 용도에 사용한 경우에는 지원한 기금의 전부 또는 일부를 반환하게 할 수 있다.

법무부장관은 기금을 지원받은 자에 대하여 그 업무 · 회계 및 재산에 관한 사항을 보고하게 하거나 자료의 제출을 요구할 수 있고, 장부 · 서류 등의 물건을 검사하게 할 수 있다.

거짓이나 그 밖의 부정한 방법으로 기금을 지원받은 자는 5년 이하의 징역 또는 2천만원 이하의 벌금에 처한다.

제 4 편

VICTIMOLOGY

범죄유형별 피해자 지원

VICTIMOLOGY

제11장 가정폭력범죄 피해자 지원

제1절 가정폭력범죄의 처벌 등에 관한 특례법상 피해자 지원

Ⅰ. 제정배경

「가정폭력범죄의 처벌 등에 관한 특례법」은 가정폭력범죄의 형사처벌 절차에 관한 특례를 정하고 가정폭력범죄를 범한 사람에 대하여 환경의 조정과 성행(性行)의 교정을 위한 보호처분을 함으로써 가정폭력범죄로 파괴된 가정의 평화와 안정을 회복하고 건강한 가정을 가꾸며 피해자와 가족구성원의 인권을 보호함을 목적으로 제정되었다.[1]

이 법은 법률 제5436호, 1997. 12. 13.로 최초로 제정되어 1998. 7. 1.부터 시행된 이후 지금까지 25차례의 개정을 거쳐 현행 2023. 6. 14.의 시행에 이른다.

가정폭력이란 가정구성원 사이의 신체적, 정신적 또는 재산상 피해를 수반하는 행위를 말한다. 가정구성원이란 다음에 해당하는 사람을 말한다.

1. 배우자(사실상 혼인관계에 있는 사람을 포함) 또는 배우자였던 사람
2. 자기 또는 배우자와 직계존비속관계(사실상의 양친자관계를 포함)에 있거나 있었던 사람
3. 계부모와 자녀의 관계 또는 적모(嫡母)와 서자(庶子)의 관계에 있거나 있었던 사람
4. 동거하는 친족

가정폭력행위자란 가정폭력범죄를 범한 사람 및 가정구성원인 공범을 말한다. 피해자란 가정폭력범죄로 인하여 직접적으로 피해를 입은 사람을 말한다.[2]

---

1 가정폭력범죄의 처벌 등에 관한 특례법 (약칭: 가정폭력처벌법), 제1조, [시행 2023. 6. 14.] [법률 제19068호, 2022. 12. 13., 일부개정].

2 가정폭력범죄의 처벌 등에 관한 특례법 제2조.

가정보호사건이란 가정폭력범죄로 인하여 이 법에 따른 보호처분의 대상이 되는 사건을 말한다. 보호처분이란 법원이 가정보호사건에 대하여 심리를 거쳐 가정폭력행위자에게 하는 처분을 말한다. 피해자보호명령사건이란 가정폭력범죄로 인하여 피해자보호명령의 대상이 되는 사건을 말한다.

아동이란 아동복지법상 아동으로 18세 미만을 말한다.

II. 가정폭력의 유형

가정폭력의 유형은 다음과 같다.[3]

표 11-1 가정폭력의 유형

구분	가정폭력범죄
상해와 폭행의 죄	-상해, 존속상해, 중상해, 존속중상해, 특수상해 -폭행, 존속폭행, 특수폭행 -상해와 폭행의 죄에 대한 상습범
유기와 학대의 죄	-유기, 존속유기, 영아유기 -학대, 존속학대, 아동혹사
체포와 감금의 죄	-체포, 감금, 존속체포, 존속감금, 중체포, 중감금, 존속중체포, 존속중감금, 특수체포, 특수감금 -체포와 감금의 죄에 대한 상습범, 미수범
협박의 죄	-협박, 존속협박, 특수협박형법 -협박의 죄에 대한 상습범, 미수범
강간과 추행의 죄	-강간 및 그 미수범·상습범, 유사강간 및 그 미수범·상습범 -강제추행 및 그 미수범·상습범 -준강간, 준강제추행 -강간 등 상해·치상, 강간 등 살인·치사 -미성년자 등에 대한 간음, 추행
명예에 관한 죄	-명예훼손, 사자의 명예훼손, 출판물 등에 의한 명예훼손 -모욕
주거침입의 죄	-주거침입, 퇴거불응, 특수주거침입, 주거·신체 수색 -주거침입의 죄의 미수범
권리행사를 방해하는 죄	-강요죄, 미수범
사기와 공갈의 죄	-공갈, 특수공갈 -공갈죄 및 특수공갈죄에 대한 미수범
손괴의 죄	-재물손괴 등, 특수손괴
카메라 등을 이용한 촬영죄	-카메라 등을 이용한 촬영죄 및 그 미수범
불법정보의 유통금지	-불법정보의 유통금지 등 위반죄
기타	-그 밖에 위의 죄로서 다른 법률에 따라 가중처벌 되는 죄

3 가정폭력범죄의 처벌 등에 관한 특례법 제2조 제3호.

Ⅲ. 가정폭력 피해자를 위한 특례

1. 친고죄 적용의 배제(고소에 관한 특례)

피해자 또는 그 법정대리인은 가정폭력행위자를 고소할 수 있다. 피해자의 법정대리인이 가정폭력행위자인 경우 또는 가정폭력행위자와 공동으로 가정폭력범죄를 범한 경우에는 피해자의 친족이 고소할 수 있다.[4]

피해자는 형사소송법상 친고죄 적용원칙에도 불구하고,[5] 가정폭력행위자가 자기 또는 배우자의 직계존속인 경우에도 고소할 수 있다. 법정대리인이 고소하는 경우에도 또한 같다.

피해자에게 고소할 법정대리인이나 친족이 없는 경우에 이해관계인이 신청하면 검사는 10일 이내에 고소할 수 있는 사람을 지정하여야 한다.

2. 공소시효의 정지와 효력

가정폭력범죄에 대한 공소시효는 해당 가정보호사건이 법원에 송치된 때부터 시효 진행이 정지된다. 공범 중 1명에 대한 시효정지는 다른 공범자에게도 효력을 미친다.[6]

3. 신고의무

① 누구든지

누구든지 가정폭력범죄를 알게 된 경우에는 수사기관에 신고할 수 있다.

② 즉시 신고의무자

다음에 해당하는 사람이 직무를 수행하면서 가정폭력범죄를 알게 된 경우에는 정당한 사유가 없으면 즉시 수사기관에 신고하여야 한다.[7]

---

4 가정폭력범죄의 처벌 등에 관한 특례법 제6조.

5 형사소송법 제224조

6 가정폭력범죄의 처벌 등에 관한 특례법 제17조.

7 가정폭력범죄의 처벌 등에 관한 특례법 제4조.

1. 아동의 교육과 보호를 담당하는 기관의 종사자와 그 기관장
2. 아동, 60세 이상의 노인, 그 밖에 정상적인 판단 능력이 결여된 사람의 치료 등을 담당하는 의료인 및 의료기관의 장
3. 「노인복지법」에 따른 노인복지시설, 「아동복지법」에 따른 아동복지시설, 「장애인복지법」에 따른 장애인복지시설의 종사자와 그 기관장
4. 「다문화가족지원법」에 따른 다문화가족지원센터의 전문인력과 그 장
5. 「결혼중개업의 관리에 관한 법률」에 따른 국제결혼중개업자와 그 종사자
6. 「소방기본법」에 따른 구조대·구급대의 대원
7. 「사회복지사업법」에 따른 사회복지 전담공무원
8. 「건강가정기본법」에 따른 건강가정지원센터의 종사자와 그 센터의 장

③ 피해자의 명시적 반대의견 없는 경우 신고의무자

아동상담소, 가정폭력 관련 상담소 및 보호시설, 성폭력피해상담소 및 보호시설에 근무하는 상담원과 그 기관장은 피해자 또는 피해자의 법정대리인 등과의 상담을 통하여 가정폭력범죄를 알게 된 경우에는 가정폭력피해자의 명시적인 반대의견이 없으면 즉시 신고하여야 한다.

4. 사건송치

사법경찰관은 가정폭력범죄를 신속히 수사하여 사건을 검사에게 송치하여야 한다. 이 경우 사법경찰관은 해당 사건을 가정보호사건으로 처리하는 것이 적절한지에 관한 의견을 제시할 수 있다.[8]

5. 비밀엄수 등의 의무

가정폭력범죄의 수사 또는 가정보호사건의 조사·심리 및 그 집행을 담당하거나 이에 관여하는 공무원, 보조인, 상담소 등에 근무하는 상담원과 그 기관장 및 그 직에 있었던 사람은 직무상 알게 된 비밀을 누설하여서는 아니 된다.[9]

가정보호사건에 대한 가정폭력행위자, 피해자, 고소인, 고발인 또는 신고인의 주소, 성명, 나이, 직업, 용모, 그 밖에 이들을 특정하여 파악할 수 있는 인적 사항

8 가정폭력범죄의 처벌 등에 관한 특례법 제7조.
9 가정폭력범죄의 처벌 등에 관한 특례법 제18조.

이나 사진 등을 신문 등 출판물에 싣거나 방송매체를 통하여 방송할 수 없다.

또한 가정폭력 피해자의 아동이나 피해자아동의 교육 또는 보육을 담당하는 학교의 교직원 또는 보육교직원은 정당한 사유가 없으면 해당 아동의 취학, 진학, 전학 또는 입소(그 변경을 포함)의 사실을 가정폭력행위자인 친권자를 포함하여 누구에게든지 누설하여서는 아니 된다.

그림 11-1 가정폭력사건의 처리 절차도

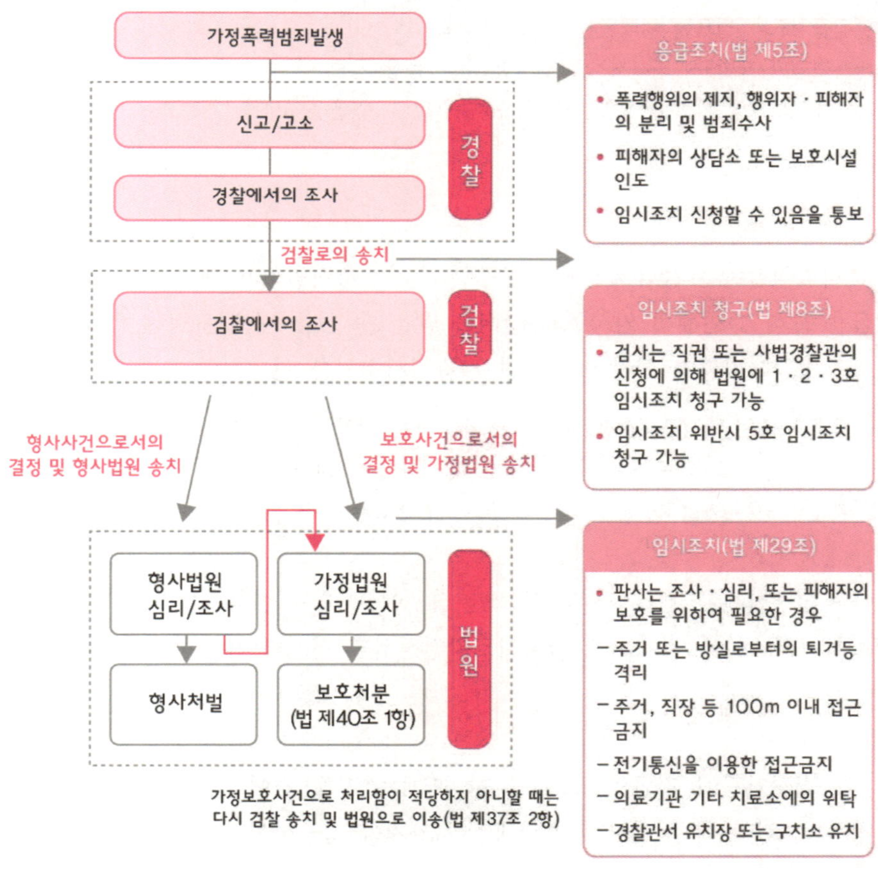

자료: 제주여성긴급전화센터, http://www.hotline1366.or.kr/default/woman/woman01.php

Ⅳ. 경찰의 처리

1. 응급조치

사법경찰관리는 진행 중인 가정폭력범죄에 대하여 신고를 받은 즉시 현장에 나가서 다음의 응급조치를 하여야 한다.[10]

1. 폭력행위의 제지, 가정폭력행위자·피해자의 분리
2. 현행범인의 체포 등 범죄수사
3. 피해자를 가정폭력 관련 상담소 또는 보호시설로 인도(피해자가 동의한 경우만 해당)
4. 긴급치료가 필요한 피해자를 의료기관으로 인도
5. 폭력행위 재발 시 임시조치를 신청할 수 있음을 통보
6. 피해자보호명령 또는 신변안전조치를 청구할 수 있음을 고지

2. 긴급임시조치

사법경찰관은 응급조치에도 불구하고 가정폭력범죄가 재발될 우려가 있고, 긴급을 요하여 법원의 임시조치 결정을 받을 수 없을 때에는 직권 또는 피해자나 그 법정대리인의 신청에 의하여 긴급임시조치를 할 수 있다.[11]

1. 피해자 또는 가정구성원의 주거 또는 점유하는 방실(房室)로부터의 퇴거 등 격리
2. 피해자 또는 가정구성원이나 그 주거·직장 등에서 100미터 이내의 접근 금지
3. 피해자 또는 가정구성원에 대한 전기통신을 이용한 접근 금지

사법경찰관은 긴급임시조치를 한 경우에는 즉시 범죄사실의 요지, 긴급임시조치 사유 등을 기재한 긴급임시조치결정서를 작성하여야 한다.

3. 검사에 대한 임시조치의 청구

사법경찰관이 긴급임시조치를 한 때에는 지체 없이 검사에게 임시조치를 신청하고, 신청 받은 검사는 법원에 임시조치를 청구하여야 한다. 이 경우 임시

10 가정폭력범죄의 처벌 등에 관한 특례법 제5조.

11 가정폭력범죄의 처벌 등에 관한 특례법 제8조2.

조치의 청구는 긴급임시조치를 한 때부터 48시간 이내에 청구해야 하며, 이때 긴급임시조치결정서를 첨부하여야 한다.[12]

임시조치를 청구하지 아니하거나 법원이 임시조치의 결정을 하지 아니한 때에는 즉시 긴급임시조치를 취소하여야 한다.

V. 검사의 처리

1. 임시조치 청구

검사는 가정폭력범죄가 재발될 우려가 있다고 인정하는 경우에는 직권으로 또는 사법경찰관의 신청에 의하여 법원에 다음의 임시조치를 청구할 수 있다.[13]

1. 피해자 또는 가정구성원의 주거 또는 점유하는 방실(房室)로부터의 퇴거 등 격리
2. 피해자 또는 가정구성원의 주거, 직장 등에서 100미터 이내의 접근 금지
3. 피해자 또는 가정구성원에 대한 전기통신을 이용한 접근 금지

검사는 가정폭력행위자가 위의 청구에 의하여 결정된 임시조치를 위반하여 가정폭력범죄가 재발될 우려가 있다고 인정하는 경우에는 직권으로 또는 사법경찰관의 신청에 의하여 법원에 다음의 임시조치를 청구할 수 있다.

1. 국가경찰관서의 유치장 또는 구치소에의 유치

피해자 또는 그 법정대리인은 검사 또는 사법경찰관에게 임시조치의 청구 또는 그 신청을 요청하거나 이에 관하여 의견을 진술할 수 있다. 이 요청을 받은 사법경찰관은 임시조치를 신청하지 아니하는 경우에는 검사에게 그 사유를 보고하여야 한다.

2. 가정보호사건으로의 처리

검사는 가정폭력범죄로서 사건의 성질·동기 및 결과, 가정폭력행위자의 성

12 가정폭력범죄의 처벌 등에 관한 특례법 제8조3.

13 가정폭력범죄의 처벌 등에 관한 특례법 제8조, 제29조 제1항.

행 등을 고려하여 보호처분을 하는 것이 적절하다고 인정하는 경우에는 가정보호사건으로 처리할 수 있다. 이 경우 검사는 피해자의 의사를 존중하여야 한다.

다음의 경우에는 가정보호사건으로 처리할 수 있다.[14]

1. 피해자의 고소가 있어야 공소를 제기할 수 있는 가정폭력범죄에서 고소가 없거나 취소된 경우
2. 피해자의 명시적인 의사에 반하여 공소를 제기할 수 없는 가정폭력범죄에서 피해자가 처벌을 희망하지 아니한다는 명시적 의사표시를 하였거나 처벌을 희망하는 의사표시를 철회한 경우

검사는 가정보호사건을 관할 가정법원 또는 지방법원(법원)에 송치하며, 가정폭력범죄와 그 외의 범죄가 경합(競合)하는 경우에는 가정폭력범죄 사건만을 분리하여 관할 법원에 송치할 수 있다.[15]

3. 상담조건부 기소유예

검사는 가정폭력사건을 수사한 결과 가정폭력행위자의 성행 교정을 위하여 필요하다고 인정하는 경우에는 상담조건부 기소유예를 할 수 있다.[16]

VI. 법원의 처리

1. 가정보호사건으로의 처리

① 관할

가정보호사건의 관할은 가정폭력행위자의 행위지, 거주지 또는 현재지를 관할하는 가정법원으로 한다. 다만, 가정법원이 설치되지 아니한 지역에서는 해당 지역의 지방법원(지원)으로 한다. 가정보호사건의 심리와 결정은 단독판사가 한다.

법원은 가정폭력행위자에 대한 피고사건을 심리한 결과 가정폭력특별법상

14 가정폭력범죄의 처벌 등에 관한 특례법 제9조－제10조.

15 가정폭력범죄의 처벌 등에 관한 특례법 제11조.

16 가정폭력범죄의 처벌 등에 관한 특례법 제9조의2.

보호처분을 하는 것이 적절하다고 인정하는 경우에는 사건을 가정보호사건의 관할 법원에 송치할 수 있다. 이 경우 법원은 피해자의 의사를 존중하여야 한다.

가정보호사건은 다른 쟁송보다 우선하여 신속히 처리하여야 한다. 이 경우 처분의 결정은 특별한 사유가 없으면 송치받은 날부터 3개월 이내에, 이송받은 경우에는 이송받은 날부터 3개월 이내에 하여야 한다.

② 보조인 허가

가정폭력피해자는 자신의 가정보호사건에 대하여 보조인을 선임(選任)할 수 있다. 변호사, 가정폭력행위자의 법정대리인 · 배우자 · 직계친족 · 형제자매, 상담소등의 상담원과 그 기관장은 보조인이 될 수 있다. 다만, 변호사가 아닌 사람을 보조인으로 선임하려면 법원의 허가를 받아야 한다.[17]

법원은 가정폭력행위자가 형사소송법상 국선변호인 선임대상자에 해당하는 경우[18]에는 직권으로 변호사를 가정폭력행위자의 보조인으로 선임할 수 있다. 선임된 보조인에게 지급하는 비용은 국가가 부담한다.[19]

③ 임시조치

판사는 가정보호사건의 원활한 조사 · 심리 또는 피해자 보호를 위하여 필요하다고 인정하는 경우에는 결정으로 가정폭력행위자에게 다음의 임시조치를 할 수 있다. 동행영장에 의한 동행시, 검찰이나 법원에 의하여 인도된 행위자에는 당사자가 법원에 인치된 때부터 24시간 이내에 임시조치 여부를 결정하여야 한다.[20]

---

17 가정폭력범죄의 처벌 등에 관한 특례법 제28조.

18 형사소송법 제33조(국선변호인) ① 다음 각 호의 어느 하나에 해당하는 경우에 변호인이 없는 때에는 법원은 직권으로 변호인을 선정하여야 한다.
1. 피고인이 구속된 때
2. 피고인이 미성년자인 때
3. 피고인이 70세 이상인 때
4. 피고인이 농아자인 때
5. 피고인이 심신장애의 의심이 있는 때
6. 피고인이 사형, 무기 또는 단기 3년 이상의 징역이나 금고에 해당하는 사건으로 기소된 때

19 형사소송비용 등에 관한 법률은 형사소송비용의 범위와 법원의 형사절차에서 증인 · 감정인 · 통역인 · 번역인 또는 국선변호인에게 지급하는 비용의 지급기준 등에 관하여 필요한 사항을 규정하고 있다(제1조).

20 가정폭력범죄의 처벌 등에 관한 특례법 제29조.

가정폭력행위자, 그 법정대리인이나 보조인은 임시조치 결정의 취소 또는 그 종류의 변경을 신청할 수 있다.

1. 피해자 또는 가정구성원의 주거 또는 점유하는 방실(房室)로부터의 퇴거 등 격리: 2개월 한
2. 피해자 또는 가정구성원의 주거, 직장 등에서 100미터 이내의 접근 금지: 2개월 한
3. 피해자 또는 가정구성원에 대한 전화, 이메일, sns 금지: 2개월 한
   *이상 각 2회 연장 가능, 불복시 500만원 이하 과태료
4. 의료기관이나 그 밖의 요양소에의 위탁: 1개월 한
5. 국가경찰관서의 유치장 또는 구치소에의 유치: 1개월 한
6. 상담소 등에의 상담위탁: 1개월 한
   *이상 각 1회 연장 가능

상담을 한 상담소등의 장은 그 결과보고서를 판사와 검사에게 제출하여야 한다.

판사는 임시조치의 결정을 한 경우에는 가정보호사건조사관, 법원공무원, 사법경찰관리 또는 구치소 소속 교정직공무원으로 하여금 집행하게 할 수 있다.[21]

임시조치 결정을 집행하는 사람은 가정폭력행위자에게 임시조치의 내용, 불복방법 등을 고지하여야 한다.

피해자 또는 가정구성원은 임시조치 후 주거나 직장 등을 옮긴 경우에는 관할 법원에 임시조치 결정의 변경을 신청할 수 있다.

정당한 사유 없이 제1호부터 제3호의 임시조치를 이행하지 아니한 가정폭력행위자는 1년 이하의 징역 또는 1천만원 이하의 벌금 또는 구류에 처한다.

상습적으로 임시조치를 위반하는 가정폭력행위자는 3년 이하의 징역이나 3천만원 이하의 벌금에 처한다.

④ 심리의 비공개

판사는 가정보호사건을 심리할 때 사생활 보호나 가정의 평화와 안정을 위하여 필요하거나 선량한 풍속을 해칠 우려가 있다고 인정하는 경우 결정으로 심리를 공개하지 아니할 수 있다.[22]

21 가정폭력범죄의 처벌 등에 관한 특례법 제29조, 제29조의2.

22 가정폭력범죄의 처벌 등에 관한 특례법 제32조.

증인으로 소환된 피해자 또는 가정구성원은 판사에게 증인신문(證人訊問)의 비공개를 신청할 수 있다.

2. 보호처분 여부의 결정

① 보호처분의 결정

판사는 심리의 결과 필요하다고 인정하는 경우에는 결정으로 다음에 해당하는 보호처분을 할 수 있다. 각 처분은 병과(倂科)할 수 있다.[23]

친권행사의 제한 처분을 하는 경우에는 피해자를 다른 친권자나 친족 또는 적당한 시설로 인도할 수 있다.

사회봉사·수강명령의 시간은 200시간을 각각 초과할 수 없으며, 나머지는 6개월을 초과할 수 없다. 제1호부터 제3호를 위반시 2년 이하의 징역 또는 2천만원 이하의 벌금 또는 구류(拘留)에 처한다. 제4호부터 제8호 위반시 500만원 이하 과태료에 처한다.

1. 가정폭력행위자가 피해자 또는 가정구성원에게 접근하는 행위의 제한
2. 가정폭력행위자가 피해자 또는 가정구성원에게 「전기통신기본법」 제2조제1호의 전기통신을 이용하여 접근하는 행위의 제한
3. 가정폭력행위자가 친권자인 경우 피해자에 대한 친권 행사의 제한
4. 「보호관찰 등에 관한 법률」에 따른 사회봉사·수강명령
5. 「보호관찰 등에 관한 법률」에 따른 보호관찰
6. 「가정폭력방지 및 피해자보호 등에 관한 법률」에서 정하는 보호시설에의 감호위탁
7. 의료기관에의 치료위탁
8. 상담소등에의 상담위탁

23 가정폭력범죄의 처벌 등에 관한 특례법 제40조 – 제48조.

표 11-2 유형별 보호처분

구분 연도	합계	보호처분										불처분	기타 (타법)
		계	단순처분								병과 처분		
			1호	2호	3호	4호	5호	6호	7호	8호			
2019	23,139 (100)	13,360 (57.7)	58 (0.2)	3 (0.0)	-	3,056 (13.2)	1,843 (8.0)	-	103 (0.4)	5,751 (24.9)	2,546 (11.0)	9,578 (41.4)	201 (0.9)
2020	19,715 (100)	11,355 (57.6)	39 (0.2)	1 (0.0)	-	2,890 (14.7)	1,610 (8.2)	-	168 (0.9)	4,719 (23.9)	1,928 (9.7)	8,128 (41.2)	232 (1.2)
2021	19,321 (100)	10,483 (54.3)	31 (0.2)	2 (0.0)	-	2,208 (11.4)	1,357 (7.0)	-	116 (0.6)	4,803 (24.9)	1,966 (10.2)	8,603 (44.5)	235 (1.2)
2022	25,074 (100)	13,043 (52.1)	71 (0.3)	-	-	2,751 (11.0)	1,876 (7.5)	-	97 (0.4)	5,736 (22.9)	2,512 (10.0)	11,756 (46.9)	275 (1.0)
2023	22,781 (100)	13,074 (57.4)	39 (0.2)	1 (0.0)	-	2,628 (11.5)	1,660 (7.3)	1 (0.0)	164 (0.7)	6,376 (28.0)	2,205 (9.7)	9,454 (41.5)	253 (1.1)

자료: 법무연수원, 2024 범죄백서, 2025, 332.

② 보호처분의 변경

법원은 보호처분이 진행되는 동안 직권으로 또는 검사, 보호관찰관 또는 수탁기관의 장의 청구에 의하여 결정으로 한 차례만 보호처분의 종류와 기간을 변경할 수 있다.

보호처분의 종류와 기간을 변경하는 경우 종전의 처분기간을 합산하여 사회봉사·수강명령의 시간은 400시간을, 그리고 나머지는 1년을 초과할 수 없다.

③ 보호처분의 취소

법원은 보호처분을 받은 가정폭력행위자가 보호처분 결정[24]을 이행하지 아니하거나 그 집행에 따르지 아니하면 직권으로 또는 검사, 피해자, 보호관찰관 또는 수탁기관의 장의 청구에 의하여 결정으로 그 보호처분을 취소하고 다음의 구분에 따라 처리하여야 한다.

24 4. 「보호관찰 등에 관한 법률」에 따른 사회봉사·수강명령
5. 「보호관찰 등에 관한 법률」에 따른 보호관찰
6. 「가정폭력방지 및 피해자보호 등에 관한 법률」에서 정하는 보호시설에의 감호위탁
7. 의료기관에의 치료위탁
8. 상담소 등에의 상담위탁

- 검사가 송치한 사건인 경우에는 관할 법원에 대응하는 검찰청의 검사에게 송치
- 법원이 송치한 사건인 경우에는 송치한 법원에 이송

④ 보호처분의 종료

법원은 가정폭력행위자의 성행이 교정되어 정상적인 가정생활이 유지될 수 있다고 판단되거나 그 밖에 보호처분을 계속할 필요가 없다고 인정하는 경우에는 직권으로 또는 검사, 피해자, 보호관찰관 또는 수탁기관의 장의 청구에 의하여 결정으로 보호처분의 전부 또는 일부를 종료할 수 있다.

⑤ 비용의 부담

사회봉사·수강명령이나 위탁 결정 또는 의료기관에의 치료위탁, 상담소 등에의 상담위탁 등을 받은 가정폭력행위자는 위탁 또는 보호처분에 필요한 비용을 부담한다. 다만, 가정폭력행위자가 지급할 능력이 없는 경우에는 국가가 부담할 수 있다. 판사는 가정폭력행위자에게 이 비용의 예납(豫納)을 명할 수 있다.

3. 피해자보호명령

① 관할

피해자보호명령사건의 관할은 가정폭력행위자의 행위지·거주지 또는 현재지 및 피해자의 거주지 또는 현재지를 관할하는 가정법원으로 한다.

② 피해자보호명령 등

판사는 피해자의 보호를 위하여 필요하다고 인정하는 때에는 피해자 또는 그 법정대리인의 청구에 따라 결정으로 가정폭력행위자에게 다음의 피해자보호명령을 할 수 있다. 피해자보호명령은 병과할 수 있다. 이를 위반시 2년 이하의 징역 또는 2천만원 이하의 벌금 또는 구류(拘留)에 처한다.[25]

1. 피해자 또는 가정구성원의 주거 또는 점유하는 방실로부터의 퇴거 등 격리
2. 피해자 또는 가정구성원의 주거, 직장 등에서 100미터 이내의 접근금지

25 가정폭력범죄의 처벌 등에 관한 특례법 第55조－第55조의6.

3. 피해자 또는 가정구성원에 대한 「전기통신사업법」 제2조 제1호의 전기통신을 이용한 접근금지
4. 친권자인 가정폭력행위자의 피해자에 대한 친권행사의 제한
5. 가정폭력행위자의 피해자에 대한 면접교섭권행사의 제한

③ 변경

피해자, 법정대리인 또는 검사는 피해자보호명령의 취소 또는 그 종류의 변경을 신청할 수 있으며, 판사는 직권 또는 신청이 상당한 이유가 있다고 인정하는 때에는 결정으로 해당 피해자보호명령을 취소하거나 그 종류를 변경할 수 있다.

④ 신변안전조치

법원은 피해자의 보호를 위하여 필요하다고 인정하는 경우에는 피해자 또는 그 법정대리인의 청구 또는 직권으로 일정 기간 동안 검사에게 피해자에 대하여 다음의 신변안전조치를 하도록 요청할 수 있다. 이 경우 검사는 피해자의 주거지 또는 현재지를 관할하는 경찰서장에게 신변안전조치를 하도록 요청할 수 있으며, 해당 경찰서장은 특별한 사유가 없으면 이에 따라야 한다.

1. 가정폭력행위자를 상대방 당사자로 하는 가정보호사건, 피해자보호명령사건 및 그 밖의 가사소송절차에 참석하기 위하여 법원에 출석하는 피해자에 대한 신변안전조치
2. 자녀에 대한 면접교섭권을 행사하는 피해자에 대한 신변안전조치
3. 그 밖에 피해자의 신변안전을 위하여 대통령령으로 정하는 조치

⑤ 피해자보호명령의 기간

피해자보호명령의 기간은 1년을 초과할 수 없다. 다만, 피해자의 보호를 위하여 그 기간의 연장이 필요하다고 인정하는 경우에는 직권이나 피해자 또는 그 법정대리인의 청구에 따른 결정으로 2개월 단위로 연장할 수 있다. 피해자보호명령의 기간을 연장하거나 그 종류를 변경하는 경우 종전의 처분기간을 합산하여 3년을 초과할 수 없다.

⑥ 임시보호명령

판사는 피해자보호명령의 청구가 있는 경우에 피해자의 보호를 위하여 필요하다고 인정하는 경우 결정으로 피해자보호명령 중 하나에 해당하는 임시보호명령을 할 수 있다. 임시보호명령의 기간은 피해자보호명령의 결정 시까지로 한다. 다만, 판사는 필요하다고 인정하는 경우에 그 기간을 제한할 수 있고, 위반시 2년 이하의 징역 또는 2천만원 이하의 벌금 또는 구류(拘留)에 처한다.

4. 배상명령제

① 대상사건

법원은 제1심의 가정보호사건 심리 절차에서 보호처분을 선고할 경우 직권으로 또는 피해자의 신청에 의하여 다음의 금전 지급이나 배상을 명할 수 있다.[26]

배상명령은 일정액의 금전지급을 명함으로써 하고 배상의 대상과 금액을 보호처분 결정서의 주문(主文)에 표시하여야 한다. 법원은 배상명령을 가집행할 수 있음을 선고할 수 있다.

② 배상명령 신청의 인용 및 각하

법원은 배상명령을 인용결정하거나 그 신청이 이유 없거나 배상명령을 하는 것이 적절하지 아니하다고 인정되는 경우에는 각하(却下)결정하여야 한다. 이에 대해 신청인은 불복을 신청하지 못하며 다시 동일한 배상신청을 할 수 없다.

③ 배상명령의 효력과 강제집행

확정된 배상명령 또는 가집행선고가 있는 배상명령이 적혀 있는 보호처분 결정서의 정본은 「민사집행법」에 따른 강제집행에 관하여는 집행력 있는 민사판결 정본과 동일한 효력이 있다. 배상명령이 확정된 경우에는 그 인용금액의 범위에서 피해자는 다른 절차에 따른 손해배상을 청구할 수 없다.

1. 피해자 또는 가정구성원의 부양에 필요한 금전의 지급

26 가정폭력범죄의 처벌 등에 관한 특례법 제56조－제58조.

2. 가정보호사건으로 인하여 발생한 직접적인 물적 피해 및 치료비 손해의 배상
3. 가정보호사건에서 가정폭력행위자와 피해자 사이에 합의된 배상액

제2절 가정폭력방지 및 피해자보호 등에 관한 법률상 피해자 지원

Ⅰ. 제정배경

가정폭력방지 및 피해자보호 등에 관한 법률은 가정폭력을 예방하고 가정폭력의 피해자를 보호 · 지원함을 목적으로 한다.[27]

국가와 지방자치단체는 가정폭력의 예방 · 방지와 피해자의 보호 · 지원을 위하여 다음의 조치를 취하여야 한다.[28]

1. 가정폭력 신고체계의 구축 및 운영
2. 가정폭력의 예방과 방지를 위한 조사·연구·교육 및 홍보
3. 피해자를 보호·지원하기 위한 시설의 설치·운영
4. 임대주택의 우선 입주권 부여, 직업훈련 등 자립·자활을 위한 지원서비스 제공
5. 법률구조 및 그 밖에 피해자에 대한 지원서비스 제공
6. 피해자의 보호와 지원을 원활히 하기 위한 관련 기관 간의 협력 체계 구축 및 운영
7. 가정폭력의 예방·방지와 피해자의 보호·지원을 위한 관계 법령의 정비와 각종 정책의 수립·시행 및 평가
8. 긴급전화센터, 가정폭력 관련 상담소, 가정폭력피해자 보호시설의 상담원 등 종사자의 신변보호를 위한 안전대책 마련
9. 가정폭력 피해의 특성을 고려한 피해자 신변노출 방지 및 보호·지원체계 구축

27 가정폭력방지 및 피해자보호 등에 관한 법률(약칭: 가정폭력방지법) 제1조, [시행 2023. 4. 11.] [법률 제19339호, 2023. 4. 11., 일부개정].
동 법은 [시행 1998. 7. 1.] [법률 제5487호, 1997. 12. 31., 제정] 이후 24차례에 걸쳐 개정이 이루어져 현행법에 이르고 있다.

28 가정폭력방지 및 피해자보호 등에 관한 법률 제4조.

10. 가정폭력을 목격하거나 피해를 당한 아동의 신체적·정신적 회복을 위하여 필요한 상담·치료프로그램 제공

국가와 지방자치단체는 필요한 예산상의 조치와 가정폭력의 예방·방지 및 피해자의 보호·지원을 담당할 기구와 공무원을 두어야 한다. 또한 가정폭력 관련 상담소와 가정폭력피해자 보호시설에 대하여 경비(經費)를 보조하는 등 이를 육성·지원하여야 한다.

Ⅱ. 가정폭력 피해의 예방과 방지

1. 국가와 자치단체의 의무

① 실태조사

여성가족부장관은 3년마다 가정폭력에 대한 실태조사를 실시하여 그 결과를 발표하고, 이를 가정폭력을 예방하기 위한 정책수립의 기초자료로 활용하여야 한다.[29]

② 교육

국가기관, 지방자치단체 및 「초·중등교육법」에 따른 각급 학교의 장, 그 밖에 대통령령으로 정하는 공공단체의 장은 가정폭력의 예방과 방지를 위하여 필요한 교육을 실시하고, 그 결과를 여성가족부장관에게 제출하여야 한다.[30]

여성가족부장관은 이 교육을 위하여 전문강사를 양성하고, 교육 프로그램을 개발·보급하여야 한다. 또한 교육실시 여부에 대한 점검을 매년 실시하여야 한다. 그리고 점검결과를 다음 평가에 반영하도록 해당 기관·단체의 장에게 요구할 수 있다.

29 가정폭력방지 및 피해자보호 등에 관한 법률 제4조의2 – 제4조의3.

30 이 경우에 따른 성교육 및 성폭력 예방교육, 성희롱 예방교육 및 성매매 예방교육 등을 성평등 관점에서 통합하여 실시할 수 있다. 「성폭력방지 및 피해자보호 등에 관한 법률」 제5조, 「양성평등기본법」 제31조, 「성매매방지 및 피해자보호 등에 관한 법률」 제4조.

1. 「정부업무평가 기본법」 제14조제1항 및 제18조제1항에 따른 중앙행정기관 및 지방자치단체의 자체평가
2. 「공공기관의 운영에 관한 법률」 제48조제1항에 따른 공기업·준정부기관의 경영실적평가
3. 「지방공기업법」 제78조제1항에 따른 지방공기업의 경영평가
4. 「초·중등교육법」 제9조제2항에 따른 학교 평가

③ 예산 및 당담공무원 배치

국가와 지방자치단체는 가정폭력 지원 관련 책무를 다하기 위하여 예산상의 조치를 취하여야 한다. 또한 자치단체는 가정폭력의 예방·방지 및 피해자의 보호·지원을 담당할 기구와 공무원을 두어야 한다.

④ 상담소 및 보호시설 지원 등

국가와 자치단체는 가정폭력 관련 상담소와 가정폭력피해자 보호시설에 대하여 경비를 보조하는 등 이를 육성·지원하여야 한다.

2. 가정폭력 추방 주간

가정폭력에 대한 사회적 경각심을 높이고 가정폭력을 예방하기 위하여 1년 중 1주간을 가정폭력 추방 주간으로 하고, 가정폭력 추방 주간의 취지에 맞는 행사 등 사업을 시행한다. 이 경우 성폭력 추방 주간의 행사[31]와 통합하여 시행할 수 있다.

31 성폭력방지 및 피해자보호 등에 관한 법률 제6조

그림 11-2 여성가족부와 자치단체, 피해자지원단체와의 연계사업도

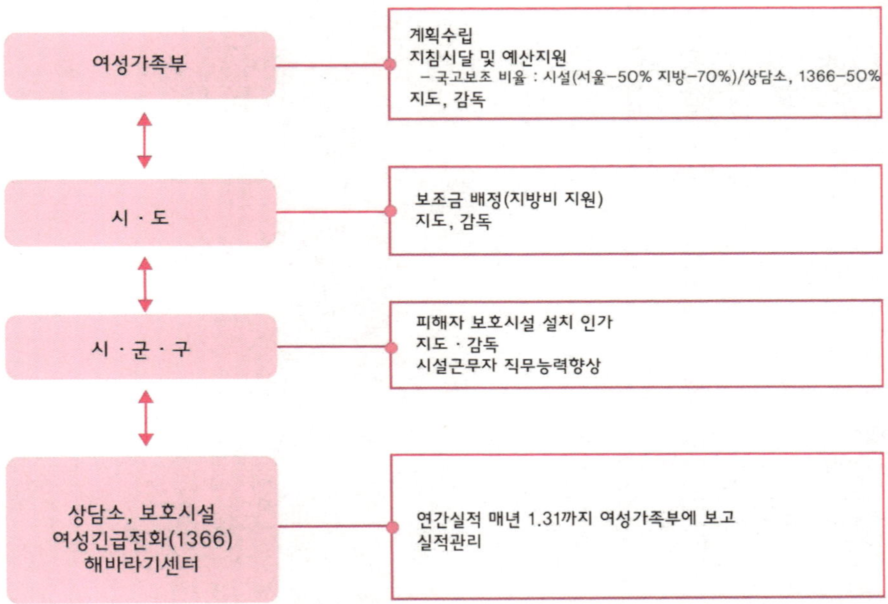

자료: 여성가족부, http://www.mogef.go.kr/

3. 홍보영상의 제작 · 배포 · 송출

여성가족부장관은 가정폭력의 예방과 방지를 위하여 가정폭력의 위해성 및 가정폭력 피해자 지원 등에 관한 홍보영상을 제작하여 방송사업자에게 배포하여야 한다.[32]

여성가족부장관은 비상업적 공익광고 편성비율의 범위에서 홍보영상을 채널별로 송출하도록 요청할 수 있다.

32 가정폭력방지 및 피해자보호 등에 관한 법률 제9조의3.

그림 11-3 가정폭력 피해자 지원 구조도

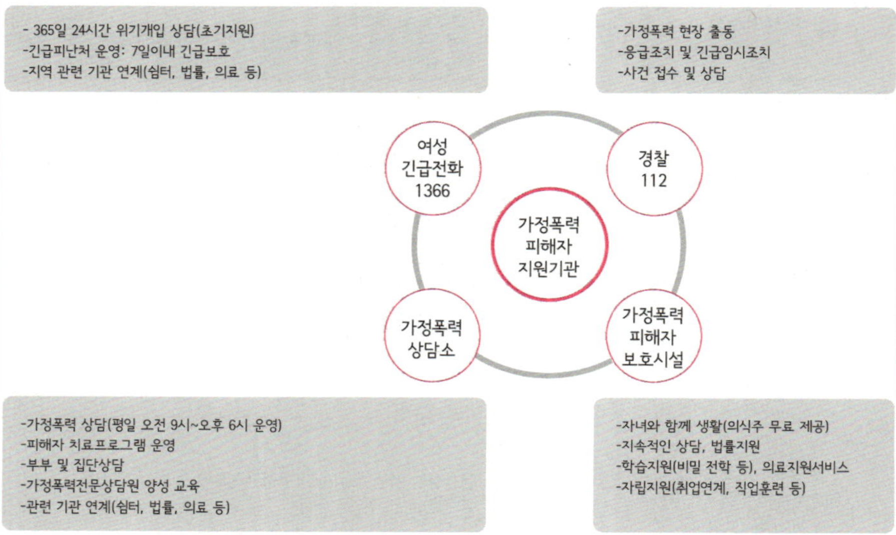

자료: 여성가족부, http://www.mogef.go.kr/

III. 피해자에 대한 법률지원 등

1. 무료법률지원사업

가정폭력 피해자에 대하여 무료로 법률구조를 지원함으로써 스스로 방어·보호 능력이 부족한 피해자의 권익보호를 강화한다.

대한법률구조공단 전국 18개 지부 및 39개 출장소, 한국가정법률 상담소본부 및 전국 31개 지부, 대한변협법률구조재단 등에서 지원을 받을 수 있다.

① 구조대상 사건

가정폭력의 피해와 관련된 민·가사, 형사 사건

② 구조절차도

법률구조대상 사건의 업무처리는 [그림 11－4]의 절차에 따른다.

그림 11-4 법률구조 대상 사건의 처리 절차도

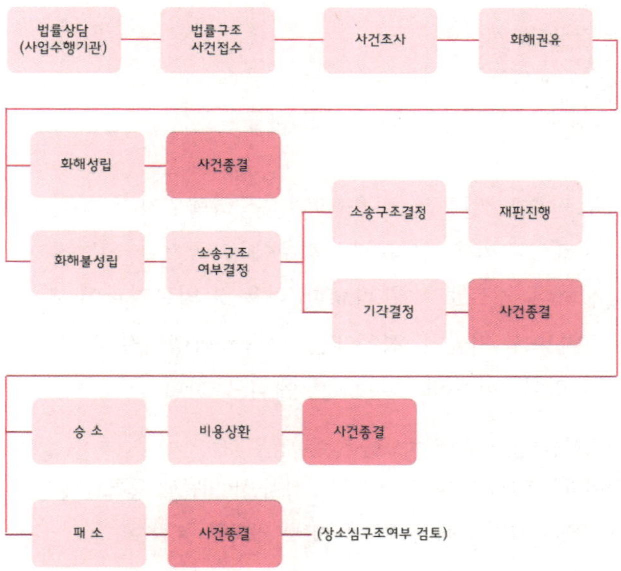

자료: 여성가족부, http://www.mogef.go.kr/

2. 피해자에 대한 불이익처분의 금지

누구든지 가정폭력범죄와 관련하여 피해자를 해고(解雇)하거나 그 밖의 불이익을 주어서는 아니 된다.

3. 아동의 취학 지원

국가나 지방자치단체는 피해자나 피해자가 동반한 가정구성원이 아동인 경우 주소지 외의 지역에서 취학(입학·재입학·전학 및 편입학을 포함한다)할 필요가 있을 때에는 그 취학이 원활히 이루어지도록 지원하여야 한다.[33]

---

33 가정폭력방지 및 피해자보호 등에 관한 법률 제4조의4－제6조.

4. 치료보호

의료기관은 피해자 본인, 가족, 친지나 긴급전화센터, 상담소 또는 보호시설의 장 등이 요청하면 피해자에 대하여 다음의 치료보호를 실시하여야 한다.[34]

1. 보건에 관한 상담 및 지도
2. 신체적·정신적 피해에 대한 치료
3. 그 밖에 대통령령으로 정하는 의료에 관한 사항

치료보호에 필요한 일체의 비용은 가정폭력행위자가 부담한다.

피해자가 치료보호비를 신청하는 경우에는 국가나 지방자치단체는 가정폭력행위자를 대신하여 치료보호에 필요한 비용을 의료기관에 지급하여야 한다.

그리고 그 비용을 지급한 경우에는 가정폭력행위자에 대하여 구상권(求償權)을 행사할 수 있다. 다음의 경우에는 예외로 한다.

1. 피해자가 보호시설 입소 중에 치료를 받은 경우
2. 행위자가 국민기초생활보장수급권자이거나 장애인복지법상 등록된 장애인인 경우
3. 연간 피해자 1인 의료비: 지원총액이 50만원 이하인 경우

그림 11-5 치료비 지원 절차도

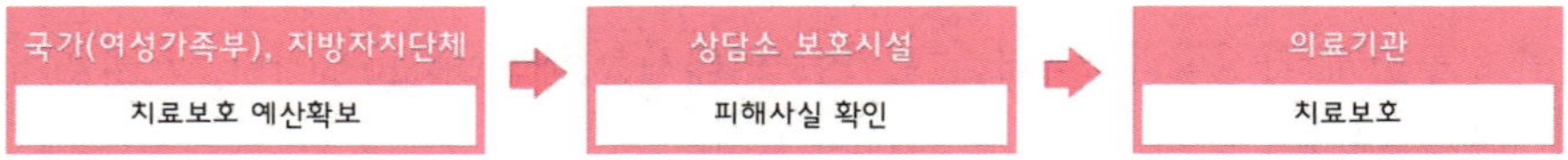

자료: 여성가족부, http://www.mogef.go.kr/

34 가정폭력방지 및 피해자보호 등에 관한 법률 제18조

5. 임대주택의 우선 입주권 부여

임대주택의 우선 입주권 부여 대상자는 다음에 해당하는 사람으로 한다.[35]

1. 보호시설에 6개월 이상 입소한 피해자로서 그 퇴소일부터 2년이 지나지 아니한 사람
2. 여성가족부장관이 지원하는 피해자를 위한 주거지원시설에 2년 이상 입주한 피해자로서 그 퇴거일부터 2년이 지나지 아니한 사람(거짓, 부정하게 입주하여 퇴거된 사람은 제외)

Ⅳ. 긴급전화센터 · 상담소 · 보호시설

1. 긴급전화센터

여성가족부장관 또는 시·도지사는 다음의 업무 등을 수행하기 위하여 긴급전화센터(1366)를 설치·운영하여야 한다. 이 경우 외국어 서비스를 제공하는 긴급전화센터를 따로 설치·운영할 수 있다. 현재 전국 18개소가 개설되어 있다.

1. 피해자의 신고접수 및 상담
2. 관련 기관·시설과의 연계
3. 피해자에 대한 긴급한 구조의 지원
4. 경찰관서 등으로부터 인도받은 피해자 및 피해자가 동반한 가정구성원의 임시 보호

2. 상담소

국가나 지방자치단체는 가정폭력 관련 상담소를 설치·운영할 수 있다.

국가나 지방자치단체 외의 자가 상담소를 설치·운영하려면 자치단체장에게 신고하여야 한다.

1. 가정폭력을 신고받거나 이에 관한 상담에 응하는 일

1의2. 가정폭력을 신고하거나 이에 관한 상담을 요청한 사람과 그 가족에 대한 상담

2. 가정폭력으로 정상적인 가정생활과 사회생활이 어렵거나 그 밖에 긴급히 보호를 필요로

35 가정폭력방지 및 피해자보호 등에 관한 법률 제8조의5.

하는 피해자등을 임시로 보호하거나 의료기관 또는 제7조제1항에 따른 가정폭력피해자 보호시설로 인도(引渡)하는 일
3. 행위자에 대한 고발 등 법률적 사항에 관하여 자문하기 위한 대한변호사협회 또는 지방변호사회 및 「법률구조법」에 따른 법률 구조법인 등에 대한 필요한 협조와 지원의 요청
4. 경찰관서 등으로부터 인도받은 피해자등의 임시 보호
5. 가정폭력의 예방과 방지에 관한 교육 및 홍보
6. 그 밖에 가정폭력과 그 피해에 관한 조사·연구

표 11-3 전국 상담소(2025)

구분	합계	서울	부산	대구	인천	광주	대전	울산	경기	강원	충북	충남	전북	전남	경북	경남	제주	세종
국비지원 상담소	124	11	11	4	6	4	3	3	20	8	5	7	8	8	9	13	3	1
	(55)	(2)	(6)	(3)	(4)	(2)	(3)	(3)	(6)	(5)	(2)	(4)	(3)	(4)	(3)	(2)	(2)	(1)

자료: 여성가족부, http://www.mogef.go.kr/

표 11-4 상담소 운영

연도별	개소수	종사자수(명) 계	상근직	비상근직+자원봉사자	상담실적(건) 구분	계	가정폭력	가정폭력 + 스토킹	기타	개소당 평균 상담실적(건)
2019	208	2,020	871	1,149		421,916	238,601	-	183,315	2,028
2020	215	1,902	904	998		396,951	230,578	-	166,373	1,846
2021	214	1,886	957	929		428,911	263,556	2,973	162,382	2,004
					(남)	120,959	84,471	335	36,153	
					(여)	307,952	179,085	2,638	126,229	
2022	213	1,975	945	1,030		454,704	287,802	3,744	163,158	2,135
					(남)	132,270	94,761	617	36,892	
					(여)	322,434	193,041	3,127	126,266	
2023	198	1,877	907	970		472,320	313,413	4,023	154,884	2,553
					(남)	148,011	111,280	548	36,183	
					(여)	324,309	202,133	3,475	118,701	
					장애 (남)	2,886	1,099	15	1,772	
					장애 (여)	19,715	6,216	47	13,449	

자료: 여성가족부, http://www.mogef.go.kr/

표 11-5 상담내용

구분	계 / 비율	가정폭력 관련 상담						가정폭력 외 상담							
		소계	가정폭력상담	가정폭력 + 스토킹	이혼	부부갈등	가족문제	소계	성폭력	성매매	성상담	중독	기타		
													스토킹	데이트	기타
2019	421,916	309,793	238,601	-	16,880	24,775	29,537	112,123	44,471	694	4,271	2,315	497	1,990	57,885
	100.0	73.4	56.6	-	4.0	5.9	7.0	26.6	10.5	0.2	1.0	0.5	0.1	0.5	13.7
2020	396,951	294,365	230,578	-	15,408	22,631	25,748	102,586	47,893	471	4,247	1,744	469	2,201	45,561
	100.0	74.2	58.1	-	3.9	5.7	6.5	25.8	12.1	0.1	1.1	0.4	0.1	0.6	11.5
2021	428,911	319,337	263,556	2,973	12,420	16,538	23,850	109,574	51,173	669	3,882	1,297	1,461	4,174	46,918
	100.0	74.5	61.4	0.7	2.9	3.9	5.6	25.5	11.9	0.2	0.9	0.3	0.3	1.0	10.9
남성	120,959	98,915	84,471	335	3,614	4,880	5,615	22,044	3,744	70	2,154	598	157	413	14,908
여성	307,952	220,422	179,085	2,638	8,806	11,658	18,235	87,530	47,429	599	1,728	699	1,304	3,761	32,010
2022	454,704	343,844	287,802	3,744	11,396	16,606	24,296	110,860	52,643	418	3,933	922	2,115	4,147	46,682
	100.0	75.6	63.3	0.8	2.5	3.7	5.3	24.4	11.6	0.1	0.9	0.2	0.5	0.9	10.3
남성	132,270	109,169	94,761	617	3,378	5,255	5,158	23,101	4,997	92	2,374	416	234	255	14,733
여성	322,434	234,675	193,041	3,127	8,018	11,351	19,138	87,759	47,646	326	1,559	506	1,881	3,892	31,949
2023	472,320	361,101	313,413	4,023	9,505	13,447	20,713	111,219	52,008	498	4,359	1,320	4,475	3,797	44,762
	100.0	76.5	66.4	0.9	2.0	2.8	4.4	23.5	11.0	0.1	0.9	0.3	0.9	0.8	9.5
남성	148,011	124,000	111,280	548	2,732	4,284	5,156	24,011	4,943	118	2,561	462	649	344	14,934
여성	324,309	237,101	202,133	3,475	6,773	9,163	15,557	87,208	47,065	380	1,798	858	3,826	3,453	29,828
장애인 남	2,886	1,392	1,099	15	9	36	233	1,494	159	11	418	11	2	1	892
장애인 여	19,712	7,203	6,216	47	21	114	805	12,509	9,692	149	253	14	95	42	2,264

자료: 여성가족부, http://www.mogef.go.kr/

표 11-6 가해자 분류

연도	계 / 비율	배우자	과거 배우자	직계 존속	직계 비속	계부모	동거하는 친족	기타
2019	103,881	82,234	2,548	8,802	4,707	390	1,311	3,889
	100	79.2	2.5	8.5	4.5	0.4	1.3	3.6
2020	82,721	60,552	2,608	8,690	4,595	453	1,268	4,555
	100	73.2	3.2	10.5	5.6	0.5	1.5	5.5
2021	50,566	38,325	1,429	5,396	2,672	199	924	1,621
	100	75.8	2.8	10.7	5.3	0.4	1.8	3.2

2022	49,672	36,474	1,252	6,665	2,662	170	1,137	1,312
	100.0	73.4	2.5	13.4	5.4	0.3	2.3	2.6
2023	48,662	39,307	812	4,984	1,838	133	572	1,016
	100.0	80.8	1.7	10.2	3.8	0.3	1.2	2.1

자료: 여성가족부, http://www.mogef.go.kr/

표 11-7 피해자 지원

구분		2019	2020	2021	2022	2023
계	건수	234,688	231,078	235,684	243,067	265,094
	비중	100	100	100	100	100
심리·정서적 지원	건수	165,567	167,627	168,730	175,649	184,464
	비중	70.5	72.5	71.6	72.3	69.6
의료지원	건수	4,174	1,448	2,080	2,094	2,560
	비중	1.8	0.6	0.9	0.8	1.0
시설입소 연계	건수	2,149	1,685	1,353	1,303	1,755
	비중	0.9	0.7	0.6	0.5	0.7
수사·법적 지원	건수	20,924	15,288	13,800	14,536	16,202
	비중	8.9	6.6	5.8	6.0	6.1
기타	건수	41,874	45,030	49,721	49,485	60,113
	비중	17.9	19.5	21.1	20.4	22.7

자료: e－나라지표, https://www.index.go.kr/

표 11-8 가해자 지원

구분		2019	2020	2021	2022	2023
계	건수	89,898	79,824	98,287	111,613	132,928
	비중	100	100	100	100	100
선도면담등	건수	89,374	79,105	97,876	110,732	132,199
	비중	99.4	99.1	99.6	99.2	99.5
타기관의뢰	건수	524	719	411	881	729
	비중	0.6	0.9	0.4	0.8	0.5

자료: e－나라지표, https://www.index.go.kr/

3. 보호시설

국가나 지방자치단체는 가정폭력피해자 보호시설을 설치·운영할 수 있다.[36]

표 11-9 보호시설 및 임대주택(2025)

구분	합계	서울	부산	대구	인천	광주	대전	울산	경기	강원	충북	충남	전북	전남	경북	경남	제주
일반시설(개소)	63	12	3	3	1	4	1	1	10	5	3	3	4	4	1	6	2
임대주택(호)	350	30	32	30	18	20	20	28	24	17	11	19	10	20	20	42	9
이주여성쉼터(개소)	33	7	1	2	2	1	1	1	4	1	1	2	2	3	3	1	1

자료: 여성가족부, https://www.mogef.go.kr/

① 보호시설의 종류

단기보호시설의 장은 그 단기보호시설에 입소한 피해자 등에 대한 보호기간을 3개월의 범위에서 한 차례만 연장할 수 있다. 상담소나 보호시설의 장은 피해자 등의 명시한 의사에 반하여 보호를 할 수 없다.

표 11-10 보호시설의 종류

종류	보호기간	비고
단기보호시설	6개월 이내 (최대 9개월)	피해자의 심리적 안정이 필요하거나 치료를 받고 있는 등의 사유가 있는 경우에는 각 3개월의 범위에서 2 차례 연장 가능
장기보호시설	2년 이내	부득이한 경우를 제외하고 시설입소 후 6개월 이내에 미취업하는 경우에는 퇴소조치 할 수 있음
외국인보호시설	2년 이내	* 입소대상 : 배우자가 대한민국 국민인 외국인 피해자
장애인보호시설	2년 이내	* 입소대상 : 장애인인 피해자

자료: 여성가족부, http://www.mogef.go.kr/

표 11-11 보호시설 운영

연 도	개소수	입소정원(명)	연말현황(명)	상 근 종 사 자 수(명)		
				계	상담원	비상근직 + 자원봉사자
2019	66	1,063	797	414	362	52
2020	65	1,078	603	397	360	37
2021	65	1,086	612	493	418	75

36 가정폭력방지 및 피해자보호 등에 관한 법률 제7조－제8조의2.

2022	65	1,089	573	483	422	61
2023	65	1,088	612	501	432	69

자료: 여성가족부, http://www.mogef.go.kr/

② 보호시설의 업무

보호시설은 피해자등에 대하여 다음의 업무를 행한다. 다만, 피해자가 동반한 가정구성원에게는 업무 일부를 제외할 수 있다.

1. 숙식의 제공
2. 심리적 안정과 사회적응을 위한 상담 및 치료
3. 질병치료와 건강관리를 위한 의료기관에의 인도 등 의료지원
4. 수사·재판과정에 필요한 지원 및 서비스 연계
5. 법률구조기관 등에 필요한 협조와 지원의 요청
6. 퇴소 후 자립을 위하여 시설 외 근로를 희망하는 경우 적극지원
- 직업 / 취업 훈련 프로그램 지원(지역사회 자원과 연계)
7. 입소사실에 대한 비밀보장과 특별보호

표 11-12 보호시설 입퇴소

연 도	연중 입소인원			연중 퇴소인원			연말 현원		
	소계	입소자	동반아동	소계	입소자	동반 아동	소계	입소자	동반아동
2019	2,636	1,702	934	2,528	1,650	878	797	497	300
2020	1,702	1,133	569	1,806	1,173	633	603	401	202
2021	1,547	1,010	537	1,516	1,025	491	612	371	241
2022	1,559	1,013	546	1,598	1,022	576	573	361	212
2023	1,735	1,225	510	1,694	1,191	503	612	396	216

자료: 여성가족부, https://www.mogef.go.kr/

표 11-13 피해자지원

연도		계/비율	지원내용					
			심리·정서적 지원	수사·법적 지원	의료적 지원	자립지원	동반아동 지원	기타
2019		168,203	78,499	4,496	18,364	11,832	39,814	15,198
		100	46.7	2.7	10.9	7.0	23.7	9.0
2020		164,087	75,208	4,383	17,296	12,199	35,146	19,855
		100	45.8	2.7	10.5	7.4	21.4	12.1
2021		172,385	68,822	4,247	18,690	10,716	43,926	25,984
		100	39.9	2.5	10.8	6.2	25.5	15.1
2022		192,341	74,961	4,323	16,707	33,959	45,435	16,956
		100.0	39.0	2.2	8.7	17.7	23.6	8.8
2023		177,470	77,542	4,308	19,080	16,825	39,874	19,841
		100.0	43.7	2.4	10.8	9.5	22.5	11.2
장애	남	735	71	7	31	1	478	147
	여	10,196	4556	271	1689	788	1251	1641

자료: 여성가족부, http://www.mogef.go.kr/

지원내용은 세부적으로 다음과 같다.

지원내용의 세부사항

- 심리·정서적 지원: 개인상담, 심신단련프로그램, 권리찾기교육, 인간관계훈련 등
- 수사·법적지원: 수사의뢰, 수사동행, 법률상담, 소송지원 등
- 의료적 지원: 치료동행, 치료비지원, 의료기관연계 등
- 자립지원: 취업알선, 직업훈련연계, 퇴소후 거주지알선 등
- 동반아동지원: 학교문제지원(전학문제, 지도교사면담 등), 학습·놀이지도, 아동상담 등
- 기타: 장애인 등록, 국가기초생활보장법 수급자 신청 등
- 가해자지원: 개인면담, 교육프로그램운영, 타기관의뢰 등

③ 보호시설의 입소대상 등

보호시설의 입소대상은 피해자등으로서 다음에 해당하는 경우로 한다.

1. 본인이 입소를 희망하거나 입소에 동의하는 경우
2. 지적장애인이나 정신장애인, 그 밖에 의사능력이 불완전한 자[37]로서 가정폭력행위자가 아닌 보호자가 입소에 동의하는 경우
3. 지적장애인이나 정신장애인, 그 밖에 의사능력이 불완전한 자로서 상담원의 상담 결과

입소가 필요하나 보호자의 입소 동의를 받는 것이 적절하지 못하다고 인정되는 경우

표 11-14 입소경로

연도	계/비율	본인	가정폭력 상담소	1366	성폭력 상담소	일반 행정기관	경찰	사회단체 (복지 시설)	학교 교사	병원	기타
2019	1,702	43	445	730	35	46	284	21	1	0	97
	100	2.5	26.1	42.9	2.1	2.7	16.7	1.2	0.1	0	5.7
2020	1,133	23	284	508	24	30	163	20	1	0	80
	100	2.0	25.1	44.8	2.1	2.6	14.4	1.8	0.1	0.0	7.1
2021	1,010	15	238	478	30	40	131	11	0	0	67
	100	1.5	23.6	47.3	3.0	4.0	13.0	1.1	0.0	0.0	6.6
2022	1,013	41	260	403	15	29	167	16	0	0	82
	100.0	4.0	25.7	39.8	1.5	2.9	16.5	1.6	0.0	0.0	8.1
2023	1,226	28	305	519	26	18	225	19	0	0	86
	100.0	2.3	24.9	42.3	2.1	1.5	18.4	1.5	0.0	0.0	7.0

자료: 여성가족부, http://www.mogef.go.kr/

표 11-15 아동동반

연도	아동을 동반한 피해자수	동반아동 연령별 현황					
		계/비율	3세미만	3세-6세미만	6세-12세	13세-18세	19세이상
2019	677	934	134	195	400	181	24
		100	14.3	20.9	42.8	19.4	2.6
2020	387	569	72	120	236	104	37
		100	12.7	21.1	41.5	18.3	6.5
2021	388	537	81	107	229	93	27
		100	15.1	19.9	42.6	17.3	5.0
2022	370	546	84	141	229	81	11
		100.0	15.4	25.8	41.9	14.8	2.0
2023	334	507	82	129	213	69	14
		100.0	16.2	25.4	42.0	13.6	2.8

자료: 여성가족부, http://www.mogef.go.kr/

37 장애인복지법 제2조

④ 보호시설의 퇴소

보호시설에 입소한 자는 본인의 의사 또는 입소 동의를 한 보호자의 요청에 따라 보호시설을 퇴소할 수 있으며, 보호시설의 장은 입소한 자가 다음에 해당하는 경우에는 퇴소를 명할 수 있다.

1. 보호의 목적이 달성된 경우
2. 보호기간이 끝난 경우
3. 입소자가 거짓이나 그 밖의 부정한 방법으로 입소한 경우
4. 보호시설 안에서 현저한 질서문란 행위를 한 경우

⑤ 보호비용 지원

국가나 지방자치단체는 보호시설에 입소한 피해자나 피해자가 동반한 가정구성원의 보호를 위하여 필요한 경우 다음의 보호비용을 보호시설의 장 또는 피해자에게 지원할 수 있다.[38]

1. 생계비
2. 아동교육지원비
3. 아동양육비
4. 직업훈련비
5. 그 밖에 대통령령으로 정하는 비용

4. 상담소 · 보호시설 또는 교육훈련시설의 감독

① 인가의 취소 등

시장 · 군수 · 구청장은 상담소 · 보호시설 또는 교육훈련시설이 다음에 해당하면 시설의 폐쇄, 업무의 폐지 또는 6개월의 범위에서 업무의 정지를 명하거나 인가를 취소할 수 있다. 업무의 정지 · 폐지 또는 그 시설의 폐쇄를 명하거나 인

38 다만, 보호시설에 입소한 피해자나 피해자가 동반한 가정구성원이 「국민기초생활 보장법」 등 다른 법령에 따라 보호를 받고 있는 경우에는 그 범위에서 이 법에 따른 지원을 하지 아니한다.

가를 취소하려면 청문을 하여야 한다.[39]

1. 설치기준이나 운영기준에 미달하게 된 경우
2. 상담원이나 강사의 수가 부족하거나 자격이 없는 자를 채용한 경우
3. 정당한 사유 없이 보고를 하지 아니하거나 거짓으로 보고를 한 경우 또는 관계 공무원의 조사·검사를 거부하거나 기피한 경우
4. 영리를 목적으로 상담소·보호시설 또는 교육 훈련시설을 설치·운영한 경우

② 긴급전화센터 등의 평가

여성가족부장관은 3년마다 긴급전화센터, 상담소 및 보호시설의 운영실적을 평가하고, 그 결과를 각 시설의 감독, 지원 등에 반영할 수 있다.

③ 영리목적 운영의 금지

누구든지 영리를 목적으로 상담소·보호시설 또는 교육훈련시설을 설치·운영하여서는 아니 된다. 다만, 교육훈련시설의 장은 상담원교육훈련과정을 수강하는 자에게 여성가족부장관이 정하는 바에 따라 수강료를 받을 수 있다.

④ 비밀엄수의 의무

긴급전화센터, 상담소 또는 보호시설의 장이나 이를 보조하는 자 또는 그 직에 있었던 자는 그 직무상 알게 된 비밀을 누설하여서는 아니 된다.

V. 경찰권의 개입

1. 현장출동

사법경찰관리는 가정폭력범죄의 신고가 접수된 때에는 지체 없이 가정폭력의 현장에 출동하여야 한다. 사법경찰관리는 피해자를 보호하기 위하여 신고된 현장 또는 사건 조사를 위한 관련 장소에 출입하여 관계인에 대하여 조사를 하거나 질문을 할 수 있다. 이때 사법경찰관리는 신분증을 제시하여야 한다.[40]

39 가정폭력방지 및 피해자보호 등에 관한 법률 제10조－제17조.

40 손영진·허경미, 다중흐름분석을 적용한 가정폭력방지 정책변동에 관한 연구 －경찰의 초기개입의무를 중심으로－, 한국공안행정학회보, 25(4) (2016): 197－232.; 가정폭력방지 및 피해자

가정폭력행위자는 사법경찰관리의 현장조사를 거부하는 등 그 업무수행을 방해하는 행위를 하여서는 아니 된다. 사법경찰관리는 피해자·신고자·목격자 등이 자유롭게 진술할 수 있도록 가정폭력행위자로부터 분리된 곳에서 조사하는 등 필요한 조치를 하여야 한다.

현장출동 시 수사기관의 장은 긴급전화센터, 상담소 또는 보호시설의 장에게 가정폭력 현장에 동행하여 줄 것을 요청할 수 있고, 요청을 받은 경우 정당한 사유가 없으면 상담원을 가정폭력 현장에 동행하도록 하여야 한다.

2. 동행요청 협조

긴급전화센터, 상담소 또는 보호시설의 장은 가정폭력행위자로부터 피해자 또는 그 상담원 등 종사자를 긴급히 구조할 필요가 있는 경우 관할 경찰관서의 장에게 그 소속 직원의 동행을 요청할 수 있다. 요청을 받은 경찰관서의 장은 특별한 사유가 없으면 이에 따라야 한다.[41]

보호 등에 관한 법률 제9조의4.

41 가정폭력방지 및 피해자보호 등에 관한 법률 제9조의2.

제12장 아동학대범죄 피해자 지원

제1절 유엔아동인권협약

Ⅰ. 이념

「유엔아동인권협약」(UN Convention on the Rights of the Child: CRC)은 1989년 11월 20일 유엔에서 채택되어 1990년 9월 2일부터 발효되었다. 유엔아동인권협약은 지구촌 모든 어린이들의 권리를 지켜주기 위한 국제사회의 의지를 결집한 것으로 한국은 1991년 11월 20일에 비준하였다.

이 협약은 아동을 권리 주체로 인정한 유일한 그리고 최초의 국제협약으로 18세 미만의 아동의 시민 · 정치적 권리부터 경제 · 사회 · 문화적 권리까지 모든 인권의 영역을 포괄하고 있다. 국제협약 중 가장 많은 국가의 비준을 받은 협약으로 미국을 제외한 196개국, 즉 유엔 가입국 모두가 비준하였다.

유엔아동인권협약의 실천 및 가입국 국가보고서를 심의하기 위하여 유엔 산하에 「유엔아동권리위원회」(Committee on the Rights of the Child, CRC)를 두었다. 유엔아동권리위원회는 국가보고서를 심의해 아동인권 보장의 장애요인을 분석하고 관련대안을 해당국 정부와 함께 모색한다. 이 협약은 가입국 정부는 가입 뒤 2년 안에, 그 뒤 5년마다 자국의 아동인권 상황에 대한 국가보고서를 제출하도록 규정하고 있다.

우리나라는 1991년 협약을 비준하여 1996년 처음 심의를 받았으며, 2003년, 2011년, 2017년에 국가보고서를 유엔 아동권리위원회에 제출하였고,[1] 2019년 8월에 추가보고서도 제출하였다.

1 보건복지부, 제5 · 6차 유엔아동권리협약 이행보고서, 2017.

이에 대해 유엔 아동권리위원회는 2019년 9월에 한국정부의 보건복지부·교육부·외교부·법무부 등 관계부처로 구성된 정부대표단에게 심의에 대한 최종 견해를 밝혔다. 위원회는 한국이 거둔 의미 있는 아동 관련 정책성과들을 인정하면서 동시에 몇 가지 문제점을 지적하였다. 내용은 다음과 같다.[2]

유엔 아동권리위원회가 지적한 문제점 및 개선 제안

지적받은 문제점

1. 아동 관련 예산 규모가 국내총생산(GDP)에 비해 여전히 낮음
2. 경제적으로 소외된 아동·장애아동·이주아동 등이 차별을 경험하고 있음
3. 높은 아동 자살률 및 가정 내 아동 학대 발생률
4. 지나치게 경쟁을 부추기는 교육 환경,
5. 형사 미성년자 연령을 만 13세 미만으로 낮추려는 제안

제안받은 개선책

1. 아동 관련 예산의 증액
2. 차별금지법의 제정
3. 아동 자살의 근본 원인을 제거하기 위한 노력 강화
4. 모든 체벌의 명시적 금지
6. 교육 시스템 경쟁완화
7. 형사 미성년자 연령의 만 14세 미만 유지 등

Ⅱ. 아동의 기본권 및 규정

유엔아동인권협약이 주창한 아동의 4가지 기본권은 다음과 같이 요약될 수 있다.

이 협약의 조문은 전문 및 54조로 구성되어 있으며, 아동(만 18세 미만의 사람, 법에 의하여 보다 조기에 성인 연령에 이른 사람 제외)의 권리를 포괄적으로 규정하고 있다.

2 보건복지부, 2019년 10월 4일자 보도자료.

① 생존권

아동이 인간으로서 기본적인 삶을 누리는 데 필요한 권리로 적절한 생활수준을 누릴 권리, 안전한 주거지에서 살아갈 권리, 충분한 영양을 섭취하고 기본적인 보건서비스를 받을 권리 등을 말한다.

② 보호권

모든 형태의 학대와 방임, 차별, 폭력, 고문, 징집, 부당한 형사처벌, 과도한 노동, 약물과 성폭력 등 어린이에게 유해한 것으로부터 보호받을 권리 등을 말한다.

③ 발달권

잠재능력을 최대한 발휘하는데 필요한 권리로 교육 받을 권리, 여가를 즐길 권리, 문화생활을 하고 정보를 얻을 권리, 생각과 양심과 종교의 자유를 누릴 권리 등을 말한다.

④ 참여권

자신의 생활에 영향을 주는 일에 대하여 의견을 말할 수 있어야 하며, 그 의견을 말하고 존중 받을 권리이다. 표현의 자유, 양심과 종교의 자유, 의견을 말할 권리, 평화로운 방법으로 모임을 자유롭게 열 수 있는 권리, 사생활을 보호받을 권리, 유익한 정보를 얻을 권리 등을 말한다.

제2절 아동학대 피해 실태

Ⅰ. 아동학대 피해 유형

아동학대란 보호자를 포함한 성인이 아동의 건강 또는 복지를 해치거나 정상적 발달을 저해할 수 있는 신체적·정신적·성적 폭력이나 가혹행위를 하는 것과 아동의 보호자가 아동을 유기하거나 방임하는 것을 말한다.[3]

3 아동복지법 제3조 제7호.

아동학대 피해의 유형을 신체학대, 정서학대, 성학대, 방임 등으로 구분할 수 있다. 신체학대란 아동의 정상적 발달을 저해할 수 있는 신체적 폭력 또는 가혹행위를 의미하며, 직접적 신체 가해 행위 및 도구 등을 활용한 간접적 신체 가해 행위 등이 포함된다. 정서학대란 아동에게 행하는 언어적 폭력, 정서적 위협, 감금 등을 말한다. 성학대는 아동 대상의 모든 성적 행위를 의미하는데, 성인이 자신의 만족을 위해 아동을 관찰하거나 아동에게 성적인 노출을 하는 행위나 성적으로 추행하는 행위 등이 해당된다. 마지막으로 방임이란 아동의 보호자가 아동을 유기하거나 방임하는 행위를 뜻하며, 방임은 세부적으로 물리적 방임, 교육적 방임, 의료적 방임, 그리고 유기로 분류된다.[4]

II. 아동학대 피해 신고

1. 현황

2023년 아동학대 신고접수 건수는 2022년과 비교하여 증가하였으며, 2021년에 신고접수 건수가 일시적으로 급증함에 따라 전년과 비교하여 감소한 2022년을 제외하면 최근 5년간 신고접수 건수는 지속 증가추세인 것으로 볼 수 있다.

표 12-1 아동학대 접수 – 인지경로

구분 연도	아동학대 의심사례		동일신고		일반상담		해외발생사례		계		전년 대비 증가율
2019	38,380	(92.7)	449	(1.1)	2,560	(6.2)	0	(0.0)	41,389	(100.0)	13.7
2020	38,929	(92.1)	557	(1.3)	2,761	(6.5)	4	(0.0)	42,251	(100.0)	2.1
2021	52,083	(96.6)	768	(1.4)	1,077	(2.0)	4	(0.0)	53,932	(100.0)	27.6
2022	44,531	(96.6)	711	(1.5)	861	(1.9)	0	(0.0)	46,103	(100.0)	−14.5
2023	45,771	(94.3)	75	(1.6)	1,997	(4.1)	1	(0.0)	48,522	(100.0)	5.2

자료: 보건복지부, 2023년 주요아동학대통계, 2024, 44.

4 중앙아동보호전문기관, http://korea1391.go.kr/new/page/sts_report.php.

표 12-2 피해아동 발견율

구분 \ 연도	2019	2020	2021	2022	2023
추계아동인구(0~17세)	7,888,218	7,678,893	7,487,738	7,256,021	7,069,296
아동학대사례	30,045	30,905	37,605	27,971	25,739
피해아동 발견율	3.81	4.02	5.02	3.85	3.64

자료: 보건복지부, 2023년 주요아동학대통계, 2024, 58.

2. 신고의무자에 의한 신고

2023년 아동학대 신고는 신고의무자에 의한 경우가 비신고의무자에 의한 경우 보다 압도적으로 높았다. 「아동학대범죄의 처벌 등에 관한 특례법」 제10조의 신고의무자에 의한 아동학대 피해 신고 현황은 초중고교직원에 의한 경우가 가장 많았다.

비신고의무자의 경우 지속적으로 부모와 아동에 의한 신고가 가장 높게 나타나고 있다.[5]

표 12-3 아동학대 신고접수

신고의무자		비신고의무자	
초 · 중 · 고교 직원	5,307 (11.6)	아동본인	11,399 (24.9)
의료인 · 의료기사	447 (1.0)	부모	13,946 (30.5)
아동복지시설 종사자	577 (1.3)	형제, 자매	782 (1.7)
장애인복지시설 종사자	48 (0.1)	친인척	688 (1.5)
보육교직원	160 (0.4)	이웃 · 친구	3,079 (6.7)
유치원교직원 · 강사	178 (0.4)	경찰	276 (0.6)
학원 및 교습소 종사자	46 (0.1)	종교인	11 (0.0)
소방구급대원	42 (0.1)	사회복지관련 종사자	355 (0.8)
성매매피해시설상담 종사자	2 (0.0)	의료사회복지사	6 (0.0)
한부모가족복지시설 종사자	10 (0.0)	낯선사람	962 (2.1)
가정폭력피해자보호시설 및 상담소 종사자	84 (0.2)	익명	252 (0.6)
사회복지시설종사자	158 (0.4)	법원	55 (0.1)
아동권리보장원 · 가정위탁지원센터 종사자	22 (0.1)	기타	1,407 (3.1)
사회복지전담공무원	2,330 (5.1)		
아동복지전담공무원	2,103 (4.6)		
아동보호전문기관장과 종사자	621 (1.4)		

5 보건복지부, 2023년 주요아동학대통계, 2024, 58.

건강가정지원센터 종사자	29 (0.1)		
다문화가족지원센터 종사자	24 (0.1)		
정신건강복지센터 종사자	30 (0.1)		
성폭력피해자보호시설 · 성폭력피해자통합지원센터 종사자	25 (0.1)		
응급구조사	1 (0.0)		
청소년시설 및 단체 종사자	109 (0.2)		
청소년보호센터 및 재활센터종사자	112 (0.2)		
아이돌보미	20 (0.0)		
취약계층 아동 통합서비스 지원인력	65 (0.1)		
육아종합지원센터 종사자	2 (0.0)		
입양기관 종사자	1 (0.0)		
소계	12,553 (27.4)	소계	33,218 (72.6)
계		45,771	

자료: 여성가족부, 2023년 주요아동통계, 2024, 15.

III. 피해 유형별 실태

아동학대는 중복학대가 매년 가장 높은 비율을 차지하였다. 중복학대는 아동학대가 두 가지 유형 이상의 학대가 복합적으로 발생하는 경우가 가장 많다는 것을 의미한다. 다음으로는 정서학대가 가장 높은 비중을 차지한다.

표 12-4 아동학대 피해 유형

(건, %)

구분	신체학대		정서학대		성학대		방임		중복학대		계	
2019	4,179	(13.9)	7,622	(25.4)	883	(2.9)	2,885	(9.6)	14,476	(48.2)	30,045	(100.0)
2020	3,807	(12.3)	8,732	(28.3)	695	(2.2)	2,737	(8.9)	14,934	(48.3)	30,905	(100.0)
2021	5,780	(15.4)	12,351	(32.8)	655	(1.7)	2,793	(7.4)	16,026	(42.6)	37,605	(100.0)
2022	4,911	(17.6)	10,632	(38.0)	609	(2.2)	2,044	(7.3)	9,775	(34.9)	27,971	(100.0)
2023	4,698	(18.3)	11,094	(43.1)	585	(2.3)	1,979	(7.7)	7,383	(28.7)	25,739	(100.0)

자료: 보건복지부, 2023년 주요아동학대통계, 2024, 59.

① 학대유형별 성별 현황

남아와 여아 모두 정서학대의 비중이 가장 높게 나타났다. 그 밖에 남아의 경우 신체학대가, 여아의 경우 성학대가 다른 성별에 비해 아동학대사례 유형 중에서 차지하는 비중이 상대적으로 높게 나타났다.

표 12-5 아동학대사례 판정 유형별 피해아동의 성별

학대유형 / 성별	신체학대		정서학대		성학대		방임		계	
남	6,208	(36.9)	9,019	(53.6)	86	(0.5)	1,515	(9.0)	16,828	(100.0)
여	5,268	(31.7)	9,321	(56.0)	722	(4.3)	1,324	(8.0)	16,635	(100.0)
계	11,476	(34.3)	18,340	(54.8)	808	(2.4)	2,839	(8.5)	33,463	(100.0)

자료: 보건복지부, 2023년 주요아동학대통계, 2024, 29. 재구성.

② 연령별 현황

모든 연령대에서 정서학대의 비중이 가장 높게 나타났다. 또한 연령대가 높아질수록 신체학대와 성학대가 차지하는 비중이 점차 높아지고, 방임이 차지하는 비중이 낮아지는 것으로 나타났다.

표 12-6 아동학대 사례 판정 연령대별 학대유형

학대유형 / 연령	신체학대		정서학대		성학대		방임		계	
1세미만	87	(17.6)	239	(48.4)	0	(0.0)	168	(34.0)	494	(100.0)
1~3세	529	(19.9)	1,680	(63.1)	3	(0.1)	451	(17.0)	2,663	(100.0)
4~6세	911	(23.9)	2,417	(63.5)	15	(0.4)	465	(12.2)	3,808	(100.0)
7~9세	1,895	(31.5)	3,438	(57.2)	73	(1.2)	608	(10.1)	6,014	(100.0)
10~12세	2,837	(35.2)	4,380	(54.3)	229	(2.8)	617	(7.7)	8,063	(100.0)
13~15세	3,600	(41.7)	4,310	(49.9)	315	(3.7)	416	(4.8)	8,641	(100.0)
16~17세	1,617	(42.8)	1,876	(49.6)	173	(4.6)	114	(3.0)	3,780	(100.0)
계	11,476	(34.3)	18,340	(54.8)	808	(2.4)	2,839	(8.5)	33,463	(100.0)

자료: 보건복지부, 2023년 주요아동학대통계, 2024, 40. 재구성.

Ⅳ. 아동학대의 가해자와 피해자의 관계

학대행위자와 피해아동과의 관계를 연도별로 살펴보면, 학대행위자가 부모인 경우는 정서학대가 55.9%로 가장 높았다. 신체학대는 친인척이 43.5%로 높았다. 대리양육자는 정서학대 49.0%, 신체학대 36.1%를 차지한다.

표 12-7 아동학대사례 판정 유형별 학대행위자와 피해아동과의 관계

학대유형 / 관계	신체학대		정서학대		성학대		방임		계	
부 모	9,863	(34.3)	16,058	(55.9)	184	(0.6)	2,629	(9.2)	28,374	(100.0)
친인척	435	(43.5)	464	(46.4)	33	(3.3)	68	(6.8)	1,000	(100.0)
대리양육자	928	(36.1)	1,257	(49.0)	247	(9.6)	136	(5.3)	2,568	(100.0)
기 타	250	(21.5)	561	(48.3)	344	(29.6)	6	(0.5)	1,161	(100.0)
계	11,476	(34.3)	18,340	(54.8)	808	(2.4)	2,839	(8.5)	33,463	(100.0)

자료: 보건복지부, 2023년 주요아동학대통계, 2024, 30. 재구성.

제3절 아동학대범죄의 처벌 등에 관한 특례법상 피해자 지원

Ⅰ. 제정배경

「아동학대범죄의 처벌 등에 관한 특례법」은 아동의 양육은 가족구성원 차원의 과제일 뿐만 아니라 사회구성원 모두의 관심이 필요한 사안으로서, 아동에 대한 학대행위는 성장 단계에 있는 아동의 정서 및 건강에 영구적인 상처를 남길 수 있으므로 그 대상이 성인인 경우보다 엄격한 처벌과 교화가 필요한바, 아동학대범죄에 대한 처벌을 강화하고 아동학대범죄가 발생한 경우 긴급한 조치 및 보호가 가능하도록 제도를 마련할 필요에 따라 제정되었다.[6]

6 아동학대범죄의 처벌 등에 관한 특례법은 법률 제12341호, 2014. 1. 28., 제정되어 2014. 9. 29.

아동학대란 보호자나 성인이 아동의 건강 또는 복지를 해치거나 정상적 발달을 저해할 수 있는 신체적·정신적·성적 폭력이나 가혹행위를 하는 것과 아동의 보호자가 아동을 유기하거나 방임하는 것을 말한다. 아동학대범죄에 대하여는 아동학대범죄의 처벌 등에 관한 특례법을 우선적용한다. 이 법상 아동이란 18세 미만을 말한다.[7]

Ⅱ. 아동학대 피해자를 위한 특례

1. 친권상실청구

검사는 아동학대행위자가 피해아동의 친권자나 후견인인 경우에 법원에 친권상실의 선고나 후견인의 변경 심판을 청구하여야 한다.[8] 검사가 청구를 하지 않는 경우 자치단체장은 검사에게 청구를 하도록 요청할 수 있고, 검사는 그 처리결과를 요청받은 날부터 30일 내에 자치단체장에게 통보하여야 한다. 자치단체장은 처리 결과에 대하여 이의가 있을 경우 30일 내에 직접 법원에 친권상실 청구를 할 수 있다.

2. 아동학대 신고의무자 지정

누구든지 아동학대범죄를 알게 된 경우나 그 의심이 있는 경우에는 아동보호전문기관 또는 수사기관에 신고할 수 있다.[9] 다음에 해당하는 사람이 직무를 수행하면서 아동학대범죄를 알게 된 경우나 그 의심이 있는 경우에는 즉시 신고해야 한다. 신고자를 다른 사람에게 알려주거나 공개 또는 보도하여서는 안 된다. 누구든지 아동학대범죄신고자등에게 아동학대범죄신고등을 이유로 불이익조치를 하여서는 아니 된다.

시행된 이후 18차례에 걸쳐 개정되어 [시행 2026. 4. 23.] [법률 제20932호, 2025. 4. 22., 일부개정]에 이르고 있다.

7 아동학대범죄의 처벌 등에 관한 특례법 제2조.

8 아동학대범죄의 처벌 등에 관한 특례법 제9조.

9 아동학대범죄의 처벌 등에 관한 특례법 제10조~제10조의2.

아동학대 신고의무자 •

1. 아동권리보장원 및 가정위탁지원센터의 장과 그 종사자
2. 가정위탁지원센터의 장과 그 종사자
3. 아동복지시설의 장과 그 종사자
4. 아동복지전담공무원
5. 가정폭력피해자 보호시설의 장과 그 종사자
6. 건강가정지원센터의 장과 그 종사자
7. 다문화가족지원센터의 장과 그 종사자
8. 사회복지 전담공무원, 사회복지시설의 장과 그 종사자
9. 성매매피해상담소의 장과 그 종사자
10. 성폭력피해상담소, 성폭력피해자보호시설, 성폭력피해자통합지원센터의 장과 그 종사자
11. 구급대의 대원
12. 응급의료기관등에 종사하는 응급구조사
13. 육아종합지원센터의 장과 그 종사자, 어린이집의 원장 등 보육교직원
14. 유아교육법상 교직원 및 강사 등
15. 의료기관의 장과 그 의료기관에 종사하는 의료인 및 의료기사
16. 장애인복지시설의 장과 그 시설의 장애아동 상담·치료·훈련 또는 요양 업무 수행자
17. 정신건강복지센터, 정신의료기관, 정신요양시설, 정신재활시설의 장과 그 종사자
18. 청소년시설, 청소년단체의 장과 그 종사자
19. 청소년 보호·재활센터의 장과 그 종사자
20. 초·중등교육법상 교직원, 전문상담교사, 산학겸임교사 등
21. 한부모가족지원법상 한부모가족복지시설의 장과 그 종사자
22. 학원의 설립·운영 및 과외교습에 관한 법률상 학원의 운영자·강사·직원 및 교습소의 교습자·직원
23. 아이돌봄 지원법상 아이돌봄사
24. 아동복지법상 취약계층 아동에 대한 통합서비스지원 수행인력
25. 입양특례법상 입양기관의 장과 그 종사자

3. 직계존속 고소가능

피해아동 또는 그 법정대리인은 아동학대행위자를 고소할 수 있다. 법정대

리인이 아동학대행위자인 경우 또는 가해자와 공동으로 아동학대범죄를 범한 경우에는 피해아동의 친족이 고소할 수 있다.[10]

피해아동 또는 법정대리인은 가해자가 자기 또는 배우자의 직계존속인 경우에도 고소할 수 있다. 이 경우 형사소송법상 자기 또는 배우자의 직계존속을 고소하지 못한다는 고소불가의 원칙이 배제된다.[11]

피해아동에게 고소할 법정대리인이나 친족이 없는 경우에 이해관계인이 신청하면 검사는 10일 이내에 고소할 수 있는 사람을 지정하여야 한다.

4. 피해아동에 대한 변호사 선임

아동학대 피해자 및 그 법정대리인은 형사절차상 입을 수 있는 피해를 방어하고 법률적 조력을 보장하기 위하여 변호사를 선임할 수 있다.[12] 변호사는 수사 및 재판과정에 참여하여 의견을 진술할 수 있다.

변호사는 형사절차에서 피해자등의 대리가 허용될 수 있는 모든 소송행위에 대한 포괄적인 대리권을 가진다.

검사는 피해자에게 변호사가 없는 경우 국선변호사를 선정하여 형사 및 아동보호 절차에서 피해자의 권익을 보호하여야 한다.

5. 공소시효의 정지와 효력

아동학대범죄의 공소시효는 해당 아동학대범죄의 피해아동이 성년에 달한 날부터 진행한다.[13]

아동학대범죄에 대한 공소시효는 해당 아동보호사건이 법원에 송치된 때부터 시효 진행이 정지된다. 공범 중 1명에 대한 시효정지는 다른 공범자에게도 효력을 미친다.

---

10 아동학대범죄의 처벌 등에 관한 특례법 제10조의4.

11 이 경우 「형사소송법」 제224조는 배제된다.

12 아동학대범죄의 처벌 등에 관한 특례법 제16조.

13 아동학대범죄의 처벌 등에 관한 특례법 제34조.

6. 비밀엄수 등의 의무

아동학대범죄의 수사 또는 아동보호사건의 조사·심리 및 그 집행을 담당하거나 이에 관여하는 공무원, 보조인, 진술조력인, 아동보호전문기관 직원과 그 기관장, 상담소 등에 근무하는 상담원과 그 기관장 및 아동학대 신고의무자, 그 직에 있었던 사람은 그 직무상 알게 된 비밀을 누설하여서는 아니 된다.[14]

언론은 아동보호사건에 관련된 아동학대행위자, 피해아동, 고소인, 고발인 또는 신고인의 주소, 성명, 나이, 직업, 용모, 그 밖에 이들을 특정하여 파악할 수 있는 인적 사항이나 사진 등을 신문 등 출판물에 싣거나 방송매체를 통하여 방송할 수 없다.

피해아동의 교육 또는 보육을 담당하는 학교의 교직원 또는 보육교직원은 정당한 사유가 없으면 해당 아동의 취학, 진학, 전학 또는 입소 등의 사실을 아동학대행위자인 친권자를 포함하여 누구에게든지 누설하여서는 아니 된다.

III. 응급조치와 긴급임시조치

1. 현장출동: 경찰 및 아동학대전담공무원

아동학대범죄 신고를 접수한 사법경찰관리나 아동학대전담공무원은 지체 없이 아동학대범죄의 현장에 출동하여야 한다.[15] 이 경우 수사기관의 장이나 자치단체장은 서로 동행하여 줄 것을 요청할 수 있으며, 그 요청을 받은 수사기관의 장이나 자치단체장은 정당한 사유가 없으면 사법경찰관리나 그 아동학대전담공무원이 아동학대범죄 현장에 동행하도록 조치하여야 한다.

① 조사 및 질문

출동한 사법경찰관리나 아동학대전담공무원은 아동학대범죄가 행하여지고 있는 것으로 신고된 현장 또는 피해아동을 보호하기 위하여 필요한 장소에 출입

14 아동학대범죄의 처벌 등에 관한 특례법 제62조.

15 아동학대범죄의 처벌 등에 관한 특례법 제11조.

하여 아동 또는 아동학대행위자 등 관계인에 대하여 조사를 하거나 질문을 할 수 있다.

다만, 아동학대전담공무원은 다음의 범위에서만 아동학대행위자 등 관계인에 대하여 조사 또는 질문을 할 수 있다.

1. 피해아동의 보호
2. 「아동복지법」 제22조의4의 사례관리계획에 따른 사례관리

② 아동보호전문기관 직원의 동행 요청

자치단체장은 현장출동 시 아동보호 및 사례관리를 위하여 필요한 경우 아동보호전문기관의 장에게 아동보호전문기관의 직원이 동행할 것을 요청할 수 있다. 이 경우 아동보호전문기관의 직원은 피해아동의 보호 및 사례관리를 위한 범위에서 아동학대전담공무원의 조사에 참여할 수 있다.

③ 증표 제시 등

출입이나 조사를 하는 사법경찰관리, 아동학대전담공무원 또는 아동보호전문기관의 직원은 그 권한을 표시하는 증표를 지니고 이를 관계인에게 내보여야 한다.

또한 피해아동, 아동학대범죄신고자등, 목격자 등이 자유롭게 진술할 수 있도록 아동학대행위자로부터 분리된 곳에서 조사하는 등 필요한 조치를 하여야 한다.

④ 거부 및 방해 금지

누구든지 현장에 출동한 사법경찰관리, 아동학대전담공무원 또는 아동보호전문기관의 직원이 출입 및 현장조사 업무를 수행할 때에 폭행·협박이나 현장조사를 거부하는 등 그 업무 수행을 방해하는 행위를 하여서는 아니 된다.

⑤ 현장출동 조사 등의 통보

현장출동이 동행하여 이루어지지 아니한 경우 수사기관의 장이나 자치단체장은 현장출동에 따른 조사 등의 결과를 서로에게 통지하여야 한다.

2. 응급조치: 경찰 및 아동학대전담공무원

① 응급조치 유형

현장에 출동하거나 아동학대범죄 현장을 발견한 경우 또는 학대현장 이외의 장소에서 학대피해가 확인되고 재학대의 위험이 급박·현저한 경우, 사법경찰관리 또는 아동학대전담공무원은 피해아동, 피해아동의 형제자매인 아동 및 피해아동과 동거하는 아동 등의 보호를 위하여 즉시 다음 각 호의 응급조치를 하여야 한다.[16]

이 경우 제3호의 조치를 하는 때에는 피해아동등의 이익을 최우선으로 고려하여야 하며, 피해아동등을 보호하여야 할 필요가 있는 등 특별한 사정이 있는 경우를 제외하고는 피해아동등의 의사를 존중하여야 한다.

1. 아동학대범죄 행위의 제지
2. 아동학대행위자를 피해아동등으로부터 격리
3. 피해아동등을 아동학대 관련 보호시설로 인도
4. 긴급치료가 필요한 피해아동을 의료기관으로 인도
5. 피해아동등을 연고자등에게 인도

사법경찰관리는 제1호 또는 제2호의 조치를 위하여 다른 사람의 토지·건물·배 또는 차에 출입할 수 있다.

② 자치단체장등에의 통보

사법경찰관리나 아동학대전담공무원은 피해아동등을 분리·인도하여 보호하는 경우 지체 없이 피해아동등을 인도받은 보호시설·의료시설, 연고자 등을 관할하는 자치단체장에게 그 사실을 통보하여야 한다.

③ 응급조치 기한

제2호부터 제4호까지의 응급조치는 72시간을 넘을 수 없다. 다만, 72시간 안에 공휴일이나 토요일이 포함되는 경우로서 피해아동등의 보호를 위하여 필요하다고 인정되는 경우에는 48시간의 범위에서 그 기간을 연장할 수 있다.

16 아동학대범죄의 처벌 등에 관한 특례법 제12조.

또한 검사가 임시조치를 법원에 청구한 경우에는 법원의 임시조치 결정 시까지 응급조치 기간이 연장된다.

④ 응급조치결과보고서 작성 및 송부

사법경찰관리 또는 아동학대전담공무원이 응급조치를 한 경우에는 즉시 응급조치결과보고서를 작성하여야 한다. 이에는 피해사실의 요지, 응급조치가 필요한 사유, 응급조치의 내용 등을 기재하여야 한다.

사법경찰관리가 응급조치를 한 경우에는 관할 경찰관서의 장이 자치단체장에게, 아동학대전담공무원이 응급조치를 한 경우에는 소속 자치단체장이 관할 경찰관서의 장에게 작성된 응급조치결과보고서를 지체 없이 송부하여야 한다.

응급조치결과보고서에는 피해사실의 요지, 응급조치가 필요한 사유, 응급조치의 내용 등을 기재하여야 한다.

⑤ 방해금지

누구든지 아동학대전담공무원이나 사법경찰관리가 업무를 수행할 때에 폭행·협박이나 응급조치를 저지하는 등 그 업무 수행을 방해하는 행위를 하여서는 아니 된다.

표 12-8 응급조치

분류	건수		조치 내용									
			1호		2호		3호		4호		계(중복집계)	
아동학대 전담공무원	171	(11.0)	24	(11.7)	54	(26.2)	122	(59.2)	6	(2.9)	206	(100.0)
경찰	1,379	(89.0)	839	(44.1)	570	(30.0)	473	(24.9)	21	(1.1)	1,903	(100.0)
계	1,550	(100.0)	863	(40.9)	624	(29.6)	595	(28.2)	27	(1.3)	2,109	(100.0)

자료: 보건복지부, 2023년 주요아동학대통계, 2024, 26.

3. 긴급임시조치: 사법경찰관

① 권한: 사법경찰관

② 내용

사법경찰관은 응급조치에도 불구하고 아동학대범죄가 재발될 우려가 있고, 긴급을 요하여 법원의 임시조치 결정을 받을 수 없을 때에는 직권이나 피해아동, 그 법정대리인(아동학대행위자를 제외), 변호사[17] 또는 아동보호전문기관의 장의 신청에 따라 다음의 긴급일시조치를 할 수 있다.[18]

1. 아동학대범죄 행위의 제지
2. 아동학대행위자를 피해아동으로부터 격리
3. 피해아동을 아동학대 관련 보호시설로 인도, 피해아동의 의사존중, 단 보호필요가 있는 경우 예외

③ 사후조치

사법경찰관은 즉시 긴급임시조치결정서를 작성하여야 한다. 긴급임시조치 결정서에는 범죄사실의 요지, 긴급임시조치가 필요한 사유, 긴급임시조치의 내용 등을 기재하여야 한다. 이 내용을 지체 없이 통지하여야 한다.

④ 검사에 대한 임시조치의 청구

사법경찰관이 응급조치(제2호－제4호) 또는 긴급임시조치를 하였거나 자치단체장으로부터 응급조치(제2호－제4호)가 행하여졌다는 통지를 받은 때에는 지체 없이 검사에게 임시조치의 청구를 신청하여야 한다.[19]

피해아동, 그 법정대리인, 변호사, 시 · 도지사, 시장 · 군수 · 구청장 또는 아동보호전문기관의 장은 검사 또는 사법경찰관에게 임시조치의 청구 또는 그 신청을 요청하거나 이에 관하여 의견을 진술할 수 있다.[20]

17 이 법 제16조 피해아동에 대한 변호사 선임의 특례에 의해 선임된 변호인
18 아동학대범죄의 처벌 등에 관한 특례법 제13조.
19 아동학대범죄의 처벌 등에 관한 특례법 제15조 제1항.
20 아동학대범죄의 처벌 등에 관한 특례법 제14조 제2항－제3항.

임시조치 청구 요청을 받은 사법경찰관이 임시조치를 신청하지 아니하는 경우 검사 및 임시조치를 요청한 자에게 그 사유를 통지하여야 한다.

4. 임시조치청구: 검사

① 권한: 검사

② 내용

검사는 아동학대범죄가 재발될 우려가 있다고 인정하는 경우에는 직권으로 또는 사법경찰관이나 보호관찰관의 신청에 따라 법원에 임시조치를 청구할 수 있다.[21]

응급조치 후 사법경찰관의 청구로 검사가 임시조치를 청구하는 때에는 응급조치가 있었던 때부터 72시간 이내에, 긴급임시조치가 있었던 때부터 48시간 이내에 하여야 한다. 이 경우 응급조치결과보고서 및 긴급임시조치결정서를 첨부하여야 한다.

Ⅳ. 임시조치

1. 권한: 판사

가정법원 판사[22]가 아동학대범죄의 원활한 조사·심리 또는 피해아동 보호를 위하여 필요하다고 인정하는 경우에는 아동학대행위자에게 결정으로 일정한 조치를 부과하는 것을 말한다.[23]

검사는 아동학대범죄가 재발될 우려가 있다고 인정하는 경우에는 직권으로 또는 사법경찰관이나 보호관찰관의 신청에 따라 법원에 임시조치를 청구할 수 있다. 또한 피해아동, 그 법정대리인, 변호사 또는 아동보호전문기관의 장은 검사 또는 사법경찰관에게 임시조치의 청구 또는 그 신청을 요청하거나 이에 관하여 의견을 진술할 수 있다.

21 아동학대범죄의 처벌 등에 관한 특례법 제14조 제1항.

22 가정법원이 없는 경우는 해당 지방법원(지원).

23 아동학대범죄의 처벌 등에 관한 특례법 제18조－제19조.

2. 종류

임시조치의 종류는 다음과 같다.

판사는 피해아동에 대해 응급조치[24]가 행하여진 경우에는 임시조치가 청구된 때로부터 24시간 이내에 다음의 임시조치 여부를 결정하여야 한다. 각 처분은 병과할 수 있다.

임시조치

1. 피해아동 또는 가정구성원의 주거로부터 퇴거 등 격리
2. 피해아동 또는 가정구성원의 주거, 학교 또는 보호시설 등에서 100미터 이내의 접근 금지
3. 피해아동 또는 가정구성원에 대한 「전기통신기본법」 제2조제1호의 전기통신을 이용한 접근 금지
4. 친권 또는 후견인 권한 행사의 제한 또는 정지
5. 아동보호전문기관 등에의 상담 및 교육 위탁
6. 의료기관이나 그 밖의 요양시설에의 위탁
7. 경찰관서의 유치장 또는 구치소에의 유치

표 12-9 유형별 임시조치

신청인	인용 건수	기각 건수	총 건수	인용 세부 내용													
				1호	2호							3호	4호	5호	6호	7호	결정계 (중복 집계)
					주거	학교 학원	보호 시설	병원	기타	소계 (중복 집계)	소계 (중복 제외)						
검사	794	6	800	165	258	245	0	10	31	544	385	251	5	583	17	4	1,410
	(99.3)	(0.8)	(100.0)	(11.7)	(47.4)	(45.0)	(0.0)	(1.8)	(5.7)	(100.0)	(27.3)	(17.8)	(0.4)	(41.4)	(1.2)	(0.3)	(100.0)
사법경찰관	1,835	26	1,861	380	640	606	0	27	65	1,338	1,015	613	11	1,305	24	4	3,352
	(98.6)	(1.4)	(100.0)	(11.3)	(47.8)	(45.3)	(0.0)	(2.0)	(4.9)	(100.0)	(30.3)	(18.3)	(0.3)	(38.9)	(0.7)	(0.1)	(100.0)
시·군·구청장	30	0	30	1	8	5	0	1	0	14	9	9	0	23	2	0	44
	(100.0)	(0.0)	(100.0)	(2.3)	(57.1)	(35.7)	(0.0)	(7.1)	(0.0)	(100.0)	(20.5)	(20.5)	(0.0)	(52.3)	(4.6)	(0.0)	(100.0)

24 제2호부터 제4호.

변호사	0	4	4	0	0	4	0	0	0	4	4	4	0	0	0	0	8
	(0.0)	(100.0)	(100.0)	(0.0)	(0.0)	(100.0)	(0.0)	(0.0)	(0.0)	(100.0)	(50.0)	(50.0)	(0.0)	(0.0)	(0.0)	(0.0)	(100.0)
피해아동의 법정대리인	2	2	4	1	1	1	0	0	0	2	1	0	1	2	0	0	5
	(50.0)	(50.0)	(100.0)	(20.0)	(50.0)	(50.0)	(0.0)	(0.0)	(0.0)	(100.0)	(20.0)	(0.0)	(20.0)	(40.0)	(0.0)	(0.0)	(100.0)
피해아동	23	0	23	0	5	6	0	1	3	15	12	2	0	18	0	0	32
	(100.0)	(0.0)	(100.0)	(0.0)	(33.3)	(40.0)	(0.0)	(6.7)	(20.0)	(100.0)	(37.5)	(6.3)	(0.0)	(56.3)	(0.0)	(0.0)	(100.0)
판사직권	300	0	300	50	109	115	0	1	6	231	156	75	2	203	1	2	489
	(100.0)	(0.0)	(100.0)	(10.2)	(47.2)	(49.8)	(0.0)	(0.4)	(2.6)	(100.0)	(31.9)	(15.3)	(0.4)	(41.5)	(0.2)	(0.4)	(100.0)
계	2,984	38	3,022	597	1,021	982	0	40	105	2,148	1,582	954	19	2,134	44	10	5,340
	(98.7)	(1.3)	(100.0)	(11.2)	(47.5)	(45.7)	(0.0)	(1.9)	(4.9)	(100.0)	(29.6)	(17.9)	(0.4)	(40.0)	(0.8)	(0.2)	(100.0)

자료: 보건복지부, 2023년 주요아동학대통계, 2024, 28.

3. 기간 및 변경

각 임시조치 기간은 2개월을 초과할 수 없다. 다만, 피해아동의 보호를 위하여 그 기간을 연장할 필요가 있다고 인정하는 경우에는 결정으로 제1호부터 제3호까지의 규정에 따른 임시조치는 2회, 제4호부터 제7호까지는 1회, 각 기간의 범위에서 연장할 수 있다.

판사는 직권 또는 아동학대행위자, 그 법정대리인이나 보조인이 임시조치 결정의 취소 또는 그 종류의 변경을 신청한 경우 정당한 이유가 있는 경우 결정으로 해당 임시조치를 취소하거나 그 종류를 변경할 수 있다.

4. 불이행 처벌

임시조치를 불이행한 아동학대행위자는 2년 이하의 징역 또는 2천만원 이하의 벌금 또는 구류에 처한다.[25]

25 아동학대범죄의 처벌 등에 관한 특례법 제59조.

V. 보호처분

1. 권한: 판사

판사는 보호처분이 필요하다고 인정하는 경우에는 결정으로 보호처분을 할 수 있다. 각 처분은 병과할 수 있다.[26]

2. 종류

보호처분의 종류는 다음과 같다.

보호처분

1. 아동학대행위자가 피해아동 또는 가정구성원에게 접근하는 행위의 제한
2. 아동학대행위자가 피해아동 또는 가정구성원에게 「전기통신기본법」 제2조제1호의 전기통신을 이용하여 접근하는 행위의 제한
3. 피해아동에 대한 친권 또는 후견인 권한 행사의 제한 또는 정지
4. 보호관찰 등에 관한 법률에 따른 사회봉사·수강명령
5. 보호관찰 등에 관한 법률에 따른 보호관찰

5-2. 피해아동을 아동보호전문기관, 상담소 등으로의 상담·치료위탁

6. 법무부장관 소속으로 설치한 감호위탁시설 또는 법무부장관이 정하는 보호시설에의 감호위탁
7. 의료기관에의 치료위탁
8. 아동보호전문기관, 상담소 등에의 상담위탁

3. 기간 및 변경

사회봉사·수강명령의 시간은 각각 200시간을 초과할 수 없으며, 나머지는 1년을 초과할 수 없다.

법원은 직권 또는 검사, 보호관찰관 또는 수탁기관의 장의 청구에 의하여 결정으로 1회에 한정하여 보호처분의 종류와 기간을 변경할 수 있다. 이 경우

26 아동학대범죄의 처벌 등에 관한 특례법 제36조-제43조.

종전의 처분기간을 합산하여 사회봉사·수강명령의 시간은 400시간을, 그리고 나머지는 2년을 각각 초과할 수 없다.[27]

4. 취소

법원은 보호처분을 받은 아동학대행위자가 4호부터 8호까지의 보호처분 결정을 이행하지 아니하거나 그 집행에 따르지 아니하면 직권 또는 검사, 피해아동, 그 법정대리인, 변호사, 자치단체장, 보호관찰관이나 수탁기관의 장의 청구에 의하여 결정으로 그 보호처분을 취소하고 다음에 따라 처리하여야 한다.[28]

1. 검사가 송치한 사건인 경우에는 관할 법원에 대응하는 검찰청의 검사에게 송치
2. 법원이 송치한 사건인 경우에는 송치한 법원에 이송

5. 종료

법원은 아동학대행위자의 성행이 교정되어 정상적인 가정생활이 유지될 수 있다고 판단되거나 그 밖에 보호처분을 계속할 필요가 없다고 인정하는 경우에는 직권 또는 검사, 피해아동, 그 법정대리인, 변호사, 자치단체장, 보호관찰관이나 수탁기관의 장의 청구에 의하여 결정으로 보호처분의 전부 또는 일부를 종료할 수 있다.[29]

6. 비용의 부담

감호위탁, 치료위탁, 상담위탁 보호처분[30]을 받은 아동학대행위자는 위탁 또는 보호처분에 필요한 비용을 부담한다. 다만, 아동학대행위자가 지급할 능력이 없는 경우에는 국가가 부담할 수 있다. 판사는 아동학대행위자에게 비용의 예납(豫納)을 명할 수 있다.[31]

---

27 아동학대범죄의 처벌 등에 관한 특례법 제37조.

28 아동학대범죄의 처벌 등에 관한 특례법 제41조.

29 아동학대범죄의 처벌 등에 관한 특례법 제42조.

30 6. 법무부장관 소속으로 설치한 감호위탁시설 또는 법무부장관이 정하는 보호시설에의 감호위탁
7. 의료기관에의 치료위탁
8. 아동보호전문기관, 상담소 등에의 상담위탁

7. 보호처분 등의 불이행죄

보호처분이 확정된 후에 이를 이행하지 아니한 아동학대행위자는 2년 이하의 징역 또는 2천만원 이하의 벌금 또는 구류에 처한다.

VI. 피해아동보호명령

1. 권한: 판사

판사는 직권 또는 피해아동, 그 법정대리인, 변호사, 자치단체장의 청구에 따라 결정으로 피해아동의 보호를 위하여 피해아동보호명령을 할 수 있다. 각 호의 처분은 병과할 수 있다.

피해아동보호명령사건의 관할은 아동학대행위자의 행위지·거주지 또는 현재지 및 피해아동의 거주지 또는 현재지를 관할하는 가정법원(법원)으로 한다.[32]

보호명령의 기간은 1년을 초과할 수 없다. 다만, 관할 법원의 판사는 피해아동의 보호를 위하여 그 기간의 연장이 필요하다고 인정하는 경우 직권 또는 피해아동, 그 법정대리인, 변호사의 청구에 따른 결정으로 3개월 단위로 그 기간을 연장할 수 있다. 기간을 연장하더라도 피해아동보호명령의 총 기간은 4년을 초과할 수 없다.

2. 종류

피해아동보호명령의 종류는 다음과 같다.

피해아동보호명령

1. 아동학대행위자를 피해아동의 주거지 또는 점유하는 방실(房室)로부터의 퇴거 등 격리
2. 아동학대행위자가 피해아동 또는 가정구성원에게 접근하는 행위의 제한
3. 아동학대행위자가 피해아동 또는 가정구성원에게 「전기통신기본법」 제2조제1호의 전기

31 아동학대범죄의 처벌 등에 관한 특례법 제43조.

32 아동학대범죄의 처벌 등에 관한 특례법 제46조－제47조.

통신을 이용하여 접근하는 행위의 제한
4. 피해아동을 아동복지시설 또는 장애인복지시설로의 보호위탁
5. 피해아동을 의료기관으로의 치료위탁
5-2. 피해아동을 아동보호전문기관, 상담소 등으로의 상담·치료위탁
6. 피해아동을 연고자 등에게 가정위탁
7. 친권자인 아동학대행위자의 피해아동에 대한 친권 행사의 제한 또는 정지
8. 후견인인 아동학대행위자의 피해아동에 대한 후견인 권한의 제한 또는 정지
9. 친권자 또는 후견인의 의사표시를 갈음하는 결정

피해아동보호명령은 모두 255건이 청구되었고, 236건이 인용, 19건이 기각되었다. 이 가운데임시보호명령이 필요하다고 판정받은 건수는 134건으로 나타났다.[33]

구체적으로 피해아동보호명령 인용 건수에 대해 살펴보면 시·도지사, 시장·군수·구청장은 130건을 청구하여 128건이 인용되었다. 아동보호전문기관장이 청구하여 인용된 건수는 총 74건으로 청구건수의 83.1%가 인용되었다. 변호사는 8건을 청구하여 100% 인용되었다. 판사 직권으로 피해아동보호명령이 인용된 건수는 1건이었다.

피해아동보호명령은 2호(학대행위자의 접근제한 조치)가 120건(25.9%)으로 가장 높았고, 5－2호(피해아동 상담·치료위탁) 102건(22.0%), 3호(전기통신 접근제한) 96건(20.7%), 4호(피해아동 보호위탁) 73건(15.8%) 순으로 나타났다.

표 12-10 유형별 피해아동보호명령

청구인	인용 건수	기각 건수	총 건수	임시 보호 결정	임시 보호 기각	인용 세부 내용										
						1호	2호	3호	4호	5호	5-2호	6호	7호	8호	9호	계 (중복 집계)
아동 본인	3	1	4	1	3	1	3	2	0	0	0	0	0	0	0	6
	(75.0)	(25.0)	(100.0)	(25.0)	(75.0)	(16.7)	(50.0)	(33.3)	(0.0)	(0.0)	(0.0)	(0.0)	(0.0)	(0.0)	(0.0)	(100.0)
판사	2	0	2	2	0	0	1	0	0	0	0	0	1	0	0	2

33 보건복지부, 2021년 주요아동통계, 2022, 23.

직권	(100.0)	(0.0)	(100.0)	(100.0)	(0.0)	(0.0)	(50.0)	(0.0)	(0.0)	(0.0)	(0.0)	(0.0)	(50.0)	(0.0)	(0.0)	(100.0)
시·도지사, 시·군·구청장	99	15	114	67	47	14	72	58	21	1	10	6	1	12	9	204
	(86.8)	(13.2)	(100.0)	(58.8)	(41.2)	(6.9)	(35.3)	(28.4)	(10.3)	(0.5)	(4.9)	(2.9)	(0.5)	(5.9)	(4.4)	(100.0)
변호사	5	0	5	3	2	0	4	1	1	0	0	2	0	1	0	9
	(100.0)	(0.0)	(100.0)	(60.0)	(40.0)	(0.0)	(44.4)	(11.1)	(11.1)	(0.0)	(0.0)	(22.2)	(0.0)	(11.1)	(0.0)	(100.0)
피해아동의 법정대리인	24	2	26	16	10	6	19	14	2	0	0	0	0	0	2	43
	(92.3)	(7.7)	(100.0)	(61.5)	(38.5)	(14.0)	(44.2)	(32.6)	(4.7)	(0.0)	(0.0)	(0.0)	(0.0)	(0.0)	(4.7)	(100.0)
파악불가	0	0	0	0	0	0	0	0	0	0	0	0	0	0	0	0
	(0.0)	(0.0)	(0.0)	(0.0)	(0.0)	(0.0)	(0.0)	(0.0)	(0.0)	(0.0)	(0.0)	(0.0)	(0.0)	(0.0)	(0.0)	(0.0)
계	133	18	151	89	62	21	99	75	24	1	10	8	2	13	11	264
	(88.1)	(11.9)	(100.0)	(58.9)	(41.1)	(8.0)	(37.5)	(28.4)	(9.1)	(0.4)	(3.8)	(3.0)	(0.8)	(4.9)	(4.2)	(100.0)

자료: 보건복지부, 2023년 주요아동학대통계, 2024, 30.

3. 보조인

피해아동 및 아동학대행위자는 피해아동보호명령사건에 대하여 각자 보조인을 선임할 수 있다. 양자의 법정대리인·배우자·직계친족·형제자매, 아동학대전담공무원, 아동보호전문기관의 상담원과 그 기관장 및 국선 변호사는 보조인이 될 수 있다.[34]

변호사가 아닌 사람을 보조인으로 선임하거나, 보조인이 되려면 법원의 허가를 받아야 하며, 판사는 언제든지 허가를 취소할 수 있다.

4. 국선보조인

법원은 다음의 경우 직권에 의하거나 피해아동 또는 피해아동의 법정대리인·직계친족·형제자매, 아동학대전담공무원, 아동보호전문기관의 상담원과 그 기관장의 신청에 따라 변호사를 피해아동의 보조인으로 선정하여야 한다.[35]

1. 피해아동에게 신체적·정신적 장애가 의심되는 경우

34 아동학대범죄의 처벌 등에 관한 특례법 제48조.

35 아동학대범죄의 처벌 등에 관한 특례법 제49조.

2. 빈곤이나 그 밖의 사유로 보조인을 선임할 수 없는 경우
3. 그 밖에 판사가 보조인이 필요하다고 인정하는 경우

또한 법원은 아동학대행위자가 직계존속이거나 법정대리인인 경우 직권으로 변호사를 아동학대행위자의 보조인으로 선정할 수 있다.

5. 피해아동보호명령의 집행 및 취소와 변경

관할 법원의 판사는 피해아동보호명령을 하는 경우, 가정보호사건조사관, 법원공무원, 사법경찰관리 또는 구치소 소속 교정직공무원으로 하여금 이를 집행하게 하거나, 자치단체장에게 그 집행을 위임할 수 있다.[36]

피해아동, 그 법정대리인, 변호사, 자치단체장은 보호명령의 취소 또는 그 종류의 변경을 신청할 수 있으며, 아동보호전문기관의 장은 자치단체장에게 보호명령의 취소 또는 그 종류의 변경 신청을 요청할 수 있다.

판사는 상당한 이유가 있다고 인정하는 때에는 직권 또는 피해아동 등의 신청에 따라 결정으로 해당 피해아동보호명령을 취소하거나 그 종류를 변경할 수 있다.

6. 피해아동에 대한 임시보호명령

관할 법원의 판사는 피해아동보호명령의 청구가 있는 경우에 피해아동 보호를 위하여 필요하다고 인정하는 때에는 결정으로 임시보호명령을 할 수 있다.

임시보호명령의 기간은 피해아동보호명령의 결정 시까지로 한다. 다만, 판사는 필요하다고 인정하는 경우에는 그 기간을 제한할 수 있다.[37]

7. 이행실태의 조사

관할 법원은 가정보호사건조사관, 법원공무원, 사법경찰관리 또는 보호관찰관 등으로 하여금 임시보호명령 및 피해아동보호명령의 이행실태에 대하여 수

36 아동학대범죄의 처벌 등에 관한 특례법 제50조.
37 아동학대범죄의 처벌 등에 관한 특례법 제52조.

시로 조사하게 하고, 지체 없이 그 결과를 보고하도록 할 수 있다.[38]

법원은 아동학대행위자가 그 결정을 이행하지 아니하거나 집행에 따르지 아니하는 때에는 그 사실을 관할 법원에 대응하는 검찰청 검사에게 통보할 수 있다.

피해아동보호명령을 위반한 아동학대행위자는 2년 이하의 징역 또는 2천만 원 이하의 벌금 또는 구류에 처한다.[39]

제4절 아동복지법상 피해자 지원

Ⅰ. 제정배경

「아동복지법」은 아동학대방지 등을 포함한 아동복지에 대한 기본적인 정책 방향을 제시하는 근거법이라고 할 수 있다. 아동복지법상 아동이란 18세 미만인 사람을 말한다.[40]

아동복지법은 유엔아동인권협약에 준하는 아동의 안전, 건강, 복지 증진을 위하여 제정된 것으로 아동의 기본권을 존중하고 아동이 행복하게 성정할 수 있도록 다양한 규정들을 제시하고 있다. 특히 학대피해의 아동에 대한 국가와 지방자치단체의 책임 및 친권상실, 학대행위자에 대한 취업제한 등의 근거규정 등을 두어 아동의 안전을 돕고 있다.

아동복지법은 다음의 경우는 아동학대행위로 간주한다.[41]

1. 아동을 매매하는 행위
2. 아동에게 음란한 행위를 시키거나 이를 매개하는 행위 또는 아동에게 성적 수치심을 주는 성희롱 등의 성적 학대행위

38 아동학대범죄의 처벌 등에 관한 특례법 제53조.

39 아동학대범죄의 처벌 등에 관한 특례법 제59조.

40 아동복지법은 법률 제912호, 1961. 12. 30., 제정, 1962. 1. 1.부터 시행되었고, 그동안 71차례의 개정을 거쳐 [시행 2026. 4. 2.] [법률 제20885호, 2025. 4. 1., 일부개정]에 이르고 있다.

41 아동복지법 제17조.

3. 아동의 신체에 손상을 주거나 신체의 건강 및 발달을 해치는 신체적 학대행위
4. 아동의 정신건강 및 발달에 해를 끼치는 정서적 학대행위(가정폭력에 아동을 노출시키는 행위로 인한 경우를 포함)
5. 자신의 보호·감독을 받는 아동을 유기하거나 의식주를 포함한 기본적 보호·양육·치료 및 교육을 소홀히 하는 방임행위
6. 장애를 가진 아동을 공중에 관람시키는 행위
7. 아동에게 구걸을 시키거나 아동을 이용하여 구걸하는 행위
8. 공중의 오락 또는 흥행을 목적으로 아동의 건강 또는 안전에 유해한 곡예를 시키는 행위 또는 이를 위하여 아동을 제3자에게 인도하는 행위
9. 정당한 권한을 가진 알선기관 외의 자가 아동의 양육을 알선하고 금품을 취득하거나 금품을 요구 또는 약속하는 행위
10. 아동을 위하여 증여 또는 급여된 금품을 그 목적 외의 용도로 사용하는 행위

II. 아동학대 피해의 예방과 방지

1. 국가와 자치단체의 공동의무

① 아동학대의 예방과 방지조치

국가와 자치단체는 아동학대의 예방과 방지를 위하여 다음의 조치를 취하여야 한다.[42]

1. 아동학대의 예방과 방지를 위한 각종 정책의 수립 및 시행
2. 아동학대의 예방과 방지를 위한 연구·교육·홍보 및 아동학대 실태조사
3. 아동학대에 관한 신고체제의 구축·운영
4. 피해아동의 보호와 치료 및 피해아동의 가정에 대한 지원
5. 그 밖에 대통령령으로 정하는 아동학대의 예방과 방지를 위한 사항

② 학생등에 대한 학대 예방 및 지원 등

국가와 지방자치단체는 유치원의 유아 및 초중고교생에 대한 아동학대의

42 아동복지법 제22－제26조.

조기 발견 체계 및 아동보호전문기관 등 관련 기관과의 연계 체계를 구축하고, 학대피해 학생등이 유치원 또는 학교에 안정적으로 적응할 수 있도록 지원하여야 한다. 이 경우 교육부장관 또는 교육감이 지정하는 기관에 위탁할 수 있다.[43]

교육부장관 또는 교육감은 아동학대의 조기 발견과 신속한 보호조치를 위하여 장기결석 학생등의 정보 등을 보건복지부장관과 공유하여야 한다.

보건복지부장관과 지방자치단체의 장은 아동학대의 조기 발견과 신속한 보호조치를 위하여 학대피해 우려가 있는 아동에 대한 정보를 교육부장관 또는 교육감과 공유하여야 한다.

③ 아동정책영향평가

국가와 지방자치단체는 아동 관련 정책이 아동복지에 미치는 영향을 분석·평가하고, 그 결과를 아동 관련 정책의 수립·시행에 반영하여야 한다. 국가와 지방자치단체는 아동권리보장원에 아동정책영향평가를 위탁할 수 있다.[44]

2. 국가의 의무

① 아동권리보장원의 설립 및 운영

보건복지부장관은 아동정책에 대한 종합적인 수행과 아동복지 관련 사업의 효과적인 추진을 위하여 필요한 정책의 수립을 지원하고 사업평가 등의 업무를 수행할 수 있도록 아동권리보장원을 설립한다.[45]

보장원은 아동학대예방사업의 활성화 등을 위하여 다음의 업무를 수행한다.

1. 아동정책 수립을 위한 자료 개발 및 정책 분석
2. 아동정책의기본계획 수립 및 국가 및 자치단체의 시행계획 평가 지원
3. 아동정책조정위원회위원회 운영 지원
4. 아동정책영향평가 지원
5. 아동보호서비스에 대한 기술지원
6. 아동학대의 예방과 방지를 위한 업무

43 아동복지법 제22조의2.

44 아동복지법 제11조의2.

45 아동복지법 제10조의2.

7. 가정위탁사업 활성화 등을 위한 업무
8. 지역 아동복지사업 및 아동복지시설의 원활한 운영을 위한 지원
9. 「국내입양에 관한 특별법」 및 「국제입양에 관한 법률」에 따른 입양 체계의 구축 및 운영을 위한 다음의 업무
   - 국내외 입양정책 및 서비스에 관한 조사 · 연구
   - 양부모 및 예비양부모에 대한 교육 운영
   - 입양정책위원회 운영 지원
   - 입양정보 공개 청구 관련 업무
   - 입양 관련 국제협력 업무
   - 보건복지부장관으로부터 위탁받은 업무
   - 보건복지부장관이 필요하다고 인정하는 업무
10. 아동 관련 조사 및 통계 구축
11. 아동 관련 교육 및 홍보
12. 아동 관련 해외정책 조사 및 사례분석
13. 그 밖에 이 법 또는 다른 법령에 따라 보건복지부장관, 국가 또는 지방자치단체로부터 위탁받은 업무

② 아동학대예방의 날

아동의 건강한 성장을 도모하고, 범국민적으로 아동학대의 예방과 방지에 관한 관심을 높이기 위하여 매년 11월 19일을 아동학대예방의 날로 지정하고, 아동학대예방의 날부터 1주일을 아동학대예방주간으로 한다.[46]

③ 홍보영상의 제작 · 배포 · 송출

보건복지부장관은 아동학대의 예방과 방지, 위반행위자의 계도를 위한 교육 등에 관한 홍보영상을 제작하여 방송편성책임자에게 배포하여야 한다.[47] 보건복지부장관은 방송사업자에게 비상업적 공익광고 편성비율의 범위에서 이 홍보영상을 채널별로 송출하도록 요청할 수 있다.

방송사업자는 홍보영상 외에 독자적인 홍보영상을 제작하여 송출할 수 있

46 아동복지법 제23조.

47 아동복지법 제24조.

다. 이 경우 보건복지부장관에게 필요한 협조 및 지원을 요청할 수 있다.

④ 국가아동정보시스템의 관리

보건복지부장관은 아동학대 관련 정보를 공유하고 아동학대를 예방하기 위하여 피해아동, 그 가족 및 아동학대행위자에 관한 정보와 아동학대예방사업에 관한 정보를 아동정보시스템에 입력·관리하여야 한다.[48]

다음에 해당하는 자는 아동의 보호 및 아동학대 발생 방지를 위하여 필요한 경우 아동정보시스템상의 피해아동, 그 가족 및 아동학대행위자에 관한 정보를 보건복지부장관에게 요청할 수 있다. 이 경우 목적과 필요한 정보의 범위를 구체적으로 기재하여야 한다.

1. 시·도지사 및 시장·군수·구청장
2. 판사, 검사 및 경찰관서의 장
3. 「초·중등교육법」에 따른 학교의 장
4. 제29조의7에 따른 아동학대 전담의료기관의 장
5. 아동복지시설의 장
6. 「입양특례법」 제20조에 따른 입양기관의 장
7. 그 밖에 대통령령으로 정하는 피해아동의 보호 및 지원 관련 기관 또는 단체의 장

보건복지부장관은 이 경우 아동정보시스템상의 해당 정보를 제공할 수 있다. 다만, 피해아동의 보호를 위하여 정보의 제공을 제한할 수 있다.

피해아동관련 정보를 취득한 사람은 요청 목적 외로 해당 정보를 사용하거나 다른 사람에게 제공 또는 누설하여서는 아니 된다.

⑤ 아동종합실태조사

보건복지부장관은 3년마다 아동의 양육 및 생활환경, 언어 및 인지 발달, 정서적·신체적 건강, 아동안전, 아동학대 등 아동의 종합실태를 조사하여 그 결과를 공표하고, 이를 기본계획과 시행계획에 반영하여야 한다.[49]

48 아동복지법 제28조의2.

49 아동복지법 제11조.

3. 자치단체의 의무

① 긴급전화설치

지방자치단체는 아동학대를 예방하고 수시로 신고를 받을 수 있도록 긴급전화를 설치하여야 한다.[50]

② 피해아동의 발견 및 보호업무

시·도지사 또는 시장·군수·구청장은 피해아동의 발견 및 보호 등을 위하여 다음의 업무를 수행하여야 한다.

1. 아동학대 신고접수, 현장조사 및 응급보호
2. 피해아동, 피해아동의 가족 및 아동학대행위자에 대한 상담·조사
3. 그 밖에 대통령령으로 정하는 아동학대 관련 업무

③ 아동학대전담공무원 배치

시·도지사 또는 시장·군수·구청장은 위의 업무를 수행하기 위하여 아동학대전담공무원을 두어야 한다.

아동학대전담공무원은 「사회복지사업법」 제11조에 따른 사회복지사의 자격을 가진 사람으로 하고 그 임용 등에 필요한 사항은 해당 자치단체 조례로 정한다.

④ 아동복지심의위원회 설치 운영

자치단체장은그 소속으로 아동복지심의위원회를 각각 둔다.

자치단체장은 심의위원회의 구성 및 운영 현황에 관한 조례를 정하고 그 운영사항을 연 1회 보건복지부장관에게 보고하여야 한다.

심의위원회는 위원장 및 부위원장 각 1명을 포함하여 15명 이내의 위원으로 성별을 고려하여 구성한다.[51]

심의위원회의 위원장은 자치단체장이 되고, 부위원장은 위원 중에서 호선한다.

---

50 아동복지법 제22조 제3항 – 제5항.

51 아동복지법 시행령 제13조.

1. 아동정책 시행계획 수립 및 시행에 관한 사항
2. 제15조에 따른 보호조치에 관한 사항
3. 제16조에 따른 퇴소조치에 관한 사항
4. 제16조의3에 따른 보호기간의 연장 및 보호조치의 종료에 관한 사항
5. 제18조에 따른 친권행사의 제한이나 친권상실 선고 청구에 관한 사항
6. 제19조에 따른 아동의 후견인의 선임이나 변경 청구에 관한 사항
7. 지원대상아동의 선정과 그 지원에 관한 사항
8. 그 밖에 아동의 보호 및 지원서비스를 위하여 시·도지사 또는 시장·군수·구청장이 필요하다고 인정하는 사항

위원은 소속 공무원 중에서 시·도지사 또는 시장·군수·구청장이 지명하는 사람(시·도는 4급 이상 공무원, 시·군·구는 5급 이상 공무원)과 다음에 해당하는 사람 중에서 자치단체장이 위촉하는 사람이 된다.

이 경우 제1호부터 제6호까지의 규정에 해당하는 위원이 각각 1명 이상 포함되어야 한다.

1. 유아교육법 또는 초·중등교육법상 교원의 자격을 갖춘 사람
2. 시·도 교육청(교육지원청) 또는 지방고용노동관서에 소속된 공무원으로서 아동 관련 업무를 3년 이상 담당하고 있거나 담당했던 사람
3. 변호사법상 변호사의 자격이 있는 사람으로서 아동 분야에 관한 학식과 경험이 풍부한 사람
4. 의료법상 의사 면허를 소지한 사람으로서 아동 분야에 관한 학식과 경험이 풍부한 사람
5. 아동복지시설 또는 아동복지 관련 단체에서 아동 분야 업무를 3년 이상 전문적으로 담당하고 있거나 담당했던 사람
6. 경찰공무원 또는 자치경찰공무원으로 3년 이상 재직한 사람으로서 아동 분야에 관한 학식 및 경험이 풍부한 사람
7. 아동복지학, 사회복지학 또는 심리학 분야를 전공한 사람으로서 아동 분야에 관한 학식과 경험이 풍부한 사람
8. 그 밖에 시·도지사 또는 시장·군수·구청장이 아동 분야에 전문지식이 있다고 인정하는 사람

위촉위원의 임기는 2년으로 한다. 회의는 재적위원 과반수의 출석으로 개의하고, 출석위원 과반수의 찬성으로 의결한다. 심의위원회의 구성·운영 등에

필요한 사항은 자치단체 조례로 정한다.

⑤ 아동학대사례결정위원회 설치 운영

심의 업무[52]를 효율적으로 수행하기 위하여 그 소속으로 사례결정위원회를 두고, 사례결정위원회의 심의를 거친 사항은 심의위원회의 심의를 거친 사항으로 본다.[53]

사례결정위원회는 위원장 1명을 포함하여 7명 이내의 위원으로 성별을 고려하여 구성한다.

위원장은 다음의 심의위원회 위원 중에서 자치단체장이 지명하는 사람으로 한다.

1. 시·도 사례결정위원회: 시·도 소속 4급 이상 공무원
2. 시·군·구 사례결정위원회: 시·군·구 소속 5급 이상 공무원

위원은 심의위원회 위원 중에서 자치단체장이 지명하는 사람으로 한다. 회의는 재적위원 과반수의 출석으로 개의하고, 출석위원 과반수의 찬성으로 의결한다.

4. 아동의 안전에 대한 교육

① 교육계획수립

아동복지시설의 장, 「영유아보육법」에 따른 어린이집의 원장, 「유아교육법」에 따른 유치원의 원장 및 「초·중등교육법」에 따른 학교의 장은 교육대상 아동의 연령을 고려하여 매년 교육계획을 수립하여 교육을 실시하여야 한다.[54]

교육대상이 영유아인 경우 보건복지부령으로 정하는 자격을 갖춘 외부전문가로 하여금 다음의 아동학대 예방교육을 하게 할 수 있다.

1. 성폭력 예방
2. 아동학대 예방
3. 실종·유괴의 예방과 방지

52 제2호부터 제8호까지의 사항.

53 아동복지법 제12조. 아동복지법 시행령 제13조의2.

54 아동복지법 제31조.

4. 감염병 및 약물의 오남용 예방 등 보건위생관리
5. 재난대비 안전
6. 교통안전

② 교육보고

아동복지시설의 장, 어린이집의 원장은 교육계획 및 교육실시 결과를 관할 시장·군수·구청장에게 매년 1회 보고하여야 한다.

유치원의 원장 및 초중고교의 장은 교육계획 및 교육실시 결과를 관할 교육감에게 매년 1회 보고하여야 한다.

III. 아동학대 피해자를 위한 특례

1. 친권상실 선고의 청구 등

자치단체장 또는 검사는 아동의 친권자가 그 친권을 남용하거나 현저한 비행이나 아동학대, 그 밖에 친권을 행사할 수 없는 중대한 사유가 있는 것을 발견한 경우 아동의 복지를 위하여 필요하다고 인정할 때에는 법원에 친권행사의 제한 또는 친권상실의 선고를 청구하여야 한다.[55]

아동복지시설의 장 및 「초·중등교육법」에 따른 학교장은 위의 사유에 해당하는 경우 자치단체장 또는 검사에게 법원에 친권행사의 제한 또는 친권상실의 선고를 청구하도록 요청할 수 있다. 이 요청을 받은 자치단체장 또는 검사는 요청받은 날부터 30일 내에 청구 여부를 결정한 후, 해당 요청기관에 청구 또는 미청구 요지 및 이유를 서면으로 알려야 한다. 처리결과를 통보받은 아동복지시설의 장 및 학교의 장은 그 처리결과에 대하여 이의가 있을 경우 통보받은 날부터 30일 내에 직접 법원에 친권행사의 제한 또는 친권상실의 선고를 청구할 수 있다.

자치단체장 또는 검사는 친권행사의 제한 또는 친권상실의 선고 청구를 할 경우 보장원 또는 아동보호전문기관 등 아동복지시설의 장, 아동을 상담·치료

55 아동복지법 제18조.

그림 12-1 아동학대사건처리 절차

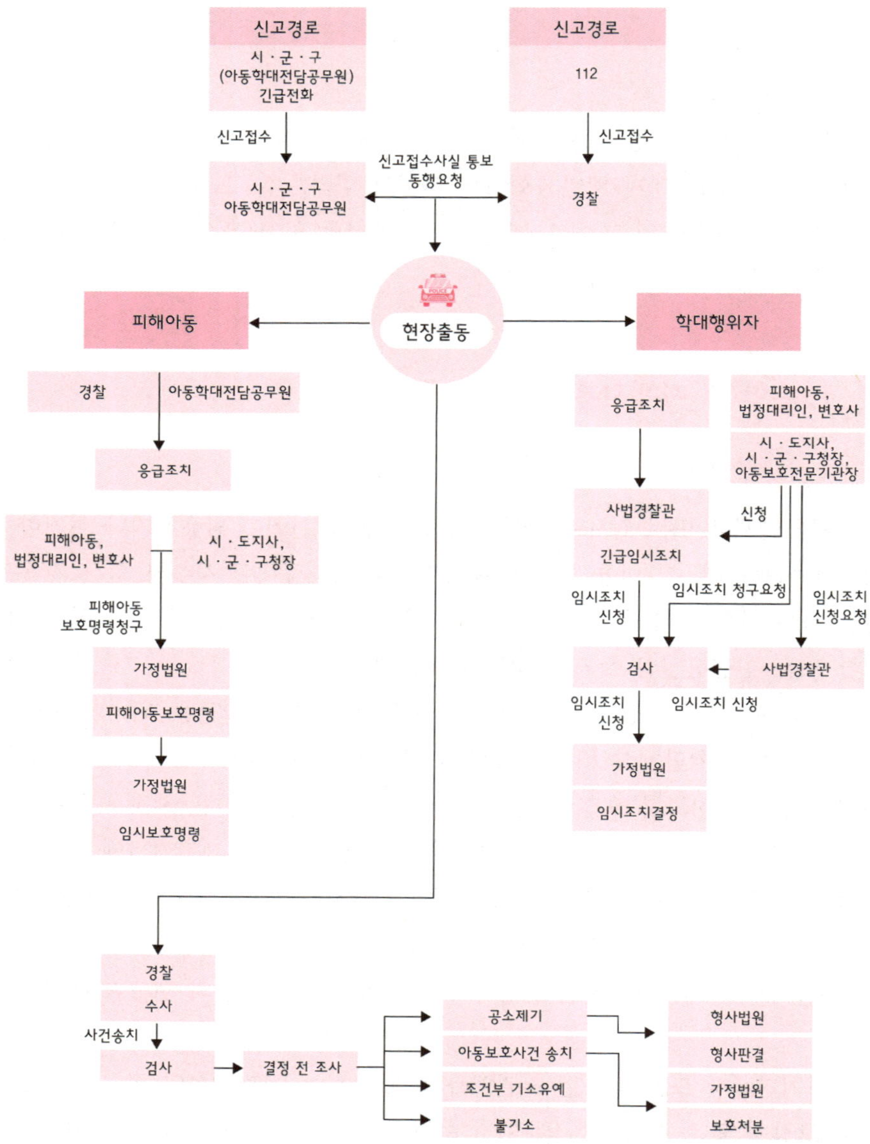

자료: 아동권리보장원, https://www.ncrc.or.kr/

한 의사 및 해당 아동의 의견을 존중하여야 한다.

2. 보조인의 선임 등

법원(수사기관)의 심리과정(수사과정)에서 변호사, 법정대리인, 직계친족, 형제자매, 아동보호전문기관의 상담원은 학대아동사건의 심리에 있어서 보조인이 될 수 있다.[56] 다만, 변호사가 아닌 경우에는 법원(수사기관)의 허가를 받아야 한다.

법원(수사기관)은 피해아동을 증인(참고인)으로 신문하는 경우 검사, 피해아동과 그 보호자 또는 아동보호전문기관의 신청이 있는 경우에는 피해아동과 신뢰관계에 있는 사람의 동석을 허가할 수 있다.

Ⅳ. 경찰권의 개입

1. 아동학대의심 및 임시조치 청구 통보

사법경찰관리는 아동 사망 및 상해사건, 가정폭력 사건 등에 관한 직무를 행하는 경우 아동학대가 있었다고 의심할 만한 사유가 있는 때에는 시 · 도지사, 시장 · 군수 · 구청장 또는 보장원의 장에게 그 사실을 통보하여야 한다.[57]

사법경찰관 또는 보호관찰관은 「아동학대범죄의 처벌 등에 관한 특례법」 제14조제1항에 따라 임시조치의 청구를 신청하였을 때에는 시 · 도지사, 시장 · 군수 · 구청장 또는 보장원의 장에게 그 사실을 통보하여야 한다.

2. 피해아동 응급조치에 대한 거부금지

사법경찰관리 또는 아동보호전문기관의 직원이 피해아동을 인도하는 경우에는 아동학대 관련 보호시설이나 의료기관은 정당한 사유 없이 이를 거부하여서는 아니 된다.[58]

56 아동복지법 제21조.

57 아동복지법 제27조의2.

58 아동복지법 제27조의3.

V. 아동관련기관의 취업제한

1. 대상자

법원은 아동학대 관련 범죄로 형 또는 치료감호를 선고하는 경우에는 판결[59]로 그 형 또는 치료감호의 전부 또는 일부의 집행을 종료하거나 집행이 유예·면제된 날[60]부터 일정기간 동안 특정한 시설 또는 아동관련기관을 운영하거나 아동관련기관에 취업 또는 사실상 노무를 제공할 수 없도록 취업제한명령을 아동학대 관련범죄 사건의 판결과 동시에 선고하여야 한다. 다만, 재범의 위험성이 현저히 낮은 경우나 그 밖에 취업을 제한하여서는 아니 되는 특별한 사정이 있다고 판단하는 경우에는 그러하지 아니하다.[61]

2. 대상기관

아동학대관련범죄전력자의 취업제한대상

1. 보장원, 지방자치단체(전담공무원, 민간전문인력, 아동학대전담공무원으로 한정), 취약계층 아동통합서비스수행기관, 아동보호전문기관, 다함께돌봄센터, 가정위탁지원센터 및 제52조의 아동복지시설
2. 긴급전화센터, 가정폭력 관련 상담소 및 보호시설
3. 건강가정지원센터
4. 다문화가족지원센터
5. 성매매피해자등을 위한 지원시설 및 성매매피해상담소
6. 성폭력피해상담소 및 성폭력피해자보호시설, 성폭력피해자통합지원센터
7. 어린이집, 육아종합지원센터 및 시간제보육서비스지정기관
8. 유치원
9. 의료기관(의료인에 한정)
10. 장애인복지시설

59 약식명령을 포함.

60 벌금형을 선고받은 경우에는 그 형이 확정된 날.

61 아동복지법 제29조의2 – 제29조의5.

11. 정신건강복지센터, 정신건강증진시설, 정신요양시설 및 정신재활시설
12. 공동주택의 관리사무소(경비업무 종사자에 한정)
13. 청소년시설, 청소년단체
14. 청소년활동시설
15. 청소년상담복지센터, 이주배경청소년지원센터 및 청소년쉼터, 청소년자립지원관, 청소년치료재활센터
16. 청소년 보호·재활센터
17. 아동의 이용이 제한되지 아니하는 체육시설로서 문화체육관광부장관이 지정하는 체육시설
18. 초중고교 및 학습부진아 등에 대한 교육을 실시하는 기관
19. 학원 및 교습소 중 아동의 이용이 제한되지 아니하는 학원과 교습소로서 교육부장관이 지정하는 학원·교습소
20. 한부모가족복지시설
21. 아동보호전문기관 또는 학대피해아동쉼터를 운영하는 법인
22. 소년원 및 소년분류심사원
23. 아동인권, 아동복지 등 아동을 위한 사업을 수행하는 비영리법인(대표자 및 아동을 직접 대면하는 업무에 종사하는 사람에 한정)
24. 아이돌봄 서비스제공기관
25. 입양기관
26. 산후조리도우미 서비스를 제공하는 사람을 모집하거나 채용하는 기관(직접 산후조리도우미 서비스를 제공하는 사람에 한정)
27. 산후조리원

3. 범죄경력조회

지방자치단체장, 교육감(교육장)은 아동관련기관을 운영하려는 자에 대하여 본인의 동의를 받아 관계 기관의 장에게 아동학대관련 범죄전력조회를 요청하여야 한다.

아동관련기관의 장은 그 기관에 취업 중이거나 사실상 노무를 제공 중인 사람 또는 취업하려 하거나 사실상 노무를 제공하려는 사람에 대하여 아동학대관련 범죄전력을 확인하여야 한다. 이 경우 본인의 동의를 받아 관계 기관의 장

에게 아동학대관련 범죄전력조회를 요청하여야 한다.

① 점검 · 확인 · 허가취소 등

보건복지부장관 또는 관계 중앙행정기관의 장[62]은 아동학대관련 범죄전력자가 아동관련기관에 취업 또는 사실상 노무를 제공하고 있는지를 직접 또는 관계 기관 조회 등의 방법으로 연 1회 이상 점검·확인해야 하며, 그 결과를 인터넷 홈페이지 등을 이용하여 공개하여야 한다.

② 폐쇄, 등록 허가 등의 취소

중앙행정기관의 장은 아동관련기관의 장에게 아동학대관련 범죄전력취업금지조항을 위반하여 운영 중인 아동관련기관의 폐쇄를 요구하여야 한다.

중앙행정기관의 장은 아동관련기관의 장이 폐쇄요구를 정당한 사유 없이 거부하거나 1개월 이내에 요구사항을 이행하지 아니하는 경우에는 해당 아동관련기관을 폐쇄하거나 그 등록·허가 등을 취소하거나 관계 행정기관의 장에게 이를 요구할 수 있다.

4. 취업자의 해임요구 등

중앙행정기관의 장은 아동학대관련 범죄전력취업금지 조항을 위반하여 취업하거나 사실상 노무를 제공하는 사람에 대하여 아동관련기관의 장에게 그의 해임을 요구하여야 한다.[63]

VI. 아동보호전문기관

1. 설치

지방자치단체는 학대받은 아동의 발견, 보호, 치료에 대한 신속처리 및 아동학대예방을 담당하는 지역아동보호전문기관을 시·도 및 시·군·구에 1개소 이상 두어야 한다. 다만, 시·도지사는 관할 구역의 아동 수 및 지리적 요건을

62 중앙행정기관의 장은 교육부장관, 문화체육관광부장관, 여성가족부장관, 국토교통부장관, 법무부장관 등을 말한다. 아동복지법 제29조의4.

63 아동복지법 제29조의5.

고려하여 조례로 정하는 바에 따라 둘 이상의 시·군·구를 통합하여 하나의 지역아동보호전문기관을 설치·운영할 수 있다.[64]

시·도지사는 지역아동보호전문기관의 설치·운영에 필요한 비용을 관할 구역의 아동의 수 등을 고려하여 시장·군수·구청장에게 공동으로 부담하게 할 수 있다.

시·도지사 및 시장·군수·구청장은 아동학대예방사업을 목적으로 하는 비영리법인을 지정하여 지역아동보호전문기관의 운영을 위탁할 수 있다.

2. 업무

지역아동보호전문기관은 다음의 업무를 수행한다.[65]

1. 피해아동, 피해아동의 가족 및 아동학대행위자를 위한 상담·치료 및 교육
2. 아동학대예방 교육 및 홍보
3. 피해아동 가정의 사후관리
4. 그 밖에 대통령령으로 정하는 아동학대예방사업과 관련된 업무

보건복지부장관은 아동보호전문기관의 업무 실적에 대하여 3년마다 성과평가를 실시하여야 한다.[66]

64 아동복지법 제45조-제46조.

65 아동복지법 제46조.

66 아동복지법 제47조.

제13장 성폭력범죄 피해자 지원

제1절 성폭력범죄의 처벌 등에 관한 특례법상 지원

Ⅰ. 제정배경

「성폭력범죄의 처벌 등에 관한 특례법」은 성폭력범죄의 처벌 및 그 절차에 관한 특례를 규정함으로써 성폭력범죄 피해자의 생명과 신체의 안전을 보장하고 건강한 사회질서의 확립에 이바지함을 목적으로 제정되었다.[1]

성폭력은 매년 증가하는 추세를 보이고 있고, 카메라 등 이용촬영이나 공중밀집장소추행, 통신매체이용음란행위 등의 지속적인 증가 등은 특별한 죄의식 없이 일상적으로 행해지며 피해자들이 실제 피해사실을 인지하지 못하는 경우도 많다는 특징이 있다.

성폭력 피해자들은 성적 자기의사결정권의 침해라는 문제 이외에도 임신이나 성병감염, 수치심, 분노감 등으로 평온한 생활을 회복하기 어려워 그 후유증이 매우 심각하다.

따라서 성폭력 피해를 예방하는 한편 피해자들을 지원하여 일상생활을 회복하도록 성폭력범죄의 처벌 등에 관한 특례법이 제정되었으며, 이를 근거로 관련 피해자들이 형사절차참여 및 보호시설, 상담시설 등의 활용 등에 이르기까지 다양한 지원책이 마련되고 있다.

1 성폭력범죄의 처벌 등에 관한 특례법(약칭: 성폭력처벌법)은 법률 제10258호, 2010. 4. 15., 제정되어 같은 날부터 시행되었고, 31차례의 개정을 거쳐 현행법인 [시행 2025. 6. 21.] [법률 제20575호, 2024. 12. 20., 일부개정]에 이르고 있다.

Ⅱ. 성폭력범죄 실태

1. 범죄 특성

① 유형

2023년에는 38,698건의 성폭력범죄가 발생하였다. 성폭력범죄의 유형에는 강간, 강제추행, 특수강도강간, 카메라등이용촬영, 성적목적의장소침입, 통신매체이용음란, 공중밀집장소추행, 허위영상물편집반포등, 촬영물등이용협박강요 등이 포함된다.

② 발생계절과 시간대

2023년 38,698건의 성폭력범죄가 발생하였다. 이 중 41.6%가 밤(20:00~03:59)에 발생하였고, 25.4%는 오후(12:00~17:59)에 발생하였다. 전체적으로 성폭력범죄의 51.7%가 저녁시간 이후의 시간대에 발생한 것으로 나타났다.

성폭력범죄가 가장 많이 발생하는 계절은 여름(27.3%)인 것으로 나타났다. 그 다음은 봄(26.3%), 가을(24.3%), 겨울(22.1%) 순이었다.[2]

그림 13-1 성폭력범죄 발생시간대

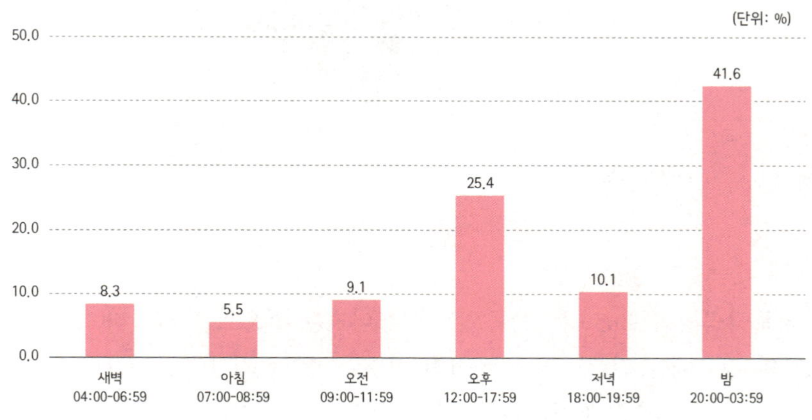

자료: 대검찰청, 2023년 범죄분석, 2024, 54.

③ 성폭력범죄의 발생장소

성폭력범죄는 기타를 제외하고 보면, 주거지(21.8%)에서 가장 많이 발생하였으며, 그 다음으로는 노상(9.5%), 유흥접객업소(8.9%), 교통수단(7.8%), 숙박업소/목욕탕(4.7%) 순이었다.

그림 13-2 성폭력범죄 발생장소

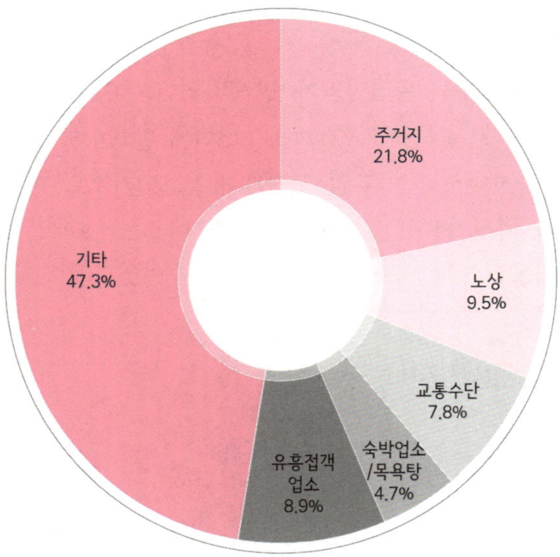

자료: 대검찰청, 2023년 범죄분석, 2024, 55.

④ 가해자의 공범여부

성폭력범죄의 96.3%는 단독으로 이루어지는 것으로 나타났다. 그러나 소년범죄자의 경우에는 단독범의 비율이 90.8%로 성인범죄자(97.1%)보다 낮고, 공범 비율이 9.2%로 성인범죄자(2.9%)보다 상대적으로 높았다.

2 대검찰청, 2024년 범죄분석, 2024, 53.

표 13-1 성폭력 공범여부

구분	소년범 여부		계
	소년범	성인범	
단독범	3,041(90.8)	21,867(97.1)	24,908(96.3)
공범	309(9.2)	658(2.9)	967(3.7)
계	3,350(100.0)	22,525(100.0)	25,875(100.0)

자료: 대검찰청, 2023년 범죄분석, 2024, 56. 재구성.

2. 피해 특성

① 피해자의 연령

성폭력범죄의 피해자는 21세~30세(41.8%)가 가장 많았다. 그 다음은 16세~20세(16.0%), 31세~40세(15.6%) 등의 순이었다. 전체 성폭력범죄 피해자의 10.9%가 15세 이하의 청소년이었고, 61세 이상의 연령층은 2.6%를 차지하고 있다.

그림 13-3 피해자 연령대

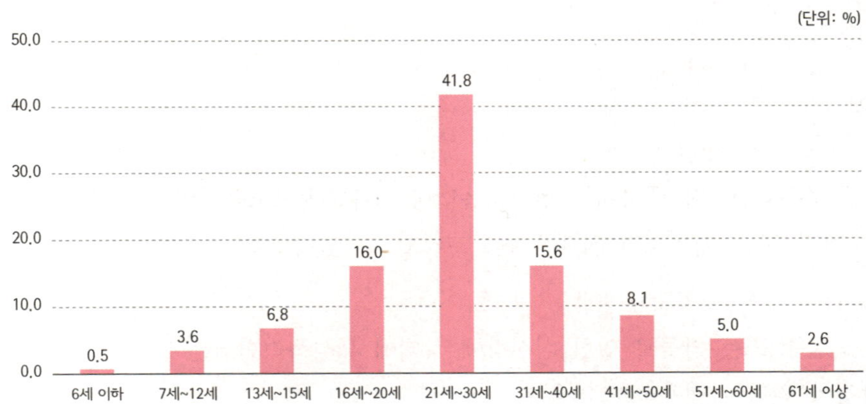

자료: 대검찰청, 2023년 범죄분석, 2024, 56.

② 피해자와 가해자의 관계

성폭력범죄 범죄자와 피해자의 관계를 보면, 타인이 62.9%로 높은 비율을 차지하고 있다. 소년범죄자의 경우 친구 등의 비율이 23.7%로 성인범죄자에 비해 높게 나타났고, 그 외 타인 등의 비율은 모두 낮게 나타났다.

표 13-2 성폭력 피해자와 범죄자의 관계

피해자와 범죄자의 관계	소년범 여부		계
	소년범	성인범	
고용관계	0(0.0)	519(1.6)	519(1.4)
친구 등	1,065(23.7)	2,416(7.6)	3,481(9.6)
애인	240(5.3)	2,122(6.6)	2,362(6.5)
친족	61(1.4)	792(2.5)	853(2.3)
이웃/지인	391(8.7)	3,931(12.3)	4,322(11.9)
타인	2,578(57.3)	20,337(63.7)	22,915(62.9)
기타	168(3.7)	1,815(5.7)	1,983(5.4)
계	4,503(100.0)	31,932(100.0)	36,435(100.0)

자료: 대검찰청, 2023년 범죄분석, 2024, 57. 재구성.

III. 성폭력 피해자를 위한 특례

1. 형법 및 형사소송법상 예외

① 고소 제한 없음

성폭력범죄에 대하여는 형사소송법상 직계존속고소불가의 원칙에도 불구하고 자기 또는 배우자의 직계존속을 고소할 수 있다.[3]

② 형법상 감경규정에 관한 특례

음주 또는 약물로 인한 심신장애 상태에서 성폭력범죄를 범한 때에는 작량감경의 원칙이 적용하지 않을 수 있다.[4]

3 성폭력범죄의 처벌 등에 관한 특례법 제18조–제21조.

4 형법 제10조 제1항·제2항 및 제11조를 적용하지 아니할 수 있다.

③ 공소시효에 관한 특례

성폭력범죄 중 강간, 유사강간, 강제추행 등은 공소시효가 10년이고, 업무상 위력 등에 의한 추행, 통신매체를 이용한 음란행위 등은 5년이다. 그러나 만 19세 미만 미성년자에 대한 성폭력범죄의 공소시효는 해당 성폭력범죄로 피해를 당한 미성년자가 성년(19세)에 달한 날부터 진행한다.[5] 디엔에이(DNA)증거 등 그 죄를 증명할 수 있는 과학적인 증거가 있는 때에는 공소시효가 10년 연장된다.

13세 미만의 사람 및 신체적인 또는 정신적인 장애가 있는 사람에 대하여 성폭력시 공소시효를 적용하지 아니한다.

2. 특정강력범죄의 처벌에 관한 특례법의 준용

성폭력범죄에 대한 처벌절차에는 「특정강력범죄의 처벌에 관한 특례법」 제7조(증인에 대한 신변안전조치), 제8조(출판물 게재 등으로부터의 피해자 보호), 제9조(소송 진행의 협의), 제12조(간이공판절차의 결정) 및 제13조(판결선고)를 준용한다.[6]

3. 피해자보호 등

① 피해자, 신고인 등에 대한 보호조치

법원 또는 수사기관이 성폭력범죄의 피해자, 성폭력범죄를 신고(고소·고발을 포함)한 사람을 증인으로 신문하거나 조사하는 경우에는 「특정범죄신고자 등 보호법」 제5조 및 제7조부터 제13조까지의 규정을 준용한다. 이 경우 「특정범죄신고자 등 보호법」 제9조와 제13조를 제외하고는 보복을 당할 우려가 있음을 요하지 아니한다.[7]

② 피해자의 신원과 사생활 비밀 누설 금지

성폭력범죄의 수사 또는 재판을 담당하거나 이에 관여하는 공무원 또는 그

5 「형사소송법」 제252조제1항 및 「군사법원법」 제294조 제1항에도 불구하고 아동 성폭력 피해자의 특성을 반영하였다.

6 성폭력범죄의 처벌 등에 관한 특례법 제22조.

7 성폭력범죄의 처벌 등에 관한 특례법 제23조.

직에 있었던 사람은 피해자의 주소, 성명, 나이, 직업, 학교, 용모, 그 밖에 피해자를 특정하여 파악할 수 있게 하는 인적사항과 사진 등 또는 그 피해자의 사생활에 관한 비밀을 공개하거나 다른 사람에게 누설하여서는 아니 된다.[8]

③ 출판, 방송 등에의 공개 금지

누구든지 피해자의 주소, 성명, 나이, 직업, 학교, 용모, 그 밖에 피해자를 특정하여 파악할 수 있는 인적사항이나 사진 등을 피해자의 동의를 받지 아니하고 신문 등 인쇄물에 싣거나 방송 또는 정보통신망을 통하여 공개하여서는 아니 된다.

④ 변호사선임특례

성폭력범죄의 피해자 및 그 법정대리인은 형사절차상 입을 수 있는 피해를 방어하고 법률적 조력을 보장하기 위하여 변호사를 선임할 수 있다. 검사는 피해자에게 변호사가 없는 경우 국선변호사를 선정하여 형사절차에서 피해자의 권익을 보호할 수 있다. 다만, 19세 미만 피해자등에게 변호사가 없는 경우에는 국선변호사를 선정하여야 한다.[9]

변호사는 검사 또는 사법경찰관의 피해자등에 대한 조사에 참여하여 의견을 진술할 수 있다. 다만, 조사 도중에는 검사 또는 사법경찰관의 승인을 받아 의견을 진술할 수 있다.

변호사는 피의자에 대한 구속 전 피의자심문, 증거보전절차, 공판준비기일 및 공판절차에 출석하여 의견을 진술할 수 있다.

⑤ 수사 및 재판절차에서의 배려

수사기관과 법원 및 소송관계인은 조사 및 심리·재판 과정에서 피해자의 인격이나 명예가 손상되거나 사적인 비밀이 침해되지 아니하도록 주의하며, 편안한 상태에서 진술할 수 있도록 한다. 필요한 범위에서 최소한으로 그 횟수를 정한다.[10]

수사기관과 법원은 19세 미만 피해자등의 최상의 이익을 고려하여 다음에

8 성폭력범죄의 처벌 등에 관한 특례법 제24조.
9 성폭력범죄의 처벌 등에 관한 특례법 제27조.
10 성폭력범죄의 처벌 등에 관한 특례법 제29조.

따른 보호조치를 하도록 노력하여야 한다.

1. 19세 미만 피해자등의 진술을 듣는 절차가 타당한 이유 없이 지연되지 아니하도록 할 것
2. 19세 미만 피해자등의 진술을 위하여 아동 등에게 친화적으로 설계된 장소에서 피해자 조사 및 증인신문을 할 것
3. 19세 미만 피해자등이 피의자 또는 피고인과 접촉하거나 마주치지 아니하도록 할 것
4. 19세 미만 피해자등에게 조사 및 심리 · 재판 과정에 대하여 명확하고 충분히 설명할 것
5. 그 밖에 조사 및 심리 · 재판 과정에서 19세 미만 피해자등의 보호 및 지원 등을 위하여 필요한 조치를 할 것

⑥ 피해자 진술 등의 촬영 · 보존 증거능력

성폭력범죄의 피해자가 19세 미만이거나 정신신체장애로 심신이 미약 또는 상실인 경우 피해자의 진술과 그 조사과정을 영상물 녹화장치로 촬영 · 보존하여야 한다.[11]

이때 피해자 또는 법정대리인이 반대하는 경우 촬영해선 안 되며, 다만, 친권자 중 일방이 가해자인 경우는 반대에도 불구하고 촬영할 수 있다. 녹화는 조사개시부터 종료까지이며, 지체 없이 피해자 또는 변호사 앞에서 원본을 봉인하고 피해자로 하여금 기명날인 또는 서명하게 하여야 한다.

검사 또는 사법경찰관은 19세 미만 피해자등이나 그 법정대리인이 신청하는 경우에는 영상녹화 과정에서 작성한 조서의 사본 또는 영상녹화물에 녹음된 내용을 옮겨 적은 녹취서의 사본을 신청인에게 발급하거나 영상녹화물을 재생하여 시청하게 하여야 한다.

영상녹화물은 다음의 어느 하나의 경우에 증거로 할 수 있다.[12]

1. 증거보전기일, 공판준비기일 또는 공판기일에 그 내용에 대하여 피의자, 피고인 또는 변호인이 피해자를 신문할 수 있었던 경우. 다만, 증거보전기일에서의 신문의 경우 법원이 피의자나 피고인의 방어권이 보장된 상태에서 피해자에 대한 반대신문이 충분히 이루어졌다고 인정하는 경우로 한정

11 성폭력범죄의 처벌 등에 관한 특례법 제30조.

12 성폭력범죄의 처벌 등에 관한 특례법 제30조의2.

2. 19세 미만 피해자등이 다음 사유로 공판준비기일 또는 공판기일에 출석하여 진술할 수 없는 경우. 다만, 영상녹화된 진술 및 영상녹화가 특별히 신빙(信憑)할 수 있는 상태에서 이루어졌음이 증명된 경우로 한정
- 사망
- 외국 거주
- 신체적, 정신적 질병 · 장애
- 소재불명
- 그 밖에 이에 준하는 경우

4. 디지털 성범죄 수사 특례

① 신분비공개 수사

사법경찰관리는 디지털 성범죄[13]에 대하여 신분을 비공개하고 범죄현장(정보통신망을 포함) 또는 범인으로 추정되는 자들에게 접근하여 범죄행위의 증거 및 자료 등을 비공개로 수집할 수 있다.[14]

② 신분위장수사

사법경찰관리는 디지털 성범죄를 계획 또는 실행하고 있거나 실행하였다고 의심할 만한 충분한 이유가 있고, 다른 방법으로는 그 범죄의 실행을 저지하거나 범인의 체포 또는 증거의 수집이 어려운 경우에 한정하여 수사 목적을 달성하기 위하여 부득이한 때에는 신분을 위장하여 수사할 수 있다.

1. 신분을 위장하기 위한 문서, 도화 및 전자기록 등의 작성, 변경 또는 행사
2. 위장 신분을 사용한 계약 · 거래
3. 다음에 해당하는 촬영물 또는 복제물 등의 소지, 제공, 판매 또는 광고. 다만, 제공이나 판매는 피해자가 없거나 피해자가 성년이고 그 동의를 받은 경우로 한정
- 카메라 촬영물 또는 복제물(복제물의 복제물을 포함)
- 허위영상물 편집물 · 합성물 · 가공물 또는 복제물(복제물의 복제물을 포함)

---

13 디지털 성범죄의 영역에는 제14조(카메라 등을 이용한 촬영), 제14조의2(허위영상물 등의 반포등), 제14조의3(촬영물과 편집물 등을 이용한 협박·강요)을 말한다.

14 성폭력범죄의 처벌 등에 관한 특례법 제22조의2 – 제23조의2.

- 아동 · 청소년성착취물
- 음란한 부호 · 문언 · 음향 · 화상 또는 영상을 배포 · 판매 · 임대하거나 공공연하게 전시하는 내용의 정보

③ 신분비공개수사 또는 신분위장수사로 수집한 증거 및 자료 등의 사용제한

사법경찰관리가 수집한 증거 및 자료 등은 다음의 어느 하나에 해당하는 경우 외에는 사용할 수 없다.

1. 신분비공개수사 또는 신분위장수사의 목적이 된 디지털 성범죄나 이와 관련되는 범죄를 수사 · 소추하거나 그 범죄를 예방하기 위하여 사용하는 경우
2. 신분비공개수사 또는 신분위장수사의 목적이 된 디지털 성범죄나 이와 관련되는 범죄로 인한 징계절차에 사용하는 경우
3. 증거 및 자료 수집의 대상자가 제기하는 손해배상청구소송에서 사용하는 경우
4. 그 밖에 다른 법률의 규정에 의하여 사용하는 경우

④ 국가경찰위원회와 국회의 통제

국가수사본부장은 신분비공개수사가 종료된 즉시 국가경찰위원회에 수사 관련 자료를 보고하여야 한다. 국가수사본부장은 국회 소관 상임위원회에 신분비공개수사 관련 자료를 반기별로 보고하여야 한다.

⑤ 비밀준수의 의무

신분비공개수사 또는 신분위장수사에 대한 승인·집행·보고 및 각종 서류 작성 등에 관여한 공무원 또는 그 직에 있었던 자는 직무상 알게 된 신분비공개수사 또는 신분위장수사에 관한 사항을 외부에 공개하거나 누설하여서는 아니 된다.

⑥ 준수사항

사법경찰관리는 신분비공개수사 또는 신분위장수사를 할 때에는 수사 관련 법령을 준수하고, 본래 범의(犯意)를 가지지 아니한 자에게 범의를 유발하는 행위를 하지 아니하는 등 적법한 절차와 방식을 따라야 한다.

⑦ 면책

사법경찰관리가 신분비공개수사 또는 신분위장수사 중 부득이한 사유로 위법행위를 한 경우 그 행위에 고의나 중대한 과실이 없는 경우에는 벌하지 아니한다. 위법행위가 국가공무원법상 징계 사유에 해당하더라도 그 행위에 고의나 중대한 과실이 없는 경우에는 징계 요구 또는 문책 요구 등 책임을 묻지 아니한다.

또한 신분비공개수사 또는 신분위장수사 행위로 타인에게 손해가 발생한 경우라도 사법경찰관리는 그 행위에 고의나 중대한 과실이 없는 경우에는 그 손해에 대한 책임을 지지 아니한다.

⑧ 수사 지원 및 교육

상급 경찰관서 수사부서의 장은 신분비공개수사 또는 신분위장수사를 승인하거나 보고받은 경우 사법경찰관리에게 수사에 필요한 인적·물적 지원을 하고, 전문지식과 피해자 보호를 위한 수사방법 및 수사절차 등에 관한 교육을 실시하여야 한다.

⑨ 디지털 성범죄의 피해확대 방지 및 피해자 보호 등을 위한 조치

사법경찰관리는 디지털 성범죄에 대한 신고를 받고 다음의 어느 하나에 해당하는 촬영물 또는 복제물 등이 정보통신망을 통하여 게시·상영 또는 유통되고 있다는 사실을 확인한 경우에는 지체 없이 방송통신심의위원회와 정보통신서비스 제공자 또는 게시판의 관리·운영자에게 해당 촬영물등에 대한 삭제 또는 접속차단 등의 조치를 하여줄 것을 요청하여야 한다. 이 경우 사법경찰관리는 촬영물등의 삭제 또는 접속차단 등의 처리절차에 관하여 특별한 사정이 없으면 해당 피해자에게 안내하여야 한다.

또한 사법경찰관리는 디지털 성범죄의 피해자가 재차 피해를 입을 위험이 현저하여 신변을 보호할 필요가 있다고 인정되는 경우 해당 피해자를 대통령령으로 정하는 보호시설 또는 상담시설로 인도할 수 있다. 이 경우 그 피해자의 동의를 얻어야 한다.

5. 전담 수사관제 및 재판제

① 전담 수사관제

경찰과 검찰은 각각 성폭력범죄 전담 경찰 및 검사를 지정하도록 하여 특별한 사정이 없으면 이들로 하여금 피해자를 조사하게 하여야 한다. 또한 이들에게 성폭력범죄의 수사에 필요한 전문지식과 피해자보호를 위한 수사방법 및 수사절차, 아동 심리 및 아동·장애인 조사 면담기법 등에 관한 교육을 실시하여야 한다.[15]

② 전담 재판제

지방법원장 또는 고등법원장은 특별한 사정이 없으면 성폭력범죄 전담재판부를 지정하여 성폭력범죄에 대하여 재판하게 하여야 한다.[16]

6. 증인신문의 예외

① 비디오 등 중계장치에 의한 증인신문

법원은 성폭력범죄의 피해자를 증인으로 신문하는 경우 검사와 피고인 또는 변호인의 의견을 들어 비디오 등 중계장치에 의한 중계를 통하여 신문할 수 있다.[17]

② 증인지원시설의 운영

각급 법원은 증인으로 법원에 출석하는 피해자등이 재판 전후에 피고인이나 그 가족과 마주치지 아니하도록 하고, 보호와 지원을 받을 수 있는 적절한 시설을 설치한다.[18]

③ 심리의 비공개

성폭력범죄에 대한 심리는 그 피해자의 사생활을 보호하기 위하여 결정으로써 공개하지 아니할 수 있다. 피해자와 그 가족은 증인신문의 비공개를 신청

15 성폭력범죄의 처벌 등에 관한 특례법 제26조.
16 성폭력범죄의 처벌 등에 관한 특례법 제28조.
17 성폭력범죄의 처벌 등에 관한 특례법 제40조.
18 성폭력범죄의 처벌 등에 관한 특례법 제32조.

할 수 있다.[19]

7. 증거보전의 특례

피해자나 그 법정대리인 또는 경찰은 피해자가 공판기일에 출석하여 증언하는 것에 현저히 곤란한 사정이 있을 때에는 그 사유를 소명(疏明)하여 영상물 또는 그 밖의 다른 증거에 대하여 해당 성폭력범죄를 수사하는 검사에게 증거보전의 청구를 할 것을 요청할 수 있다.[20] 이 경우 피해자가 19세 미만이거나 신체적인 또는 정신적인 장애로 사물을 변별하거나 의사를 결정할 능력이 미약한 경우에는 특별한 사정이 없는 한 판사에게 증거보전을 청구하여야 한다.[21]

8. 19세 미만 피해자 증인신문 등 특례

① 19세 미만 피해자등에 대한 증인신문을 위한 공판준비절차

법원은 19세 미만 피해자등을 증인으로 신문하려는 경우에는 필요한 경우 검사, 피고인 또는 변호인의 의견을 들어 사건을 공판준비절차에 부칠 수 있다. 이 경우 공판준비기일을 지정하여야 한다.

법원은 공판준비기일에 증인신문을 중개하거나 보조할 진술조력인을 출석하게 할 수 있다. 이때 변호사는 제2항에 따라 지정된 공판준비기일에 출석할 수 있다.

법원은 공판준비절차에서 검사, 피고인 또는 변호인에게 신문할 사항을 기재한 서면을 법원에 미리 제출하게 할 수 있다. 이 경우 증인신문을 하기 전까지는 열람·복사 등을 통하여 상대방에게 공개하지 아니한다.[22]

② 19세 미만 피해자등의 증인신문 장소 등에 대한 특례

법원은 19세 미만 피해자등을 증인으로 신문하는 경우 사전에 피해자에게 비디오 등 중계장치에 의한 중계시설을 통하여 신문할 수 있음을 고지하여야 한

---

19 성폭력범죄의 처벌 등에 관한 특례법 제31조.

20 「형사소송법」 제184조(증거보전의 청구와 그 절차) 제1항.

21 성폭력범죄의 처벌 등에 관한 특례법 제41조.

22 성폭력범죄의 처벌 등에 관한 특례법 제40조의2.

다. 이에 대해 19세 미만 피해자등은 중계시설을 통하여 증인신문을 진행할지 여부 및 증인으로 출석할 장소에 관하여 법원에 의견을 진술할 수 있다.

중계시설을 통하여 19세 미만 피해자등을 증인으로 신문하는 경우 그 중계시설은 특별한 사정이 없으면 영상녹화가 이루어진 장소로 한다. 다만, 피해자가 다른 장소를 원하는 의사를 표시하거나, 영상녹화가 이루어진 장소가 경찰서 등 수사기관의 시설인 경우에는 법원이 중계시설을 지정할 수 있다.[23]

9. 전문가의 의견 조회

법원 및 수사기관은 정신과의사, 심리학자, 사회복지학자, 관련 전문가로부터 행위자 또는 피해자의 정신심리에 대한 진단소견 및 피해자의 진술내용에 관한 의견을 조회할 수 있다.[24]

다만, 피해자가 13세 미만이거나 신체적인 또는 정신적인 장애로 사물을 변별하거나 의사를 결정할 능력이 미약한 경우에는 관련 전문가에게 피해자의 정신·심리 상태에 대한 진단 소견 및 진술 내용에 관한 의견을 조회하여야 한다.[25]

Ⅳ. 형사절차상 배려

1. 신뢰관계에 있는 사람의 동석

법원 및 수사기관은 성폭력 피해자 및 19세 미만 피해자 등을 신문하는 경우에 검사, 피해자 또는 법정대리인이 신청할 때에는 재판(수사)에 지장을 줄 우려가 있는 등 부득이한 경우가 아니면 피해자와 신뢰관계에 있는 사람을 동석하게 하여야 한다.[26]

이때 법원과 수사기관은 피해자와 신뢰관계에 있는 사람이 피해자에게 불리하거나 피해자가 원하지 아니하는 경우에는 동석하게 하여서는 아니 된다.

---

23 성폭력범죄의 처벌 등에 관한 특례법 제40조의3.

24 성폭력범죄의 처벌 등에 관한 특례법 제33조－35조.

25 성폭력범죄의 처벌 등에 관한 특례법 제33조.

26 성폭력범죄의 처벌 등에 관한 특례법 제34조.

2. 진술조력인 양성 및 형사절차 참여 등

① 양성

법무부장관은 의사소통 및 의사표현에 어려움이 있는 성폭력범죄의 피해자에 대한 형사사법절차에서의 조력을 위하여 진술조력인을 양성하여야 한다.

진술조력인은 정신건강의학, 심리학, 사회복지학, 교육학 등 아동·장애인의 심리나 의사소통 관련 전문지식이 있거나 관련 분야에서 상당 기간 종사한 사람으로 법무부장관이 정하는 교육을 이수하여야 한다.[27]

다음은 진술조력인이 될 수 없다.

1. 피성년후견인
2. 금고 이상의 실형을 선고받고 그 집행이 종료(집행이 종료된 것으로 보는 경우를 포함한다)되거나 집행이 면제된 날부터 5년이 지나지 아니한 사람
3. 금고 이상의 형의 집행을 유예받고 그 유예기간이 완료된 날부터 2년이 지나지 아니한 사람
4. 금고 이상의 형의 선고를 유예받고 그 유예기간 중에 있는 사람
5. 제2호부터 제4호까지의 규정에도 불구하고 다음 각 목의 어느 하나에 해당하는 범죄를 저지른 사람으로서 형 또는 치료감호를 선고받고 확정된 후 그 형 또는 치료감호의 전부 또는 일부의 집행이 끝나거나(집행이 끝난 것으로 보는 경우를 포함한다) 집행이 유예·면제된 날부터 10년이 지나지 아니한 사람
   - 성폭력범죄
   - 아동·청소년대상 성범죄
   - 아동학대범죄
   - 장애인관련범죄
6. 진술조력인 자격이 취소된 후 3년이 지나지 아니한 사람

② 수사 및 재판과정 참여

검사 또는 사법경찰관, 법원은 성폭력범죄의 피해자가 19세 미만의 아동이거나 신체적인 또는 정신적인 장애로 의사소통이나 의사표현에 어려움이 있는

27 성폭력범죄의 처벌 등에 관한 특례법 제35조 – 제39조.

경우 직권, 피해자, 그 법정대리인 또는 변호사의 신청에 따라 진술조력인으로 하여금 조사과정에 참여하여 의사소통을 중개하거나 보조하게 할 수 있다.

검사 또는 사법경찰관, 법원은 피해자를 조사하기 전에 피해자, 법정대리인 또는 변호사에게 진술조력인에 의한 의사소통 중개나 보조를 신청할 수 있음을 고지하여야 한다.

③ 의무

진술조력인은 수사 및 재판 과정에 참여함에 있어 중립적인 지위에서 상호간의 진술이 왜곡 없이 전달될 수 있도록 노력하여야 한다. 또한 그 직무상 알게 된 피해자의 인적사항과 사진 및 사생활에 관한 비밀을 공개하거나 다른 사람에게 누설하여서는 아니 된다. 이를 위반한 경우 공무상비밀누설죄를 적용한다.

제2절 성폭력방지 및 피해자보호 등에 관한 법률상 피해자 지원

Ⅰ. 제정배경

「성폭력방지 및 피해자보호 등에 관한 법률」은 성폭력을 예방하고 성폭력 피해자를 보호·지원함으로써 인권증진에 이바지함을 목적으로 한다.[28]

Ⅱ. 성폭력 피해자의 예방과 방지

1. 국가와 자치단체의 의무

① 주요사업

국가와 지방자치단체는 성폭력을 방지하고 성폭력피해자를 보호·지원하기

28 성폭력방지 및 피해자보호 등에 관한 법률(약칭: 성폭력방지법)은 법률 제10261호, 2010. 4. 15., 제정되어 2011. 1. 1.부터 시행되다가 이후 26차례에 걸쳐 개정을 거쳐 현행법인 [시행 2025. 10. 23.] [법률 제20930호, 2025. 4. 22., 일부개정]에 이르고 있다.

위하여 다음의 조치를 취하고, 이에 따른 예산상의 조치를 하여야 한다.[29]

1. 성폭력 신고체계의 구축·운영
2. 성폭력 예방을 위한 조사·연구, 교육 및 홍보
3. 피해자를 보호·지원하기 위한 시설의 설치·운영
4. 피해자에 대한 주거지원, 직업훈련 및 법률구조 등 사회복귀 지원
5. 피해자에 대한 보호·지원을 원활히 하기 위한 관련 기관 간 협력체계의 구축·운영
6. 성폭력 예방을 위한 유해환경 개선
7. 피해자 보호·지원을 위한 관계 법령의 정비와 각종 정책의 수립·시행 및 평가

2. 불법촬영물등 · 신상정보의 삭제지원 및 피해자에 대한 일상 회복 지원

① 교육 등

❶ 교육책임

다음 기관의 장은 성교육 및 성폭력 예방교육 실시, 기관 내 피해자 보호와 피해 예방을 위한 자체 예방지침 마련, 사건발생 시 재발방지대책 수립·시행 등 필요한 조치를 하고, 그 결과를 여성가족부장관에게 제출하여야 한다.[30]

1. 국가기관 및 지방자치단체의 장
2. 유치원의 장
3. 어린이집의 원장
4. 각급 학교의 장
5. 공공단체의 장(국가기관 등의 장)

교육내용에 성매매 예방교육, 성희롱 예방교육, 가정폭력 예방교육 등을 성평등 관점에서 통합하여 실시할 수 있다.

❷ 교육평가 반영

국가기관등의 장은 성교육 및 성폭력 예방교육의 참여에 관한 사항을 소속

29 성폭력방지 및 피해자보호 등에 관한 법률 제3조.

30 성폭력방지 및 피해자보호 등에 관한 법률 제5조.

직원 및 종사자에 대한 승진, 전보, 교육훈련 등의 인사관리에 반영할 수 있다.

❸ 전문강사 양성

여성가족부장관은 교육을 효과적으로 실시하기 위하여 전문강사를 양성하고, 관계 중앙행정기관의 장과 협의하여 생애주기별 교육프로그램 및 장애인 등 대상별 특성을 고려한 교육프로그램을 개발·보급하여야 한다.

❹ 의무기관의 교육이행 여부 점검

여성가족부장관은 교육 및 성폭력 예방조치에 대한 점검을 매년 실시하여야 한다. 점검결과 교육이 부실하다고 인정되는 기관·단체에 대하여 대통령령으로 정하는 바에 따라 관리자 특별교육 등 필요한 조치를 취하여야 한다.

여성가족부장관은 점검결과를 다음 평가에 반영하도록 해당 기관·단체의 장에게 요구할 수 있다.

1. 「정부업무평가 기본법」 제14조제1항 및 제18조제1항에 따른 중앙행정기관 및 지방자치단체의 자체평가
2. 「공공기관의 운영에 관한 법률」 제48조제1항에 따른 공기업·준정부기관의 경영실적 평가
3. 「지방공기업법」 제78조제1항에 따른 지방공기업의 경영평가
4. 「초·중등교육법」 제9조제2항에 따른 학교 평가
5. 「고등교육법」 제11조의2제1항에 따른 학교 평가 및 같은 조 제2항에 따른 학교 평가·인증

여성가족부장관은 점검결과를 언론 등에 공표하여야 한다. 다만, 다른 법률에서 공표를 제한하고 있는 경우에는 그러하지 아니하다.

❺ 사용자 등의 의무

사용자 즉 사업주 또는 사업경영담당자, 그 밖에 사업주를 위하여 근로자에 관한 사항에 대한 업무를 수행하는 자는 성교육 및 성폭력 예방교육을 실시하는 등 직장 내 성폭력 예방을 위한 노력을 하여야 한다.

❻ 일반 국민에 대한 교육

여성가족부장관 또는 자치단체장은 교육대상에 포함되지 아니하는 국민에게 성교육 및 성폭력 예방교육을 실시할 수 있다. 이 경우 여성가족부장관 또는 시·도지사는 교육에 관한 업무를 성폭력 예방교육 지원기관에 위탁할 수 있다.

❼ 성폭력 예방교육 지원기관의 설치 · 운영

여성가족부장관 또는 시 · 도지사는 성교육 및 성폭력 예방교육의 실시, 생애주기별 교육프로그램 개발 · 보급, 장애인 등 대상별 특성을 고려한 교육프로그램 개발 · 보급, 전문강사 양성 등의 업무를 수행하고 지원하기 위한 지원기관을 설치 · 운영할 수 있다.[31]

여성가족부장관 또는 시 · 도지사는 지원기관의 운영을 대통령령으로 정하는 기관이나 단체에 위탁할 수 있다.

그림 13-4 민사사건 처리절차

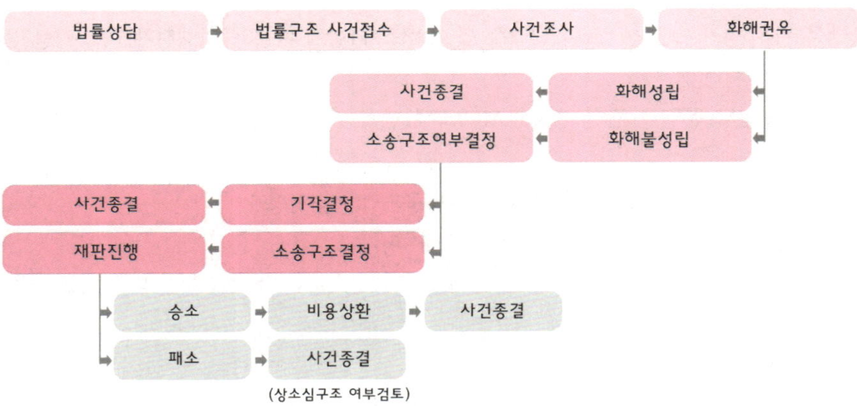

자료: 법제처, https://www.easylaw.go.kr/

31 성폭력방지 및 피해자보호 등에 관한 법률 제5조의2.

그림 13-5 형사사건처리절차

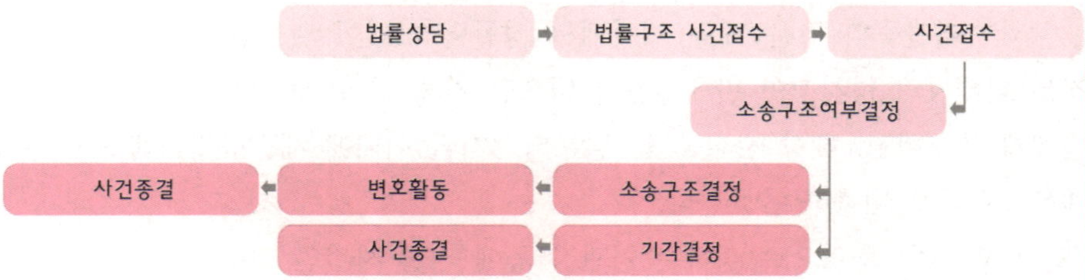

자료: 법제처, https://www.easylaw.go.kr/

2. 성폭력 추방 주간 운영

성폭력에 대한 사회적 경각심을 높이고 성폭력을 예방하기 위하여 1년 중 1주간(매년 11월 25일－12월 1일)을 성폭력 추방 주간으로 한다.[32]

3. 홍보영상의 제작 · 배포 · 송출

여성가족부장관은 성폭력의 예방과 방지, 피해자의 치료와 재활 등에 관한 홍보영상을 제작하여 방송편성책임자에게 배포하여야 한다.

여성가족부장관은 방송사업자에게 비상업적 공익광고 편성비율의 범위에서 제1항의 홍보영상을 채널별로 송출하도록 요청할 수 있다.

4. 신고의무

19세 미만의 미성년자를 보호하거나 교육 또는 치료하는 시설의 장 및 관련 종사자는 자기의 보호·지원을 받는 자가 성폭력 피해자인 사실을 알게 된 때에는 즉시 수사기관에 신고하여야 한다.[33]

32 성폭력방지 및 피해자보호 등에 관한 법률 제6조.

33 성폭력범죄의 처벌 등에 관한 특례법 제3조부터 제9조까지, 형법 제301조 및 제301조의2.

5. 성폭력 사건 발생 시 조치

① 여성가족부장관에게 통보

국가기관등의 장은 해당 기관에서 성폭력 사건이 발생한 사실을 알게 된 경우 피해자의 명시적인 반대의견이 없으면 지체 없이 그 사실을 여성가족부장관에게 통보하고, 해당 사실을 안 날부터 3개월 이내에 재발방지대책을 여성가족부장관에게 제출하여야 한다.[34]

다만, 대통령령으로 정하는 기관장 등에 의한 사건인 경우 해당 사실을 안 날부터 1개월 이내에 재발방지대책을 여성가족부장관에게 제출하여야 한다.

② 근무장소 등의 변경

이 경우 국가기관등의 장은 성폭력 사건 처리기간 동안 피해자를 보호하기 위하여 필요하면 해당 피해자나 성폭력행위자에 대하여 근무장소의 변경, 전보 등 적절한 조치를 하여야 한다. 이 경우 피해자의 명시적 의사에 반하는 조치를 하여서는 아니 된다.

③ 비밀유지의 의무

기관 내 성폭력 사건을 처리하거나 그 처리 내용을 보고받은 사람, 그 밖에 사건처리 과정에 참여한 사람은 해당 사건처리 과정에서 알게 된 비밀을 피해자의 의사에 반하여 누설하여서는 아니 된다. 다만, 사건처리와 관련된 내용을 국가기관등의 장에게 보고하거나 관계 기관의 요청에 따라 필요한 정보를 제공하는 경우는 제외한다.

④ 시정조치 요구 등

여성가족부장관은 통보받은 사건이 중대하다고 판단되거나 재발방지대책의 점검 등을 위하여 필요한 경우 해당 기관에 대한 현장점검을 실시할 수 있으며, 점검 결과 시정이나 보완이 필요하다고 인정하는 경우에는 국가기관등의 장에게 시정이나 보완을 요구할 수 있다.

34 성폭력방지 및 피해자보호 등에 관한 법률 제5조의4.

III. 피해자 지원

1. 피해자 등 취학 및 취업 지원

① 취학 등 지원

국가와 지방자치단체는 피해자나 피해자의 가족구성원이 「초·중등교육법」상 각급학교의 학생인 경우 주소지 외의 지역에서 취학(입학, 재입학, 전학 및 편입학을 포함)할 필요가 있을 때에는 그 취학이 원활히 이루어지도록 지원하여야 한다.[35] 이 경우 취학을 지원하는 관계자는 피해자등의 사생활이 침해되지 아니하도록 유의하여야 한다.

- 초등학교의 경우

1. 보호자가 피해자등을 주소지 외의 지역에 있는 초등학교에 입학시키려는 경우 초등학교의 장은 피해자등의 입학을 승낙하여야 한다.
2. 피해자등이 초등학교에 다니고 있는 경우 그 초등학교의 장은 피해자등의 보호자(가해자가 아닌 보호자) 1명의 동의를 받아 교육장에게 그 피해자등의 전학을 추천하여야 하고, 교육장은 전학할 학교를 지정하여 전학시켜야 한다.

- 그 밖의 각급학교의 경우

각급학교의 장은 피해자등이 다른 학교로 전학·편입학할 수 있도록 추천하여야 하고, 교육장 또는 교육감은 교육과정의 이수에 지장이 없는 범위에서 전학·편입학할 학교를 지정하여 배정하여야 한다. 이 경우 그 배정된 학교의 장은 피해자등의 전학·편입학을 거부할 수 없다.

② 취업 등 지원

국가와 지방자치단체는 피해자를 보호하는 자에 대한 직업훈련 및 취업을 알선할 수 있다.

2. 피해자에 대한 법률상담

국가는 피해자에 대하여 법률상담과 소송대리(訴訟代理) 등의 지원(법률상담)

35 성폭력방지 및 피해자보호 등에 관한 법률 제7조.

을 할 수 있다. 여성가족부장관은 대한법률구조공단 또는 그 밖의 기관에 법률상담등을 요청할 수 있다.[36] 법률상담 등에 드는 비용은 국가가 부담할 수 있다.

3. 불법촬영물등으로 인한 피해자에 대한 지원 등

① 삭제요청대상

국가는 다음에 해당하는 촬영물 또는 복제물 등이 정보통신에 유포되어 피해(촬영물등의 대상자로 등장하여 입은 피해)를 입은 사람에 대하여 촬영물등의 삭제를 위한 지원을 할 수 있다.[37]

1. 「성폭력범죄의 처벌 등에 관한 특례법」 제14조에 따른 촬영물 또는 복제물(복제물의 복제물을 포함)
2. 「성폭력범죄의 처벌 등에 관한 특례법」 제14조의2에 따른 편집물등 또는 복제물(복제물의 복제물을 포함)
3. 「아동·청소년의 성보호에 관한 법률」 제2조제5호에 따른 아동·청소년성착취물

표 13-3 구체적 삭제지원대상 피해촬영물

삭제지원 대상 피해촬영물	예시
① 아동청소년성착취물 아동·청소년이 등장하여 성교 행위, 유사 성교 행위, 신체의 전부 또는 일부를 접촉·노출하는 행위, 자위 행위 등을 하거나 그 밖의 성적 행위를 하는 내용을 표현하는 것 * 제작방식에 따라 불법촬영물, 합성·편집물, 비동의유포물로 유형화할 수 있음	아동·청소년에게 요구한 성기 등 신체 촬영물
② 불법촬영물 카메라나 그 밖에 이와 유사한 기능을 갖춘 기계장치를 이용하여 성적 욕망 또는 수치심을 유발할 수 있는 사람의 신체를 촬영대상자의 의사에 반하여 촬영된 경우	몰래 촬영된 성관계 촬영물 무단으로 녹화·캡쳐된 자위행위 촬영물
③ 합성·편집물 합성·편집물·반포·판매·임대·제공 또는 공공연하게 전시·상영(이하 "반포")할 목적으로 사람의 얼굴·신체 또는 음성을 대상으로 한 촬영물·영상물 또는 음성물(이하 "영상물등")을 영상물등의 대상자의 의사에 반하여 성적 욕망 또는 수치심을 유발할 수 있는 형태로 편집·합성·가공된 경우	얼굴과 음란물이 합성된 촬영물, 얼굴사진에 성적 모욕글이 자막 형태로 합성된 촬영물

36 법률구조법 제8조. 성폭력방지 및 피해자보호 등에 관한 법률 제7조의2.

37 성폭력방지 및 피해자보호 등에 관한 법률 제7조의3.

④ 비동의유포물	
- 불법촬영물, 합성·편집물 또는 복제물(복제물의 복제물 포함)이 반포된 경우 - 촬영이나 합성·편집 등을 할 당시에는 촬영대상자나 영상물등의 대상자의 의사에 반하지 아니한 경우(자신의 신체를 직접 촬영한 경우 포함)에도 사후에 그 촬영물, 합성·편집물 또는 복제물이 촬영대상자나 영상물등의 대상자의 의사에 반하여 반포된 경우 - 영리를 목적으로 촬영대상자나 영상물등의 대상자의 의사에 반하여 정보통신망을 이용하여 불법촬영물, 합성·편집물 또는 복제물이 반포된 경우	- 공공장소에서 찍혀 유포된 치마 속 등 신체부위 촬영물 - 합의하에 촬영하였으나 나도 모르게 유포된 유사성행위 촬영물 - 직접 촬영하여 보냈으나 유포된 성기 사진 촬영물 - 모르는 사람의 신체 노출 장면이 얼굴과 합성되어 유포된 촬영물

자료: 디지털성범죄피해자지원센터, https://d4u.stop.or.kr/delete_consulting/

② 삭제요청인

지원 대상자, 그 배우자(사실상의 혼인관계를 포함), 직계친족, 형제자매 또는 지원 대상자가 지정하는 대리인은 국가에 촬영물등의 삭제를 위한 지원을 요청할 수 있다.

③ 국가의 일방적 삭제 지원

국가는 다음에 해당하는 촬영물등에 대해서는 삭제지원요청자의 요청 없이도 삭제를 위한 지원을 한다. 이 경우 범죄의 증거 인멸 등을 방지하기 위하여 해당 촬영물등과 관련된 자료를 보관하여야 한다.

1. 수사기관의 삭제지원 요청이 있는 제1항제1호 또는 제2호에 따른 촬영물등
2. 「아동·청소년의 성보호에 관한 법률」 제2조제5호에 따른 아동·청소년성착취물

④ 비용

촬영물등 삭제지원에 소요되는 비용은 성폭력행위자 또는 아동·청소년대상 성범죄행위자가 부담한다. 국가가 제1항에 따라 촬영물등 삭제지원에 소요되는 비용을 지출한 경우 범죄행위자에게 구상권(求償權)을 행사할 수 있다.

그림 13-6 삭제지원 절차도

자료: 디지털성범죄피해자지원센터, https://d4u.stop.or.kr/delete_consulting/

4. 피해자 등에 대한 불이익조치의 금지

누구든지 피해자 또는 성폭력 발생 사실을 신고한 자를 고용하고 있는 자는 성폭력과 관련하여 피해자 또는 성폭력 발생 사실을 신고자에게 다음에 해당하는 불이익조치를 하여서는 아니 된다.

Ⅳ. 상담소 및 보호시설

1. 상담소

국가 또는 지방자치단체는 성폭력 피해상담소를 설치·운영할 수 있다. 그 밖에 상담소를 설치·운영하려는 자치단체장에게 신고하여야 한다.[38]

상담소는 다음의 업무를 한다.

상담소의 업무

1. 성폭력피해의 신고접수와 이에 관한 상담

38 성폭력방지 및 피해자보호 등에 관한 법률 제10조－11조.

2. 성폭력피해로 인하여 정상적인 가정생활 또는 사회생활이 곤란하거나 그 밖의 사정으로 긴급히 보호할 필요가 있는 사람과 제12조에 따른 성폭력피해자보호시설 등의 연계
3. 피해자등의 질병치료와 건강관리를 위하여 의료기관에 인도하는 등 의료 지원
4. 피해자에 대한 수사기관의 조사와 법원의 증인신문(證人訊問) 등에의 동행
5. 성폭력행위자에 대한 고소와 피해배상청구 등 사법처리 절차에 관하여 「법률구조법」 제8조에 따른 대한법률구조공단 등 관계 기관에 필요한 협조 및 지원 요청
6. 성폭력 예방을 위한 홍보 및 교육
7. 그 밖에 성폭력 및 성폭력피해에 관한 조사·연구

표 13-4 상담소 운영

연도	개소수	상근 종사자수(명)	상담실적(건)			개소당 평균 상담실적(건)
			계	성폭상담	기타상담	
2019	168	628	276,122	148,311	127,811	1,644
2020	169	598	258,410	153,221	105,189	1,529
2021	163	603	283,916	175,748	108,168	1,742
2022	168	602	292,945	175,651	117,294	1,744
2023	**179**	**619**	**337,171**	**185,785**	**151,386**	**1,883**

자료: 여성가족부, 2023년도 성폭력 피해 상담소·보호시설 등 지원실적 보고, 2024, 2.

표 13-5 상담소 지원

	계	심리·정서적 지원	수사·법적 지원	의료지원	기관연계*	기타**
전체	185,785	95,606	32,281	15,846	8,783	33,269
	100%	51.5	17.4	8.5	4.7	17.9
장애	42,561	22,930	7,915	1,745	2,092	7,879
	100%	53.9	18.6	4.1	4.9	18.5

* 기관연계: 보호시설, 의료기관, 장애인복지시설 등
** 기타: 정보제공, 장애인 등록, 국가기초생활보장법 수급자 신청, 전학 지원 등

자료: 여성가족부, 2023년도 성폭력 피해 상담소·보호시설 등 지원실적 보고, 2024, 2.

지원 중 가장 많은 경우는 심리·정서적 지원이며, 형사절차 및 법률적 지원, 의료지원, 시설입소연계 등의 순으로 나타났다.

2. 보호시설

국가 또는 지방자치단체는 성폭력피해자보호시설을 설치·운영할 수 있다.[39]

사회복지법인이나 그 밖의 비영리법인은 자치단체장의 인가를 받아 보호시설을 설치·운영할 수 있다.

① 보호시설의 종류

보호시설의 종류는 다음과 같다.

일반보호시설, 장애인보호시설, 특별지원 보호시설,[40] 외국인보호시설,[41] 자립지원 공동생활시설,[42] 장애인 자립지원 공동생활시설 등이다. 2018년을 기준으로 전국에 31개소가 운영 중이며, 입소정원은 367명이다.[43]

② 보호시설의 업무 등

보호시설은 다음의 업무를 한다.

<table>
<tr><th>구분</th><th>업무</th></tr>
<tr><td>일반보호시설</td><td rowspan="4">성폭력 피해자나 성폭력 피해자의 가족구성원(이하 "피해자 등"이라 함)의 보호 및 숙식 제공
피해자 등의 심리적 안정과 사회 적응을 위한 상담 및 치료
자립·자활 교육의 실시와 취업정보의 제공
피해자 등의 질병치료와 건강관리를 위하여 의료기관에 인도하는 등 의료 지원
피해자에 대한 수사기관의 조사와 법원의 증인신문(證人訊問) 등에의 동행
성폭력행위자에 대한 고소와 피해배상청구 등 사법처리 절차에 관하여 대한법률구조공단 등 관계 기관에 필요한 협조 및 지원 요청
다른 법률에 따라 성폭력피해자보호시설에 위탁된 업무
그 밖에 피해자 등을 보호하기 위하여 필요한 업무</td></tr>
<tr><td>장애인보호시설</td></tr>
<tr><td>특별지원 보호시설</td></tr>
<tr><td>외국인보호시설</td></tr>
<tr><td>자립지원 공동생활시설</td><td rowspan="2">자립·자활 교육의 실시와 취업정보의 제공
그 밖에 피해자 등을 보호하기 위하여 필요한 업무</td></tr>
<tr><td>장애인 자립지원 공동생활시설</td></tr>
</table>

39 성폭력방지 및 피해자보호 등에 관한 법률 제12조–제17조.

40 19세 미만의 성폭력 범죄 피해자에게 서비스 제공시설.

41 가정폭력방지 및 피해자보호 등에 관한 법률 제7조의2 제1항 제3호의 외국인보호시설과 통합하여 운영할 수 있다.

42 보호시설을 퇴소한 사람에게 자립·자활 교육의 실시와 취업정보의 제공 및 그 밖에 필요한 사항을 제공하는 시설.

43 여성가족부, 2018년 성폭력 피해자 지원사업 운영실적 보고, 2019. p. 8.

③ 보호비용 지원

국가 또는 지방자치단체는 보호시설에 입소한 피해자 등의 보호를 위하여 필요한 경우 다음 각 호의 보호비용을 보호시설의 장 또는 피해자에게 지원할 수 있다.

1. 생계비
2. 아동교육지원비
3. 아동양육비
4. 그 밖에 대통령령으로 정하는 비용

표 13-6 보호시설 운영

연 도	개소수	입소정원	상근 종사자수	구분	연도중 입소인원	연도중 퇴소인원	12월 말 현원
2019	32	371	192	전체	190	185	287
				장애인	94	90	168
2020	33	381	197	전체	159	153	295
				장애인	62	68	166
2021	34	388	203	전체	147	184	256
				장애인	61	83	145
2022	34	388	206	전체	118	136	237
				장애인	48	55	138
2023	**35**	**384**	**214**	**전체**	**150**	**143**	**243**
				장애인	**73**	**57**	**153**

자료: 여성가족부, 2023년도 성폭력 피해 상담소·보호시설 등 지원실적 보고, 2024, 4.

표 13-7 보호시설 지원

연도	계	심리·정서 지원	수사·법적 지원	의료 지원	학교문제 (전학)지원	자립 지원	기 타
2019	141,719	66,514	1,284	13,898	11,907	20,928	27,188
	100%	46.9	0.9	9.8	8.4	14.8	19.2
2020	158,991	70,484	1,260	17,500	15,623	19,470	34,654
	100%	44.3	0.8	11.0	9.8	12.2	21.8
2021	143,263	64,044	2,013	19,647	16,865	14,064	26,630
	100%	44.7	1.4	13.7	11.8	9.8	18.6
2022	142,501	59,005	1,038	20,075	11,177	17,875	33,331

	100%	41.4	0.7	14.1	7.8	12.5	23.4
2023	144,632	52,154	1,435	23,417	10,807	18,789	38,030
	100%	36.0	1.0	16.2	7.5	13.0	26.3

자료: 여성가족부, 2023년도 성폭력 피해 상담소·보호시설 등 지원실적 보고, 2024, 6.

④ 보호시설의 입소

피해자등이 다음에 해당하는 경우에는 보호시설에 입소할 수 있다.

1. 본인이 입소를 희망하거나 입소에 동의하는 경우
2. 미성년자 또는 지적장애인 등 의사능력이 불완전한 사람으로서 성폭력행위자가 아닌 보호자가 입소에 동의하는 경우

⑤ 보호기간

보호시설의 종류별 입소기간은 다음과 같다.

구분	입소기간
일반보호시설	1년 이내: 1년 6개월의 범위에서 1회 연장 가능
장애인보호시설	2년 이내: 피해회복에 소요되는 기간까지 연장 가능(1회당 2년 이내)
특별지원 보호시설	19세가 될 때까지: 2년의 범위에서 1회 연장 가능
외국인보호시설	1년 이내(1년 6개월 내에서 1회)
자립지원 공동생활시설	2년 이내: 2년의 범위에서 1회 연장 가능
장애인 자립지원 공동생활시설	2년 이내: 2년의 범위에서 1회 연장 가능

표 13-8 보호기간

연 도	구분	계	1월 이하	2~6월 이하	7월~1년 이하	1~2년 이하	2~3년 이하	3년 초과
2019	전체	185	25	64	18	27	17	34
		100%	13.5	34.6	9.7	14.6	9.2	18.4
	장애인	90	8	30	5	11	10	26
		100%	8.9	33.3	5.6	12.2	11.1	28.9
2020	전체	153	23	38	32	21	18	21
		100%	15.0	24.8	20.9	13.7	11.8	13.7
	장애인	68	11	18	10	9	8	12
		100%	16.2	26.5	14.7	13.2	11.8	17.6
2021	전체	184	27	41	27	29	20	40
		100%	14.7	22.3	14.7	15.8	10.9	21.6

	장애인	83	10	9	14	8	15	27
		100%	12.1	10.8	16.9	9.6	18.1	32.5
2022	전체	136	28	30	17	21	15	25
		100%	20.6	22.1	12.5	15.4	11.0	18.4
	장애인	55	11	8	7	7	5	17
		100%	20.0	14.5	12.7	12.7	9.1	30.9
2023	전체	143	26	42	16	18	14	27
		100%	18.2	29.4	11.2	12.5	9.8	18.9
	장애인	57	7	13	6	8	4	19
		100%	12.3	22.8	10.5	14.0	7.0	33.4

자료: 여성가족부, 2023년도 성폭력 피해 상담소·보호시설 등 지원실적 보고, 2024, 5.

⑥ 보호시설의 퇴소

보호시설에 입소한 사람은 본인의 의사 또는 입소 동의를 한 보호자의 요청에 따라 보호시설에서 퇴소할 수 있다.

보호시설의 장은 입소한 사람이 다음에 해당하면 퇴소를 명할 수 있다.

1. 보호 목적이 달성된 경우
2. 보호기간이 끝난 경우
3. 입소자가 거짓이나 그 밖의 부정한 방법으로 입소한 경우
4. 그 밖에 보호시설 안에서 현저한 질서문란 행위를 한 경우

3. 통합지원센터(해바라기센터) 운영

국가와 지방자치단체는 성폭력 피해상담, 치료, 법률상담 등 연계, 수사지원, 그 밖에 피해구제를 위한 지원업무를 종합적으로 수행하기 위하여 성폭력피해자통합지원센터(해바라기센터)를 설치 · 운영할 수 있다.[44]

국가와 지방자치단체는 일정한 자격요건을 갖춘 기관 또는 단체로 하여금 통합지원센터를 설치 · 운영하게 할 수 있다.

44 성폭력방지 및 피해자보호 등에 관한 법률 제18조.

그림 13-7 통합지원센터(해바라기센터) 운영도

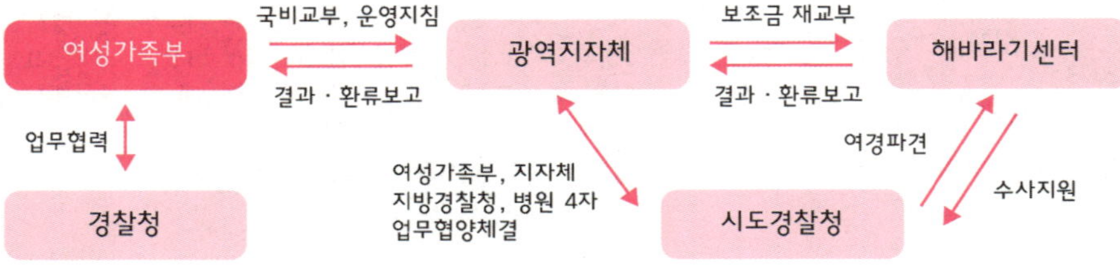

표 13-9 해바라기센터 접수

연도	센터 수	합 계	내 방	전화 등
2020	40개	23,806	9,458	14,348
2021	39개	27,434	11,788	15,646
2022	39개	24,909	10,343	14,566
2023	39개	23,419	9,702	13,717
2024	40개	23,021	8,683	14,338

자료: 여성가족부, 2024년 해바라기센터 운영실적, 2025.

표 13-10 해바라기센터 지원

연도	합계	의료지원	심리지원	상담지원	수사 법률지원	동행 서비스	기타*
2020	380,141	101,193	32,712	116,758	57,734	4,557	67,187
2021	418,032	106,742	33,029	129,199	70,429	5,359	73,274
2022	398,980	103,585	32,249	126,734	60,185	4,795	71,432
2023	401,167	101,081	32,086	126,683	61,912	5,033	74,372
2024	393,398	93,908	34,238	125,810	60,542	5,291	73,609

*기타 : 정보제공, 사회적 지원(기관연계, 자조모임, 적응훈련), 가족개입 등

자료: 여성가족부, 2024년 해바라기센터 운영실적, 2025, 6.

4. 상담원 등의 자격기준

① 상담원 배제대상

다음에 해당하는 사람은 상담소, 보호시설 및 성폭력피해자통합지원센터의 장 또는 상담원이 될 수 없다.[45]

1. 미성년자, 피성년후견인 또는 피한정후견인
2. 금고 이상의 형을 선고받고 그 집행이 종료(집행이 종료된 것으로 보는 경우를 포함한다)되지 아니하였거나 그 집행을 받지 아니하기로 확정되지 아니한 사람
3. 성폭력범죄, 아동성폭력범죄 등으로 형 또는 치료감호를 선고받고 그 형 또는 치료감호의 전부 또는 일부의 집행이 종료되거나 집행이 유예·면제된 날부터 10년이 지나지 아니한 사람[46]

② 상담원의 전문화

국가와 지방자치단체는 상담원의 자질을 향상시키기 위하여 상담원에 대한 전문적인 교육훈련시설을 설치·운영할 수 있다. 또한 이를 일정한 자격요건을 갖춘 기관 또는 단체에 위탁하거나 이를 교육훈련시설로 지정할 수 있다.

또한 종사자의 자질을 향상시키기 위하여 보수(補修)교육을 실시하여야 한다. 또한 이를 대학 및 전문대학 또는 전문기관에 위탁할 수 있다.

③ 인가의 취소 등

자치단체장은 상담소, 보호시설 또는 교육훈련시설이 다음에 해당하는 경우에는 그 업무의 폐지 또는 정지를 명하거나 인가를 취소할 수 있다.

1. 시정 명령을 위반한 경우
2. 영리를 목적으로 상담소, 보호시설 또는 교육훈련시설을 설치·운영한 경우
3. 정당한 사유 없이 보고를 하지 아니하거나 거짓으로 보고한 경우 또는 조사·검사를 거

45 성폭력방지 및 피해자보호 등에 관한 법률 제19조－제20조.

46 성폭력범죄의 처벌 등에 관한 특례법 제2조의 죄 또는 아동·청소년의 성보호에 관한 법률 제2조 제2호의 죄

부하거나 기피한 경우

자치단체장은 상담소, 보호시설 또는 교육훈련시설이 업무가 폐지 또는 정지되거나 인가가 취소되는 경우에는 해당 시설을 이용하는 사람이 다른 시설로 옮길 수 있도록 하는 등 시설 이용자의 권익을 보호하기 위하여 필요한 조치를 하여야 한다.

V. 성폭력 전담의료기관

1. 지정

여성가족부장관, 자치단체장은 국립·공립병원, 보건소 또는 민간의료시설을 피해자등의 치료를 위한 전담의료기관으로 지정할 수 있다.[47]

지정된 전담의료기관은 피해자 본인·가족·친지나 긴급전화센터, 상담소, 보호시설 또는 통합지원센터의 장 등이 요청하면 피해자등에 대하여 다음의 의료 지원을 하여야 한다.

1. 보건 상담 및 지도
2. 치료
3. 그 밖에 대통령령으로 정하는 신체적·정신적 치료

2. 운영

여성가족부장관, 자치단체장은 지정한 전담의료기관이 다음의 어느 하나에 해당하는 경우에는 그 지정을 취소할 수 있다. 지정을 취소하는 경우에는 청문을 하여야 한다. 전국적으로 348개소가 지정되어 있다.

1. 거짓이나 그 밖의 부정한 방법으로 지정을 받은 경우
2. 정당한 사유 없이 의료 지원을 거부한 경우

47 성폭력방지 및 피해자보호 등에 관한 법률 제27조 – 제30조.

3. 그 밖에 전담의료기관으로서 적합하지 아니하다고 대통령령으로 정하는 경우

표 13-11 성폭력피해자 전담의료기관

시도별	지정기관수	시도별	지정기관수
서울	21	강원	23
부산	16	충북	5
대구	5	충남	14
인천	11	전북	15
광주	4	전남	38
대전	2	경북	23
울산	2	경남	24
세종	0	제주	6
경기	38		

자료: 여성가족부, 2025년 성폭력 피해자 전담의료기관 현황.

3. 지원 및 감독

① 의료비 지원

국가 또는 지방자치단체는 치료 등 의료 지원에 필요한 경비의 전부 또는 일부를 지원할 수 있다.

② 영리목적 운영의 금지

누구든지 영리를 목적으로 상담소, 보호시설 또는 교육훈련시설을 설치·운영하여서는 아니 된다. 다만, 교육훈련시설의 장은 상담원 교육훈련과정을 수강하는 사람에게 여성가족부장관이 정하는 바에 따라 수강료를 받을 수 있다.

③ 비밀 엄수의 의무

상담소, 보호시설 또는 통합지원센터의 장이나 그 밖의 종사자 또는 그 직에 있었던 사람은 그 직무상 알게 된 비밀을 누설하여서는 아니 된다.

VI. 경찰권행사 청구 및 의무

1. 경찰권행사 청구

상담소, 보호시설 또는 통합지원센터의 장은 피해자등을 긴급히 구조할 필요가 있을 때에는 경찰관서(지구대 · 파출소 및 출장소를 포함)의 장에게 그 소속 직원의 동행을 요청할 수 있으며, 요청을 받은 경찰관서의 장은 특별한 사유가 없으면 이에 따라야 한다.[48]

2. 경찰권행사 의무

사법경찰관리는 성폭력 신고가 접수된 때에는 지체 없이 신고된 현장에 출동하여야 한다.[49] 출동한 사법경찰관리는 신고된 현장에 출입하여 관계인에 대하여 조사를 하거나 질문을 할 수 있다. 이때 그 권한을 표시하는 증표를 지니고 이를 관계인에게 내보여야 한다. 이때 피해자 · 신고자 · 목격자 등이 자유롭게 진술할 수 있도록 성폭력행위자로부터 분리된 곳에서 조사하는 등 필요한 조치를 하여야 한다.

누구든지 정당한 사유 없이 신고된 현장에 출동한 사법경찰관리에 대하여 현장조사를 거부하는 등 업무를 방해하여서는 아니 된다.

48 성폭력방지 및 피해자보호 등에 관한 법률 제31조.

49 성폭력방지 및 피해자보호 등에 관한 법률 제31조의2.

VICTIMOLOGY

제14장 성매매범죄 피해자 지원

제1절 국제사회의 성매매 관련 정책적 태도

Ⅰ. 국제사회의 성매매 관련 태도

성매매는 은밀하게 행해지는 것이 그 속성이나 성산업의 확대와 개방적인 풍조, 그리고 성에 대한 도덕관념의 변화 등으로 인해 노골적으로, 그리고 공개적으로 행해지는 추세에 있다.[1] 따라서 성매매에 대해 어떠한 정책을 취할 것인가는 국제사회의 중요한 정책적 과제가 되었다. 성매매에 대한 규제 또는 합법화 정도의 여부는 각국의 역사와 전통, 그리고 문화에 따라 다르지만, UN을 비롯한 국제기구에서도 그 가이드라인을 제시하고 있다.

성매매에 대해 세계 각국이 취하는 형태는 대략 금지주의, 합법화주의, 비범죄주의 등 세 가지 형태로 구분할 수 있다.[2]

Ⅱ. UN의 금지주의적 전략

1. 금지주의적 원칙

성매매에 대한 각국의 정책은 매우 다양하지만 성매매의 처벌여부에 따라 금지주의, 비범죄주의, 합법화주의로 정리할 수 있다.

성매매 행위에 대해 유엔은 금지주의적 태도를 유지하고 있다. 유엔은 우선

1 성매매(性賣買)란 공급자가 고객이 경제적인 대가를 치룬다는 전제하에 행하는 성적 행동으로서 공급자와 고객의 관계는 성을 매개로 한 것 이외에는 인간적인 유대감이 없는 경우를 말한다.
2 허경미, 현대사회와 범죄학, 제6판, 박영사, 2018. pp. 261－262.

성인의 경우부터 제재하는 조치를 취하였다.[3] 1950년 3월 21일 유엔에서 채택한 「인신매매금지 및 타인의 성매매행위에 의한 착취금지에 관한 협약」 의정서(Convention for the Suppression of the Traffic in Persons and of the Exploitation of the Prostitution of Others)는 제 1 조에서 성매매를 목적으로 합의여부에 상관없이 타인을 소개하거나 유혹 또는 유괴하는 경우 및 합의여부에 상관없이 타인의 성매매 행위를 착취하는 자를 처벌하는 것에 합의한다고 명시하였다.[4]

이어 유엔은 1979년 12월 18일 「여성에 대한 모든 형태의 차별철폐에 관한 협약」(Convention on the Elimination of All Forms of Discrimination Against Women)[5]을 통해서도 성매매 행위를 엄격하게 금지하고 있다. 즉 제 6 조에서 "당사국은 여성에 대한 모든 형태의 인신매매 및 성매매에 대한 착취를 금지하기 위한 입법 및 필요한 모든 조치를 취해야 한다"고 명시하였다. 매 4년마다 이행보고서를 제출하도록 규정하였다.

유엔은 앞서 두 협약을 통하여 성인의 성매매를 금지하고 처벌하는 것을 촉구하는 데 초점을 두었지만, 1989년 11월 20일 「유엔아동인권협약」(Convention on the Rights of the Child)[6]을 통해서는 아동의 성매매 행위에 대하여 협약국들이 엄격한 조치를 취하도록 촉구하고 있다. 이 협약 제34조는 아동을 성매매 행위에 종사토록 하거나 성매매를 위하여 유인, 강제하는 행위, 외설스런 공연에 아동을 착취적으로 이용하는 행위 등을 처벌의 대상으로 규정하고 있다. 이어 제35조에서는 당사국은 모든 목적과 형태의 아동의 약취유인이나 매매 또는 거래를 방지하기 위한 적절한 모든 조치를 취해야 한다고 강조하였다.

성매매에 관한 또 하나의 국제적 조치는 1995년에 북경에서 개최되었던 제 4차 세계여성회의에서 채택된 「북경 선언문과 행동강령」에 명시된 성매매 관련

3 United Nations Treaty Collection,
Convention for the Suppression of the Traffic in Persons and of the Exploitation of the Prostitution of Others,
https://treaties.un.org/Pages/ViewDetails.aspx?src=IND&mtdsg_no=VII-11-a&chapter=7&clang=_en/

4 한국은 1962년 5월 14일에 비준.

5 한국은 1985년 1월 26일에 비준.

6 한국은 1991년 11월 20일에 비준.

조항을 들 수 있다. 이 강령은 법적인 구속력이 있는 국제협약은 아니지만, 여성의 인신매매와 강제적인 성매매 행위를 여성에 대한 폭력으로 규정하고, 그 피해자들을 지원하기 위한 특별 방안을 채택하였다는 데 의의가 있다.

또한 2000년 5월 25일에 유엔에서 체결되고, 같은 해 9월 6일 한국 정부가 서명한 「아동의 매매·성매매 및 아동 포르노에 관한 아동권리협약 선택의정서」(Optional Protocol to the Convention on the Rights of the Child on the Sale of Children, Child Prostitution and Child Pornography)는 아동에 대한 성매매 및 포르노 등 음란물 제작에 대해 국제사회가 공동으로 대처할 것을 강력히 규정하고 있다.

이어 2000년 11월 15일 유엔에서 체결되고, 같은 해 12월 13일에 한국 정부가 서명한 「국제연합 국제조직범죄방지협약을 보충하는 인신 특히 여성 및 아동의 매매 예방·억제·처벌의정서」(Protocol to Prevent, Suppress and Punish Trafficking in Persons, Especially Women and Children, supplementing the United Nations Convention against Transnational Organized Crime)는 특히 국제적 인신매매에 대하여 각국 정부가 법률적으로 취하여야 하는 조치를 구체적으로 명시하였다. 국제적 인신매매의 예방과 방지를 위한 국가의 책임 및 국가간, 그리고 국내의 관련기관간의 협력, 본인의 동의여하를 불문하고 성매매여성들을 피해자로서 보호하고 지원하는 것 등이 그 주요 골자이다.

2. 유엔인권이사회의 태도변화

한편 유엔인권이사회는 2013년 5월 17일 제23차 회의에서 여성인신매매에 반대하는 국제비정부기구동맹(Global Alliance Against Against Traffic)이 같은 해 5월 10일에 제출한 인신매매 종식을 위한 작업에서 공급담론에 대한 비판적 접근의 필요성(The need for a critical approach to 'demand' discourses in work to end human trafficking)이라는 서면보고서를 채택하였다.[7]

이 보고서는 네 가지의 주요한 내용을 담고 있는데 첫째, 근로기준의 규정

7 Human Rights Council, A/HRC/23/NGO/29, (The need for a critical approach to 'demand' discourses in work to end human trafficking, http://www.gaatw.org/statements/GAATWStatement_05.2013.pdf/

화 및 근로조건의 개선, 근로자의 노동조합권 등의 보장, 둘째, 이민정책과 노동시장 요구 사이의 일관성의 보장–이주노동자를 위한 합법적이고 공정한 기회보장, 셋째, 인신매매 근절과 이주민과 여성에 대한 차별금지–이주민의 교육 및 근로기회의 형평성 보장, 넷째, 성노동의 착취적인 관행을 줄이는 전략으로 성매매와 그 관행의 잠재적인 비범죄화의 고려 등이다.[8]

III. 국제엠네스티의 자발적 성매매 비범죄화 전략

2015년 8월 11일에 국제엠네스티 회원국들은 국제대의원총회 투표를 통해 「성노동자의 인권보호정책」(policy to protect human rights of sex workers)을 성노동자의 인권보호정책을 개발할 것을 승인하였다.[9] 국제엠네스티 사무총장 살리 쉐티(Salil Shetty)는 성노동자들은 세계에서 가장 소외된 그룹 중 하나이며, 대부분의 경우 차별, 폭력 및 학대의 위험에 직면해 있다고 주장하였다. 결의안의 요지는 다음과 같이 정리된다.[10]

"...성 노동자들은 세계에서 가장 소외된 그룹 중 하나이며, 대부분의 경우 차별, 폭력 및 학대의 위험에 직면해 있다. 엠네스티는 성노동자들의 인권보호 정책을 채택하는 길을 열었다. 엠네스티는 이 정책을 구체화하는 작업을 지원할 것이다.
회원국은 합의된 성노동의 모든 측면에 대한 완전한 비범죄화를 지지하는 정책을 개발할 것을 권고한다. 또한 회원국들은 성노동자들이 착취, 인신매매 및 폭력으로부터 완전하고 평등한 법적 보호를 누릴 수 있도록 필요한 조치를 취할 것을 촉구한다."

AMNESTY INTERNATIONAL

8 허경미, 현대사회와 범죄학 제6판, 박영사, 2018, pp. 262–263.

9 허경미. "노르딕모델 성매매정책의 딜레마와 시사점." 경찰학논총 14.2, 2019, pp. 33–61.

10 Amnesty International, Global movement votes to adopt policy to protect human rights of sex workers, https://www.amnesty.org/en/latest/news/2015/08/global–movement–votes–to–adopt–policy–to–protect–human–rights–of–sex–workers/

그런데 엠네스티의 이러한 정책은 세계보건기구(World Health Organization), 유엔난민기구(UNAIDS), 건강권리에관한유엔특별보고관과 같은 유엔기구를 포함한 다양한 기관의 자료를 바탕으로 제안되었으며, 4개국(아르헨티나, 홍콩, 노르웨이, 파푸아뉴기니)에서 수행된 연구의 결과이다. 또한 이 결의안은 성노동자그룹, 성매매피해자를 대표하는 단체, 성매매폐지주의단체(abolitionist organizations), 페미니스트 및 기타 여성권리대표, 성적소수자(LGBTI)단체, 인신매매방지단체 및 HIV/에이즈단체 등으로부터 자문을 받아 추진되었다.

국제엠네스티는 인신매매가 성적 착취를 포함한 인신매매는 국제법의 문제이며, 형사처벌의 대상이 되어야 하고, 향후 국제엠네스티의 가장 중요한 사업이 될 것이라고 밝히면서 자발적 성매매의 비범죄화는 매우 어렵지만 인류의 인권이 나아가야 할 방향을 결정한 의미가 있다고 설명하였다.

이어 2016년 5월 26일 엠네스티는 「성노동자의 인권 존중, 보호 및 실천을 위한 국가의무에 관한 국제엠네스티 정책」(Amnesty International Policy on State Obligations to Respect, Protect and Fulfil the Human Rights of Sex Workers)을 발표하였다.[11]

엠네스티의 전략은 노르딕모델이나 국가페미니즘계가 추구하는 성구매자처벌법을 바탕으로 하는 성판매자의 비범죄화, 성구매자의 범죄화의 등식을 거부하는 것이다.

국제엠네스티는 국가의 의무를 다음과 같이 9가지로 정리하고 있다.

① 불평등한 상황에서 성을 파는 성노동자들에 대한 차별과 그 상황의 개선노력
② 빈곤으로 인해 생존의 수단으로 성매매를 할 필요가 없도록 모든 사람들의 교육 및 고용과 사회보장에 대한 접근이 가능한 경제적, 사회적 및 문화적 권리 보장
③ 성적 지향 또는 성 정체성과 표현, 인종, 계급, 민족성으로 인하여 차별과 학대의 위험으로부터 인권 보호
④ 성인 간의 합의된 성행위를 직접적으로 또는 실제적으로 범죄로 규정하거나 처벌하는

11 Amnesty, Amnesty International Policy on State Obligations to Respect, Protect and Fulfil the Human Rights of Sex Workers, https://www.amnesty.org/download/Documents/POL3040622016ENGLISH.PDF/

새로운 법률의 제정 등 금지
⑤ 성노동자에 대해 방랑, 배회, 이민법 위반 등의 범죄로 처벌하는 것을 금지
⑥ 성노동자들이 자신들의 삶과 안전에 직접적인 영향을 미치는 법률 및 정책 개발에 참여할 기회 보장
⑦ 성노동자의 건강과 안전을 보호하고 상업적 성노동(아동을 포함하여)에서의 모든 착취와 인신매매를 처벌하며, 성노동의 대부분 또는 모든 측면을 범죄화하는 관련법의 재정비
⑧ 성매매 종사자가 탈성매매를 선택할 경우 이에 대한 지원책 및 서비스 구축
⑨ 성노동자들의 형사사법, 건강관리 및 기타 공공 서비스에 대한 일반인과 동등한 접근 기회를 보장하고, 법률에 따라 평등한 보호를 받을 수 있도록 보장

국제엠네스티는 위와 같은 국가의무를 수행하기 위하여 회원국들이 다음과 같은 세 가지 수준의 개입 전략을 취할 것을 요구하고 있다.[12]

① 상업적 성매매에 있어 강제 성노동, 인신매매, 학대 및 폭력을 행사하는 경우 및 아동을 상업적 성행위에 참여시키는 행위에 대한 처벌조항을 형법으로 규정화한다.
② 성노동자들의 건강, 고용, 비범죄화가 법적으로 보장되어야 하며, 학대와 착취로부터 보호받을 수 있도록 제도화되어야 한다.
③ 성노동자에 대한 차별, 유해한 성차별, 성노동으로 진입케 하는 경제적 그리고 사회적 권리의 부정, 성노동자의 낙인화, 성매매 중단을 방해하는 요소들을 진단 및 구체적인 경제적, 사회적, 문화적 관련법들을 적용하여야 한다.

12 Amnesty, Amnesty International Policy on State Obligations to Respect, Protect and Fulfil the Human Rights of Sex Workers, https://www.amnesty.org/download/Documents/POL3040622016ENGLISH.PDF/

제2절 정책유형별 국가와 성매매 피해자 보호

Ⅰ. 금지주의 전략

금지주의(Penalization Iiiegalization)는 성매매행위를 불법으로 규정하고 이를 처벌하는 입장을 말한다. 금지주의 입장을 취하는 국가는 성구매행위만 금지하는 경우와 성판매행위만 금지, 구매 및 판매행위 모두 금지하는 경우가 있다. 처벌주의라고도 한다.

1. 스웨덴

스웨덴의 성매매금지 전략의 출발은 양성평등을 구현하는 전략의 한 방법이었다. 스웨덴은 1972년 양성평등연구위원회를 구성하였다.[13]

1971년 새로운 과세법으로 남녀가 결혼하더라도 부부공동과세가 아니고 개별과세제로 전환되었다. 그리고 더라도 개별적인 과세됨을 의미했을 때 스웨덴 정부는 개인이 스스로 권한을 부여하고 구조적 장애물에서 벗어날 수 있도록 양성 평등에 대한 장벽을 식별하고 제한하려고 노력했습니다. 1974년부터 부모 모두 육아를 위한 유급휴가를 받을 수 있게 되었다. 1976년부터 양성평등을 담당하는 장관을 두었다.

1977년 스웨덴 정부는 성범죄 위원회를 설립했다. 이 위원회는 강간 및 기타 성폭행과 스웨덴의 성매매에 대한 집중적인 연구 결과를 1981년도에 발표했다. 1993년 다시 스웨덴 정부는 여성 폭력에 대한 위원회를 설립하여 성폭력과 그러한 폭력의 정상화 과정에 초점을 맞춘 여성의 안전보고서를 1996년도에 발표했다. 이 보고서는 신체적 폭력은 성매매, 음란물, 근친상간, 직장 내 성희롱과 같은 사회의 다른 일탈 현상과 밀접한 관련이 있다고 지적했다. 이를 바탕으로 스웨덴 정부는 성매매에 대한 전면적인 실태조사를 벌였다.

이러한 일련의 과정을 거쳐 스웨덴정부는 여성의 안전을 위한 여러 입법을 추진하였고, 성적 서비스 구매금지에 관한 법을 제안하게 되었다.

13 The Swedish Gender Equality Agency, PROSTITUTION POLICY IN SWEDEN, 2022.

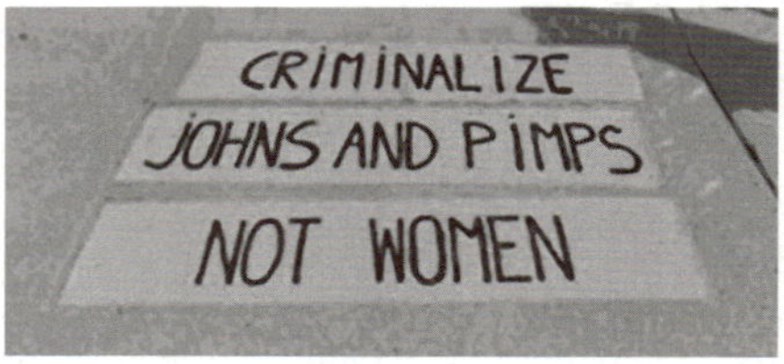

자료: Women's Caucus, https://women.deepgreenresistance.org/nordic－model /

스웨덴이 1999년 1월에 제정한 "성적 서비스 구매금지에 관한 법"(The Act Prohibiting the Purchase of Sexual Service)은 대표적인 성구매금지법으로 인정받고 있다.[14]

이 법은 성구매를 가정폭력이나 성폭력과 같은 폭력의 한 형태로 간주하고 이를 처벌해야 한다는 입장을 전제하고 있다. 이 법은 돈을 지불하는 모든 형태의 성매매를 금지하며, 이를 어기는 자에게는 벌금형 또는 최대 6개월 이하의 징역에 처하도록 규정하였다. 그러나 이러한 처벌은 돈을 지불하고 성을 사는 사람과 성매매를 조장하고 알선하는 포주들에게만 해당된다. 성 판매자는 범죄자가 아닌, 사회복지적 관심의 대상이며, 피해자로서 간주된다.

한편 스웨덴 정부는 2010년 7월 2일에 「성적서비스구매금지평가」(Evaluation of the Prohibition of the purchase of sexual services: An evaluation 1999－2008)(SOU 2010: 49)를 발표했다.[15] 스웨덴 정부는 이 평가서를 통하여 「성적 서비스 구매금지에 관한 법」이 효과가 있었다는 것을 확인하였다. 즉, 스웨덴에서 성매매는 다른 국가와는 달리 금지가 도입된 이후로 증가하지 않았고, 특히 길거리 성매매는 금지초기 보다 절반 이하로 감소하였다. 또한 인터넷 성매매 역시 인근 국가 보다 증가하지 않았으며, 길거리 성매매 여성들이 실내 성매매여성으로 전이되지도 않은 것으로 나타났다. 특히 중요한 변화는 성구매가 범죄라는 인식이 확산되어 이 법이 성구매를 강력하게 억지하는 효과로 이어졌다고 평가하였다.

이에 따라 스웨덴 의회는 2011년 5월 12일 정부가 요청하는 대로 이 법을 더욱 강화하여 성구매자에 대한 처벌을 기존의 최대 6개월 징역에서 최대 1년 징역으로 늘리는 것을 골자로 하는 개정법을 승인하였다. 이 개정법은 2011년 7월 1일부터 발효 중이다.

---

14 Jakobsson, Niklas, and Andreas Kotsadam. "The law and economics of international sex slavery: prostitution laws and trafficking for sexual exploitation." European Journal of Law and Economics 35.1 (2013): 87－107.

15 Government Offices of Sweden, http://www.government.se/4a4908/contentassets/8f0c2ccaa84e455f8bd2b7e9c557ff3e/english－summary－of－sou－2010－49.pdf/

주요 내용

성매매 행위

- 금전을 대가로 가벼운 성관계를 얻은 사람은 성매매로 최대 1년의 징역형을 선고받는다. 다른 사람이 지불을 약속하거나 제공한 경우에도 위와 동일하게 처벌받는다.

미성년자에 대한 성적 서비스 구매

- 15세 이상 18세 미만의 미성년자로부터 성매매를 구매한 경우 미성년자로부터 성매매로 간주되어 최고 4년 이하의 징역에 처해질 수 있다.
- 15세 미만의 사람에게 성 서비스를 구매한 경우에는 상황에 관계없이 미성년자에 대한 강간으로 간주된다.

한편 스웨덴 정부는 성매매는 성폭력과 인신매매로 이어지는 통로가 될 위험이 있다고 판단하고, 더욱 강력하게 성매매를 억지하는 정책을 펼치고 있고, 2015년 10월 8일에는 유럽연합의 인접국가들과 「인신매매 근절을 위한 협의」(United in Combating Human Trafficking)를 구성할 것을 제안하였다.[16]

한편 스웨덴은 2022년부터 미성년자로부터 성적 서비스를 구매하는 행위를 더욱 가중처벌토록 하였고, 온라인을 통한 성적 유인, 아동 대상 성적 이미지 공유, 섹스팅도 처벌한다.

2. 미국

미국 연방법 Title 18의 77장은 비자발적인 노동 및 납치, 인신매매, 성매매, 미성년성매매 등을 금지하고 있으며 이러한 입장에 처한 사람을 노예, 즉 착취피해자로 간주하며, 범죄자, 즉 가해자에 대해 엄격하게 처벌하고 있다(Title 18 of the United States Code. 18 U.S.C. § 1581, 18 U.S.C. § 1584, 18 U.S.C. § 1589, 18 U.S.C. § 1590, 18 U.S.C. § 1591, 18 U.S.C. § 1592.).[17] 그리고 이에 대한 수사는 연방수사국(FBI)이 담당한다.

16 Government Offices of Sweden, http://www.government.se/speeches/2015/10/minister-for-foreign-affairs-in-round-table-discussion-united-in-combating-human-trafficking/

17 THE UNITED STATES DEPARTMENT OF JUSTICE, https://www.justice.gov/crt/involuntary-servitude-forced-labor-and-sex-trafficking-statutes-enforced/

또한 2000년에 「인신매매피해자보호법」(The Victims of Trafficking and Violence Protection Act of 2000)을 제정하였고, 이에 따라 인신매매된 불법체류 미성년 여성의 경우 인신매매 피해자로 간주하고, 미국에 영주권을 신청할 수 있는 자격이 부여되는 T-1 Visa를 신청할 수 있도록 허용하고 있다.

또한 2007년 이후 연방정부는 연방인신매매핫라인전화(National Human Trafficking Resource Center Hotline)를 운영하고 있다. 이 전화를 통하여 피해자들은 도움을 요청할 수 있다. 이 서비스는 20여 개 언어로 제공된다. 25개 주정부가 이와 유사한 핫라인전화를 운영하고 있다.[18]

한편 2013년에 미네소타주는 일명 「세이프 하버 법」(Safe Harbor Laws)을 제정하였다. 이 법은 성매매 알선자(포주)들이 아동학대나 유기 등으로 가출한 미성년자나 노숙 미성년자를 대상으로 성매매를 하도록 유인하거나 유혹함으로써 성매매 범죄자로 전락하는 것을 방지하고 이들이 인신매매되는 것을 방지코자 제정되었다.[19]

미네소타주가 제정한 세이프항구법의 정식 명칭은 「성 착취 청소년 보호법」(Safe Harbor of Sexually Exploited Youth Act)이다. 미네소타주는 성매매 아동이 범죄자가 아닌 인신매매 피해자라는 사실을 인식하고 이들을 처벌의 관점에서 벗어나 보호의 관점에서 필요한 서비스를 주정부가 제공해야 하고 이를 실천하기 위한 정책기금과 관련 시스템을 정비하였다.

이를 바탕으로 연방정부는 2013년에 「인신매매를 통한 착취금지법」(The Stop Exploitation Through Trafficking Act of 2013)[20]을 제정하였다.[21] 이 법은 각 주정부들은 3년 이내에 성착취 미성년자를 처벌에서 보호적 관점으로 전환하며, 이를 위한 형사사법제도 개선 및 기금의 확보근거 등을 담은 관련법을 제정할 것을 요구하였다. 연방정부는 이 법을 2014년(H.R. 3610, Stop Exploitation Through

18 전화번호는 -888-373-7888이다. National Human Trafficking Resource Center, https://humantraffickinghotline.org/

19 Minnesota Department of Health, Safe Harbor Legislative Timeline, https://www.health.state.mn.us/communities/safeharbor/response/legislativetimeline.html/

20 S. 1733 / H.R. 3610

21 the advocates for humanrights, Federal Safe Harbor Legislation, https://www.theadvocatesforhumanrights.org/federal_safe_harbor_legislation_2/

Trafficking Act of 2014)에 개정, 2015년 5월에 의회를 통과(H.R. 159, Stop Exploitation Through Trafficking Act of 2015), 5월 29일에 대통령이 서명하였다.[22]

그림 14-1 Safe Habor Law

자료: sharedhope, https://sharedhope.org/

세이프 하버 법(Safe Harbor Laws)은 첫째, 미성년자(18세 미만)가 성매매로 기소되는 것을 방지하고, 둘째, 이들을 처벌하지 않고 특별한 처우프로그램으로 연계하는 것을 주요 내용으로 하고 있다.

세이프 하버 법(Safe Harbor Laws)은 성적으로 착취된 아동을 비행청소년절차(juvenile delinquency proceedings)에서 보호아동절차(child protection proceedings)로 재분류하여 이들에게 범죄자가 아닌 피해자로 간주되도록 하며 의료, 안전한 주택, 치료 교육 및 상담 서비스를 제공한다는 데에 가장 큰 의미가 있다.

또한 미국은 1995년부터 존 스쿨(John School)을 도입하여 성구매자의 재활교육 프로그램을 운영하고 있다. 정식 명칭은 「첫 번째 위반자 법 프로그램」

22 Congress GOV, Stop Exploitation Through Trafficking Act of 2015, https://www.congress.gov/bill/114th-congress/senate-bill/

(First Offender Act Program)이며, 미국 전역에 걸쳐 40개 이상의 다른 지역 사회에서 유사한 프로그램이 시행되고 있다.

한편 네바다주에서는 「네바다성매매및알선법」(Nevada Prostitution and Solicitation Laws)을 통하여 인구 40만명이 되지 않는 카운티에서만 성매매를 합법화하였다. 성매매는 다음과 같은 조건을 갖춘 경우에만 합법적으로 허용(Licensed Brothels)된다.[23]

- 18세 이상이어야 하며 자신의 자유 의지에 따라 고용되어야 한다.
- 정기적으로 HIV 및 STD 검사 결과서를 제출해야 한다.
- 콘돔을 사용해야 한다.
- 성매매업소는 학교 또는 종교시설의 장소 400야드 내에 위치 할 수 없다.
- 성매매업소는 주요 거리에 위치 할 수 없다.
- 성매매업소는 극장, 도로, 고속도로 또는 성매매가 금지된 카운티, 도시 또는 도시에서 광고를 해서는 안 된다.

18세 미만과의 성매매는 E등급 중죄로 최소 1년에서 최대 4년 사이의 징역 또는 $5,000 이하의 벌금에 처하는 범죄에 해당된다. 또한 불법적으로 성매매를 하도록 유인하거나 알선, 강제하는 등의 행위는 C등급 중죄로 최소 1년에서 최대 5년 이하의 징역 또는 최대 $10,000의 벌금에 처한다.

한편 미국은 국제메건법(International Megan's Law)을 2016년 2월 2일에 제정했다. 정식 명칭은 「여행의 사전통지를 통한 성범죄자의 아동 및 그 외 성범죄예방법」(Law to Prevent Child Exploitation and Other Sexual Crimes Through Advanced Notification of Traveling Sex Offenders)이다.[24]

이 법의 주요 내용은 등록성범죄자가 해외여행을 할 경우 21일 전에 주소지의 등록사무소에 출국신고를 하여야 하고, 여권에 특정성범죄자(Covered sex offenders)임을 표시하는 식별표지를 새기도록 하며, 연방보안관실(U.S. Marshals Service)이 당사자의 여행정보를 인터폴을 통하여 상대국가에 통보할 수 있도록

23 Findlaw, Nevada Prostitution and Solicitation Laws, https://statelaws.findlaw.com/nevada-law/nevada-prostitution-and-solicitation-laws.html/

24 International Megan's Law, Pub. L. No. 114-119, § 8, 130 Stat. 24 (2016).

한 것이다.

이를 통하여 야행지국가의 미성년자의 성매매 피해를 예방하고 성적 착취를 당하지 않도록 한다는 취지를 담고 있다.[25]

또한 2018년 4월 11일에 트럼프대통령은 성매매 금지법(Stop Enabling Sex Traffickers Act)에 서명했다 이 법은 "고의로 성매매를 지원, 촉진 또는 지원하는 것"을 처벌하며, "어떤 주에서도 성매매를 금지하는 연방 형사법을 위반하는 행위를 표적으로 하는 형사 기소 또는 민사 집행 조치"를 할 수 없도록 한다는 것을 주요 골자로 하고 있다.[26]

2021년 6월 16일에 텍사스 주지사 Greg Abbott는 텍사스 주에서 성매매에 대한 대가를 지불하는 행위를 중범죄로 간주하여 초범의 경우에도 최대 2년의 징역형에 처할 수 있도록 하는 내용을 주요 내용으로 하는 HB 1540법에 서명했다. 이로써 텍사스는 미국에서 성매매를 중범죄로 규정한 첫 번째 주가 되었다.[27]

3. 프랑스

프랑스는 개인의 단순한 성매매에 대해서는 처벌하지 않아왔다. 그러나 개인이라 하더라도 공공장소에서 호객행위를 하거나 성매매를 표시하는 복장을 하고서 적극적으로 호객행위를 하는 경우, 성매매를 알선하거나, 성매매 업소를 운영하거나 소유하는 경우, 18세 미만과 성매매를 하는 경우 등도 범죄이며, 모두 처벌되었다(프랑스형법 제225-5조부터 20225-10조 참조).

프랑스에서 15세 이상과는 상대방과의 동의하에 성관계를 할 수 있지만, 18세 미만과의 성매매는 처벌되며, 프랑스인이 국외에서 15세 미만과 성매매를 한 경우 이를 성매매여행(sex tourism)으로 간주하며, 프랑스 형법에 의해 처벌할 수 있도록 1998년 형법을 개정하였다.[28]

---

25 허경미, 현대사회문제론, 박영사, 2022, 35-36.

26 DeLacey, Hannah. "A Critical Analysis of the Enactment of the Allow States and Victims to Fight Online Sex Trafficking Act of 2018." International Journal of Gender, Sexuality and Law 2.1 (2022): 100-139.

27 nbcnews, Texas is the first state to make buying sex a felony. Will this help trafficking victims?, 2021. 8.13.

28 허경미, 현대사회와 범죄학, 제6판, 박영사, 2018, p. 266.

그런데 프랑스의 성판매자 및 일부 정치권 등에서 성매매를 합법화 또는 아예 불법화하여야 한다는 주장이 끊임없이 제기되어 2013년 10월과 11월에 성구매자에 대해 최소 1,500유로의 벌금형을 골자로 하는 성구매자처벌법안에 대해 논의를 하였다. 이 법안은 2013년 12월 4일에 하원을 통과했다. 그러나 성판매를 지지하는 일부 여성계와 성판매자들의 강력한 반대 운동 등으로 야당인 사회당원이 다수였던 상원은 2014년 7월 8일 이 법안의 승인을 거부했다. 하지만 2014년 9월 총선에서 승리한 보수당이 다시 다수가 되자, 상원은 2015년 3월 31일 상원의 표결에 부쳐 이를 승인했다. 다만, 상원은 당초의 법안을 개정하여 성판매자의 공공장소에서의 유혹행위에 대해 3,750유로와 2개월 이내 징역형을 유지하되, 성구매자에 대한 처벌조항은 삭제하였다. 이는 다시 하원에 최종심의가 요청되었고, 프랑스 정부는 강력하게 반발하였다.[29]

결국 이러한 우여곡절 끝에 2016년 4월 4일에 성구매자처벌법을 하원에서 최종적으로 통과시켰다. 이 법의 주요골자는 성 구매자에게 1천 500유로(약 197만원)의 벌금을, 재범은 3천 500유로로 벌금이 부과된다. 또한 성구매자는 성매매 예방교육을 받아야만 한다. 성판매여성은 피해자로 간주하며, 이들의 재활을 위하여 매 년 480만 유로의 기금을 조성하도록 하였다.[30] 이는 프랑스가 유럽연합이 추구하는 스웨덴식 성구매자처벌, 성판매자의 피해자화 정책으로 전환한 것이라고 평가할 수 있다.

그러나 프랑스의 성판매자들은 여전히 성구매자처벌법이 자신들을 더 위험에 빠뜨렸고 인권을 침해하고 있다며, 위헌 여부를 가려달라며 프랑스 헌법위원회에 제소하였다. 이에 대해 프랑스 헌법위원회는 2019년 2월 1일에 이 법이 프랑스 헌법정신에 반하지 않는다고 결정하였다. 이에 따라 프랑스의 성판매자들은 유럽인권재판소(European Court of Human Rights)에 항소하였고, 유럽인권재판소는 2021년 4월 12일에 프랑스 법의 인권침해 여부를 다룰 것이라고 발표하였다.[31]

29 BBC NEWS, French Senate overturns fines for prostitutes' clients, http://www.bbc.com/news/world－europe－32129006/

30 Le Monde, Prostitution: le Parlement adopte définitivement la pénalisation des clients, accessed 7 April (2016)

유럽인권재판소는 2024년 12월 10일 프랑스 성구매자처벌법이 성판매자들의 인권을 침해하지 않는다고 최종적으로 판결하였다.[32]

4. 영국

영국은 1959년 「거리범죄법」(The Street Offences Act 1959) 및 1985년 「성범죄법」(the Sexual Offences Act 1985), 2003년 「성범죄법」(Sexual Offences Act 2003) 등에서 거리 및 공공장소에서의 성매매 권유 및 호객행위 등을 처벌하여 왔다.[33] 북아일랜드에서는 2015년 1월부터 성매매를 범죄로 간주하여 처벌한다.

영국은 단독으로 성을 파는 경우에 한하여 처벌하지는 않는다는 의미에서 비범죄주의 국가로 분류되기도 한다. 그러나 공공장소에서의 호객, 거리호객, 성매매업소의 운영 및 소유, 포주행위, 성구매자의 공공연한 성판매요구행위 등은 범죄이며 처벌한다.

영국 정부는 성매매를 허용해서는 안 되며, 법을 더욱 강화하는 방향으로 정책을 선회하였고, 2009년 「경찰행정과 범죄법」(The Policing and Crime Act 2009)의 개정을 통하여 성매매규제를 더욱 강화하게 된 것이다.[34] 개정된 경찰행정과 범죄법은 2010년 4월 1일부터 발효되었다. 영국은 원칙적으로 16세 이상 간 동의에 의한 성행위는 합법이다. 18세 미만의 아동으로부터 성 서비스를 구매하는 것은 범죄이다. 차량에 있는 사람을 포함하여 거리 또는 기타 공공장소에서 권유(고객을 얻으려고 시도)하는 것은 범죄이다. 강요하거나 위협을 받아 행하는 성 노동자의 서비스에 대해 비용을 지불하는 것은 위법이다. 설사 그러한 사실을 몰랐다 해도 범죄이다. 성매매업소(성노동을 위해 두 명 이상이 사용하는 시설)를 소유 또는 관리하는 것은 위법이다.

---

31 lastrada, european－court－of－human－rights－will－examine－a－complaint－against－france, https://www.lastradainternational.org/

32 European Court of Human Rights, https://hudoc.echr.coe.int https://hudoc.echr.coe.int/#{%22itemid%22:[%22001－235143%22]}, En l'affaire M. A. et autres c. France,

33 uk Parliament, Prostitution in England and Wales, https://publications.parliament.uk/pa/cm201617/cmselect/cmhaff/26/2605.htm/

34 cps Prostitution and Exploitation of Prostitution, https://www.cps.gov.uk/legal－guidance/prostitution－and－exploitation－prostitution/

포주(성노동자와 그들이 번 돈을 통제하는 사람)행위는 범죄이다. 전화박스에 광고 스티커를 붙이는 등 성적 서비스 광고는 범죄이다.

런던경찰은 성판매자 즉 성노동자에 대하여 신체적, 성적 학대를 당할 경우 999번호, 장애자를 위한 999 Relay Assistant, 온라인피해시 Revenge Porn Helplin 등을 이용해 신고하도록 안내하고 있다.[35]

그림 14-2 영국의 성매매범죄

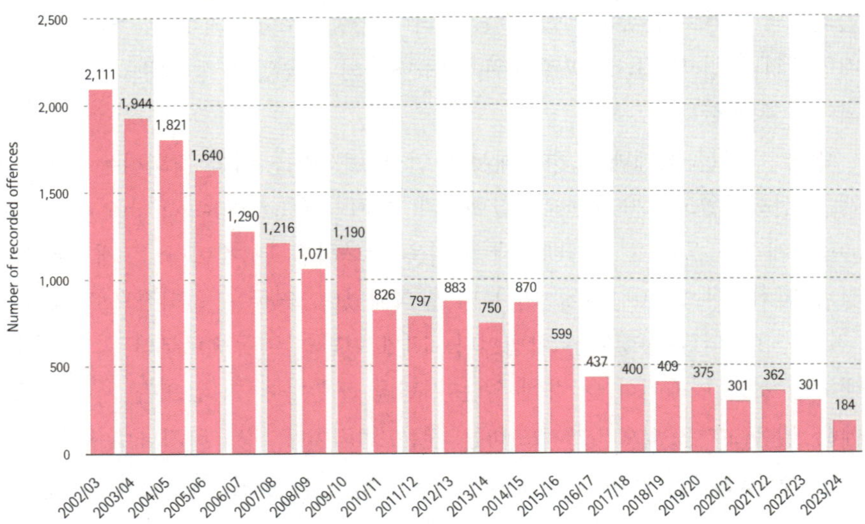

자료: United Kingdom; Office for National Statistics (UK); April 1, 2002 to March 31, 2024.

35 city of london, Sex worker safety, 2023.

II. 합법화주의 전략

합법화주의(Legalization)는 일정한 형태의 성매매를 법적으로 인정하고, 이에 대한 세금을 징수하며, 등록증, 의료감시체계를 의무화하거나 성매매거래 지역을 통제하는 정책을 말한다. 일정한 법적 조건 내에서 성매매를 허용한다는 의미에서 규제주의라고도 한다. 독일, 스위스, 네덜란드, 헝가리, 호주빅토리아주, 멕시코, 캐나다, 터키, 미국 네바다주를 사례로 꼽는다.

1. 독일

독일은 2001년 10월 20일 성매매법(The Prostitution Law of 1 January 2002)을 하원에서 통과시켰다. 이 법은 2002년 1월 1일부터 시행되었다. 성매매는 더 이상 범죄가 아니며, 성판매 노동계약은 정상적인 업무로 간주한다는 내용으로 더 이상 성매매를 비도덕적 행위로 간주해서는 안 된다며 성매매를 합법화시킨 것이다.[36] 이에 따라 독일은 성매매행위를 합법적인 직업으로 인정하고 관련종사자의 의료보험, 실업급여, 연금 등 사회보장혜택과 노동3권을 보장하고 있다.

성매매강요, 미성년의 성매매 등은 금지되며, 인신매매, 국제적 성매매행위 강요 등도 엄격히 금지된다(독일형법 제180a조). 특히 형법 제182조는 16세 이하의 미성년자를 성행위를 위해 유혹한 경우 1년 이하의 징역이나 벌금형에 처할 수 있다고 정하였다. 다만 이 경우는 법적인 고소가 있는 경우에만 기소될 수 있으며, 가해자가 21세 이하인 경우이거나 피해자와 가해자가 결혼할 경우에는 처벌하지 않을 수도 있다고 규정하였다.

그러나 독일은 성판매 여성들의 저임금과 인권착취, 유럽연합의 성매매금지주의 역행 문제 등으로 성매매 합법화를 금지하는 방향으로 정책을 선회하고자 노력하고 있다.

이에 따라 독일은 「강제성행위거부법」(No means No consent law)을 2016년 7월 7일에 제정하였고, 이 법은 2017년 7월 1일부터 시행되고 있다. 이 법은 형

---

36 The Federal Ministry for Family Affairs, Senior Citizens, Women and Youth, https://ec.europa.eu/anti-trafficking/sites/antitrafficking/files/federal_government_report_of_the_impact_of_the_act_regulating_the_legal_situation_of_prostitutes_2007_en_1.pdf/

법 제177조를 개정한 것으로, 즉 성범죄 피해자의 성적자기의사결정권(sexual self determination right)을 보호하는 것이며, 피해자가 원하지 않는 것(No)은 더 이상 피해자가 다른 행동(가해자를 물리적으로 방어하는 등)을 하지 않더라도 분명하게 거절한 것(means no)으로 이에 반하는 행동은 강간(rape)으로 간주하여 가해자를 처벌하겠다는 것이다.

이 법은 강간의 범위를 폭넓게 인정함으로써 남녀의 성적자기의사결정권을 폭넓게 인정하는 의미도 있다. 특히 성판매 여성들이 성구매자가 콘돔을 착용하지 않거나 성판매자가 원하지 않는 행위를 요구하는 것을 거부할 수 있으며, 성구매자가 약속되지 않은 행동을 요구할 경우 강간으로 간주되도록 함으로써 성판매자들의 안전을 보호하는 장치로서의 역할을 한다는 의의가 있다.[37]

한편 독일은 성매매피해자보호법(The Prostitutes Protection Act, Prostituiertenschutzgesetz)을 연방법으로 2016년 10월 21일에 제정하여 2017년 7월 1일부터 시행 중에 있다. 이 법은 성판매자의 건강안전을 고려하고 성매매에서 벗어나고

그림 14-3 성매매피해자보호법(ProstSchG) 관련 안내 웹사이트

자료: ProstSchG, ProstSchG Informationen, 2023.

37 BBC NEWS, Germany rape law: 'No means No' law passed, http://www.bbc.com/news/world-europe-36726095/

싶은 성판매자들에게 필요한 정보와 서비스를 제공하기 위하여 제공되었다.[38]

성판매자는 허가요건을 갖추고 성판매자는 관할기관에 등록하여야 하며, 관할기관은 독일의 사회복지 및 법률 등에 대해 대상자에 대해 알려주고, 규정된 위생 및 건강검진을 지킬 것을 조건으로 등록증(registration certificate)을 발급한다. 18세 미만은 금지된다. 등록증에는 등록대상자의 사진이 부착되어 있으며, 2년간 유효하다. 21세 미만의 경우 1년간 유효하다. 갱신할 경우 매년 건강검진 증명서가 있어야 하며, 21세 미만의 경우 6개월 마다 건강검진증명서가 필요하다. 요청이 있을 경우, 별명으로 등록증을 발급할 수도 있다. 등록증 발급대상자는 세무서에 통보되어 영업행위에 대한 세금을 징수한다.

2. 스위스

스위스는 1942년 이후 성매매를 합법화하였다. 개인은 스스로 또는 성매매업소를 운영할 수 있으며, 허가증을 받아야 한다.[39] 성판매자는 성노동자의 지위를 가지며, 세금을 납부하여야 한다. 그러나 특정한 지역을 제외하고는 거리에서의 호객행위는 금지하고 있다. 성매매를 위한 신문광고나 모바일광고가 허용된다.[40]

18세 미만과의 성매매는 금지된다. 또한 실질적으로 16세에서 18세 사이의 미성년자를 업소에 채용하면 스위스 형법 제196조에 의거하여 3년 이하의 징역에 처해진다. 또한 18세 미만의 아동을 대상으로 음란물 제작, 또는 성매매업소에 고용하는 경우 10년 이하의 징역에 처한다.

한편 2012년 취리히는 이른바 거리에서의 성매매 여성들의 안전을 보호하고 시민들의 불편을 감소한다는 취지로 취리히 서쪽 지역에 이른바 섹스박스(sex boxes, Verrichtungsboxen)를 설치토록 하는 법을 주민투표에 부쳐 통과시켰다.[41] 이에 따라 일년여 간의 시범운영을 마치고 2014년 8월에 정식으로 문을

38 Bundesrecht, Gesetz zum Schutz von in der Prostitution tätigen Personen (Prostituiertenschutzgesetz – ProstSchG), https://www.buzer.de/s1.htm?g=ProstSchG&f=1/

39 CBC NEWS, Switzerland raises legal prostitution age to 18, http://www.cbc.ca/news/world/switzerland-raises-legal-prostitution-age-to-18-1.1701251/

40 허경미, 현대사회와 범죄학 제5판 박영사 (2016): 319.

41 guardian, Zurich opens drive-in 'sex boxes', http://www.theguardian.com/society/2013/aug/26/zurich-drive-in-garages-prostitutes/

열었다. 이 섹스박스는 나무로 지어졌다. 성구매자는 자동차를 이곳에 주차시키고 자동차 안에서 성구매를 할 수 있다. 그런데 이를 이용하는 성판매 여성들은 연간 43달러 정도의 임대비 및 일일 5달러 정도의 비용(세금)을 지불해야 한다. 운영시간은 오후 7시부터 아침 5시까지이다.

취리히 외곽의 섹스박스_THE TELEGRAPH
자료: http://www.telegraph.co.uk/news/worldnews/europe/switzerland/10247035/Switzerland-opens-drive-in-sex-boxes-to-make-prostitution-safer.html/

한편 스위스 연방행정법원은 2021년 2월 4일에 성구매 대금을 치르지 않은 남자에 대해 사기죄를 적용해 징역 50일 집행유예와 벌금형 $333을 선고했다. 이 판결은 스위스에서 최초로 성구매 서비스 비용 미지급 사건을 형법 영역에서 사기죄로 고소할 수 있음을 확인한 것으로 성노동자의 권익을 보호한다는 의미가 있다.[42]

그런데 유럽평의회는 스위스정부가 제출한 인신매매 방지 국가행동계획 2023-2027을 분석한 뒤 스위스가 성판매-대부분 여성-자들의 인권을 적극적으로 보호하지 않으며, 성착취 또는 인신매매에 대한 적절한 대응책이 부족하고, 경찰 역시 적극적으로 개입하지 않는다고 부정적인 평가를 내렸다.[43]

Ⅲ. 비범죄주의 전략

비범죄주의(Abolition)란 법적으로 성매매 행위자체를 규제하거나 금지하지 않는 입장을 말한다. 비범죄주의 국가(덴마크, 브라질, 스페인, 폴란드, 핀란드, 이탈리아, 아일랜드, 호주 퀸스랜드주)에서는 성매매 처벌에 대한 특별한 법령을 가지고 있지 않은 경우가 많다. 이들은 사적인 성매매를 자유로운 거래로 용인하지만,

42 swissinfo, Swiss court ruling gives protection to sex workers, 2021.2.5. https://www.swissinfo.ch/eng/society/swiss-court-ruling-gives-protection-to-sex-workers/46348738/

43 Council of Europe, Shadow Report Council of Europe Convention on combating trafficking in human beings, 2023, 18.

성매매를 합법적 직업으로 인정하는 것은 아니다.

국가에 따라서 학교나 병원 등의 특정지역, 특정시간, 특정유형의 성매매는 불법으로 간주하고, 세금을 징수하는 등의 정책을 펴지만, 대체로 호객행위나 광고 등은 불법으로 간주한다.

한편 스페인을 비롯하여 유럽연합 회원국들은 스웨덴이나 프랑스와 같이 성구매자와 포주를 처벌하는 내용의 이른바 성구매자처벌법의 제정을 추진하고 있지만 상당한 반발에 부딪히고 있다. 특히 스페인은 2022년 6월에 의회에 해당 법안이 상정되어 진통을 겪고 있다.[44]

제3절 한국의 성매매 피해자 지원

Ⅰ. 형법상 지원

형법상 성매매를 금지하는 규정으로 제242조(음행매개), 제288조(추행 등 목적 약취, 유인 등), 제289조(인신매매) 등을 들 수 있다. 이들 조문은 성매매를 금지하고, 성매매 목적으로 사람을 유인한 경우 등을 인신매매로 간주하고 매우 엄격하게 처벌함으로써 피해자를 보호하고 있다.

제242조(음행매개) 영리의 목적으로 사람을 매개하여 간음하게 한 자는 3년 이하의 징역 또는 1천 500만원 이하의 벌금에 처한다고 규정하고 있으며,
288조(추행 등 목적 약취, 유인 등) ① 추행, 간음, 결혼 또는 영리의 목적으로 사람을 약취 또는 유인한 사람은 1년 이상 10년 이하의 징역에 처한다.
② 노동력 착취, 성매매와 성적 착취, 장기적출을 목적으로 사람을 약취 또는 유인한 사람은 2년 이상 15년 이하의 징역에 처한다.
③ 국외에 이송할 목적으로 사람을 약취 또는 유인하거나 약취 또는 유인된 사람을 국외에 이송한 사람도 제2항과 동일한 형으로 처벌한다.
제289조(인신매매) ① 사람을 매매한 사람은 7년 이하의 징역에 처한다.

44 Human Right Watch, Spain Debates Dangerous Sex Work Law, https://www.hrw.org/news/2023/01/26/spain-debates-dangerous-sex-work-law/

② 추행, 간음, 결혼 또는 영리의 목적으로 사람을 매매한 사람은 1년 이상 10년 이하의 징역에 처한다.
③ 노동력 착취, 성매매와 성적 착취, 장기적출을 목적으로 사람을 매매한 사람은 2년 이상 15년 이하의 징역에 처한다.
④ 국외에 이송할 목적으로 사람을 매매하거나 매매된 사람을 국외로 이송한 사람도 제3항과 동일한 형으로 처벌한다

II. 아동 · 청소년관련법상 지원

1. 아동복지법

아동복지법 제17조 제2호에서는 아동(18세 미만)에게 아동에게 음란한 행위를 시키거나 이를 매개하는 행위 또는 아동에게 성적 수치심을 주는 성희롱 등의 성적 학대 행위를 해서는 안 된다고 규정하고 있다. 그리고 이를 위반할 경우 10년 이하의 징역 또는 1억원 이하의 벌금에 처한다(제71조).

2. 청소년보호법

청소년보호법은 청소년에게 유해한 매체물과 약물 등이 청소년에게 유통되는 것과 청소년이 유해한 업소에 출입하는 것 등을 규제하고, 청소년을 청소년폭력 · 학대 등 청소년유해행위를 포함한 각종 유해한 환경으로부터 보호 · 구제함으로써 청소년이 건전한 인격체로 성장할 수 있도록 하기 위하여 제정하였다. 이 법은 청소년의 유해매체물과 유해업소에의 접근 및 이를 통한 청소년과의 성매매행위를 포괄적으로 처벌하는 규정을 두고 있다.

3. 아동 · 청소년의 성보호에 관한 법률

아동 · 청소년의 성보호에 관한 법률[45]은 아동 · 청소년의 성을 사는 행위를

45 아동 · 청소년의 성보호에 관한 법률은 법률 제6261호, 2000. 2. 3., 제정되어 2000. 7. 1.부터 시행되었고, 이후 57차례의 개정을 거쳐 현행 [시행 2025. 10. 23.] [법률 제20931호, 2025. 4. 22., 일부개정에 이르고 있다.
한편 이 법은 UN아동인권협약(1989년)과 여성 및 아동의 매매 예방 · 처벌 의정서(1999년) 등의 유엔의 인권 이념을 기초로 하고 있다.

금지하고 있으며, 이를 위반시 1년 이상 10년 이하의 징역 또는 2천만원 이상 5천만원 이하의 벌금에 처한다.[46] 아동·청소년의 성을 사기 위하여 아동·청소년을 유인하거나 성을 팔도록 권유한 자는 3년 이하의 징역 또는 3천만원 이하의 벌금에 처한다고 규정하고 있다(제13조). 이 법에서 아동·청소년이란 19세 미만의 자를 말한다(다만, 19세에 도달하는 연도의 1월 1일을 맞이한 자는 제외).

이 법은 아동·청소년의 성을 사는 행위란 아동·청소년, 아동·청소년의 성(性)을 사는 행위를 알선한 자 또는 아동·청소년을 실질적으로 보호·감독하는 자 등에게 금품이나 그 밖의 재산상 이익, 직무·편의제공 등 대가를 제공하거나 약속하고 다음에 해당하는 행위를 아동·청소년을 대상으로 하거나 아동·청소년으로 하여금 하게 하는 것을 말한다고 규정하고 있다.

가. 성교 행위
나. 구강 · 항문 등 신체의 일부나 도구를 이용한 유사 성교 행위
다. 신체의 전부 또는 일부를 접촉 · 노출하는 행위로서 일반인의 성적 수치심이나 혐오감을 일으키는 행위
라. 자위 행위

제4절 성매매알선 등 행위의 처벌에 관한 법률상 지원

Ⅰ. 제정배경

「성매매 알선 등 행위의 처벌에 관한 법률」은 2004년 3월 22일 제정되었으며, 엄청난 사회적 반향을 야기하며 탄생한 특별법이다.

즉, 2000년 9월 19일 군산시 대명동의 화재참사사건[47]과 2002년 1월 29일

46 아동·청소년의 성보호에 관한 법률 제2조.

47 이 화재참사로 인해 사망한 5명 중 3명의 유족 13명이 국가와 군산시, 그리고 포주들을 상대로 낸 손해배상 청구소송에서 "6천 7백만원의 위자료와 업주들에 대한 손해배상금 5억 9천여 만원을 지급하라"고 판결했다.
재판부는 판결문에서 "관할 파출소 일부 경찰관들이 윤락업소 각 방의 창문에 쇠창살이 설치

군산시 개복동의 화재참사사건[48]은 성매매가 전형적으로 인신매매 양태를 지닌 인권침해 행위라는 인식에 도화선을 붙여 기존의 윤락행위등방지법을 뛰어넘은 혁신적인 성매매근절 법규 제정의 필요성을 부각시켰다.

한국여성단체연합은 "성매매 알선 등 행위의 처벌 및 방지에 관한 법률안"을 마련하여 2001년 11월 26일 국회에 입법청원하였다. 2002년 7월 25일에는 국회의원 74인이 "성매매 알선 등 행위의 처벌 및 방지에 관한 법률안"을 발의하였는데 이 안은 기본적으로 여성단체연합의 법안을 그대로 수용하였다. 이어 9월 11일에는 조배숙의원 등 86인이 앞의 발의안을 두 개로 분리하여 "성매매

돼 있어 윤락녀들이 감금된 채로 윤락을 강요받으면서 생활하고 있다는 점을 충분히 알 수 있었는데도 이를 제지하고 업주들을 체포하는 등의 의무를 게을리 했을 뿐 아니라 오히려 업주들로부터 뇌물을 받으며 적극적으로 방치한 점으로 미루어 업주들과 공동 불법행위자로서 화재로 숨진 윤락여성들과 유족들에 금전적으로 위로할 의무가 있다"고 밝혔다.

재판부의 판결은 공무원의 직무유기에 따른 국가와 포주의 공동불법행위 책임과 윤락업소에 인신매매되어서 감금, 윤락강요, 착취행위를 당하는 인신매매 피해여성들에 대해 국가의 적극 개입 책임을 물은 것이라는 데 의의가 있다(「국민일보」, 2002).

48 서울중앙지법 민사합의17부(신성기 부장판사)는 군산시 개복동 윤락업소 화재사망자 13명의 유족 23명이 윤락업주 이모(39) 씨 부부와 업소여성 감시책 박모(37) 씨, 국가와 군산시, 전라북도를 상대로 낸 손해배상 청구소송에서 "이씨 부부와 박씨는 원고들에게 1인당 1천만~1억 9천여 만원 등 총 25억여 원을 배상하라"고 판결했다고 17일 밝혔다.

서울중앙법원 민사합의29부(강재철 부장판사)도 같은 사고로 숨진 황모(당시 29세, 여) 씨의 호적상 남편 안모(47) 씨가 낸 소송에서 "이씨 부부와 박씨는 8천 200만원을 지급하라"고 판결했다.

두 재판부 모두 국가와 군산시, 전라북도의 배상 책임은 인정하지 않았는데, 재판부는 판결문에서 "이씨 등은 '쪽방'마다 인화성 강한 물질로 내부장식을 해 화재위험이 있는데도 낡은 전선을 교체하지 않고 소화기 외 진화설비를 갖추지 않았을 뿐 아니라 업소여성들의 출입문을 봉쇄해 화재로 숨지게 한 책임이 있다"고 밝혔다. 그러나 경찰 지휘책임이 있는 국가에 대해서는 "군산경찰서 경찰관들이 뇌물을 받고 윤락행위를 단속하지 않은 사실은 인정되나 2000년 9월 군산시 대명동 화재 이후 경찰이 유흥업소 여종업원들을 상대로 실시한 심층면담에서 감금행위신고는 없었으며 화재예방은 경찰업무로 보기 어렵다"며 책임을 인정하지 않았다.

소방공무원 지휘책임이 있는 군산시와 전라북도에 대해서도 "외관상 특수 감금자물쇠를 식별하기 어렵고 사고업소는 1997년 9월 소방법시행령 개정 전에 영업허가를 받은 터라 강화된 소방기준이 훈시규정에 그칠 수밖에 없어 적극적 소방단속이 어려웠던 점이 인정된다"며 책임을 인정하지 않았다.

이 판결은 국가와 지자체의 책임을 소극적으로 해석한 것으로 여성차별철폐협약이나 국제연합 국제조직범죄방지협약을 보충하는 인신, 특히 여성 및 아동의 매매 예방·억제·처벌의정서에서 규정한 국가의 책임을 지나치게 소극적으로 해석하고 있어 성매매 피해여성에 대한 사법부의 인식의 한계를 보여준다고 볼 수 있다(「국제신문」, 2004).

알선 등 행위의 처벌 및 방지에 관한 법률안"과 "성매매방지 및 피해자보호 등에 관한 법률안"을 다시 발의하고, 앞의 발의안을 철회하였다. 결국 이 법안은 2004년 3월 22일 「성매매 알선 등 행위의 처벌에 관한 법률」로 통과되어 2004년 9월 23일부터 시행되었다.[49]

성매매알선 등 행위의 처벌에 관한 법률은 성매매, 성매매알선 등 행위 및 성매매 목적의 인신매매를 근절하고, 성매매피해자의 인권을 보호함을 목적으로 한다.

성매매란 불특정인을 상대로 금품이나 그 밖의 재산상의 이익을 수수(收受)하거나 수수하기로 약속하고 다음에 해당하는 행위를 하거나 그 상대방이 되는 것을 말한다.

성매매피해란 다음에 해당하는 사람을 말하며, 성매매피해자의 성매매는 처벌하지 아니한다.[50]

1. 위계, 위력, 그 밖에 이에 준하는 방법으로 성매매를 강요당한 사람[51]
2. 업무관계, 고용관계, 그 밖의 관계로 인하여 보호 또는 감독하는 사람에 의하여 마약·향정신성의약품 또는 대마에 중독되어 성매매를 한 사람
3. 미성년자, 사물을 변별하거나 의사를 결정할 능력이 없거나 미약한 사람 또는 중대한 장애가 있는 사람으로서 성매매를 하도록 알선·유인된 사람
4. 성매매 목적의 인신매매를 당한 사람[52]

49 성매매알선등행위의처벌에관한법률(약칭: 성매매처벌법)은 법률 제7196호, 2004. 3. 22., 제정되어 2004. 9. 23.부터 시행되었고, 이후 9차례의 개정을 거쳐 현행법인 [시행 2024. 1. 1.] [법률 제19858호, 2023. 12. 29., 일부개정]에 이르고 있다.

50 성매매알선 등 행위의 처벌에 관한 법률 제6조.

51 1. 선불금 제공 등의 방법으로 대상자의 동의를 받은 경우라도 그 의사에 반하여 이탈을 제지한 경우
2. 다른 사람을 고용·감독하는 사람, 출입국·직업을 알선하는 사람 또는 그를 보조하는 사람이 성을 파는 행위를 하게 할 목적으로 여권이나 여권을 갈음하는 증명서를 채무이행 확보 등의 명목으로 받은 경우

52 성매매 목적의 "인신매매"란 다음 각 목의 어느 하나에 해당하는 행위를 하는 것을 말한다.
가. 성을 파는 행위 또는 음란행위를 하게 하거나, 성교행위 등 음란한 내용을 표현하는 사진·영상물 등의 촬영 대상으로 삼을 목적으로 위계(僞計), 위력(威力), 그 밖에 이에 준하는 방법으로 대상자를 지배·관리하면서 제3자에게 인계하는 행위
나. 위의 목적으로 미성년자, 사물을 변별하거나 의사를 결정할 능력이 없거나 미약한 사람 또는

II. 성매매 피해자를 위한 특례

1. 형사절차상 배려

① 성매매피해자의 처벌특례와 피해자통지

성매매피해자의 성매매는 처벌하지 아니한다.[53] 검사 또는 사법경찰관은 수사과정에서 피의자 또는 참고인이 성매매피해자에 해당한다고 볼 만한 상당한 이유가 있을 때에는 지체 없이 법정대리인, 친족 또는 변호인에게 통지하고, 신변보호, 수사의 비공개, 친족 또는 지원시설·성매매피해상담소에의 인계 등 그 보호에 필요한 조치를 하여야 한다. 다만, 피의자 또는 참고인의 사생활 보호 등 부득이한 사유가 있는 경우에는 통지하지 아니할 수 있다.

법원 또는 수사기관이 이 법에 규정된 범죄를 신고(고소·고발을 포함)한 사람 또는 성매매피해자("신고자등")를 조사하거나 증인으로 신문하는 경우에는 「특정범죄 신고자 등 보호법」 제7조부터 제13조까지의 규정을 준용한다.[54]

이 경우 제9조(신원관리카드의 열람), 제13조(신변안전조치)를 제외하고는 보복을 당할 우려가 있어야 한다는 요건이 필요하지 아니하다.

② 신고의무 등

성매매피해자 지원시설 및 성매매피해상담소의 장이나 종사자가 업무와 관련하여 성매매 피해사실을 알게 되었을 때에는 지체 없이 수사기관에 신고하여야 한다.[55]

누구든지 이 법에 규정된 범죄를 신고한 사람에게 그 신고를 이유로 불이익을 주어서는 아니 된다.

중대한 장애가 있는 사람이나 그를 보호·감독하는 사람에게 선불금 등 금품이나 그 밖의 재산상의 이익을 제공하거나 제공하기로 약속하고 대상자를 지배·관리하면서 제3자에게 인계하는 행위
다. 성매매가 행하여지는 것을 알면서 성매매목적이나 전매를 위하여 대상자를 인계받는 행위
라. 이상과 같은 행위를 위하여 대상자를 모집·이동·은닉하는 행위

53 성매매알선 등 행위의 처벌에 관한 법률 제6조.

54 특정범죄신고자 등 보호법 제7조(인적 사항의 기재 생략), 제8조(인적 사항의 공개 금지), 제9조(신원관리카드의 열람), 제10조(영상물 촬영), 제11조(증인 소환 및 신문의 특례 등), 제12조(소송진행의 협의 등), 제13조(신변안전조치).

55 성매매알선 등 행위의 처벌에 관한 법률 제7조.

다른 법률에 규정이 있는 경우를 제외하고는 신고자등의 인적사항이나 사진 등 그 신원을 알 수 있는 정보나 자료를 인터넷 또는 출판물에 게재하거나 방송매체를 통하여 방송하여서는 아니 된다.

③ 신뢰관계에 있는 사람의 동석

수사기관 및 법원은 신고자등을 조사할 때에는 직권으로 또는 본인·법정대리인의 신청에 의하여 신뢰관계에 있는 사람을 동석하게 할 수 있다.[56]

수사기관 및 법원은 청소년, 사물을 변별하거나 의사를 결정할 능력이 없거나 미약한 사람 또는 중대한 장애가 있는 사람에 대하여 이 신청을 받은 경우에는 재판이나 수사에 지장을 줄 우려가 있는 등 특별한 사유가 없으면 신뢰관계에 있는 사람을 동석하게 하여야 한다.

④ 심리의 비공개

법원은 직권 또는 증인 등의 신청에 의하여 신고자등의 사생활이나 신변을 보호하기 위하여 필요하면 결정으로 심리를 공개하지 아니할 수 있다.[57]

2. 불법원인으로 인한 채권무효

다음에 해당하는 사람이 그 행위와 관련하여 성을 파는 행위를 하였거나 할 사람에게 가지는 채권은 그 계약의 형식이나 명목에 관계없이 무효로 한다. 그 채권을 양도하거나 그 채무를 인수한 경우에도 또한 같다.[58]

1. 성매매알선 등 행위를 한 사람
2. 성을 파는 행위를 할 사람을 고용·모집하거나 그 직업을 소개·알선한 사람
3. 성매매 목적의 인신매매를 한 사람

검사 또는 사법경찰관은 불법원인과 관련된 것으로 의심되는 채무의 불이행을 이유로 고소·고발된 사건을 수사할 때에는 금품이나 그 밖의 재산상의 이익 제공이 성매매의 유인·강요 수단이나 성매매 업소로부터의 이탈방지 수단으

56 성매매알선 등 행위의 처벌에 관한 법률 제8조.
57 성매매알선 등 행위의 처벌에 관한 법률 제9조.
58 성매매알선 등 행위의 처벌에 관한 법률 제10조.

로 이용되었는지를 확인하여 수사에 참작하여야 한다.

검사 또는 사법경찰관은 성을 파는 행위를 한 사람이나 성매매피해자를 조사할 때에는 이 채권이 무효라는 사실과 지원시설 등을 이용할 수 있음을 본인 또는 법정대리인 등에게 고지하여야 한다.

성매매 선불금은 불법원인급여

【판시사항】

[1] 영리를 목적으로 윤락행위를 하도록 권유·유인·알선 또는 강요하거나 이에 협력하는 자가 영업상 관계 있는 윤락행위를 하는 자에 대하여 가지는 채권의 효력(=무효)

[2] 불법원인급여의 요건으로서의 '불법원인'의 의미 및 윤락행위를 할 자를 고용·모집하거나 그 직업을 소개·알선한 자가 윤락행위를 할 자를 고용·모집함에 있어 성매매의 유인·강요의 수단으로 제공한 선불금 등이 불법원인급여에 해당하는지 여부(적극)

【판결요지】

[1] 영리를 목적으로 윤락행위를 하도록 권유·유인·알선 또는 강요하거나 이에 협력하는 것은 선량한 풍속 기타 사회질서에 위반되므로 그러한 행위를 하는 자가 영업상 관계있는 윤락행위를 하는 자에 대하여 가지는 채권은 계약의 형식에 관계없이 무효라고 보아야 한다.

[2] 부당이득의 반환청구가 금지되는 사유로

민법 제746조가 규정하는 불법원인이라 함은 그 원인되는 행위가 선량한 풍속 기타 사회질서에 위반하는 경우를 말하는 것인바, 윤락행위 및 그것을 유인·강요하는 행위는 선량한 풍속 기타 사회질서에 위반되므로, 윤락행위를 할 자를 고용·모집하거나 그 직업을 소개·알선한 자가 윤락행위를 할 자를 고용·모집함에 있어 성매매의 유인·강요의 수단으로 이용되는 선불금 등 명목으로 제공한 금품이나 그 밖의 재산상 이익 등은 불법원인급여에 해당하여 그 반환을 청구할 수 없다[대법원 2013. 6. 14., 선고, 2011다65174, 판결; 대법원 2013. 8. 14., 선고, 2013도321, 판결].

3. 외국인여성에 대한 특례

① 강제퇴거명령 등의 유예

외국인여성이 이 법에 규정된 범죄를 신고한 경우나 외국인여성을 성매매

피해자로 수사하는 경우에는 다음에 해당하는 때까지 「출입국관리법」 제46조에 따른 강제퇴거명령 또는 같은 법 제51조에 따른 보호의 집행을 하여서는 아니 된다. 이 경우 수사기관은 지방출입국·외국인관서에 해당 외국인여성의 인적사항과 주거를 통보하는 등 출입국 관리에 필요한 조치를 하여야 한다.[59]

1. 사법경찰관이 해당 사건에 대하여 불송치결정을 한 때
   검찰이 관계 서류 등을 송부받은 날부터 90일 이내에 재수사요청이 없었던 경우(재수사요청이 있었으나 그 재수사결과를 통보받은 날부터 30일 이내에 사건송치요구가 없었던 경우를 포함)로서 해당 기간 만료일까지 이의신청이 없었던 경우로 한정
2. 검사가 해당 사건에 대하여 불기소처분을 하거나 공소를 제기한 때

② 외국인 지원시설 이용

강제퇴거명령의 집행을 유예하거나 보호의 일시해제를 하는 기간에는 해당 외국인여성에게 지원시설 등을 이용하게 할 수 있다.

수사기관은 외국인여성을 성매매피해자로 조사할 때에는 「소송촉진 등에 관한 특례법」에 따른 배상신청을 할 수 있음을 고지하여야 한다. 성매매피해자인 외국인여성이 소송촉진 등에 관한 특례법에 따른 배상신청을 한 경우에는 그 배상명령이 확정될 때까지 강제퇴거나 보호 등의 유예규정을 준용한다.

III. 몰수 및 추징, 양벌규정, 보상금

성매매 관련 범죄로 인하여 얻은 금품이나 그 밖의 재산은 몰수하고, 몰수할 수 없는 경우에는 그 가액(價額)을 추징한다.[60]

법인의 대표자나 법인 또는 개인의 대리인, 사용인, 그 밖의 종업원이 그 법인 또는 개인의 업무에 관하여 성매매 관련 범죄를 한 경우 그 행위자를 벌하는 외에 그 법인 또는 개인에게도 해당 조문의 벌금형을 과(科)하고, 벌금형이 규정되어 있지 아니한 경우에는 1억원 이하의 벌금에 처한다. 다만, 법인 또는 개인이 그 위반행위를 방지하기 위하여 해당 업무에 관하여 상당한 주의와 감독

59 출입국관리법 제46조, 제51조, 성매매알선 등 행위의 처벌에 관한 법률 제11조.
60 성매매알선 등 행위의 처벌에 관한 법률 제25조.

을 게을리하지 아니한 경우에는 그러하지 아니하다. 성매매 관련 범죄 및 성매매 목적의 인신매매의 범죄를 수사기관에 신고한 사람에게는 보상금을 지급할 수 있다.

성매매알선으로 얻은 수익금 추징의 범위

성매매알선 등 행위의 처벌에 관한 법률 제25조에 의한 추징은 성매매알선 등 행위의 근절을 위하여 그 행위로 인한 부정한 이익을 필요적으로 박탈하려는 데 그 목적이 있으므로, 그 추징의 범위는 범인이 실제로 취득한 이익에 한정된다. 수인이 공동하여 성매매알선 등 행위를 하였을 경우 그 범죄로 얻은 금품 그 밖의 재산을 몰수할 수 없을 때에는 공범자 각자가 실제로 얻은 이익의 가액을 개별적으로 추징하여야 한다. 개별적 이득액을 알 수 없다면 전체 이득액을 평등하게 분할하여 추징하여야 하고, 공범자 전원으로부터 이득액 전부를 공동으로 연대하여 추징할 수 없다(대법원 2009. 5. 14. 선고 2009도2223 판결, 대법원 2014. 8. 20. 선고 2014도7194 판결 등 참조). …중략… (대법원 2018. 7. 26., 선고, 2018도8657, 판결)

제5절 성매매방지 및 피해자보호 등에 관한 법률상 지원

Ⅰ. 제정배경

「성매매방지 및 피해자보호 등에 관한 법률」은 성매매를 방지하고, 성매매 피해자 및 성을 파는 행위를 한 사람의 보호, 피해회복 및 자립·자활을 지원하는 것을 목적으로 한다. 성매매피해자보호법이라고도 칭한다.[61]

61 성매매방지 및 피해자보호등에 관한 법률(약칭: 성매매피해자보호법)은 법률 제7212호, 2004. 3. 22.로 제정되어 2004. 9. 23. 시행된 이후 21차례의 개정을 거쳐 현행법인 [시행 2018. 9. 14.] [법률 제15450호, 2018. 3. 13., 일부개정]에 이르고 있다.

II. 성매매 피해의 예방과 피해자보호

1. 국가와 자치단체의 의무

① 주요사업

국가와 지방자치단체는 성매매를 방지하고, 성매매피해자 및 성을 파는 행위를 한 사람의 보호, 피해회복 및 자립·자활을 지원하기 위하여 법적·제도적 장치를 마련하고 필요한 행정적·재정적 조치를 하여야 한다.

국가는 성매매 목적의 인신매매 방지를 위한 국제협력을 증진하기 위하여 노력하여야 한다.[62]

그림 14-4 성매매피해자 지원도

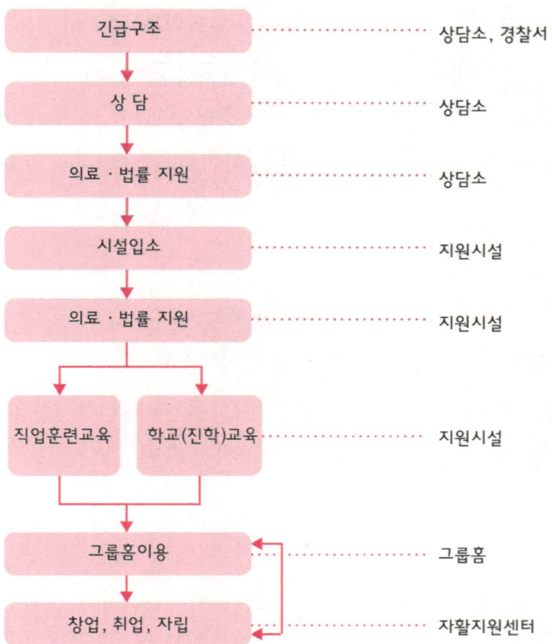

자료: 여성가족부, www.mogef.go.kr/

62 성매매방지 및 피해자보호 등에 관한 법률 제3조.

성매매피해자 지원내용은 다음과 같이 정리할 수 있다.[63]

② 실태조사

여성가족부장관은 3년마다 국내외 성매매 실태조사를 실시하여 성매매 실태에 관한 종합보고서를 발간하고, 이를 성매매의 예방을 위한 정책수립에 기초자료로 활용하여야 한다.[64]

③ 교육

국가기관, 지방자치단체, 초·중·고등학교, 그 밖에 대통령령으로 정하는 공공단체의 장은 성에 대한 건전한 가치관 함양과 성매매 방지 및 인권보호를 위하여 성매매 예방교육을 실시하고, 그 결과를 여성가족부장관에게 제출하여야 한다.

예방교육을 실시하는 경우 성교육 및 성폭력 예방교육, 성희롱 예방교육, 가정폭력 예방교육 등을 성평등 관점에서 통합하여 실시할 수 있다.[65]

여성가족부장관 또는 시도지사는 교육의 대상이 아닌 국민에게 성매매 및 성매매 목적의 인신매매 방지와 성매매피해자등의 인권 보호를 위하여 필요한 교육을 실시할 수 있다. 이 경우 여성가족부장관 또는 시·도지사는 교육에 관한 업무를 성매매피해상담소 또는 대통령령으로 정하는 교육기관에 위탁할 수 있다.

④ 취학 지원

국가와 지방자치단체는 성매매피해자등 또는 그 가족이 초중고교의 학생인 경우 주소지 외의 지역에서 취학할 필요가 있을 때에는 그 취학이 원활히 이루어지도록 지원하여야 한다.[66] 이 경우 취학을 지원하는 관계자 및 관계 기관은 성매매피해자등 및 그 가족의 사생활이 침해되지 아니하도록 유의하여야 한다.

---

63 여성가족부, http://www.mogef.go.kr/korea/view/policyGuide/policyGuide03_04_01.jsp?viewfnc1=0&viewfnc2=0&viewfnc3=1&viewfnc4=0&viewfnc5=0&viewfnc6=0/

64 성매매방지 및 피해자보호 등에 관한 법률 제4조.

65 성매매방지 및 피해자보호 등에 관한 법률 제5조, 양성평등기본법 제31조, 가정폭력방지 및 피해자보호 등에 관한 법률 제4조의3.

66 입학, 재입학, 전학 및 편입학을 모두 포함한다.

2. 성매매 추방주간

성매매 및 성매매 목적의 인신매매에 대한 사회적 경각심을 높이고 해당 범죄를 예방하기 위하여 대통령령으로 정하는 바에 따라 1년 중 1주간을 성매매 추방주간으로 한다.

3. 홍보영상의 제작 · 배포 · 송출

여성가족부장관은 성매매 방지 홍보영상을 제작하여 방송사업자에게 배포하여야 한다. 여성가족부장관은 방송사업자에게 비상업적 공익광고 편성비율의 범위에서 홍보영상을 채널별로 송출하도록 요청할 수 있다.[67]

Ⅲ. 지원시설

1. 설치

국가 또는 지방자치단체는 지원시설을 설치·운영할 수 있다. 국가나 지방자치단체 외의 자가 지원시설을 설치·운영하려면 자치단체장에게 신고하여야 한다.[68]

지원시설은 다음의 업무를 수행한다.

1. 숙식 제공
2. 심리적 안정과 피해 회복을 위한 상담 및 치료
3. 질병치료와 건강관리를 위하여 의료기관에 인도(引渡)하는 등의 의료지원
4. 수사기관의 조사와 법원의 증인신문(證人訊問)에의 동행
5. 「법률구조법」 제8조에 따른 대한법률구조공단 등 관계 기관에 필요한 협조와 지원 요청
6. 자립·자활 교육의 실시와 취업정보 제공
7. 「국민기초생활 보장법」 등 사회보장 관계 법령에 따른 급부(給付)의 수령 지원
8. 기술교육(위탁교육을 포함한다)

67 성매매방지 및 피해자보호 등에 관한 법률 제6조－제8조.

68 성매매방지 및 피해자보호 등에 관한 법률 제9조－제14조.

9. 다른 법률에서 지원시설에 위탁한 사항
10. 그 밖에 여성가족부령으로 정하는 사항
11. 외국인 귀국지원
12. 진학을 위한 교육을 제공하거나 교육기관에 취학을 연계하는 업무

2. 유형

성매매피해자등을 위한 지원시설은 다음과 같다.

1. 일반 지원시설: 성매매피해자등을 대상으로 1년의 범위에서 숙식을 제공하고 자립을 지원하는 시설

※ 입소기간: 기본 1년, 필요하면 1년 6개월 연장 가능, 피해자가 장애인인 경우 치료종료까지

2. 청소년 지원시설: 19세 미만의 성매매피해자등을 대상으로 19세가 될 때까지 숙식을 제공하고, 취학·교육 등을 통하여 자립을 지원하는 시설

※ 입소기간: 19세가 될 때까지 원칙, 2년의 범위 연장 가능

3. 외국인 지원시설: 외국인 성매매피해자등을 대상으로 3개월의 범위에서 숙식을 제공하고, 귀국을 지원하는 시설

※ 입소기간: 기본 3개월, 수사·소송 등 진행 시 필요 기간까지 연장 가능

4. 자립지원 공동생활시설: 성매매피해자등을 대상으로 2년의 범위에서 숙박 등의 편의를 제공하고, 자립을 지원하는 시설

※ 입소기간: 기본 2년, 필요시 2년의 범위 연장 가능

표 14-1 성매매피해자 지원시설 운영

구분	2019	2020	2021	2022	2023
상담소	30	30	30	31	31
지원시설	40	40	40	39	39
자활지원센터	12	12	12	13	13
상담건수	61,554	88,672	92,742	89,887	95,134
입소이용인원	1,274	1,011	922	921	905
자활지원인원	920	922	832	782	780

자료: e나라지표, https://www.index.go.kr/

3. 운영

성매매피해자등 지원시설의 운영현황은 다음과 같다.

지원시설의 장은 입소자 또는 이용자의 인권을 최대한 보장하여야 한다. 또한 입소자의 건강관리를 위하여 입소 후 1개월 이내에 건강진단을 실시하고, 건강에 이상이 발견된 경우에는 의료급여법에 따른 의료급여를 받게 하는 등 필요한 조치를 하여야 하며, 필요한 경우 의료기관에 질병치료 등을 의뢰할 수 있다.

4. 보호비용 지원

국가 또는 지방자치단체는 일반·청소년·외국인 지원시설에 입소한 성매매피해자등의 보호를 위하여 필요한 경우 다음의 보호비용을 해당 지원시설의 장 또는 지원시설에 입소한 성매매피해자등에게 지원할 수 있다. 다만, 대상자가 국민기초생활 보장 등 다른 법령에 따라 지원을 받고 있는 경우에는 그 범위에서 중복 지원하지 아니한다.

1. 생계비
2. 아동교육지원비
3. 아동양육비
4. 그 밖에 대통령령으로 정하는 비용[69]

IV. 자활지원센터

1. 설치

국가 또는 지방자치단체는 성매매피해자등의 회복과 자립에 필요한 지원을 제공하기 위하여 자활지원센터를 설치·운영할 수 있다. 자활지원센터를 설치·운영하려는 사람은 특별자치시장·특별자치도지사, 시장·군수·구청장에게 신고하여야 한다.[70]

69 하위법령의 미비로 세부규정이 없음. 국가법령정보센터, http://www.law.go.kr/

자활지원센터는 다음의 업무를 수행한다.

1. 작업장 등의 설치·운영
2. 취업 및 기술교육(위탁교육을 포함)
3. 취업 및 창업을 위한 정보의 제공
4. 그 밖에 사회 적응을 위하여 필요한 지원으로서 여성가족부령으로 정하는 사항

2. 운영

자활지원센터의 운영은 다음과 같다.

표 14-2 자활지원센터의 운영

구분	공동작업장	인턴십 프로그램(전국)
지원금액	-1인당 월 77만 8천원 -부양자녀가 있는 경우에는 만 18세 미만 자녀에 한해 3명까지 추가 지원 가능(자녀 1인당 월 10만원)	공동작업장과 동일
지원조건	-월100시간 이상 참여 원칙 -월 100시간 미만인 경우 일할계산 또는 시간당 7,780원 기준 지원 -참여자가 100시간 이상 참여할 의욕이 있고 준비가 되었다고 판단하는 경우 또는 작업장의 효율적 운영에 필요한 경우에는 월 150시간까지 참여하도록 할 수 있음 -공동작업장 참여자가 작업장 운영 관련 교육훈련에 참여하는 경우, 공동작업장 총 참여시간의 20% 범위 내에서 참여시간으로 인정	-월100시간 이상 참여 원칙 -월 100시간 미만인 경우 일할계산 또는 시간당 7,780원 기준 지원 -참여자가 100시간 이상 참여할 의욕이 충분하고 제휴업체(기관) 등의 요청에 의해 필요한 경우 월 150시간까지 참여하도록 할 수 있음 -다만, 인턴십 프로그램 참여자가 업체로부터 별도의 보수를 받는 경우에는 지원액에서 동 보수액을 차감한 금액을 지원
지원기간	1년 원칙	1년 원칙
지원인원	예산의 범위 내에서 센터별 최소 10~30명 이내로 운영 가능(인턴십 프로그램 인원 포함)	공동작업장 인원과 통합, 센터별 10~30명 이내로 운영 가능

자료: 여성가족부, 2022 여성·아동권익증진사업 운영지침, 2022, 319－320.

70 성매매방지 및 피해자보호 등에 관한 법률 제15조－제16조.

V. 상담소

1. 설치

국가 또는 지방자치단체는 성매매피해상담소를 설치·운영할 수 있다. 상담소를 설치·운영하려는 사람은 자치단체장에게 신고하여야 한다. 상담소에는 상담실을 두어야 하며, 이용자를 임시로 보호하기 위한 보호실을 운영할 수 있다.[71]

상담소는 다음의 업무를 수행한다.

2. 운영

상담소는 다음의 업무를 추진한다.[72]

1. 상담 및 성매매피해자등의 구조
2. 현장방문 상담
3. 지원시설 이용에 관한 고지 및 지원시설에의 인도 또는 연계
4. 질병치료와 건강관리를 위하여 의료기관에 인도(引渡)하는 등의 의료지원
5. 수사기관의 조사와 법원의 증인신문(證人訊問)에의 동행
6. 「법률구조법」 제8조에 따른 대한법률구조공단 등 관계기관에 필요한 협조와 지원 요청
7. 성매매 예방을 위한 홍보와 교육 및 다른 법률에서 상담소에 위탁한 사항
8. 북한이탈여성에 대한 성매매 예방상담 추진
9. 홍보사업

상담소등의 장은 성매매피해자등이 밝힌 의사에 반(反)하여 지원시설에 입소케하거나 상담 등의 지원을 할 수 없다.

3. 경찰권의 개입

상담소의 장은 성매매피해자등을 긴급히 구조할 필요가 있는 경우에는 관할 국가경찰관서의 장에게 그 소속 직원의 동행을 요청할 수 있으며, 요청을 받은 국가경찰관서의 장은 특별한 사유가 없으면 이에 따라야 한다.[73]

71 성매매방지 및 피해자보호 등에 관한 법률 제17조－제18조.

72 여성가족부, 2022 여성·아동권익증진사업 운영지침, 2022, 326－327.

상담소의 장은 본인 또는 상담소 직원이 성매매, 성매매알선등행위 및 성매매 목적의 인신매매 방지 등을 위하여 업소 및 지역을 현장방문하거나 출입하고자 할 때 업무를 원활히 수행할 수 있도록 수사기관 및 행정기관의 지원을 요청할 수 있다.

Ⅵ. 성매매방지중앙지원센터

국가는 성매매방지활동 및 성매매피해자등에 대한 지원서비스 전달체계의 효율적인 연계·조정 등을 위하여 성매매방지중앙지원센터를 설치·운영할 수 있다. 중앙지원센터는 다음의 업무를 수행한다. 중앙지원센터의 운영은 비영리법인 또는 단체에 위탁할 수 있다.[74]

1. 이 법에 규정된 지원시설·자활지원센터·상담소 간 종합 연계망 구축
2. 성매매피해자등 구조체계 구축·운영 및 성매매피해자등 구조활동의 지원
3. 법률·의료 지원단 운영 및 법률·의료 지원체계 확립
4. 성매매피해자등의 자립·자활 프로그램 개발·보급
5. 성매매피해자등에 대한 지원대책 연구 및 홍보활동
6. 성매매 실태조사 및 성매매 방지대책 연구
7. 성매매 예방교육프로그램의 개발
8. 상담소등 종사자의 교육 및 상담원 양성, 상담기법의 개발 및 보급
9. 그 밖에 여성가족부령으로 정하는 사항

Ⅶ. 의료지원

1. 의료비의 지원

국가 또는 지방자치단체는 상담소등의 장이 의료기관에 질병치료 등을 의뢰한 경우에는 「의료급여법」상의 급여가 지급되지 아니하는 치료항목에 대한

73 성매매방지 및 피해자보호 등에 관한 법률 제21조.

74 성매매방지 및 피해자보호 등에 관한 법률 제19조.

의료비용의 전부 또는 일부를 지원할 수 있다.[75]

2. 전담의료기관의 지정 등

여성가족부장관 또는 지방자치단체장은 성폭력방지 및 피해자보호 등에 관한 법률상 지정받은 전담의료기관 등 필요한 의료기관을 성매매피해자등의 치료를 위한 전담의료기관으로 지정할 수 있다.

Ⅷ. 피해자지원시설 지도 및 감독

1. 비용보조

국가나 지방자치단체는 상담소 등의 설치·운영에 드는 비용을 보조할 수 있다. 그리고 해외에서 발생한 성매매피해자에 대한 보호·지원 활동을 하는 비영리법인이나 단체에 예산의 범위에서 그 경비를 보조할 수 있다.

2. 감독

여성가족부장관은 3년마다 상담소등의 운영실적을 평가하고, 그 결과를 감독 및 지원 등에 반영할 수 있다.

3. 영리목적 금지 등

상담소 등은 영리를 목적으로 설치·운영하여서는 아니 된다. 상담소등의 장이나 종사자 또는 그 직에 있었던 자는 직무상 알게 된 비밀을 누설하여서는 아니 된다.

4. 상담소 연락처 등의 게시

「식품위생법」상 유흥종사자를 둘 수 있는 식품접객업의 영업자 등은 해당 사업장 안의 보기 쉬운 곳에 게시하여야 한다.

---

75 성매매방지 및 피해자보호 등에 관한 법률 제25조–제32조.

1. 성매매 및 성매매알선등행위의 신고에 관한 사항
2. 성매매피해자등 보호와 지원 등에 관한 상담소 업무와 연락처 등에 관한 사항
3. 「성매매알선 등 행위의 처벌에 관한 법률」 제10조제1항에 따른 불법원인으로 인한 채권무효에 관한 사항
4. 그 밖에 대통령령으로 정하는 사항

VICTIMOLOGY

제 15 장 스토킹범죄 피해자 지원

제1절 스토킹범죄의 처벌 등에 관한 법률상 피해자 지원

Ⅰ. 스토킹의 정의

스토킹으로 인하여 정상적인 일상생활이 어려울 만큼 정신적·신체적 피해를 입는 사례가 증가하고, 범행 초기에 가해자 처벌 및 피해자에 대한 보호조치가 이루어지지 아니하여 스토킹이 폭행, 살인 등 신체 또는 생명을 위협하는 강력범죄 피해로 이어지고 있다.

이에 따라 스토킹이 범죄임을 명확히 규정하고 가해자 처벌 및 그 절차에 관한 특례와 스토킹범죄 피해자에 대한 각종 보호절차를 마련하여 범죄 발생 초기 단계에서부터 피해자를 보호하기 위하여 스토킹범죄의 처벌 등에 관한 법률이 최초로 2021년에 제정되었다.[1]

이후 개정되어 현행법에 이른다.[2]

이 법에서는 스토킹행위란 상대방의 의사에 반(反)하여 정당한 이유 없이 다음의 어느 하나에 해당하는 행위를 하여 상대방에게 불안감 또는 공포심을 일으키는 것을 말한다고 정의하였다. 그리고 스토킹범죄란 지속적 또는 반복적으로 스토킹행위를 하는 것을 말한다. 피해자란 스토킹범죄로 직접적인 피해를 입은 사람을 말한다.[3]

1. 상대방 또는 그의 동거인, 가족(이하 "상대방등"이라 칭함)에게 접근하거나 따라다니거

1 법률 제18083호, 2021. 4. 20., 제정, 2021. 10. 21. 시행.
2 법률 제19518호, 2023. 7. 11., 일부개정, 2024. 1. 12. 시행.
3 스토킹범죄의 처벌 등에 관한 법률 제2조.

나 진로를 막아서는 행위
2. 상대방등의 주거, 직장, 학교, 그 밖에 일상적으로 생활하는 장소(이하 "주거등"이라 함) 또는 그 부근에서 기다리거나 지켜보는 행위
3. 상대방등에게 우편·전화·팩스 또는 정보통신망을 이용하여 물건이나 글·말·부호·음향·그림·영상·화상(이하 "물건등"이라 칭함)을 도달하게 하거나 정보통신망을 이용하는 프로그램 또는 전화의 기능에 의하여 글·말·부호·음향·그림·영상·화상이 상대방등에게 나타나게 하는 행위
4. 상대방등에게 직접 또는 제3자를 통하여 물건등을 도달하게 하거나 주거등 또는 그 부근에 물건등을 두는 행위
5. 상대방등의 주거등 또는 그 부근에 놓여져 있는 물건등을 훼손하는 행위
6. 다음의 어느 하나에 해당하는 상대방등의 정보를 정보통신망을 이용하여 제3자에게 제공하거나 배포 또는 게시하는 행위
① 개인정보 보호법 제2조제1호의 개인정보[4]
② 위치정보의 보호 및 이용 등에 관한 법률 제2조제2호의 개인위치정보[5]
③ ① 또는 ②의 정보를 편집·합성 또는 가공한 정보(해당 정보주체를 식별할 수 있는 경우로 한정한다)
④ 정보통신망을 통하여 상대방등의 이름, 명칭, 사진, 영상 또는 신분에 관한 정보를 이용하여 자신이 상대방등인 것처럼 가장하는 행위

---

4 1. "개인정보"란 살아 있는 개인에 관한 정보로서 다음 각 목의 어느 하나에 해당하는 정보를 말한다.
가. 성명, 주민등록번호 및 영상 등을 통하여 개인을 알아볼 수 있는 정보
나. 해당 정보만으로는 특정 개인을 알아볼 수 없더라도 다른 정보와 쉽게 결합하여 알아볼 수 있는 정보. 이 경우 쉽게 결합할 수 있는지 여부는 다른 정보의 입수 가능성 등 개인을 알아보는 데 소요되는 시간, 비용, 기술 등을 합리적으로 고려하여야 한다.
다. 가목 또는 나목을 제1호의2에 따라 가명처리함으로써 원래의 상태로 복원하기 위한 추가 정보의 사용·결합 없이는 특정 개인을 알아볼 수 없는 정보(이하 "가명정보"라 한다)

5 "개인위치정보"라 함은 특정 개인의 위치정보(위치정보만으로는 특정 개인의 위치를 알 수 없는 경우에도 다른 정보와 용이하게 결합하여 특정 개인의 위치를 알수 있는 것을 포함한다)를 말한다.

Ⅱ. 스토킹범죄의 실태

경찰청이 2018년 6월 1일 112신고시스템에 스토킹 범죄코드를 신설한 이후, 2018년 2,767건, 2019년 5,468건, 2020년 4,515건이 신고되었다고 발표하였음을 감안할 때, 스토킹 처벌법 시행 이후 2022년의 연간 총 신고건수는 29,565건, 2023년 31,824건으로 스토킹 신고가 폭발적으로 급증하였음을 보여주고 있다.

표 15-1 스토킹 범죄 발생 현황

구분	1월	2월	3월	4월	5월	6월	7월	8월	9월	10월	11월	12월	계
21년	-	-	-	-	-	-	-	-	-	1,192	3,140	3,206	7,538
22년	2,510	2,105	2,356	2,355	2,542	2,403	2,300	2,213	2,834	2,768	2,575	2,604	29,565
23년	2,532	2,390	2,838	2,617	2,622	2,793	3,181	2,844	2,634	2,701	2,363	2,309	31,824

자료: 한국형사법무정책연구원, 스토킹 범죄의 특성 및 대응 강화 방안, 2023, 27.

2021년 10월 스토킹 처벌법 시행 이후 이 법 위반으로 신고 및 검거, 유죄판결을 받은 스토킹 사건은 2021년의 경우 스토킹 처벌법 위반건수는 1,023건이었으며, 검거건수는 880건이었다. 스토킹 검거인원은 남자가 669명(81.8%)으로 나타났다. 2022년의 스토킹 처벌법 위반건수는 10,545건이었으며 검거건수는 9,895건으로 발생건수 대비 검거율이 2021년(86%)에 비해 93.8%로 상승하였다. 성별 비율은 남자가 80.5%, 여자가 18.7%로 2021년과 비슷하였다.

표 15-2 스토킹 범죄 발생 및 검거

연도	발생	검거		검거인원			
	발생건수	검거건수	검거율	소계	남	여	미상
2021	1,023	880	86.0	818 (100.0)	669 (81.8)	147 (18.0)	2 (0.2)
2022	10,545	9,895	93.8	9,999 (100.0)	8,051 (80.5)	1,868 (18.7)	80 (0.8)

자료: 한국형사법무정책연구원, 스토킹 범죄의 특성 및 대응 강화 방안, 2023, 27.

2022년 스토킹 처벌법위반으로 형사공판사건으로 접수된 1,974건 중 선고형량을 받은 959건의 판결 결과를 살펴보았다. 1심 기준으로 22.6%(217건)가 유기징역을 선고받았으며 31.2%(300건)는 집행유예를 선고받았다. 22.5%(216건)는 벌금형을 선고받은 것으로 나타났으며, 공소가 기각된 경우가 11.8%(113건), 무죄가 선고된 경우가 11건(1.1%)으로 나타났다.

표 15-3 스토킹 범죄자에 대한 처벌

연도	접수	처리									
		합계								소년부 송치	기타
			무기	유기	집행 유예	재산형	집행유예 (재산형)	선고 유예	공소 기각		
2021	50	2 (100.0)	-	-	1 (50.0)	-	-	-	-	-	-
2022	1,974	959 (100.0)	1 (0.1)	217 (22.6)	300 (31.3)	216 (22.5)	12 (1.3)	5 (0.5)	11 (1.1)	113 (11.8)	1 (0.1)

자료: 한국형사법무정책연구원, 스토킹 범죄의 특성 및 대응 강화 방안, 2023, 27.

Ⅲ. 스토킹범죄자의 처리 특례

1. 응급조치

사법경찰관리는 진행 중인 스토킹행위에 대하여 신고를 받은 경우 즉시 현장에 나가 다음의 조치를 하여야 한다.[6]

1. 스토킹행위의 제지, 향후 스토킹행위의 중단 통보 및 스토킹행위를 지속적 또는 반복적으로 할 경우 처벌 서면경고
2. 스토킹행위자와 피해자등의 분리 및 범죄수사
3. 피해자등에 대한 긴급응급조치 및 잠정조치 요청의 절차 등 안내
4. 스토킹 피해 관련 상담소 또는 보호시설로의 피해자등 인도(피해자등이 동의한 경우만 해당)

6 스토킹범죄의 처벌 등에 관한 법률 제3조.

2. 긴급응급조치

① 긴급응급조치: 사법경찰관

사법경찰관은 스토킹행위 신고와 관련하여 스토킹행위가 지속적 또는 반복적으로 행하여질 우려가 있고 스토킹범죄의 예방을 위하여 긴급을 요하는 경우 스토킹행위자에게 직권으로 또는 스토킹행위의 상대방이나 그 법정대리인 또는 스토킹행위를 신고한 사람의 요청에 의하여 다음의 조치를 할 수 있다.[7]

1. 스토킹행위의 상대방등이나 그 주거등으로부터 100미터 이내의 접근 금지
2. 스토킹행위의 상대방등에 대한 「전기통신기본법」 제2조제1호의 전기통신을 이용한 접근 금지

이 경우 즉시 스토킹행위의 요지, 긴급응급조치가 필요한 사유, 긴급응급조치의 내용 등이 포함된 긴급응급조치결정서를 작성하여야 한다.

② 긴급응급조치의 승인 신청: 사법경찰관

사법경찰관은 긴급응급조치를 하였을 때에는 지체 없이 검사에게 긴급응급조치결정서를 첨부하여 해당 긴급응급조치에 대한 사후승인을 지방법원 판사에게 청구하여 줄 것을 신청하여야 한다.

③ 긴급응급조치 사후승인 청구: 검사

검사는 긴급응급조치가 있었던 때부터 48시간 이내에 긴급응급조치결정서를 첨부하여 지방법원 판사에게 해당 긴급응급조치에 대한 사후승인을 청구한다.

④ 긴급응급조치 승인: 판사

지방법원 판사는 스토킹행위가 지속적 또는 반복적으로 행하여지는 것을 예방하기 위하여 필요하다고 인정하는 경우에는 긴급응급조치를 승인할 수 있다. 긴급응급조치기간은 1개월을 초과할 수 없다.

7 스토킹범죄의 처벌 등에 관한 법률 제4조–제6조.

⑤ 긴급응급조치를 취소

사법경찰관은 검사가 긴급응급조치에 대한 사후승인을 청구하지 아니하거나 지방법원 판사가 사후승인을 하지 아니한 때에는 즉시 그 긴급응급조치를 취소하여야 한다.

⑥ 긴급응급조치의 통지 등: 사법경찰관

사법경찰관은 긴급응급조치를 하는 경우에는 스토킹행위의 상대방등이나 그 법정대리인에게 통지하여야 한다. 사법경찰관은 긴급응급조치를 하는 경우에는 해당 긴급응급조치대상자에게 조치의 내용 및 불복방법 등을 고지하여야 한다.[8]

⑦ 긴급응급조치의 변경 등

❶ 긴급응급조치대상자등의 신청

행위자등의 신청: 긴급응급조치대상자나 그 법정대리인은 긴급응급조치의 취소 또는 그 종류의 변경을 사법경찰관에게 신청할 수 있다.

❷ 스토킹행위의 상대방등의 신청

스토킹행위의 상대방등이나 그 법정대리인은 긴급응급조치가 있은 후 스토킹행위의 상대방등이 주거등을 옮긴 경우에는 사법경찰관에게 긴급응급조치의 변경을 신청할 수 있다. 또한 긴급응급조치가 필요하지 아니한 경우에는 사법경찰관에게 해당 긴급응급조치의 취소를 신청할 수 있다.

❸ 긴급응급조치의 취소와 변경

사법경찰관은 정당한 이유가 있다고 인정하는 경우에는 직권으로 또는 위 신청에 의하여 해당 긴급응급조치를 취소할 수 있고, 지방법원 판사의 승인을 받아 긴급응급조치의 종류를 변경할 수 있다.

❹ 긴급응급조치의 취소와 변경의 통지

사법경찰관은 긴급응급조치를 취소하거나 그 종류를 변경하였을 때에는 스토킹행위의 상대방등 및 긴급응급조치대상자 등에게 다음을 통지 또는 고지하여야 한다.

8 스토킹범죄의 처벌 등에 관한 법률 제6조.

1. 스토킹행위의 상대방등이나 그 법정대리인: 취소 또는 변경의 취지 통지
2. 긴급응급조치대상자: 취소 또는 변경된 조치의 내용 및 불복방법 등 고지

❺ 긴급응급조치 효력 상실

긴급응급조치는 다음에 해당하는 때에 그 효력을 상실한다.[9]

1. 긴급응급조치에서 정한 기간이 지난 때
2. 법원이 긴급응급조치대상자에게 다음의 결정을 한 때(스토킹행위의 상대방과 같은 사람을 피해자로 하는 경우로 한정)
   - 접근금지 긴급응급조치에 따른 스토킹행위의 상대방등과 같은 사람을 피해자 또는 그의 동거인, 가족으로 하는 100m 이내 접근금지 결정
   - 집근금지의 긴급응급조치에 따른 주거등과 같은 장소를 피해자 또는 그의 동거인, 가족의 주거등으로 하는 100m 이내 접근금지 결정
   - 전기통신 접근금지의 긴급응급조치에 따른 스토킹행위의 상대방등과 같은 사람을 피해자 또는 그의 동거인, 가족으로 하는 전기통신 접근금지 결정

3. 잠정조치

① 잠정조치 청구: 검사

검사는 스토킹범죄가 재발될 우려가 있다고 인정하면 직권 또는 사법경찰관의 신청에 따라 법원에 다음의 잠정조치를 청구할 수 있다.[10]

1. 피해자에 대한 스토킹범죄 중단에 관한 서면 경고
2. 피해자 또는 그의 동거인, 가족이나 그 주거등으로부터 100미터 이내의 접근 금지
3. 피해자 또는 그의 동거인, 가족에 대한 전기통신을 이용한 접근 금지
4. 위치추적 전자장치의 부착
5. 국가경찰관서의 유치장 또는 구치소에의 유치

9 스토킹범죄의 처벌 등에 관한 법률 제7조.
10 스토킹범죄의 처벌 등에 관한 법률 제8조－제11조.

피해자 또는 그 법정대리인은 검사 또는 사법경찰관에게 잠정조치의 청구 또는 그 신청을 요청하거나, 이에 관하여 의견을 진술할 수 있다.

검사는 점정조치 청구 요청을 받고도 청구를 하지 아니하는 경우에는 피해자 또는 그 법정대리인에게 그 사실을 지체없이 알려야 한다.

사법경찰관은 잠정조치 신청 요청을 받고도 신청을 하지 아니하는 경우에는 검사에게 그 사유를 보고하여야 하고, 피해자 또는 그 법정대리인에게 그 사실을 지체없이 알려야 한다.

② 잠정조치의 결정: 법원

법원은 스토킹범죄의 원활한 조사·심리 또는 피해자 보호를 위하여 필요하다고 인정하는 경우에는 결정으로 스토킹행위자에게 잠정조치를 할 수 있다. 잠정조치는 병과(倂科)할 수 있다.

법원은 전자장치부착, 유치장 유치에 관한 결정을 하기 전 검사, 스토킹행위자, 피해자, 기타 참고인으로부터 의견을 들을 수 있다.

❶ 관계자 등에게 통지

법원은 잠정조치를 결정한 경우에는 검사와 피해자 또는 그의 동거인, 가족, 그 법정대리인에게 통지하여야 한다.

❷ 변호인 선임 및 항고권 통지

법원은 유차장 등 유치조치를 한 경우에는 스토킹행위자에게 변호인을 선임권 및 항고권을 고지하고, 다음의 사람에게 해당 잠정조치를 한 사실을 통지하여야 한다.

1. 스토킹행위자에게 변호인이 있는 경우: 변호인
2. 스토킹행위자에게 변호인이 없는 경우: 법정대리인 또는 스토킹행위자가 지정하는 사람

③ 잠정조치기간

1. 피해자에 대한 스토킹범죄 중단에 관한 서면 경고
2. 피해자 또는 그의 동거인, 가족이나 그 주거등으로부터 100미터 이내의 접근 금지: 최대 3개월
3. 피해자 또는 그의 동거인, 가족에 대한 전기통신을 이용한 접근 금지: 최대 3개월

4. 위치추적 전자장치의 부착: 최대 3개월
5. 국가경찰관서의 유치장 또는 구치소에의 유치: 최대 1개월

다만, 법원은 피해자의 보호를 위하여 그 기간을 연장할 필요가 있다고 인정하는 경우에는 결정으로 2호, 3호, 4호의 잠정조치에 대하여 두 차례에 한정하여 각 3개월의 범위에서 연장할 수 있다.

④ 잠정조치의 집행 등

법원은 잠정조치를 법원공무원, 사법경찰관리, 구치소 소속 교정직공무원 또는 보호관찰관으로 하여금 집행하게 할 수 있다.

잠정조치 결정을 집행하는 사람은 스토킹행위자에게 잠정조치의 내용, 불복방법 등을 고지하여야 한다.

⑤ 잠정조치의 변경 등

스토킹행위자나 그 법정대리인은 잠정조치 결정의 취소 또는 그 종류의 변경을 법원에 신청할 수 있다.

검사는 수사 또는 공판과정에서 잠정조치가 계속 필요하다고 인정하는 경우에는 직권이나 사법경찰관의 신청에 따라 법원에 해당 잠정조치기간의 연장 또는 변경을 청구할 수 있다. 또한 검사는 잠정조치가 불필요하다고 인정하는 경우 직권이나 사법경찰관의 신청에 따라 법원에 해당 잠정조치의 취소를 청구할 수 있다.

법원은 정당한 이유가 있다고 인정하는 경우에는 직권 또는 스토킹행위자의 신청이나 검사의 청구에 의하여 결정으로 해당 잠정조치의 취소, 기간의 연장 또는 그 종류의 변경을 할 수 있다.

법원은 잠정조치의 취소, 기간의 연장 또는 그 종류의 변경을 하였을 때에는 검사와 피해자 및 스토킹행위자 등에게 통지 또는 고지하여야 한다.

⑥ 잠정조치의 효력 상실

스토킹행위자에 대해 검사가 불기소처분을 한 때 또는 사법경찰관이 불송치결정을 한 때에 잠정조치 결정은 그 효력을 상실한다.

IV. 스토킹범죄 피해자에 대한 배려

1. 스토킹범죄의 피해자에 대한 전담조사제

① 검찰

검찰총장은 각 지방검찰청 검사장에게 스토킹범죄 전담 검사를 지정하도록 하여 특별한 사정이 없으면 스토킹범죄 전담 검사가 피해자를 조사하게 하여야 한다.[11]

② 경찰

경찰관서의 장(국가수사본부장, 시·도경찰청장 및 경찰서장)은 스토킹범죄 전담 사법경찰관을 지정하여 특별한 사정이 없으면 스토킹범죄 전담 사법경찰관이 피해자를 조사하게 하여야 한다.

③ 전담 수사인력에 대한 교육

검찰총장 및 경찰관서의 장은 스토킹범죄 전담 검사 및 사법경찰관에게 스토킹범죄의 수사에 필요한 전문지식과 피해자 보호를 위한 수사방법 및 수사절차 등에 관한 교육을 실시하여야 한다.

④ 피해자 등에 대한 신변안전조치

법원 또는 수사기관이 피해자등 또는 스토킹범죄를 신고자(고소·고발)를 증인으로 신문하거나 조사하는 경우의 신변안전조치에 관하여는 「특정범죄신고자 등 보호법」 제13조 및 제13조의2에 따라 피해자의 주거지 순찰 강화, 임시 숙소 제공, 신변경호, 위치추적장치 대여, 임시 숙소 제공, 전문 보호시설 연계, 잠정조치, 긴급응급조치 등이 있다. 경찰, 검사, 법원은 신청 또는 직권으로 결정할 수 있다.[12]

---

11 스토킹범죄의 처벌 등에 관한 법률 제17조.

12 스토킹범죄의 처벌 등에 관한 법률 제17조의2.

2. 피해자등의 신원과 사생활 비밀 누설 금지

① 공무상 지득한 피해자등 사생활 관련 정보누설금지

다음에 해당하는 업무를 담당하거나 그에 관여하는 공무원 또는 그 직에 있었던 사람은 피해자등의 주소, 성명, 나이, 직업, 학교, 용모, 인적사항, 사진 등 피해자등을 특정하여 파악할 수 있게 하는 정보 또는 피해자등의 사생활에 관한 비밀을 공개하거나 다른 사람에게 누설하여서는 아니 된다.[13]

1. 응급조치에 관한 업무
2. 긴급응급조치의 신청, 청구, 승인, 집행 또는 취소 · 변경에 관한 업무
3. 잠정조치의 신청, 청구, 결정, 집행 또는 취소 · 기간연장 · 변경에 관한 업무
4. 스토킹범죄의 수사 또는 재판에 관한 업무

② 대중매체등에의 공개 금지

누구든지 피해자등의 동의를 받지 아니하고 피해자등의 주소, 성명, 나이, 직업, 학교, 용모, 인적 사항, 사진 등 피해자등을 특정하여 파악할 수 있게 하는 정보를 신문 등 인쇄물에 싣거나 방송 또는 정보통신망을 통하여 공개하여서는 아니 된다.

③ 피해자에 대한 변호사(국선변호사) 선임의 특례

피해자 및 그 법정대리인은 형사절차상 입을 수 있는 피해를 방어하고 법률적 조력을 보장받기 위하여 변호사를 선임할 수 있다.

검사는 피해자에게 변호사가 없는 경우 국선변호사를 선정하여 형사절차에서 피해자의 권익을 보호할 수 있다.[14]

13 스토킹범죄의 처벌 등에 관한 법률 제17조의3.

14 스토킹범죄의 처벌 등에 관한 법률 제17조의4.

제2절 스토킹방지 및 피해자보호 등에 관한 법률상 피해자 지원

Ⅰ. 제정배경

스토킹이 폭행, 살인 등 강력범죄로 이어지는 가운데 스토킹범죄의 처벌 및 그 절차에 대한 특례 등을 규정한 스토킹범죄의 처벌 등에 관한 법률을 제정하면서 이에 맞춰 피해자 보호 제도를 마련할 필요성이 제기되었다. 또한 주기적인 스토킹 실태조사·예방교육과 피해자 지원시설의 설치 등 스토킹 방지와 피해자 등에 대한 보호·지원체계를 마련할 필요성도 대두되었다.

Ⅱ. 스토킹 피해의 예방과 피해자 보호

1. 국가와 자치단체의 의무

국가와 지방자치단체는 스토킹의 예방·방지와 피해자의 보호·지원을 위하여 다음 각 호의 조치를 하여야 한다.[15]

1. 스토킹 신고체계의 구축 · 운영
2. 스토킹 예방 · 방지를 위한 조사 · 연구 · 교육 및 홍보
3. 피해자를 보호 · 지원하기 위한 시설의 설치 · 운영
4. 피해자에 대한 법률구조와 주거 지원 및 취업 등 자립 지원 서비스의 제공
5. 피해자의 신체적 · 정신적 회복을 위하여 필요한 상담 · 치료회복프로그램 제공
6. 피해자에 대한 보호 · 지원을 원활히 하기 위한 관련 기관 간 협력체계의 구축 · 운영
7. 스토킹의 예방 · 방지와 피해자의 보호 · 지원을 위한 관계 법령의 정비와 각종 정책의 수립 · 시행 및 평가
8. 피해자의 안전확보를 위한 신변 노출 방지와 보호 · 지원 체계의 구축
9. 피해자 지원 기관 및 시설 종사자의 신변보호를 위한 안전대책 마련

15 스토킹방지 및 피해자보호 등에 관한 법률 제3조. 법률 제19216호로 2023. 1. 17.로 제정되어 2023. 7. 18. 시행되고 있다.

2. 스토킹 실태조사 및 예방교육

① 실태조사

여성가족부장관은 3년마다 스토킹에 대한 실태조사를 실시하여 그 결과를 발표하고, 이를 스토킹 방지를 위한 정책수립의 기초자료로 활용하여야 한다.

② 스토킹 예방교육

국가기관, 지방자치단체, 각급 학교 및 공공단체의 장은 스토킹의 예방과 방지를 위하여 필요한 교육을 실시할 수 있다.[16] 또한 스토킹 방지를 위한 자체 예방지침 마련, 사건 발생 시 재발방지대책 수립·시행 등 필요한 대책을 마련하여야 한다.

수사기관의 장은 사건 담당자 등 업무 관련자를 대상으로 필요한 교육을 실시하여야 한다.

여성가족부장관은 교육의 확산을 위하여 교육에 필요한 자료 또는 프로그램을 개발·보급하여야 한다.

3. 피해자 지원시설 운영

① 설치

국가나 지방자치단체는 피해자등의 보호·지원과 효과적인 피해 방지를 위하여 피해자 지원시설을 설치·운영할 수 있다.[17]

여성가족부장관이나 지방자치단체의 장은 지원시설의 설치·운영 업무를 대통령령으로 정하는 기관 또는 단체에 위탁하고, 그 경비를 지원할 수 있다.

② 업무

지원시설은 다음의 업무를 수행한다.

1. 스토킹 신고 접수와 이에 관한 상담
2. 피해자등의 신체적·정신적 안정과 일상생활 복귀 지원

16 스토킹방지 및 피해자보호 등에 관한 법률 제4조－제5조.

17 스토킹방지 및 피해자보호 등에 관한 법률 제8조－제15조.

3. 피해자등의 보호와 임시거소의 제공 및 숙식 제공
4. 직업훈련 및 취업정보의 제공
5. 피해자등의 질병치료와 건강관리를 위하여 의료기관에 인도하는 등의 의료 지원
6. 스토킹행위자에 대한 고소와 피해배상청구 등 사법처리 절차에 관하여 「법률구조법」 제8조에 따른 대한법률구조공단 등 관계 기관에 대한 협조 및 지원 요청
7. 수사 · 재판 과정에 필요한 지원
8. 스토킹의 예방 · 방지를 위한 홍보 및 교육
9. 스토킹과 스토킹 피해에 관한 조사 · 연구
10. 다른 법률에 따라 지원시설에 위탁된 업무
11. 그 밖에 피해자등을 보호 · 지원하기 위하여 대통령령으로 정하는 업무

③ 종사자 등의 자격기준

다음의 어느 하나에 해당하는 사람은 지원시설의 장 또는 종사자가 될 수 없다.

1. 미성년자, 피성년후견인 또는 피한정후견인
2. 금고 이상의 실형을 선고받고 그 집행이 끝나지(집행이 끝난 것으로 보는 경우를 포함) 아니하거나 집행이 면제되지 아니한 사람
3. 금고 이상의 형의 집행유예를 선고받고 그 유예기간 중에 있는 사람
4. 스토킹범죄로 형을 선고받고 그 형의 전부 또는 일부의 집행이 종료되거나 집행이 유예 · 면제된 날부터 10년이 지나지 아니한 사람

④ 종사자 교육

여성가족부장관이나 지방자치단체의 장은 지원시설 종사자의 자질을 향상시키기 위하여 필요한 교육을 실시하여야 한다.

⑤ 피해자등의 의사 존중 의무

지원시설의 장과 종사자는 피해자등이 분명히 밝힌 의사에 반하여 업무를 하여서는 아니 된다.

⑥ 경찰관서의 협조

지원시설의 장은 스토킹행위자로부터 피해자등을 긴급히 구조할 필요가 있

을 때에는 경찰관서(지구대·파출소 및 출장소를 포함)의 장에게 그 소속 직원의 동행을 요청할 수 있다.

요청을 받은 경찰관서의 장은 특별한 사유가 없으면 그 요청에 따라야 한다.

⑦ 비밀유지의 의무

지원시설의 장 또는 종사자이거나 지원시설의 장이었던 자 또는 종사자이었던 자는 그 직무상 알게 된 비밀을 누설하여서는 아니 된다. 비밀유지의 의무를 위반한 자는 1년 이하의 징역 또는 1천만원 이하의 벌금에 처한다.[18]

4. 사법경찰관리의 현장출동 등

① 출동과 조치

사법경찰관리는 스토킹의 신고가 접수된 때에는 지체 없이 신고된 현장에 출동하여야 한다.

출동한 사법경찰관리는 신고된 현장 또는 사건조사를 위한 관련 장소에 출입하여 관계인에 대하여 조사를 하거나 질문을 할 수 있다.[19]

출입, 조사 또는 질문을 하는 사법경찰관리는 그 권한을 표시하는 증표를 지니고 이를 관계인에게 내보여야 한다. 이때 피해자·신고자·목격자 등이 자유롭게 진술할 수 있도록 스토킹행위자로부터 분리된 곳에서 조사하는 등 필요한 조치를 하여야 한다.

② 방해금지

누구든지 정당한 사유 없이 제2항에 따른 사법경찰관리의 현장조사를 거부하는 등 그 업무 수행을 방해하는 행위를 하여서는 아니 된다. 정당한 사유 없이 사법경찰관리의 업무 수행을 방해한 자에게는 1천만원 이하의 과태료를 부과한다.[20]

18 스토킹방지 및 피해자보호 등에 관한 법률 제16조 제2항.

19 스토킹방지 및 피해자보호 등에 관한 법률 제8조-제14조.

20 스토킹방지 및 피해자보호 등에 관한 법률 제18조.

5. 불이익조치의 금지와 취학지원

① 피해자나 신고자 등에 대한 불이익 조치 금지

피해자 또는 스토킹 사실을 신고한 자를 고용하고 있는 자는 피해자 또는 스토킹 사실을 신고한 자에게 스토킹으로 피해를 입은 것 또는 신고를 한 것을 이유로 다음에 해당하는 불이익조치를 하여서는 아니 된다.[21]

이를 위반한 경우 3년 이하의 징역 또는 3천만원 이하의 벌금에 처한다.[22]

1. 파면, 해임, 해고, 그 밖에 신분상실에 해당하는 신분상의 불이익조치
2. 징계, 정직, 감봉, 강등, 승진 제한, 그 밖에 부당한 인사조치
3. 전보, 전근, 직무 미부여, 직무 재배치, 그 밖에 본인의 의사에 반하는 인사조치
4. 성과평가 또는 동료평가 등에서 차별이나 그에 따른 임금 또는 상여금 등의 차별 지급
5. 직업능력 개발 및 향상을 위한 교육훈련 기회의 제한, 예산 또는 인력 등 가용자원의 제한 또는 제거, 보안정보 또는 비밀정보 사용의 정지 또는 취급자격의 취소, 그 밖에 근무조건 등에 부정적 영향을 미치는 차별 또는 조치
6. 주의 대상자 명단 작성 또는 그 명단의 공개, 집단 따돌림, 폭행 또는 폭언 등 정신적 · 신체적 손상을 가져오는 행위 또는 그 행위의 발생을 방치하는 행위
7. 직무에 대한 부당한 감사 또는 조사나 그 결과의 공개
8. 그 밖에 본인의 의사에 반하는 불이익조치

② 피해자 요청시

피해자를 고용하고 있는 자는 피해자의 요청이 있으면 업무 연락처 및 근무 장소의 변경, 배치 전환 등의 적절한 조치를 할 수 있다.

③ 취학 지원

국가나 지방자치단체는 피해자나 그 가족구성원 각급 학교의 학생인 경우로서 주소지 외의 지역에서 취학(입학 · 재입학 · 전학 및 편입학을 포함)할 필요가 있는 경우에는 그 취학이 원활히 이루어지도록 지원하여야 한다.

21 스토킹방지 및 피해자보호 등에 관한 법률 제6조–제7조.

22 스토킹방지 및 피해자보호 등에 관한 법률 제16조 제1항.

제 5 편

VICTIMOLOGY

지역사회의 잠재적 범죄피해 예방을 위한 노력

VICTIMOLOGY

제16장 위치추적 전자감독제도

제1절 전자감독제도의 의의 및 발달

Ⅰ. 전자감독제도의 의의

전자감독(Electronic Monitoring, Electronic tagging)이란 위치추적 전자장치를 통하여 전자파를 발신하고 추적하는 원리를 이용하여 대상자(상대방)위치를 확인하거나 이동경로를 탐지하여 감시(surveillance)하는 것을 말한다.[1] 일반적으로 전자감시, 또는 전자발찌제(electronic tagging)로 불린다. 여기서도 혼용한다.

Ⅱ. 전자감독제도의 발달

전자감독(Electronic Monitoring)은 미국에서 1960년대에 도입되었지만 이것을 본격적으로 범죄자 감시에 활용한 것은 1980년대부터라고 할 수 있다.[2] 전자감독은 범죄자를 교도소에 수감하는 것 보다는 인간적이고, 비용이 절감되는 다양한 대체수단 중의 한 방법으로 생각한 하버드대 심리학과의 Robert Schwitzgebel 교수가 최초로 고안한 것이다. 그는 자신의 생각을 구체화하여 일명 'Dr. Schwitzgebel Machine'을 1969년에 개발하였는데 이 기기는 충전지와 송수신기로 이루어져 있고, 반경 0.25마일 안에서 신호음을 확인할 수 있도록 디자인되었다. Schwitzgebel 교수는 전자감시제는 특정한 시설에 수감하지 않고, 범죄자들이 일상적인 생활을 하면서도 동시에 행동을 제한함으로써 시민의 안전을 보호하고, 범죄자의 사회화를 유도할 수 있는 교정수단으로 평가하였다.

한편 미국 뉴 멕시코주의 휴양도시인 Albuquerque시의 Jack Love 판사는 1977년에 코믹시리즈 소설인 「스파이더맨」(Spiderman)의 한 장면에서 주인공인

---

1 법무부, 전자감독, https://www.cppb.go.kr/cppb/712/subview.do/

2 Renzema, M., & Mayo-Wilson, E., "Can Electronic Monitoring Reduce Crime for Moderate to High-Risk Offenders?," Journal of Experimental Criminology, 1 (2005): 215-237.

그림 16-1 위치추적 전자감독 흐름도

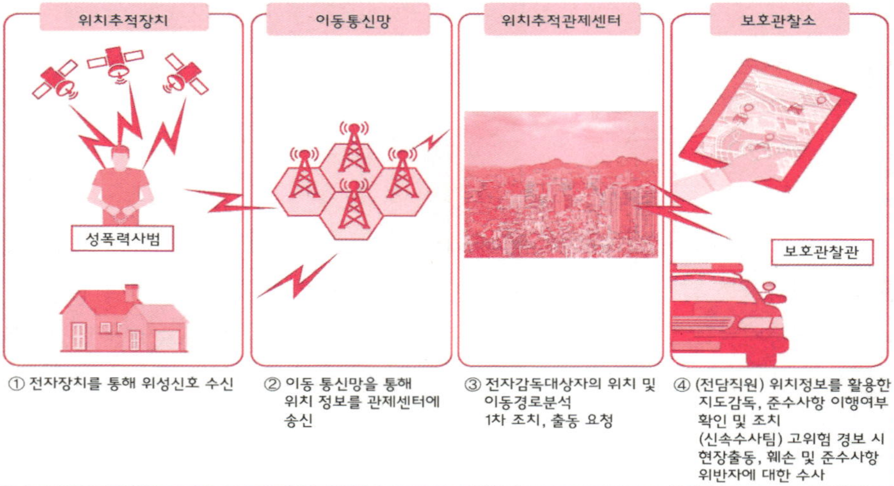

자료: 법무부 범죄예방정책국, http://www.cppb.go.kr/

스파이더맨이 자신의 모든 행동을 볼 수 있는 태그를 부착한 채 행동하는 것에서 범죄자에 대한 전자감시제를 착안하였다. 그는 1983년에 전자전문가에게 기기제작을 의뢰하여 최초로 주거침입자에게 전자감시명령을 적용하였다. 이후 플로리다주의 Parm Beach시에서도 전자감시제를 도입하여 교도소 수감자를 대폭적으로 감소시켰다. 결국 1988년에 이미 32개주에서 이 제도를 도입하였고, 1998년 이후에는 모든 주로 확대되어 시행되고 있지만 전자감시제의 효용성과 함께 문제점도 여전히 지적되고 있다.[3]

최근에는 캐나다, 호주, 영국, 스코틀랜드, 싱가포르, 이스라엘, 스웨덴, 뉴질랜드, 네덜란드, 스위스, 독일 등에서 시행하고 있으며, 대부분 통금명령(Curfew Order), 수강명령(Attendance Center Orders) 등을 병행하여 운영한다.[4]

---

3 Lageson, S. E. (2020). Digital punishment: Privacy, stigma, and the harms of data-driven criminal justice. Oxford University Press.

4 Henneguelle, A., Monnery, B., & Kensy, A., Better at Home than in Prison? The Effects of Electronic Monitoring on Recidivism in France, The Effects of Electronic Monitoring on Recidivism in France January 6 (2016).

제2절 전자감독제도의 운영

Ⅰ. 도입

전자감독은 「전자장치 부착 등에 관한 법률」에 근거를 두고 있다. 최초의 근거법은 2007년 4월에 제정된 「특정 성폭력범죄자에 대한 위치추적 전자장치 부착에 관한 법률」이다.[5]

한국이 전자감시제를 도입하는 과정에서 범죄자에 대한 인권침해 등의 문제점에 대한 논란이 학계 및 사회 일부에서 제기되었다. 그러나 거듭되는 흉악한 성범죄사건을 비롯한 살인, 강도범 등에 사회내 보호관찰 등이 필요하다는 주장이 더 힘을 얻게 되었다.[6]

특히 전자감시로 고위험 강력범죄로부터 국민의 생명과 안전을 보호한다는 잠재적인 범죄피해 예방 차원에서 이 제도가 정착되고 있다.

Ⅱ. 대상자

전자감시의 대상자는 법원으로부터 성폭력범죄자, 미성년자 대상 유괴범죄자, 살인, 강도범, 스토킹 중 형 집행종료 이후, 집행유예, 가석방이나 가종료, 가출소 단계에서 위치추적 전자장치 부착을 판결 또는 결정으로 명령을 받은 자이다. 만 19세 미만의 자에 대하여 부착명령을 선고한 때에는 19세에 이르기까지 이 법에 따른 전자장치를 부착할 수 없다.[7]

2020년 8월 5일부터는 가석방 예정자의 범죄내용, 개별적 특성 등을 고려하여 일정한 기간을 정하여 전자장치를 부착하게 할 수 있다.

---

5 전자장치 부착 등에 관한 법률(약칭: 전자장치부착법)은 최초에는 특정 성폭력범죄자에 대한 위치추적 전자장치 부착에 관한 법률로 법률 제8349호, 2007. 4. 27. 제정되어 2008. 9. 1.부터 시행되면서 30차례에 걸쳐 개정이 이루어졌고, 법명 역시 변경되었다. 현행법은 [시행 2024. 7. 19.] [법률 제20007호, 2024. 1. 16., 일부개정]이다.

6 조선일보, 아동 대상 성범죄자 절반은 다시 범행, 2008년 4월 2일자 보도; 동아일보, 아동 성폭행후 살해 땐 사형－무기징역, 2008년 4월 2일자 보도.

7 전자장치 부착 등에 관한 법률 제4조－제5조.

표 16-1 전자감독 대상요건

구분	항목	내용
공통	특정범죄	성폭력, 미성년자 유괴, 살인, 강도, 스토킹 ※ 가석방은 죄명 구분 없이 모든 대상자에게 적용(2020년 8월 5일부터 시행)
형 집행 종료 후의 전자장치 부착	청구요건 등	[성폭력, 강도] 재범위험성 +【① 형 집행 종료 후 10년 이내 동종재범, ② 전자장치 부착 전력자가 동종 재범, ③ 2회 이상 범행(습벽 인정), ④ 19세 미만자 대상 범죄(성폭력만 해당), ⑤ 장애인 대상 범죄(성폭력만 해당)】 [미성년자 대상 유괴범죄, 살인범죄] ① 동종 재범위험성, ② 실형 전력자가 동종 재범(재범위험성 불요, 필요적 청구) [부착기간] • 법정형 상한이 사형 또는 무기징역 : 10년 ~ 30년 • 징역형 하한이 3년 이상의 유기징역 : 3년 ~ 20년 • 징역형 하한이 3년 미만의 유기징역 : 1년 ~ 10년 ※ 단, 19세 미만자 대상 범행시 하한 2배 가중 ※ 경합범에 대하여 가장 중한 죄의 부착기간 상한의 1/2까지 가중 가능(최장 45년)
	소급적용 청구요건	[성폭력범죄] '08. 9. 1.(전자감독제도 시행일) 이전 유죄 확정 + '10. 7. 16. 기준【① 출소예정자(6개월 이상 남은 사람), ② 출소임박자(6개월 미만 남은 사람), ③ 출소자(징역형 등 집행 종료 후 3년이 경과되지 않은 사람)】 [청구요건] 재범위험성 +【①2회 이상 형 집행(형기 합계 3년 이상) 종료 후 5년 이내 동종 재범, ② 전자장치 부착 전력자가 동종 재범, ③ 2회 이상 범행(습벽 인정), ④ 13세 미만자 대상 범죄】 ※ 만 19세 미만 청구가능, 부착금지 [부착기간] 최장 10년의 범위 내에서 결정
	가해제	부착명령의 가해제 신청(집행 개시 후 3개월 경과시마다 피부착자 및 법정대리인 신청가능, 심사위원회 결정) ※ 부착명령 가해제 시 보호관찰 지속 가능
가석방	부착요건	가석방된 특정 범죄자 보호관찰 시 필요적 부착 (단, 보호관찰심사위원회 불요 결정 시 예외)
	기간	가석방기간(최장 10년)
가종료, 가출소	부착요건	특정 범죄자 치료감호 가종료 · 보호감호 가출소 시
	기간	치료감호심의위원회가 결정한 기간(보호관찰기간 내 최장 3년)
집행유예	부착요건	특정 범죄자 집행유예 + 보호관찰 판결 시
	기간	법원이 정한 기간(보호관찰 기간 내, 최장 5년)

자료: 법무부 범죄예방정책국, https://www.cppb.go.kr/

표 16-2 사범별 전자감독 접수

연도	계	성폭력사범	미성년자 유괴사범	살인사범	강도	일반사범
2019	830 (100)	368 (44.3)	2 (0.2)	302 (36.4)	158 (19.1)	
2020	2,383 (100)	417 (17.5)	2 (0.1)	311 (13.1)	128 (5.4)	1,525* (64.0)
2021	5,599 (100)	321 (5.7)	1 (0.0)	373 (6.7)	147 (2.6)	4,757 (85.0)
2022	2,717 (100)	249 (9.2)	2 (0.1)	282 (10.4)	145 (5.3)	2,039 (75.0)
2023	1,865 (100)	300 (16.1)	0 (0.0)	273 (14.6)	91 (4.9)	1,201 (64.4)

* 2020년 8월 5일 시행된 개정 「전자장치부착법」에 따라 가석방자 전자감독의 범위가 확대되어, 범죄의 종류와 무관하게 모든 범죄에 대해 가석방 시 전자장치를 부착할 수 있게 되었다.

자료: 법무연수원, 2024 범죄백서, 2025, 439.

표 16-3 처분유형별 전자감독 접수

연도	계	가석방	가종료	가출소	집행 유예	형기종료		
						소계	일반	소급
2019	830 (100)	410 (49.4)	41 (5.0)	7 (0.8)	11 (1.3)	361 (43.5)	340 (41.0)	21 (2.5)
2020	2,383 (100)	1,895 (79.5)	49 (2.1)	5 (0.2)	6 (0.3)	428 (17.9)	392 (16.4)	36 (1.5)
2021	5,599 (100)	5,186 (92.6)	40 (0.7)	2 (0.1)	6 (0.1)	365 (6.5)	349 (6.2)	16 (0.3)
2022	2,717 (100)	2,369 (87.2)	66 (2.4)	4 (0.2)	2 (0.1)	276 (10.1)	259 (9.5)	17 (0.6)
2023	1,865 (100)	1,549 (83.1)	25 (1.3)	6 (0.3)	3 (0.2)	282 (15.1)	266 (14.3)	16 (0.8)

자료: 법무연수원, 2024 범죄백서, 2025, 437.

III. 절차

전자장치 부착은 다음의 절차에 따라 진행된다.

1. 검사의 신청 및 법원의 청구 요구

① 검사의 신청

검사는 부착명령의 대상자에 해당하고, 범죄를 다시 범할 위험성이 있다고 인정되는 사람에 대하여 전자장치 부착명령을 법원에 청구할 수 있다.

부착명령의 청구는 공소가 제기된 특정범죄사건의 항소심 변론종결 시까지 하여야 한다.

② 법원의 청구 요구

법원은 공소가 제기된 특정범죄사건을 심리한 결과 부착명령을 선고할 필요가 있다고 인정하는 때에는 검사에게 부착명령의 청구를 요구할 수 있다.

③ 청구 제한

특정범죄사건에 대하여 판결의 확정 없이 공소가 제기된 때부터 15년이 경과한 경우에는 부착명령을 청구할 수 없다.

2. 법원의 판결

법원은 부착명령 청구가 이유 있다고 인정하는 때에는 부착기간을 정하여 판결로 부착명령을 선고하여야 한다.

3. 집행

부착명령은 검사의 지휘를 받아 보호관찰관이 집행한다.

전자감독의 절차는 [그림 16-2]와 같다.

그림 16-2 전자감독 절차도

자료: 법무부, 범죄예방정책국, http://www.cppb.go.kr/

Ⅳ. 준수사항

대상자는 동법상 기본의무 및 법원이 결정한 준수사항을 지켜야 하며, 각 준수사항은 병과할 수 있다. 이를 위반할 경우 처벌이 따른다.[8]

모든 전자장치 부착 대상자는 다음 사항을 준수하여야 하며, 위반 시 그에 따른 처벌을 받는다.[9]

표 16-4 준수사항과 벌칙

준수사항	벌칙
전자장치 효용 유지 의무 위반	7년 이하 징역 2천만 원 이하 벌금
개시 신고 의무 주거이전·출국 허가 신청 및 귀국 등 신고 의무	부착기간 연장(1년 이내) 또는 준수사항 추가·변경

전자장치 부착 대상자는 판결 또는 결정에 따라 특별한 준수사항을 부과받을 수 있고, 위반 시 처벌을 받는다.[10]

표 16-5 준수사항과 처벌 규정

준수사항	벌칙
야간 등 특정 시간대 외출 제한	1년 이하 징역 또는 1천만 원 이하 벌금
특정 지역·장소 출입금지	1년 이하 징역 또는 1천만 원 이하 벌금
주거지 제한 위반	1년 이하 징역 또는 1천만 원 이하 벌금
피해자 등 특정인 접근금지	3년 이하 징역 또는 3천만 원 이하 벌금
특정범죄 치료 프로그램 이수 위반	3년 이하 징역 또는 3천만 원 이하 벌금
마약 등 중독성 있는 물질 사용금지	1년 이하 징역 또는 1천만 원 이하 벌금
그 밖에 부착명령을 선고받은 사람의 재범 방지와 성행교정을 위하여 필요한 사항	1년 이하 징역 또는 1천만 원 이하 벌금

8 특정 범죄자에 대한 보호관찰 및 전자장치 부착 등에 관한 법률 제9조의2.

9 전자장치 부착 등에 관한 법률 제14조, 제14조의2, 제38조.

10 전자장치 부착 등에 관한 법률 제9조의2, 제36조–제39조.

V. 전자감독제도의 효과

전자감독 대상자들이 위치추적 전자장치 부착의 대상이 되는 성폭력범죄, 미성년자 대상 유괴범죄, 살인범죄 및 강도범죄를 다시 저지르는지 여부로 전자장치 부착효과를 추정할 수 있다. 대상자들의 특정범죄 재범률은 2019년 1.97%, 2020년 1.68%, 2021년 1.65%, 2022년 0.99%로 감소하였다.

표 16-6 전자감독 대상자의 특정범죄 재범

구 분	계	2019	2020	2021	2022	2023
전체 실시사건	22,496	4,563	4,399	4,482	4,544	4,508
특정범죄 재범사건 (재범률)	332 (1.48)	90 (1.97)	74 (1.68)	74 (1.65)	45 (0.99)	49 (1.09)

자료: 법무연수원, 2024 범죄백서, 2025, 537.

아래는 위치추적 전자장치 부착의 대상이 되는 성폭력범죄, 미성년자 대상 유괴범죄, 살인범죄 및 강도범죄를 다시 저지른 대상자 현황이다. 특정범죄 재범률은 2% 전후를 유지되다가 신속수사팀 설치·확대, 고위험전담제 도입 이후인 2022년에는 0.99%로 크게 하락했고, 2023년에도 1.09%로 낮은 재범률을 유지하고 있다.

표 16-7 성폭력 전자감독대상자의 재범

구 분	계	2019	2020	2021	2022	2023
실시사건	16,326	3,239	3,239	3,279	3,282	3,287
동종 재범사건 (재범률)	196 (1.20)	55 (1.70)	41 (1.27)	46 (1.40)	24 (0.73)	30 (0.91)

자료: 법무연수원, 2024 범죄백서, 2025, 538.

제17장 성충동 약물치료제도

제1절 성충동 약물치료제도의 의의 및 발달

Ⅰ. 약물치료제도의 의의

성충동 약물치료제도란(Pharmacological Treatment)란 아동성범죄자를 포함한 상습적인 성범죄자들에 대하여 성충동성 및 성적 호르몬(테스토스테론)을 감소시켜 성범죄를 예방시키려고 가해지는 의학적인 제재방법을 말한다. 화학적 치료(Chemical Treatment), 또는 화학적 거세(Chemical Castration)라고도 한다.[1] 「성폭력범죄자의 성충동 약물치료에 관한 법률」 제2조에서도 성충동 약물치료에 대해 비정상적인 성적 충동이나 욕구를 억제하기 위한 조치로서 성도착증 환자에게 약물투여 및 심리치료 등의 방법으로 도착적인 성기능을 일정기간 동안 약화 또는 정상화하는 것이라고 정의하고 있다.

약물치료에 사용되는 약물은 남성호르몬 억제제인 시프로테론(Cyproterone), 가임억제호르몬제인 데포프로베라(Depo－Provera)이다. 영국이나 유럽, 캐나다에서는 주로 시프로테론을, 미국에서는 메드락시프로제스테론(Medroxy Progesterone Acetate: MPA)[2]을 사용한다. 그리고 미국에서는 시프로테론, 루프로라이드(Leuprolide), 고세라인(Goserelin) 및 트립토레린(Tryptorelin)과 같은 약물도 사용한다. 이들 약물은 서로 다른 방법으로 사용되긴 하지만 모두 생식호르몬을 억제하는 공통적인 효과를 가지고 있다.

1 Khan, Omer, and Asha Mashru, "The efficacy, safety and ethics of the use of testosterone－suppressing agents in the management of sex offending," Current Opinion in Endocrinology, Diabetes and Obesity 23.3 (2016): 271－278.

2 미국 식품의약청(FDA)은 이의 사용을 금지하며, 시프로테론(cyproterone) 등의 사용을 권장하고 있다.

약물치료는 대상자의 성적 발기능력을 완전하게 상실시켜 성적 활동을 전혀 할 수 없도록 고환을 제거하거나 불능상태에 이르게 하는 물리적 거세(Surgical Castration)와는 다르다. 약물치료는 그 치료를 중지할 경우 성생활이 가능하게 되지만, 물리적 거세는 정상적인 성생활이 어렵다.[3]

그림 17-1 화학적 거세 시행 과정

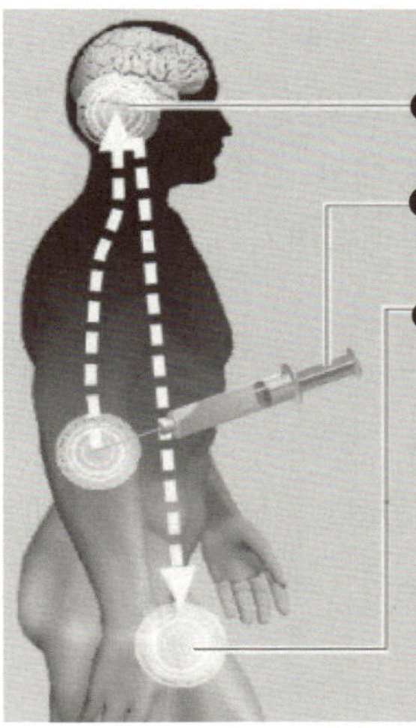

자료: 법무부, 범죄예방정책국, http://www.moj.go.kr/

Ⅱ. 약물치료제도의 발달

성적 거세(Castration)는 역사적으로 다양한 이유에서 이루어져 왔다.[4] 중세

3 Mesler, Julia Lynn, George Anderson, and Cynthia Calkins. "Sex Offender Policy and Prevention," Advances in Psychology and Law, Springer International Publishing (2016): 217–248.

유럽에서는 동물을 대상으로 한 거세나 외과적 실험 목적의 거세, 예술이나 종교적 신념에 의한 거세가 종종 행하여졌다. 1892년에 스위스의 한 남자가 자신의 노이로제가 성 호르몬의 과다분비로 인한 것이라는 확신으로 물리적 거세시술을 받은 것이 최초의 의학적 치료 목적의 거세로 인정된다.[5]

현대에 들어서 물리적 또는 외과적 거세(Surgical Castration) 및 화학적 거세(Chemical Castration)는 주로 성범죄자들을 대상으로 적용되었고 이는 공공 또는 입법자들에게 성범죄를 감소시키는 효과적인 방법으로 인식되고 있다.

물리적 거세는 주로 초기에 유럽에서 도입되었고, 회복할 수 없는 시술이므로 그 부작용도 컸다. 화학적 거세는 성적 능력을 다시 회복할 수 있는 의학적인 방법으로 그의 효과, 부작용(Side-Effects) 등에 대해 국외에서는 많은 연구가 진행되어 왔다. 약물치료는 성범죄자의 성적 환상 및 중대한 성범죄자의 충동을 약물을 이용하여 통제하는 치료 방법이라는 인식이 확대되면서 도입국가가 늘어나고 있다.[6]

성범죄자에 대하여 재범 억제를 위하여 물리적 거세 또는 화학적 거세를 도입한 나라는 아르헨티나, 호주, 에스토니아, 이스라엘, 몰도바, 뉴질랜드, 폴란드, 러시아, 덴마크, 독일, 헝가리, 프랑스, 노르웨이, 핀란드, 아이슬란드, 라트비아, 영국, 벨기에, 스웨덴, 마케도니아 및 체코, 미국의 9개주 등이다.[7]

4 화학적 거세(Chemical Castration) 및 화학적 치료(Chemical Treatment), 그리고 의학적 치료(Medical Treatment) 등은 모두 같은 개념이라 할 수 있다.

5 허경미. (2019). 북유럽의 성범죄자 화학적 거세제도에 관한 연구. 한국경찰연구, 18(1), 291-312.

6 Khan, Omer, and Asha Mashru, "The efficacy, safety and ethics of the use of testosterone-suppressing agents in the management of sex offending," Current Opinion in Endocrinology, Diabetes and Obesity 23.3 (2016): 271-278.

7 THEPRINT, What's chemical castration — the punishment Pakistan plans to introduce for sex crimes, 2020.9.6.

제2절 주요 국가의 성충동 약물치료제도

Ⅰ. 유럽국가

1. 덴마크

덴마크는 거세에 관한 법을 1929년 6월 1일에 제정하였는데 이는 유럽에서 최초로 거세의 절차 등을 규정한 것이다. 이 법은 1935년, 1973년에 개정되었다.

이 법은 대상자의 성적 본능(Sexual Instincts)이 범죄를 야기시키거나, 중대한 정신장애 또는 사회적 고통을 겪게 하는 원인이라면 거세를 허용하도록 규정하고 있다. 즉, 덴마크는 성범죄자가 아닌 정신장애자에게도 거세를 적용하고 있다. 거세필요가 있는 경우에 대상자의 동의를 받아야 하며, 대상자는 화학적 거세의 과정과 그 부작용에 관한 상세한 정보를 제공받는다.

덴마크 법은 정신적으로 그리고 심리적인 거세의 후유증을 인정한다. 만약 거세에 대하여 의문을 가지는 사람은 거세에 대하여 동의할 수 없다. 미성년자나 결혼, 계약 등으로 인하여 자신의 법적 의사결정을 제대로 할 수 없는 경우에는 보호자 및 후견인 등의 동의를 필수적으로 얻도록 하고 있다.

2. 독일

독일의 성범죄자 거세법은 1933년 11월 24일에 제정되어 1935년, 1969년에 개정되었다. 독일에서 성범죄자에 대한 거세는 1934년부터 1945년 동안 나치정부에 의하여 시작되었으며, 당시에는 문화적, 역사적인 신념에 의하여 진행되었다.[8]

1969년에 개정된 관련법은 오랫동안의 논쟁을 거쳐 합의를 도출하였다. 이 법은 비정상적인 성적 본능(Abnormal Sexual Impulses)으로 인한 심각한 질병, 정신적 장애 등을 야기하는 경우 물리적 거세 및 화학적 치료(Medical Treatment)가 가능할 수 있도록 규정하고 있다. 대상자의 동의를 전제로 하며, 25세 이상일 것을 요구한다. 수용자의 경우에도 거세를 할 경우 이 조건이 충족되어야 한

---

8 Pastorini, Antonella, et al. "Chemical Castration on Convicted Sex Offenders: On a Voluntary Or Compulsory Basis?." Med. & L. 39 (2020): 645.

다. 또한 평가위원회가 범죄자가 또 다른 성범죄를 야기할 우려할 있다고 인정하는 경우에도 거세를 할 수 있다.

이 밖에도 독일의 의사들은 1960년대부터 남성 성도착증 환자의 비이상적인 성적 태도를 완화시키는 방법으로 항안드로겐제(Antiandrogens)를 본격적으로 사용하기 시작했다.

한편 유럽의회의 고문금지위원회는 2010년에 독일의 성범죄자에 대한 물리적 거세제의 실태를 조사하고, 2012년에 이 결과를 바탕으로 물리적 거세가 지나친 인권침해라며 이 제도를 폐지할 것을 요구하였다. 독일 정부는 엄격한 법적 규정하에 물리적 거세제를 시행중이며, 물리적 거세제가 성범죄 억제에 효과가 크다며 이를 거부하였다.[9]

독일은 2016년 7월 7일에 성범죄의 개념을 확대하여 피해자의 성적자기의 사결정권을 강화하고 성범죄자의 처벌을 강화할 수 있도록 강제성행위금지법(No means no rape law)을 제정하였다.[10]

그리고 2017년에 물리적 거세제는 폐지되었다.

3. 노르웨이

노르웨이의 성범죄자 거세법은 1934년에 제정되었고, 1977년에 개정되었다. 개정법은 개인의 비정상적인 성적 본능 때문에 성범죄를 야기한다면 거세를 할 수 있도록 규정하였다.

거세 절차에 들어가기 전에 거세위원회(The Sterilization Council)에 의하여 조사와 승인을 얻어야 한다. 또한 정신적으로 불안정한 대상자에게도 거세를 할 수 있는 규정도 있다. 관계자들은 거세와 관련하여 비밀을 유지하여야 한다. 거세의 부작용은 대상자에게 모두 설명된다.[11]

---

9 The National, 2012.2.22., http://www.thenational.ae/news/world/europe/calls-for-germany-to-end-surgical-castration-of-sex-offenders/

10 DW, 2016.7.7., http://www.dw.com/en/no-means-no-germany-broadens-definition-of-rape-under-new-law/a-19385748/

11 허경미. (2019). 북유럽의 성범죄자 화학적 거세제도에 관한 연구. 한국경찰연구, 18(1), 291-312.

4. 핀란드

핀란드의 성범죄자 거세법은 1935년에 제정되어 1950년과 1970년에 개정되었다. 그 대상자는 성적 본능이 중대한 정신장애의 원인이 되거나, 다른 사람에게 해악을 끼치는 원인이 되는 경우로서 거세가 그러한 본능을 억제하는 효과가 있을 것이라고 진단된 경우이다.

그러나 핀란드는 교정시설에 수용되어 있거나, 기타 구금된 상태에서의 비자발적인 거세는 인정하지 않고 있다. 만약 구금 수용자가 거세를 희망하는 경우 교정시설의 장은 이를 심의위원회에 상정하여 심의를 거쳐야 한다. 또한 이에 대하여 국가복지국(The State Medical Board)에서 거세를 진행하는 것이 대상자의 정신장애를 치료하는 데 도움이 될 것인지를 최종적으로 결정하여 집행하며, 관계자들은 비밀을 유지하여야 한다. 거세의 부작용은 대상자에게 모두 설명된다.

5. 스웨덴

스웨덴은 1944년에 성범죄자에 대한 화학적 거세를 허용하는 법률을 제정했다. 이 법을 적용하는 성범죄자는 23세 이상으로 성욕으로 사회에 해악을 끼칠 우려가 있다고 인정되는 경우이다. 또한 지나친 성욕이 개인의 심리적인 장애 및 사회적인 해악을 유발하는 원인으로 인정되는 경우이다.

화학적 거세는 성범죄자의 동의 여부와 상관없이 이루어지지만, 국가복지위원회(National Board of Health and Welfare)의 승인을 받아야 하며, 전문의사에 의하여 이루어진다. 화학적 거세여부는 비밀이 유지되어야 하며, 공개할 경우 처벌된다. 거세의 부작용은 대상자에게 모두 설명된다.

6. 체코

체코는 1966년에 물리적 및 화학적 거세를 허용하는 거세법을 제정하여 1991년에 개정을 거쳤다. 거세는 단지 자발적인 희망자에게만 적용된다. 거세결정은 전문가위원회의 승인을 거쳐 보건장관(The Ministry of health)의 결정에 따른다. 전문가위원회는 변호사 및 두 명의 비뇨기전문의, 두 명의 다른 전공의사 등으로 구성된다. 대상자에게는 거세의 후유증을 모두 알려준다.

체코는 독일과 함께 유일하게 유럽연합 내에서 성폭력범에 대한 물리적 거세 및 화학적 거세제를 모두 도입했다며, 유럽의회의 고문금지위원회로부터 이의 폐지를 권고받았다. 그러나 체코정부는 이를 거부했다.[12]

7. 폴란드

2009년 9월 25일 폴란드는 아동성폭력범에 대하여 강제적인 화학적 거세를 허용하는 법을 통과시켰으며, 이 법은 2010년 6월 9일부터 발효되었다. 이 법은 15세 이하 아동에 대한 성폭력범에게 성적 충동을 억제하기 위하여 징역형이 완료되는 시점에 화학적 거세를 할 수 있도록 규정하였다.

8. 영국

영국은 1952년부터 성범죄자에 대한 화학적 거세를 도입하였다. 영국은 성범죄자가 원하는 경우에 교도소에 수감되어 있는 동안 의사의 처방에 따라 화학적 치료를 위한 항안드로겐제를 투여받을 수 있도록 하고 있다.

영국은 Nottinghamshire에 있는 성범죄자 중점처우 교도소인 Whatton 교도소에서 2008년부터 국가건강서비스(National Health Service: NHS)에 성범죄자들에 대해 약물치료프로그램(The UK's chemical castration program)을 시범적으로 실시하였다. 영국정부는 2016년 이를 통하여 2015년까지 100여명이 자발적으로 약물치료를 받았다고 밝혔다.[13]

II. 미국

미국의 약물치료제는 성폭력 범죄자의 재범 예방 효과가 충분하다는 평가와 반대로 인권침해적 소지가 있다는 시각이 공존하고 있다.[14]

---

12 Lišková, K., & Bělehradová, A. (2019). 'We Won't Ban Castrating Pervs Despite What Europe Might Think!': Czech Medical Sexology and the Practice of Therapeutic Castration. Medical History, 63(3), 330–351.

13 THESUN, What is chemical castration, how does it work and was it used on Michael Jackson?, 2019.2.13.

14 Phillips, Elizabeth A., et al., "Sex offenders seeking treatment for sexual dysfunction–Ethics,

미국에서 최초로 MPA를 이용하여 성범죄자를 거세한 경우는 1966년으로 정신과 의사인 머니(John Money)에 의하여 이루어졌다. 그는 양성애자이면서 범죄자 자신의 6세된 아들을 성폭행한 아동성도착 범인에게 화학적 치료를 하였다.[15]

이를 계기로 1966년 9월 18일 캘리포니아주는 최초로 아동성폭력범에 대하여 화학적 거세를 허용하는 법을 통과시킨 데 이어 플로리다가 1997년에 관련법을 제정하였다. 이어 조지아, 아이오와, 루이지애나, 몬태나, 오리건, 텍사스, 위스콘신 등이 관련법을 제정하였다.

미국 내 9개 주의 성범죄자 약물치료제도를 다음과 같이 정리할 수 있다.[16]

표 17-1 미국의 주별 성범죄자 거세 관련 규정

주정부별	대상 범죄자	피해자 연령	거세방법	법원재량(D) 필수(M), 본인선택(V)	개인/정부 재정적 책임	불응시 조치
캘리포니아	아동성범죄자, 남아강간	13세 미만	화학적, 물리적 거세 중 선택	D-초범 M-재범	주정부	없음
플로리다	성범죄자	모두	상동	상동	상동	이급 중범죄로 간주
조지아	아동성범죄자, 남아강간	17세 미만	화학적 거세	상동	정신치료 -범죄자 화학적 거세 -규정 없음	규정 없음
아이오와	성범죄자	13세 미만	화학적 거세 또는 물리적 거세 중 선택	상동	범죄자	상동
루이지애나	성범죄자	13세 미만 및 상습 성범죄자	상동	M	범죄자	보호관찰, 가석방, 형집행정지의 취소
몬태나	성범죄자, 친족 성폭력범	16세 미만 대상 성범죄자 및 상습 성범죄자	화학적 거세	D-피해자가 16세 미만이고, 범죄자가 3살 이상 많을 때 D-재범자	주정부	10년 이상 100년 이하 교정시설수용

medicine, and the law," The journal of sexual medicine 12.7 (2015): 1591－1600.

15 Saleh, Fabian et. al., Sex Offenders: Identification, Risk Assessment, Treatment, and Legal Issues, Oxford University Press (2009).

16 USATODAY, Bill proposes chemical castration for some sex offenders in New Mexico, 2023.1.26.

오리건	성범죄자	모두	화학적 거세	M-다른 의학적 문제가 없는 모든 범죄자	범죄자	가석방규정 위반으로 처벌
텍사스	성범죄자	17세 미만	물리적 거세	V-모든 범죄자	주정부	해당 없음
위스콘신	강간 성폭행 성폭력재범	14세 미만 13세 미만 13-15세	화학적 거세	D-모든 범죄자	규정 없음	규정 없음
앨라배마	성범죄자	13세 미만 근친상간 등 특정 성범죄자	화학적 거세	모든 범죄자 가석방 조건	개인	최대 10년 처벌

Discretionary (D), Mandatory (M), Voluntary (V)

표 17-2 미국의 주별 성범죄자 치료약물 및 의학적 진단 등

주	사용약물	의학적 또는 정신적 진단평가	대상자정보 전달	상담 지원	치료중단	제공자 책임면제
캘리포니아	MPA 또는 유사 화학적 제재	불필요	2차적 또는 부작용설명	없음	교도소의사가 더 이상 불필요하다고 결정할 때까지	규정 없음
플로리다	MPA	필요-법원지정 전문가	불필요	없음	법원명령기간 종료 (일정기간 혹은 평생)	규정 없음
조지아	MPA 또는 유사 화학적 제재	필요-정신과의사 또는 동등한 대학 교수의 진단	설명	지원	대상자가 불필요하다고 증명할 때까지	제공자의 의도가 신념에 의한 것이라면 책임 없음
아이오와	상동	필요-치료효과성 여부진단	불필요	없음	보호관찰기관의 불필요 결정할 때까지	규정 없음
루이지애나	상동	필요	설명	지원	필요 없을 때까지	제공자의 의도가 신념에 의한 것이라면 책임 없음
몬태나	상동	정신적 진단 -불필요 화학적 치료 -의학적 진단필요	설명	없음	교도소의사가 더 이상 필요없다고 결정할 때까지	규정 없음
오리곤	MPA 또는 항안드로겐제	필요	설명	없음	교도소, 가석방, 보호관찰담당의 요구시까지	규정 없음
텍사스	오로지 물리적 거세	필요-성범죄자 치료 경험 있는 정신과 또는 내과의 등	설명	없음	규정 없음	의사가 태만한 것이 아니라면 책임 없음
위스콘신	항안드로겐 또는 유사화학적 제재	불명확	불필요	없음	규정 없음	규정 없음
앨라배마	항안드로겐 또는 유사화학적 제재	불필요	불필요	없음	법원, 본인요구-교도소 재수감	규정 없음

제3절 한국의 성충동 약물치료제도

Ⅰ. 도입

한국의 성충동 약물치료제도는 사람에 대하여 성폭력범죄를 저지른 성도착증 환자로서 성폭력범죄를 다시 범할 위험성이 있다고 인정되는 사람에 대하여 성충동 약물치료를 실시하여 성폭력범죄의 재범을 방지하고 사회복귀를 촉진하는 것을 목적으로 도입되었다. 2010년 「성폭력범죄자의 성충동 약물치료에 관한 법률」의 제정으로 2011년부터 시행되었다.[17]

Ⅱ. 대상자

성충동 약물치료 대상자는 아동·청소년의 성보호에 관한 법률, 형법, 성폭력범죄의 처벌 등에 관한 특례법상 성범죄자로 다음에 해당되는 경우로서 법원에 의하여 치료명령이 결정된 자이다.[18]

- 성충동 약물치료 대상 성폭력범죄를 저지른 사람
- 성도착증 환자
- 재범의 위험성
- 재판 시(사실심 변론 종결 시) 19세 이상인 사람

** 성도착증 환자란 치료감호법 제2조 제1항 제3호에 의해 소아성기호증, 성적가학증 등 성적 성벽이 있는 정신성적 장애자로서 금고 이상의 형에 해당하는 성폭력범죄를 저지른 사람이란 정신건강의학과 전문의의 감정에 의하여 성적 이상 습벽으로 인하여 자신의 행위를 스스로 통제할 수 없다고 판명된 사람을 말한다.

17 성폭력범죄자의 성충동 약물치료에 관한 법률은 법률 제10371호, 2010.7.23., 제정되어 2011. 7.24.부터 시행되었고, 이후 9차례의 개정을 거쳐 현행법은 [시행 2020. 2. 4.] [법률 제16915호, 2020. 2. 4., 일부개정]이다.

18 성폭력범죄자의 성충동 약물치료에 관한 법률 제2조－제4조.

표 17-3 성충동 약물치료명령 집행

구분 / 연도	개시				종료				현재원				대기
	소계	법원 판결	가종료 가출소	가석방	소계	법원 판결	가종료 가출소	가석방	소계	법원 판결	가종료 가출소	가석방	법원 판결
2014	4	-	4	-	-	-	-	-	7	-	7	-	12
2015	1	-	1	-	1	-	1	-	7	-	7	-	18
2016	7	2	5	-	2	-	2	-	12	2	10	-	20
2017	5	-	5	-	4	-	4	-	13	2	11	-	20
2018	10	3	7	-	1	-	1	-	22	5	17	-	18
2019	17	-	17	-	8	3	5	-	32	2	30	-	20
2020	2	-	2	-	7	1	6	-	26	1	25	-	22
2021	15	2	15	-	8	-	8	-	34	2	32	-	22
2022	8	-	8	-	18	-	18	-	24	2	22	-	25
2023	10	4	6	-	3	-	3	-	31	6	25	-	20

자료: 법무연수원, 2024 범죄백서, 2025, 445.

III. 유형 및 집행기간

약물치료는 다음의 세 유형으로 구분된다.[19]

① 징역형 등 종료 후 피치료자 – 법원이 징역형 또는 치료감호 종료 이후의 치료명령을 선고한 경우: 법원이 정한 기간(최장 15년)

② 동의 피치료자 – 형 집행 중 가석방 요건을 갖춘 수형자가 약물치료에 동의하여 법원이 치료명령을 결정한 경우: 법원이 정한 기간(최장 15년)

③ 가종료 등 피치료자 – 치료감호심의위원회가 치료감호의 집행 중 가종료 또는 치료위탁되는 피치료감호자나, 보호감호의 집행 중 가출소되는 피보호감호자에 대해 치료명령을 부과한 경우: 보호관찰 기간의 범위에서 치료감호심의위원회가 정한 기간(보호관찰기관의 범위 내)

19 성폭력범죄자의 성충동 약물치료에 관한 법률 제4조, 제22조, 제25조.

IV. 집행절차

약물치료명령의 집행단계는 [그림 17－2]와 같다.

그림 17－2 **치료명령 집행단계**

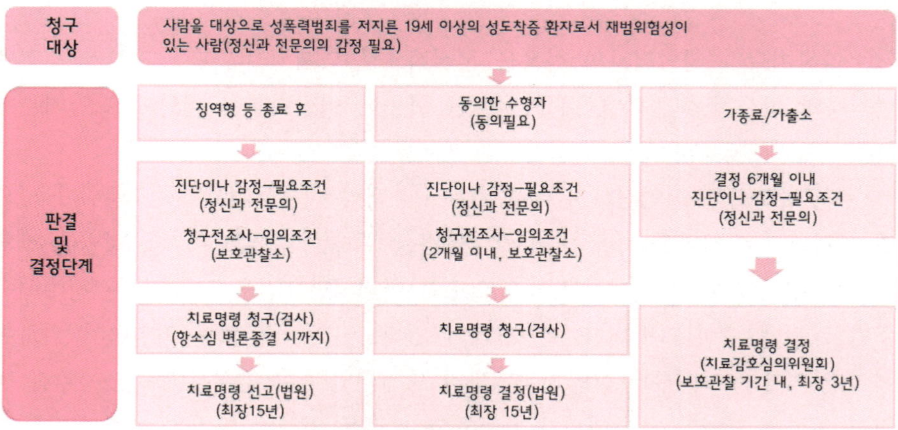

자료: 법무부 범죄예방정책국, http://www.cppb.go.kr/

V. 준수사항

성충동 약물치료명령 대상자는 다음의 사항을 준수하여야 한다.[20]

표 17－4 **치료명령 대상자 준수사항**

준수사항	위반시 처벌
도주하거나 정당한 사유없이 상쇄약물의 투약 등의 방법으로 치료의 효과를 해하는 경우	7년 이하의 징역 또는 2천만원 이하의 벌금으로 처벌
약물치료에 불응하거나 호르몬수치 검사, 심리치료프로그램에 성실하게 임하지 않는 등 준수사	3년 이하 징역 또는 1천만원 이하 벌금으로 처벌

20 성폭력범죄자의 성충동 약물치료에 관한 법률 제35조.

항을 위반하는 경우	
정당한 사유 없이 특별준수사항을 위반한 경우	1년 이하의 징역 또는 1천만원 이하의 벌금으로 처벌
그밖에 약물치료를 계속해야 할 이유가 있거나 보호관찰 준수사항 위반이 있을 경우	치료기간 연장 및 준수사항 추가 · 변경 · 삭제
그 외	가석방 · 가종료 · 가출소 또는 치료위탁 취소

VI. 논쟁

약물치료가 성범죄자의 성욕을 본질적으로 억제시키거나 제거시키는 것은 범죄자의 형사적 처벌의 한계를 일탈한 이중적 처벌이라는 비난과 보안처분이라는 주장이 팽팽히 맞서고 있다.[21]

즉, 보안처분을 인정하지 않을 경우 ① 책임조건에 기초를 둔 행위가 없으면 사회적으로 위험한 자에 대해서는 형벌을 부과할 수 없으며, ② 형벌은 과거의 범죄행위에 대한 제재이므로 앞으로의 범죄성립요건을 모두 갖춘 경우에만 처벌할 경우 재범을 방지하기는 한계가 있다. 이러한 문제를 해결하기 위하여 이미 일찍이 로마법부터 보안처분제도가 도입되었다. 보안처분(保安處分)이란 범죄의 위험을 방지하거나 행위자의 보호와 교정을 위하여 형벌을 보충하거나 이것에 대체하는 것이다.

보안처분의 종류에는 대물적 보안처분(공탁, 몰수 등)과 대인적 처분인 자유제한을 수반하는 보안처분(보호관찰, 거주제한, 출입금지, 직업금지 등), 그리고 자유박탈을 수반하는 보안처분(정신장애자에 대한 치료감호처분, 알콜이나 마약중독자에 대한 교정처분, 정신장애자나 성격이상자에 대한 사회치료처분, 부랑자 등에 대한 노동처분, 중죄상습범에 대한 보호감호처분 등)으로 구분된다.

약물치료제를 반대하는 측은 과도한 테스토스테론은 사람의 폭력성과 공격성을 유발하는 상관성이 매우 높고, 폭력적인 범죄자들은 이러한 성향이 과도하게 표출되는 것이므로 약물치료로 그 모든 본능을 통제하는 것은 한계가 있다고 주장한다. 즉, 대다수의 성범죄자는 상대방을 폭력으로 지배하려는 욕구와 분노

21 허경미. (2010). 성범죄자에 대한 약물치료명령에 관한 연구. 교정연구, 49, 157－191.; 허경미. (2019). 북유럽의 성범죄자 화학적 거세제도에 관한 연구. 한국경찰연구, 18(1), 291－312.

를 표현하며, 따라서 화학적 거세가 범죄자의 성적 본능을 억제시킬 수는 있지만, 더 근본적인 폭력적인 동기까지 억제시키는지는 분명하지 않다는 것이다.[22]

또한 시프로테론이나 MPA 등의 약물치료를 지속할 경우 생명에의 위협은 거의 없지만, 체지방 감소 및 뼈밀도 증가로 심혈관질환 및 골다공증을 야기할 수도 있다. 또한 유방이 여성형으로 변화되거나 체모감소, 근육질량의 손실 등 신체의 여성화(Feminizing)를 보일 수도 있다. 이러한 부작용에 대하여 잔인하고 비인권적인 처벌이라는 주장도 있다. 또한 오히려 강요된 거세는 범죄자의 분노를 부추겨 더욱 폭력적인 성향을 야기시켜 성적인 공격을 유도한다는 것이다. 게다가 약물치료명령의 기간이 끝나거나 명령 기간 동안에도 약물치료를 중단한다면 아동에 대한 성적 환상과 테스토스테론의 분비는 계속될 것이므로 그 효과는 제한적이라는 것이다.[23]

헌법재판소, 성범죄자 화학적 거세 '합헌', "성범죄로부터 국민 보호"

3명 재판관은 위헌 판단(헌법재판소법, 전원재판부 2013헌가9, 2015.12.23.)

성폭력범죄자에 대한 '화학적 거세'가 헌법에 위배되지 않는다는 헌법재판소의 결정이 나왔다. 헌법재판소는 성폭력범죄자의 약물치료에 관한 법률 4조 1항에 대해 재판관 6(합헌)대 3(위헌)의 의견으로 합헌 결정했다고 24일 밝혔다. 이 조항은 검사가 19세 이상의 성폭력범죄자 중 성도착증 환자로 재범위험성이 인정되는 경우 약물치료명령을 법원에 청구할 수 있다고 정하고 있다.

재판부는 "성충동 약물치료 명령은 신체의 자유 및 사생활의 자유, 인격권 등을 제한하지만 재범을 방지하고 성폭행 범죄로부터 국민을 보호하고자 하는 입법목적이 정당하다"고 판단했다. 또한 "정신건강의학과 전문의의 감정을 거쳐 성도착증 환자를 대상으로 청구되고, 그 인정여부와 별개로 재범의 개연성을 요구한다는 점에서 치료대상자를 좁게 설정하고 있다"고 설명했다.

다만 헌재는 법원이 치료명령 청구를 받아들였을 경우 15년의 범위에서 치료기간을

22 Sreenivasan, Shoba, and Linda E. Weinberger., "Surgical Castration and Sexual Recidivism Risk," Sexual Offending. Springer New York (2016): 769-777.

23 허경미, "성범죄자에 대한 약물치료명령에 관한 연구," 교정연구 49 (2010): 157-191.

정해 판결로 치료명령을 선고하도록 하고 있는 8조 1항에 대해서는 헌법불합치 결정을 했다.

재판부는 "장기형이 선고되는 경우 치료명령의 선고시점과 집행시점 사이에 상당한 시간적 간극이 존재하게 되고, 장기간의 수감생활 중의 사정변경으로 집행시점에서 치료의 필요성이 없게 된 경우 불필요한 치료 가능성이 있고, 이를 배제할 절차가 없다"고 설명했다.

소수의견인 헌법불합치를 주장한 재판관들은 "성기능 무력화가 성폭력범죄를 불가능하게 한다고 단정할 수 없고 성범죄의 동기나 원인은 성충동에 한정되지 않는다", 그리고 또한 "성충동약물치료가 사람의 신체적 기능을 본인의사에 반해 훼손하고, 이런 통제를 통해 인간개조를 이끌어 내려는 시도로서 인간의 정체성을 위협하는 것은 아닌지 근본적 의문이 있다"고 주장했다.

자료: 내일신문, 2015년 12월 24일자 보도 재구성.

VICTIMOLOGY

제18장 성범죄자 신상정보 등록 · 공개 · 고지 · 취업제한제도

제1절 성범죄자 신상정보 등록제도의 의의 및 발달

Ⅰ. 의의

성범죄자 신상정보 등록제도(Sex offender Public Registry)란 일정한 성범죄자의 정보를 국가가 관리하며, 정보의 공개 및 범죄자처우등에 활용하는 것을 말한다.[1]

신상정보등록에 대해서는 개인의 자기정보결정권 침해라는 주장과 공공의 잠재적인 성범죄 피해를 억제하기 위한 최소한의 장치라는 주장이 맞서고 있다. 우리 헌법재판소는 이에 대해 인권침해가 아니라는 입장이다.

> 성범죄자 신상정도 등록제도는 합헌
>
> …중략… 심판대상조항에 의하여 신상정보 등록대상자가 된다고 하여 그 자체로 등록대상자의 사회복귀가 저해되거나 전과자라는 사회적 낙인이 찍히는 것은 아니다. 등록정보는 등록대상 성범죄와 관련한 범죄 예방과 수사라는 한정된 목적 하에 검사 또는 각급 경찰관서의 장과 같이 한정된 범위의 사람들에게만 배포될 수 있고(성폭력처벌법 제46조 제1항), 등록대상자의 신상정보의 등록·보존 및 관리 업무에 종사하거나 종사하였던 자가 직무상 알게 된 등록정보를 누설할 경우 형사처벌된다는 점(성폭력처벌법 제48조, 제50조 제1항 제1호)을 고려할 때, 심판대상조항으로 인하여 침해되는 사익은 크지 않다고 할 수 있다. 반면 심판대상조항을 통하여 달성되는 성폭력범죄자의 재범 방지 및 사회 방위의 공익이 매우 중요한 것임은 명백하다.

1 성폭력범죄의 처벌 등에 관한 특례법 제42조–제46조.

> 따라서 심판대상조항으로 인하여 제한되는 사익에 비하여 달성되는 공익이 크다는 점에서 법익의 균형성이 인정된다(헌재 2014. 7. 24. 2013헌마423등 참조).
> 심판대상조항은 과잉금지원칙을 위반하여 청구인의 개인정보자기결정권을 침해하지 않는다. …중략… (헌법재판소, 2016헌마1124, 2017. 12. 28.)

II. 발달

성범죄자 등록 및 공개제도는 미국에서 최초로 도입되었다. 미국의 성범죄 등록 및 공개제는 1993년 제이콥 웨터링법(Jacob Wetterling Crimes Against Children and Sexually Violent Offender Registration Act: Jacob Wetterling Act)까지 거슬러 올라간다.

미국의 성범죄자 등록 및 공개제도의 발전 역사를 다음과 같이 정리할 수 있다.[2]

① 1993. 제이콥 웨터링법(Jacob Wetterling Crimes Against Children and Sexually Violent Offender Registration Act: Jacob Wetterling Act)

이 법은 1993년 1월 5일에 제정되어 같은 해 11월 20일부터 시행되었다. 이 법은 1989년 1989년 11세로 납치된 제이콥 웨터링(Jacob Wetterling)을 추모하기 위해 그 이름으로 명명되었다.[3]

이 법의 주요 내용은 성폭력 범죄 또는 아동폭력으로 유죄가 선고된 성범죄자를 등록하고, 주정부가 성범죄자에 대한 보다 엄격한 등록 요건을 마련하도록 요구하는 것이다.

이 법에 의하면 주정부는 성범죄자의 주소를 10년 동안 매년 확인해야 하고, 성폭력 범죄자로 분류된 범죄자는 나머지 평생 동안 분기별로 주소를 확인해야 한다. 이 법은 주정부에게 성범죄자에 대한 등록을 강제하고 있지만, 그 공개를 강제하지는 않았다.

2 Office of Justice Program, https://ojp.gov/smart/images/1_ojptab_01.gif/

3 납치 당시 제이콥 웨터링은 11세였으며, 2016년 9월 1일에서야 시신으로 발견되었다. 이 사건은 실종아동의 심각성 및 실종아동에 대한 수사 및 유괴범에 대한 처벌강화 정책 등에 많은 영향을 미쳤다. 특히 성범죄 피해 아동은 여아들뿐만이 아니라 남아 역시 매우 위험하다는 사회적 경각심을 일깨웠다.

② 1996. 연방메건법(Federal Megan's Law)

연방메건법은 1996년 1월에 통과했고, 모든 주정부 역시 메건법을 제정하였다. 이 법은 뉴저지주의 해밀턴시의 1994년 7세 된 여아 Megan Kanka가 이웃집의 아동성폭력사범에게 강간된 후 살해된 사건이 계기가 되었다. 메건의 부모가 성범죄자는 반드시 지역사회에 공개하여야 한다는 입법청원운동을 벌였고, 시민들이 이에 동참하면서 뉴저지주 의회에서 제정되었다. 이후 다른 주정부에서도 메건법을 제정하였고, 연방정부 역시 연방메건법을 제정하였다.[4]

연방메건법의 주요내용은 국가의 성범죄자 등록기관에서 정보를 공개하고, 주정부등록 프로그램이 수집한 정보는 주법에 따라 허가된 목적으로 공개될 수 있으며, 성폭력범죄자에 대한 등록정보를 주정부 및 연방법집행기관이 일반대중에게 공개하는 것이다.

③ 1997. 제이콥 웨터링 개정법(Jacob Wetterling Improvements Act)

이 법은 1997년에 개정되었고, 주요내용은 각 주정부 및 등록대상자에게 명확하게 업무관할 및 등록의무를 규정한 것이다.[5] 즉, 각 주의 법집행기관, 주정부기관에게 성범죄자 정보를 FBI에 통보하는 책임기관을 선정토록하고, 거주지를 변경한 등록자에게 새로운 등록의무를 부과, 등록대상자의 직장 및 학교 등에 대상자통보와 등록, 각 주정부에게 국가성범죄자등록(National Sex Offender Registry)의 지시를 받을 의무부과, 각 주에게 주 전체의 범죄자, 연방범법자, 법원무죄판결을 받은 범죄자 및 국경을 넘어 학교에 다니는 비거주자 범죄자를 등록하는 절차를 수립, 성범죄 이외 범죄자에 대한 등록의무부과여부에 대한 주정부의 재량권 부여, 교도소 석방 등록대상자에 대한 통보의무 등이다.

④ 1998. 흉악성범죄에 대한 아동보호법(Protection of Children from Sexual Predators Act)

이 법은 1998년에 제정되었고, 주요내용은 연방정부의 법무지원국(the Bureau of Justice Assistance: BJA)이 주정부의 성범죄자관리지원프로그램(Sex Offender

---

4 wikipedia, https://en.wikipedia.org/wiki/Megan's_Law/

5 wikipedia, https://en.wikipedia.org/wiki/Jacob_Wetterling_Crimes_Against_Children_and_Sexually_Violent_Offender_Registration_Act/

Management Assistance (SOMA) program)을 지원하고, 연방정부의 기금이 성범죄 교도소 수용자의 인터넷접속지원금으로 지원되지 않도록 감시하는 것이다.

⑤ 2000, 캠퍼스 성범죄예방법(The Campus Sex Crimes Prevention Act)

이 법은 2000년에 제정되었으며, 주요내용은 등록된 성범죄자가 각 교육시설에 종사하거나 학생이었거나 시설에 이용할 경우 반드시 학교당국 및 주정부 등에 신고할 의무를 부과한 것이다.

⑥ 2003, 아동의 착취를 방지하기 위한 구금수단 및 기타 보호법(Prosecutorial Remedies and Other Tools to end the Exploitation of Children Today (PROTECT) Act)

이 법은 2003년에 제정되었고, 주요내용은 각 주정부는 정보등록 웹사이트를 만들고, 연방법무부는 이들 웹사이트를 연결하도록 하며, 각 주정부의 비용을 연방정부가 지원하도록 하는 것이다.

⑦ 2006, 아담 월시 아동보호 및 안전법(Adam Walsh Child Protection and Safety Act)

이 법은 2006년 7월 27일에 제정되었고, 주요내용은 연방의 법무부의 SMART Office가 성범죄자 등록, 통보를 관리하며, 이를 위해 성범죄자 선고, 모니터링, 등록 및 추적시스템을 작동하고, 성범죄자 통보 및 등록 표준을 관리하고, 각 주정부 및 연방정부에게 Adam Walsh Act 및 관련 교육 및 기술 지원의 역할을 담당하도록 한 것이다.[6]

따라서 이 법에 의하여 국가성범죄자공식등록(National Sex Offender Public Registry: NSOPW)이 운영되고 있다. 그리고 국가성범죄공식등록은 연방정부 법무부 산하의 「성범죄자 선고, 감시, 체포, 등록 및 추적실」(the Office of Sex Offender Sentencing, Monitoring, Apprehending, Registering, and Tracking: SMART)이 담당한다.[7]

6 wikipedia, https://en.wikipedia.org/wiki/Adam_Walsh_Child_Protection_and_Safety_Act/2020.1.30.

7 Office of Sex Offender Sentencing, Monitoring, Apprehending, Registering, and Tracking, https://www.smart.gov/About SMART/

그림 18-1 DRU SJODIN NATIONAL SEX OFFENDER PUBLIC WEBSITE

자료: U.S. Department of Justice Office of Justice Programs SMART Office, https://www.nsopw.gov/

SMART Office의 주요업무는 아담월시법(Adam Walsh Act)의 시행에 관한 지침을 연방법집행기관 및 주정부에 제공하고, NSOPW를 운영하며, 각종 기술 및 성범죄등록 및 관리에 필요한 예산 및 보조금 배분, 성범죄자와 관련된 중요한 입법 및 법적 개발을 추적하고 성범죄자의 등록, 신고 및 관리와 관련된 보조금 프로그램을 관리하는 것이다.

한편 미국의 「국가성범죄자등록」(National Sex Offender Public Registry: NSOPW)은 2005년에 개설되었지만, 2006년에 아담월시 아동보호 및 안전법(Adam Walsh Child Protection and Safety Act of 2006)에 따라 그 명칭이 변경되었다.[8]

이 법은 노스 다코다 주 그랜드 포크스의 당시 22세 대학생이었던 드루 슈딘(Dru Sjodin)을 기리기 위해 2006년에 제정되었다. 슈딘은 미네소타에 등록된 성범죄자에 의해 납치되어 살해되었다. 이 사건으로 미국 전역의 성범죄자등록 시스템의 공유 필요성이 제기되었다.

이에 따라 연방정부 및 미국 50개주 모두가 공유하는 성범죄자등록시스템

8 U.S. Department of Justice, NSOPW, https://www.nsopw.gov/en/

의 정비를 서둘러 마침내 2006년부터 운영되었다. 따라서 NSOPW는 미국의 유일한 연방 및 모든 주정부가 공유하고 공개하는 성범죄자등록 웹 사이트이다. 미국의 학부모, 고용주 및 주민들은 웹 사이트를 활용하여 자신의 이웃뿐만 아니라 주변의 다른 주 및 지역 사회에서 거주, 근무 및 보호관찰소 등에 출석하는 성범죄자에 대한 위치정보를 확인할 수 있다.

또한 이 웹 사이트(NSOPW)는 방문객들에게 성적 학대에 대한 정보와 잠재적 피해를 예방할 수 있는 정보를 얻을 수 있다. NSOPW는 주소지, 이름, 우편번호, 도시/마을 등의 다양한 검색어로 검색이 가능하다.

⑧ 2016, 국제메건법(International Megan's Law)

이 법은 2016년 2월 2일에 제정되었고 정식 명칭은 「사전공개를 통한 여행 성범죄자의 아동 및 그 외 성범죄예방법」(Law to Prevent Child Exploitation and Other Sexual Crimes Through Advanced Notification of Traveling Sex Offenders)이다. 이 법의 주요 내용은 등록성범죄자가 해외 여행을 할 경우 21일 전에 출국신고를 하여야 하고, 여권에 성범죄등록자임을 표시하는 별도의 마크를 새기도록 한 것이다.

제2절 한국의 신상정보 등록제도

Ⅰ. 의의

신상정보등록 제도는 등록대상 성범죄로 유죄판결이 확정된 사람의 신상정보를 등록·관리하여 성범죄 예방 및 수사에 활용하고, 그 내용의 일부를 일반국민 또는 지역주민에게 알림으로써 성범죄로부터 안전한 사회를 만들기 위한 제도를 말한다.

Ⅱ. 등록대상

성폭력범죄의 처벌 등에 관한 특례법 및 아동·청소년의 성보호에 관한 법

률 상 등록대상 성범죄로 유죄판결이나 약식명령이 확정된 자 또는 공개명령이 확정된 자이다.[9]

표 18-1 신상정보 등록대상자 등록

계	2018	2019	2020	2021	2022	2023
계	71,012	82,647	94,160	105,445	116,434	126,789

자료: 법무연수원, 2024 범죄백서, 2025, 451.

표 18-2 범죄유형별 신상정보 등록대상자

구분	계	강간 간음등	강제 추행등	유사 성행위	아동 성학대	공중 밀집 추행	성적 목적 침입	통신 매체 음란	카메라 촬영	성착취 물제작 배포	성매수	성매매 강요	성매매 알선 영업
2019	82,647 (100)	23,598 (28.6)	38,026 (46.0)	521 (0.6)	455 (0.5)	4,131 (5.0)	720 (0.9)	311 (0.4)	11,077 (13.4)	787 (0.9)	1,639 (2.0)	555 (0.7)	827 (1.0)
2020	94,160 (100)	25,409 (27.0)	44,301 (47.0)	607 (0.6)	609 (0.7)	4,582 (4.9)	850 (0.9)	427 (0.4)	13,122 (14.0)	943 (1.0)	1,810 (1.9)	583 (0.6)	917 (1.0)
2021	45 (100)	26,972 (25.6)	49,966 (47.4)	705 (0.7)	775 (0.7)	4,820 (4.6)	953 (0.9)	549 (0.5)	15,146 (14.4)	1,919 (1.8)	1,977 (1.9)	653 (0.6)	1,010 (0.9)
2022	116,434 (100)	28,483 (24.5)	55,154 (47.4)	810 (0.7)	949 (0.8)	5,033 (4.3)	1,044 (0.9)	681 (0.6)	17,584 (15.1)	2,715 (2.3)	2,613 (1.9)	708 (0.6)	1,110 (0.9)
2023	126,789 (100)	30,109 (23.7)	60,118 (47.4)	936 (0.7)	1,124 (0.9)	5,145 (4.1)	1,106 (0.9)	839 (0.7)	19,698 (15.5)	3,436 (2.7)	2,375 (1.9)	745 (0.6)	1,158 (0.9)

자료: 법무연수원, 2024 범죄백서, 2025, 452.

2023년 말을 기준으로 전체 등록대상자의 연령별 분포를 살펴보면 30대가 24.3%로 가장 높은 비중을 차지하고, 그 뒤를 이어 40대(20.9%), 50대(18.8%), 20대(18.7%), 60대(12.0%) 등의 순으로 나타났다.

9 성폭력범죄의 처벌 등에 관한 특례법 제42조.

표 18-3 연령별 신상정보 등록대상자

구분 / 연도	계	19세 이하	20세 이상 30세 미만	30세 이상 40세 미만	40세 이상 50세 미만	50세 이상 60세 미만	60세 이상 70세 미만	70세 이상
2019	82,647 (100)	375 (0.5)	17,502 (21.2)	20,100 (24.3)	17,888 (21.6)	15,881 (19.2)	7,772 (9.4)	3,129 (3.8)
2020	94,160 (100)	368 (0.4)	17,418 (18.5)	22,818 (24.2)	20,537 (21.8)	18,378 (195.)	10,521 (11.2)	4,120 (4.4)
2021	105,445 (100)	464 (0.4)	20,874 (19.8)	25,229 (23.9)	22,541 (21.4)	20,109 (19.1)	11,737 (11.1)	4,491 (4.3)
2022	116,434 (100)	520 (0.4)	22,324 (19.2)	28,044 (24.1)	24,639 (21.2)	22,070 (19.0)	13,451 (11.5)	5,386 (4.6)
2023	126,789 (100)	494 (0.4)	23,731 (18.7)	30,765 (24.3)	26,510 (20.9)	23,892 (18.8)	15,212 (12.0)	6,185 (4.9)

자료: 법무연수원, 2024 범죄백서, 2025, 454.

III. 신상정보의 제출의무

등록대상자는 판결이 확정된 날부터 30일 이내에 자신의 신상정보를 자신의 주소지를 관할하는 경찰관서의 장 또는 교도소장 등에게 제출하여야 한다.[10]

관할경찰관서장 등은 등록대상자의 정면 · 좌측 · 우측 상반신 및 전신 컬러 사진을 촬영하여 전자기록으로 저장 · 보관하여야 한다.[11]

등록대상자는 제출정보가 변경된 경우에는 그 사유와 변경정보를 변경사유가 발생한 날부터 20일 이내에 관할 경찰서장에게 제출하여야 한다.

등록대상자는 등록 기간 30년이면 3개월, 등록 기간 20년~15년이면 6개월, 등록 기간 10년이면 1년 등으로 변경된 신상정보를 제출한다. 등록 대상자가 해외에 6개월 이상 장기 체류시 관할 경찰서장에게 신고해야 한다. 출입국신고 제도를 도입한다.

등록대상자에 대한 제출정보를 송달할 때에 관할경찰관서장은 범죄경력자료와 함께 송달하여야 한다.

10 성폭력범죄의 처벌 등에 관한 특례법 제43조－제44조.

11 대상자는 신상정보를 제출한 그 다음 해부터 매년 12월 31일까지 주소지 관할 경찰관서에 출석하여 사진을 촬영하여야 한다.

그림 18-2 성범죄자 등록 및 공개 절차도

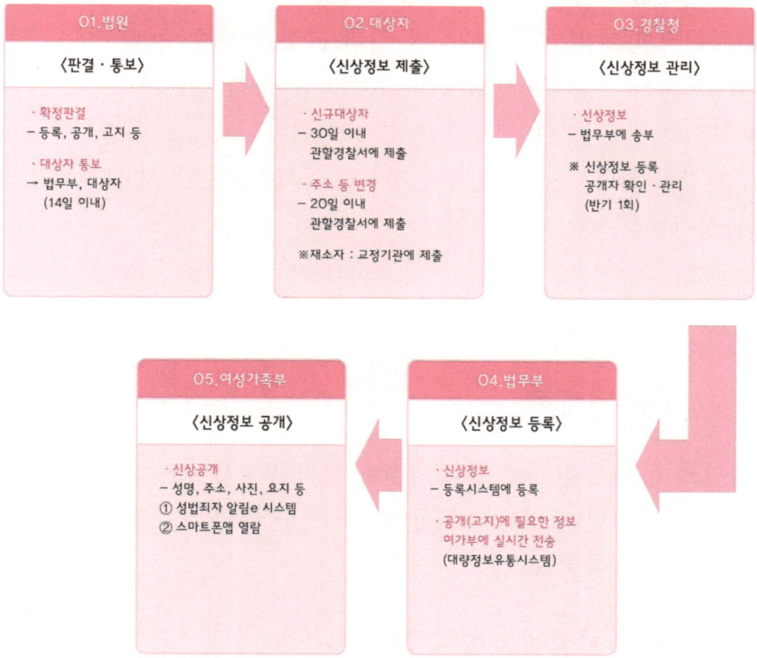

자료: 여성가족부, http://www.mogef.go.kr/

등록되는 신상정보

① 성명 ② 주민등록번호 ③ 주소 및 실제거주지 ④ 직업 및 직장 등의 소재지 ⑤ 신체정보(키와 몸무게) ⑥ 사진 ⑦ 소유차량의 등록번호 ⑧ 등록대상 성범죄경력정보 ⑨ 성폭력범죄전과(죄명 및 횟수) ⑩ 전자장치 부착여부 ⑪ 성범죄 경력정보(죄명 및 횟수)

Ⅳ. 등록집행 및 기간

법무부장관은 등록대상 성범죄경력정보, 성범죄전과사실, 전자장치부착여부 등의 등록정보를 최초 등록일부터 최대 30년간 보존·관리하여야 한다.[12]

구체적으로는 선고형이 벌금이면 10년, 징역 3년 이하이면 15년, 징역 10년 이하이면 20년, 징역 10년 초과이면 30년이다.

등록기간이 끝나거나, 등록이 면제되면 등록정보를 즉시 폐기하고 그 사실을 등록대상자에게 통지하여야 한다.

Ⅴ. 신상정보 등록의 면제

1. 선고유예 후 2년 경과

신상정보 등록의 원인이 된 성범죄로 형의 선고를 유예받은 사람이 선고유예를 받은 날부터 2년이 경과하여 형법 제60조에 따라 면소된 것으로 간주되면 신상정보 등록을 면제한다.

2. 대상자의 신청에 의한 경우

등록대상자는 다음 기간(교정시설 또는 치료감호시설에 수용된 기간은 제외)이 경과한 경우 법무부장관에게 신청서를 제출하여 신상정보 등록의 면제를 신청할 수 있다.

1. 등록기간이 30년인 등록대상자: 최초등록일부터 20년
2. 등록기간이 20년인 등록대상자: 최초등록일부터 15년
3. 등록기간이 15년인 등록대상자: 최초등록일부터 10년
4. 등록기간이 10년인 등록대상자: 최초등록일부터 7년

법무부장관은 신청한 등록대상자가 다음의 요건을 모두 갖춘 경우에는 신상정보 등록을 면제한다.[13]

12 성폭력범죄의 처벌 등에 관한 특례법 제45조.

1. 등록기간 중 등록대상 성범죄를 저질러 유죄판결이 확정된 사실이 없을 것
2. 신상정보 등록의 원인이 된 성범죄로 선고받은 징역형 또는 금고형의 집행을 종료하거나 벌금을 완납하였을 것
3. 신상정보 등록의 원인이 된 성범죄로 부과받은 신상 공개명령 · 고지명령, 전자장치 부착명령, 약물치료명령 집행을 모두 종료하였을 것
4. 신상정보 등록의 원인이 된 성범죄로 부과받은 보호관찰명령, 사회봉사명령, 수강명령 또는 이수명령의 집행을 완료하였을 것
5. 등록기간 중 등록기간 중 신상정보 등록, 전자장치 부착명령, 성충동 약물치료명령에 관한 의무위반 범죄가 없을 것

제3절 성범죄자 신상정보 공개제도

Ⅰ. 의의

신상정보 공개제도란 법원이 판결로 신상정보 공개대상 피고인의 공개정보를 정보통신망, 성범죄자알림e사이트(www.sexoffendr.go.kr)를 이용하여 공개하도록 하는 명령(공개명령)을 말한다. 신상정보공개는 등록대상 사건의 판결과 동시에 선고하여야 한다. 다만, 피고인이 19세 미만의 아동 · 청소년인 경우, 그 밖에 신상정보를 공개하여서는 아니 될 특별한 사정이 있다고 판단하는 경우에는 예외로 한다. 공개명령은 여성가족부장관이 집행한다.

법원은 공개명령의 판결이 확정되면 판결문 등본을 판결이 확정된 날부터 14일 이내에 법무부장관에게 송달하여야 하며, 법무부장관은 공개기간 동안 공개명령이 집행될 수 있도록 최초등록 및 변경등록 시 공개대상자, 공개기간 및 공개정보를 지체 없이 여성가족부장관에게 송부하여야 한다.[14]

13 성폭력범죄의 처벌 등에 관한 특례법 제45조의3.

14 성폭력범죄의 처벌 등에 관한 특례법 제47조, 아동 · 청소년의 성보호에 관한 법률 제49조.

Ⅱ. 공개대상 및 공개정보

1. 공개대상

아동·청소년대상 또는 성인대상 성폭력범죄자 등(법원의 공개명령에 의함)

1. 아동 · 청소년대상 성폭력범죄를 저지른 자
2. 성폭력범죄의 처벌 등에 관한 특례법상 성인대상 성폭력범죄를 저지른 자
3. 위의 범죄를 저질렀으나 심신장애로 처벌할 수 없는 자로서 다시 위의 범죄를 저지를 위험성이 있다고 인정되는 자

2. 공개정보

① 성명 ② 나이 ③ 주소 및 실제거주지(도로명, 건물번호) ④ 신체정보(키와 몸무게) ⑤ 사진 ⑥ 등록대상 성범죄 요지(판결일자, 죄명, 선고형량을 포함) ⑦ 성폭력범죄전과 (죄명 및 횟수) ⑧ 전자장치 부착여부

Ⅲ. 열람권자

등록대상자의 등록정보에 대하여 성범죄자알림e사이트를 이용하여 공개정보를 열람할 시에는 성명과 주민등록번호를 입력하여 실명인증을 받아야 한다.

Ⅳ. 공개기간

등록정보의 공개기간은 판결이 확정된 때부터 기산한다. 다만, 공개명령을 받은 자가 실형 또는 치료감호를 선고받은 경우에는 그 형 또는 치료감호의 전부 또는 일부의 집행을 종료하거나 집행이 면제된 때부터 기산한다. 등록정보의 공개기간은 「형의 실효 등에 관한 법률」에 따른 기간을 초과하지 못한다. 따라서 3년을 초과하는 징역·금고인 경우 10년을, 3년 이하의 징역·금고는 5년을 초과하지 못한다.

제4절 성범죄자 신상정보 고지제도

Ⅰ. 의의

신상정보 고지제도란 신상정보 공개대상자 중 일정한 요건에 해당하는 사람에 관한 고지정보를 특정한 사람에게 고지하는 것을 말한다.[15] 법원은 공개대상자에 대하여 판결로 신상정보의 공개명령 기간 동안 고지정보를 고지하도록 고지명령을 등록대상 성범죄 사건의 판결과 동시에 선고하여야 한다. 다만, 피고인이 아동 · 청소년인 경우, 그 밖에 신상정보를 고지하여서는 아니 될 특별한 사정이 있다고 판단하는 경우에는 그러하지 아니하다.

Ⅱ. 고지대상 및 고지정보

1. 고지대상

신상정보 고지대상자는 다음과 같다.

1. 아동 · 청소년대상 성폭력범죄를 저지른 자
2. 성폭력범죄의 처벌 등에 관한 특례법상 성인대상 성폭력범죄를 저지른 자
3. 위의 범죄를 저질렀으나 심신장애로 처벌할 수 없는 자로서 다시 위의 범죄를 저지를 위험성이 있다고 인정되는 자

2. 고지정보

고지정보는 다음과 같다.

① 성명, ② 나이, ③ 주소 및 실제 거주지, ④ 신체정보(키, 몸무게), ⑤ 사진(정면·좌측·우측·전신), ⑥ 등록대상 성범죄 요지(판결일자, 죄명, 선고형량을 포함), ⑦ 성폭력

15 성폭력범죄의 처벌 등에 관한 특례법 제49조, 아동 · 청소년의 성보호에 관한 법률 제50조 – 제51조.

범죄 전과사실(죄명, 횟수), ⑧ 전자장치 부착 여부

Ⅲ. 고지기간

고지대상자의 고지기간은 10년 이내에서 선고받은 기간 동안 집행되어야 한다.

Ⅳ. 고지명령의 집행 및 집행기간

1. 고지명령의 집행

고지명령의 집행은 여성가족부장관이 한다.

이를 위하여 법원은 고지명령의 판결이 확정되면 판결문등본을 14일 이내에 법무부장관에게 송달하고, 법무부장관은 지체 없이 여성가족부장관에게 송달하여야 한다.

법무부장관은 고지대상자가 출소하는 경우 출소 1개월 전까지 해당 정보를 여성가족부장관에게 송부하여야 한다.

여성가족부장관은 고지정보를 관할구역에 거주하는 다음의 사람에게 우편으로 송부하고, 읍·면 사무소 또는 동주민자치센터 게시판에 30일간 게시하는 방법으로 고지명령을 집행한다(읍·면사무소의 장 또는 동 주민자치센터의 장에게 위임 가능).

고지대상자 정보의 통보대상자
- 아동·청소년의 친권자 또는 법정대리인이 있는 가구
- 「영유아보육법」에 따른 어린이집의 원장
- 「유아교육법」에 따른 유치원의 장과 「초·중등교육법」 학교의 장
- 읍·면사무소와 동 주민자치센터의 장
- 「학원의 설립·운영 및 과외교습에 관한 법률」 학교교과교습학원의 장
- 「아동복지법」 지역아동센터, 「청소년활동 진흥법」 청소년수련시설의 장

2. 고지명령의 집행기간

- 집행유예를 선고받은 고지대상자는 신상정보 최초 등록일부터 1개월 이내
- 금고 이상의 실형을 받은 고지지대상자는 출소 후 거주할 지역에 전입한 날부터 1개월 이내
- 고지대상자가 다른 지역으로 전출하는 경우에는 변경정보 등록일부터 1개월 이내

V. 고지정보의 정정 등

누구든지 고지정보에 오류가 있음을 발견한 경우 여성가족부장관에게 그 정정을 요청할 수 있다. 여성가족부장관은 정정요청을 받은 경우 법무부장관에게 그 사실을 통보하고, 법무부장관은 고지정보의 진위와 변경 여부를 확인하기 위하여 고지대상자의 주소지를 관할하는 경찰관서의 장에게 직접 대면 등의 방법으로 진위와 변경 여부를 확인하도록 요구할 수 있다.

법무부장관은 고지정보에 오류가 있음을 확인한 경우 변경정보를 등록한 후 여성가족부장관에게 그 결과를 송부하고, 여성가족부장관은 집행된 고지정보에 정정 사항이 있음을 알려야 한다. 그리고 그 처리 결과를 고지정보의 정정을 요청한 자에게 알려야 한다.

■ 아동 · 청소년의 성보호에 관한 법률 시행규칙 [별지 제7호서식] 〈개정 2016. 11. 30.〉

고 지 정 보 서

제 20○○-○○ 호　　　　년　　월　　일

귀하의 댁 인근에 거주하는 성범죄자 신상정보를 아래와 같이 보내드리니, 귀 댁의 아동 · 청소년을 보호하는데 참조하여 주시기 바랍니다.

정부는 성범죄자에 대한 관리와 재범방지를 위한 활동을 통해 귀 가족의 안전을 지켜드리려고 노력하고 있으며, 그 일환으로 성범죄 예방과 안전 관련 정보도 함께 보내드리니 적극 활용해 주시기 바랍니다.

성 명		정면 사진	좌측 사진	우측 사진	전신 사진
나 이					
키					
몸무게					
전자 장치 부착 여부					
주민등록상 주소	(외국인인 경우 국내 체류지, 외국국적동포인 경우 국내 거소)				
실제 거주지					
성범죄 요지					
성폭력범죄 전과사실 (죄명, 횟수)					
부가기록 (고지 · 정정사유 등)란					
전출정보 (고지대상자가 전출하는 경우에만 해당합니다)	변경정보 등록일				
	사유				

유의사항

1. 이 정보는 성범죄 우려가 있는 자를 확인할 목적으로만 사용해야 하며 신문 · 잡지 등 출판물, 방송 또는 정보통신망에 공개(위반시 5년 이하 징역 또는 5천만원 이하 벌금)하거나 공공장소 게시 등을 통해 명예를 훼손하는 경우 2년 이하의 징역 또는 500만원 이하의 벌금에 처해질 수 있으므로 유의해주시기 바랍니다.(「형법」 제307조제1항 등)
2. 성범죄자 취업제한 시설이 아닌 곳에서 고지대상자의 고용, 주택 또는 사회복지시설의 이용, 교육기관의 교육 및 직업훈련 등에 차별해서는 안 됩니다. 위반 시, 1년 이하의 징역 또는 500만원 이하의 벌금에 처해질 수 있습니다.

안내사항

1. 이 고지정보서는 고지대상자가 거주하는 읍 · 면 · 동의 지역주민 중 아동 · 청소년을 세대원으로 둔 세대, 어린이집, 유치원, 초 · 중 · 고등학교, 학교교과교습학원, 지역아동센터, 청소년수련시설, 읍 · 면 · 동사무소(주민센터)와 경계를 같이 하는 인근 읍 · 면 · 동사무소(주민센터)에 각각 1부를 우편으로 송부하는 것입니다.
2. 고지정보서를 송부받은 읍 · 면사무소 또는 동 주민센터의 장은 게시판에 30일간 게시하여야 합니다.
3. 귀 세대(기관)에서 이 고지서를 받은 시점에 고지대상자가 고지된 실제 거주지에 살지 않을 수도 있으므로, 실제 거주지가 사실과 다른 경우 국민신문고, 성범죄자 알림e 사이트로 알려주시면 처리결과를 통지하여 드리겠습니다.
4. 고지대상자의 공개정보는 성범죄자 알림e(www.sexoffender.go.kr) 뿐만 아니라 스마트폰 앱을 통해서도 확인할 수 있으며, 스마트폰 앱은 앱스토어, 플레이스토어에서 내려받을 수 있습니다.

앱스토어 QR코드

여 성 가 족 부 장 관 직인

플레이스토어 QR코드

210㎜×297㎜[백상지 80g/㎡(재활용품)]

제5절 성범죄자 취업제한제도

Ⅰ. 의의

성범죄자가 아동 · 청소년 관련 기관에 취업하는 것을 사전에 제한함으로써 성범죄로부터 아동 · 청소년을 보호하려는 제도이다.[16]

법원은 성범죄로 형 또는 치료감호를 선고하는 경우에는 판결로 그 형 또는 치료감호의 전부 또는 일부의 집행을 종료하거나 집행이 유예 · 면제된 날[17]부터 일정기간동안 아동 · 청소년 관련기관등을 운영하거나 취업 또는 사실상 노무를 제공할 수 없도록 하는 명령 즉 취업제한명령을 성범죄 사건의 판결과 동시에 선고하여야 한다. 다만, 재범의 위험성이 현저히 낮은 경우, 그 밖에 취업을 제한하여서는 아니 되는 특별한 사정이 있다고 판단하는 경우에는 그러하지 아니한다.

법원은 취업제한 명령을 선고하려는 경우에는 정신건강의학과 의사, 심리학자, 사회복지학자, 그 밖의 관련 전문가로부터 취업제한명령 대상자의 재범 위험성 등에 관한 의견을 들을 수 있다.

성범죄자 취업제한제도는 개인의 행복추구권 또는 직업선택자유권을 제한한다는 주장과 공공의 성범죄 피해를 예방하기 위한 필요 최소한의 조치라는 주장이 맞서고 있다.[18] 우리 헌법재판소는 개개 범죄인의 개인적 특성 및 범죄별 특성을 반영하지 않은 획일적인 취업제한명령은 위헌이라는 입장이다.[19]

이에 따라 위헌성을 보완하여 현행과 같이 성폭력범죄의 처벌 등에 관한 특례법의 개정작업이 진행되었다.

---

16 아동 · 청소년의 성보호에 관한 법률 제56조.

17 벌금형을 선고받은 경우에는 그 형이 확정된 날

18 허경미. “미국의 성범죄자 등록 · 공개 · 취업제한 제도에 대한 비판적 쟁점”. 한국공안행정학회보. 28(1), 2019, pp. 271－298.

19 헌재 2016. 3. 31. 2014헌마785, 판례집 28－1상, 509, 518－523.

성폭력범죄자에 대한 획일적인 취업제한은 위헌

…중략… 취업제한조항은 피해자가 존재하지 않거나 피해자의 성적자기결정권을 침해하지 아니하는 경우에도 발생할 수 있는 성적목적공공장소침입행위를 범죄화함과 동시에 취업제한 대상 성범죄로 규정하였다. 취업제한조항이 성적목적공공장소침입죄 전력만으로 그가 장래에 동일한 유형의 범죄를 저지를 것을 당연시하고, 형의 집행이 종료된 때로부터 10년이 경과하기 전에는 결코 재범의 위험성이 소멸하지 않는다고 보아, 각 행위의 죄질에 따른 상이한 제재의 필요성을 간과함으로써, 위 범죄 전력자 중 재범의 위험성이 없는 자, 위 범죄 전력이 있지만 10년의 기간 안에 재범의 위험성이 해소될 수 있는 자, 범행의 정도가 가볍고 재범의 위험성이 상대적으로 크지 않은 자에게까지 10년 동안 일률적인 취업제한을 하고 있는 것은 침해의 최소성 원칙과 법익의 균형성 원칙에 위배된다. 따라서 취업제한조항은 청구인의 직업선택의 자유를 침해한다. …중략… (헌법재판소, 2014헌마709, 2016. 10. 27. 판결)

Ⅱ. 대상자 및 기간

취업제한의 대상자는 아동·청소년대상 성범죄 또는 성인대상 성범죄로 형 또는 치료감호를 선고받아 확정된 자이다.

기간은 그 형 또는 치료감호의 전부 또는 일부의 집행을 종료하거나 집행이 유예·면제된 날부터 최대 10년 동안이다.

Ⅲ. 취업제한 아동·청소년 관련 기관

1. 「유아교육법」 상 유치원
2. 「초·중등교육법」 상 학교, 위탁 교육기관 및 「고등교육법」 상
3. 학생상담지원시설 또는 위탁 교육시설
4. 제주국제학교
5. 「학원의 설립·운영 및 과외교습에 관한 법률」 상 학원, 교습소 및 개인과외교습자(아동·청소년의 이용이 제한되지 아니하는 학원·교습소로서 교육부장관이 지정하는 학원·교습소 및 아동·청소년을 대상으로 하는 개인과외교습자)

6. 「청소년 보호법」 상 청소년 보호·재활센터
7. 「청소년활동 진흥법」 상 청소년활동시설
8. 「청소년복지 지원법」 상 청소년상담복지센터 및 청소년쉼터
9. 「학교 밖 청소년 지원에 관한 법률」 상 학교 밖 청소년 지원센터
10. 「영유아보육법」 상 어린이집
11. 「아동복지법」 상 아동복지시설 통합서비스 수행기관
12. 「성매매방지 및 피해자보호 등에 관한 법률」 상 청소년 지원시설, 성매매피해상담소
13. 「주택법」 상 공동주택의 관리사무소.: 경비업무에 직접 종사하는 사람에 한정
14. 「체육시설의 설치·이용에 관한 법률」 상 체육시설 중 아동·청소년의 이용이 제한되지 아니하는 체육시설로서 문화체육관광부장관이 지정하는 체육시설
15. 「의료법」 상 의료기관: 「의료법」 상 의료인에 한정
16. 「게임산업진흥에 관한 법률」 상 인터넷컴퓨터게임시설제공업, 복합유통게임제공업
17. 「경비업법」 상 경비업을 행하는 법인: 경비업무에 직접 종사하는 사람에 한정
18. 영리의 목적으로 「청소년기본법」 상 청소년활동의 기획·주관·운영을 하는 사업장(청소년활동기획업소)
19. 대중문화예술기획업소
20. 아동·청소년의 고용 또는 출입이 허용되는 다음 시설등
    - 아동·청소년과 해당 시설등의 운영자·근로자 또는 사실상 노무 제공자 사이에 업무상 또는 사실상 위력 관계가 존재하거나 존재할 개연성이 있는 시설등
    - 동·청소년이 선호하거나 자주 출입하는 시설등으로서 해당 시설등의 운영 과정에서 운영자·근로자 또는 사실상 노무 제공자에 의한 아동·청소년대상 성범죄의 발생이 우려되는 시설등
21. 가정방문 등 학습교사 사업장: 아동·청소년에게 직접교육서비스를 제공하는 업무에 종사하는 사람에 한정
22. 「장애인 등에 대한 특수교육법」 상 특수교육지원센터 및 특수교육 관련서비스를 제공하는 기관·단체
23. 「지방자치법」 상 공공시설 중 아동·청소년이 이용하는 시설로서 행정안전부장관이 지정하는 공공시설
24. 「지방교육자치에 관한 법률」 상 교육기관 중 아동·청소년을 대상으로 하는 교육기관
25. 「어린이 식생활안전관리 특별법」 상 어린이급식관리지원센터

Ⅳ. 성범죄 경력조회 의무 및 확인

1. 자치단체장, 교육감, 교육장의 의무

아동·청소년 관련기관등의 설치 또는 설립 인가·신고를 관할하는 지방자치단체의 장, 교육감 또는 교육장은 아동·청소년 관련기관등을 운영하려는 자에 대한 성범죄 경력 조회를 관계 기관의 장에게 요청하여야 한다. 다만, 아동·청소년 관련기관등을 운영하려는 자가 성범죄경력조회회신서를 지방자치단체의 장, 교육감 또는 교육장에게 직접 제출한 경우에는 성범죄 경력 조회를 한 것으로 본다.

2. 기관 운영자, 취업희망자의 의무

① 아동·청소년 관련기관등의 장은 그 기관의 취업자등에 대하여 성범죄의 경력을 확인하여야 하며, 이 경우 본인의 동의를 받아 관계 기관의 장에게 성범죄의 경력 조회를 요청하여야 한다. 다만, 취업자등이 성범죄 경력 조회 회신서를 아동·청소년 관련기관등의 장에게 직접 제출한 경우에는 성범죄 경력 조회를 한 것으로 본다.

② 성범죄 경력 조회 요청을 받은 관계 기관의 장은 성범죄 경력 조회 회신서를 발급하여야 한다.

③ 어린이급식관리지원센터의 장이 취업 중인 자에 대하여 성범죄 경력 조회를 한 경우, 그 취업 중인 자가 직무를 집행함에 있어서 다른 아동·청소년 관련기관등에 사실상 노무를 제공하는 경우에는 다른 아동·청소년 관련기관등의 장이 성범죄 경력 조회를 한 것으로 본다.

3. 여성가족부장관 등의 의무

여성가족부장관 또는 관계 중앙행정기관의 장은 성범죄로 취업제한명령을 선고받은 자가 아동·청소년 관련기관등을 운영하거나 아동·청소년 관련기관등에 취업 또는 사실상 노무를 제공하고 있는지를 직접 또는 관계 기관 조회 등의 방법으로 연 1회 이상 점검·확인하여야 한다.

그리고 이를 인터넷 홈페이지 등을 이용하여 공개하여야 한다.[20]

4. 취업자의 해임, 폐쇄, 등록 취소 등

① 해임요구

중앙행정기관의 장 또는 제주특별자치도교육감은 취업제한명령을 위반하여 아동 · 청소년 관련기관등에 취업하거나 사실상 노무를 제공하는 자가 있으면 아동 · 청소년 관련기관등의 장에게 그의 해임을 요구할 수 있다.[21]

② 폐쇄, 등록 취소 요구

중앙행정기관의 장 또는 제주특별자치도교육감은 취업제한명령을 위반하여 아동 · 청소년 관련기관등을 운영 중인 아동 · 청소년 관련기관등의 장에게 운영 중인 아동 · 청소년 관련기관등의 폐쇄를 요구할 수 있다.

폐쇄요구를 정당한 사유 없이 거부하거나 1개월 이내에 요구사항을 이행하지 아니하는 경우에는 관계 행정기관의 장에게 해당 아동 · 청소년 관련기관등의 폐쇄, 등록 · 허가 등의 취소를 요구할 수 있다.

20 아동 · 청소년의 성보호에 관한 법률 제57조.

21 아동 · 청소년의 성보호에 관한 법률 제58조.

찾아보기

ㅇ

참고문헌

및

웹사이트

본 QR코드를 스캔하시면 '피해자학(제5판)'의
참고문헌을 확인하실 수 있습니다.

저자약력

학　　력

동국대학교 대학원 경찰행정학과 졸업(법학 박사)
동국대학교 공안행정대학원 경찰행정학과 졸업(행정학 석사)
동국대학교 법정대학 경찰행정학과 졸업(행정학 학사)

경　　력

계명대학교 사회과학대학 경찰행정학과 교수
대구광역시 자치경찰위원회 위원
경찰청 인권위원회 위원
경찰청 마약류 범죄수사자문단 자문위원
대구지방검찰청 형사조정위원회 위원
대구고등검찰청 징계위원회 위원
대구지방보훈청 보통고충심사위원회 위원
경북지방노동위원회 차별심판 공익위원
대구광역시 행정심판위원회 위원
대구광역시 소청심사위원회 위원
법무부 인권교육 강사
한국양성평등교육진흥원 폭력예방교육모니터링 전문위원
John Jay College of Criminal Justice 방문교수
한국소년정책학회 부회장
한국교정학회 부회장
한국공안행정학회 제11대 학회장

수상경력

경찰대학교 청람학술상(2000)
계명대학교 최우수강의교수상(2008) 업적상(2014)
한국공안행정학회 학술상(2009)
대통령 표창(2013)

저서 및 논문

1. 경찰행정법, 법문사, 2003
2. 정보학특강, 계명대학교 출판부, 2005
3. 국립과학수사연구소의 혁신과 발전에 기여할 기본법 제정을 위한 연구 및 법령제정안 및 기준(지침)안 작성, 국립과학수사연구소, 2006(공저)
4. 조직폭력범죄의 대책에 관한 연구, 한국형사정책연구원, 2007(공저)
5. 범죄 프로파일링(criminal profiling) 기법의 효과적인 활용방안, 경찰대학 치안정책연구소, 2008
6. 경찰학, 박영사, 2008 초판, 2025 제13판
7. 범죄학, 박영사, 2005 초판, 2023 제8판
8. 경찰인사행정론, 박영사, 2013 초판, 2023 제4판
9. 현대사회문제론, 박영사, 2022 초판
10. 범죄인 프로파일링, 박영사, 2018 초판, 2025 제3판
11. 사회병리학: 이슈와 경계, 박영사, 2019 초판
12. 범죄와 도덕적 가치, 박영사, 2024 초판
13. 허경미. (2012). 핵티비즘 관련 범죄의 실태 및 대응. 한국공안행정학회보, 21, 368－398.
14. 허경미. (2013). 수사기관의 피의사실 공표죄의 논쟁점. 한국공안행정학회보, 22, 282－310.
15. 허경미. (2013). 미국 전자감시제의 효과성 및 정책적 시사점 연구. 교정연구, (59), 35－60.
16. 허경미. (2014). 독일의 교정 및 보호관찰의 특징에 관한 연구. 교정연구, (62), 79－101.
17. 허경미. (2014). 한국의 제노포비아 발현 및 대책에 관한 연구. 경찰학논총, 9(1), 233－259.
18. 허경미. (2015). 범죄 프로파일링 제도의 쟁점 및 정책적 제언. 경찰학논총, 10(1), 205－234.
19. 허경미. (2015). 영국의 교도소 개혁 전략 및 특징에 관한 연구. 교정연구, (69), 83－110.
20. 허경미. (2016). 교도소 수용자노동의 쟁점에 관한 연구. 교정연구, 26(4), 141－164.
21. 허경미. (2017). 캐나다의 대마초 비범죄화에 관한 연구. 한국공안행정학회보, 26, 241－268.
22. 허경미. (2017). 외국인 수용자 인권처우 관련 법령의 한계 및 개정 방향에 관한 연구. 교정연구, 27(2), 89－112.
23. 허경미. (2017). 교도소 정신장애 수용자처우 관련법의 한계 및 개정방향에 관한 연구. 경찰학논총, 12(2), 69－104.
24. 허경미. (2018). 성인지적 관점의 여성수용자 처우 관련 법령의 정비방향 연구. 矯正硏究, 28(2), 81－110.
25. 허경미. (2019). 국제인권법상 수용자 의료처우 준칙 및 형집행법령 개정방향. 矯正硏究, 29(4), 3－35.
26. 허경미. (2019). 자치경찰제법(안)상 자치단체장의 자치권한 행사 제한과 관련된 쟁점. 경찰학논총, 14(4), 275－303.
27. 허경미. (2020). 난민의 인권 및 두려움의 쟁점. 경찰학논총. 15(2). 35－72.
28. 허경미. (2021). 지방자치행정 관점의 일원형 자치경찰제의 문제점 및 개선 방향. 한국공안행정학회보, 30, 275－307.
29. 허경미. (2022). 한국경찰의 부패방지를 위한 합리적 통제방향의 모색－영국의 제도를 중심으로－. 부패방지법연구, 5(2), 33－62. 10.36433/kacla.2022.5.2.33
30. 허경미. (2025). 네덜란드 안락사법 입법과정의 특징 및 함의. 矯正硏究, 35(1), 119－146.

제5판
피해자학

초판발행 2011년 2월 25일
제5판발행 2025년 7월 25일

지은이 허경미
펴낸이 안종만 · 안상준

편 집 장유나
기획/마케팅 장규식
표지디자인 이은지
제 작 고철민 · 김원표

펴낸곳 (주) 박영사
서울특별시 금천구 가산디지털2로 53, 210호(가산동, 한라시그마밸리)
등록 1959. 3. 11. 제300-1959-1호(倫)
전 화 02)733-6771
f a x 02)736-4818
e-mail pys@pybook.co.kr
homepage www.pybook.co.kr
ISBN 979-11-303-2344-2 93350

정 가 30,000원